ENGLISH-SPANISH BANKING DICTIONARY

DICCIONARIO BANCARIO ESPAÑOL-INGLES

RAFAEL GIL ESTEBAN

R

ENGLISH-SPANISH BANKING DICTIONARY

DICCIONARIO BANCARIO ESPAÑOL-INGLES

BANCO
POPULAR
ESPAÑOL

BANCO DE
ANDALUCIA

BANCO DE
CASTILLA

BANCO DE
CREDITO BALEAR

BANCO DE
GALICIA

BANCO DE
VASCONIA

PARANINFO

1997

1.ª edición 1978
2.ª edición revisada y ampliada 1984
3.ª edición revisada y ampliada 1991
4.ª edición revisada 1993
5.ª edición 1995
6.ª edición 1997

© RAFAEL GIL ESTEBAN

© EDITORIAL PARANINFO
ITP An International Thomson Publishing Company
Magallanes, 25 - 28015 Madrid
Teléfono: 4463350 - Fax: 4456218

Impreso en España
Printed in Spain

ISBN: 84-283-1848-4

Depósito Legal: M. 14.500.—1997

PARANINFO

Magallanes, 25 - 28015 MADRID   (041/55/57)

VINCESGRAF. Castaño, 11. Políg. Ind. "El Guijar". Arganda del Rey (Madrid)

INTRODUCCIÓN

(Prólogo de la Tercera Edición)

La acertada fórmula publicitaria, «no seas modesto», se podría aplicar con idéntico sentido del humor al Diccionario Bancario Español-Inglés que me propongo presentar. Soy consciente de que presentar al público la enésima edición —corregida y aumentada— de un diccionario que goza de categoría y prestigio es una tarea compleja, porque «puede pecarse por defecto o por exceso. Si se alarga la presentación parece insinuarse que se trata de algo poco conocido. En cambio, abreviar los datos puede conducir al olvido de aspectos importantes...»

El Diccionario es útil. Ése es el mejor elogio que se puede hacer de él. «Siéndome de extremada utilidad para mi actividad profesional...», es el comentario introductorio de un traductor oficial al pedir un ejemplar de la segunda edición. No me pasa inadvertido que la lógica del favor impone la cortesía al pedir al Banco los ejemplares —no venales— del Diccionario, pero, al manejar ahora la correspondencia, me he visto sorprendido por la calidad, la variedad y el número de cartas recibidas que piden, elogian y agradecen el Diccionario. Bancos nacionales y extranjeros; universidades, embajadas y ministerios; bibliotecas y bancos de datos; multinacionales, líneas aéreas, organismos y organizaciones de lo más variado; traductores oficiales e intérpretes jurados, lexicógrafos, profesores y estudiantes; corredores de comercio, representantes y notarios; locutores y redactores, son ejemplos cogidos al vuelo del interés despertado por algo —el Diccionario bilingüe— que no ha tenido otra publicidad que «haber andado de boca en boca».

El Diccionario tiene un autor, de quien es el mérito. Desde hace casi veinte años, Rafael Gil Esteban ha estado preparando —para su publicación— un diccionario polilíngüe. Rafael Gil —que a su condición de directivo del Banco unía la de ser profesor de la Escuela Oficial de Idiomas e Intérprete Oficial por el Ministerio de Asuntos Exteriores— se dio posteriormente cuenta de que para el personal del Banco y de la banca, el ideal es llegar a ser bilingüe, dominar el inglés como idioma cuasi materno. Rafael Gil estuvo en lo cierto. Se tardó en hacerle caso. Su tenacidad le ha llevado al éxito. Y el éxito compensa cualquier esfuerzo.

La «gran utilidad y practicidad a la hora de hacer traducciones de tipo financiero y económico» —tal y como escribe una traductora—, obliga y a la vez permite al Banco poner el Diccionario en el mercado, en las redes comerciales de los libreros. No son pocos los que han escrito, quejándose, antes de excusarse por pedir el Diccionario, de que éste no estuviera a su disposición en las librerías. Mirando hacia 1992, ponerlo al alcance de todos es un paso lógico en la línea del Mercado Único de la Comunidad Europea.

Luis Valls Taberner
Madrid, Festividad de la Almudena de 1990

OBSERVACIONES

Buena parte del vocabulario contenido en el presente Diccionario procede de las traducciones que, de forma habitual, se realizan en nuestro Banco, y recoge con frecuencia el neologismo más reciente («**smurfing**», «**layering**», etc.), tras el cual subyace la anécdota o el quebradero de cabeza que el lograr su adecuada interpretación —para un caso concreto— llegó a suponer. Dedicado, sobre todo, al sector profesional, no hallará el profano, en ocasiones, dentro de este glosario, equivalencias literales. «**Out of the money**», por ejemplo, se traduce aquí, con carácter general, por «**no interesa**», algo con lo que quienes trabajan en los mercados de opciones se mostrarían ciertamente soprendidos y en desacuerdo, de no incluirse **precio de ejercicio —mayor o menor— que el del activo subyacente (según se trate de operaciones «call» o «put»)**, al ser éstas las expresiones que ellos utilizan habitualmente en su campo. Aunque se ha intentado dar cabida a un buen número de matices como éstos, cabe reconocer que no siempre ha sido posible, dada la limitación a que la pretendida manejabilidad de este libro obliga. Es éste, pues, un riesgo que ya ha sido previsto, ponderado y asumido de cara a los usuarios que gocen de un alto nivel de especialización.

ABREVIATURAS

ab. .... **abreviatura de**
abbreviation of

adj. .... **adjetivo**
adjective

col. .... **familiarmente**
colloquial

Esp. .... **especialmente en España**
specially in Spain

GB .... **especialmente en Gran Bretaña**
specially in Great Britain

Inf. .... **informática**
computers

lat. .... **latín**
Latin language

SA .... **especialmente en Sudamérica**
specially in South America

USA .... **especialmente en Norteamérica**
specially in North America

PARENTESIS ( )

Se emplean aquí generalmente para aislar, en las palabras inglesas, las letras susceptibles de supresión, con base a la ortografía norteamericana, que está notablemente evolucionada respecto a la británica (**hono(u)r**).

Cuando, en locuciones, abarcan palabras completas, indican los paréntesis la posibilidad de suprimirlas sin que, por ello, se altere el sentido fundamental de la frase o por estar sobreentendido: **FORTRAN (programming language)**.

Excepcionalmente, una palabra entre paréntesis puede también referirse a:

a) Campo específico a que corresponde el término: **computer** (inf.)

b) País donde se utiliza preferentemente: **dishonored check** (USA)

c) Idioma -ni inglés ni español- del que procede: **ad usum** (lat.)

GUIONES —

La formación de palabras compuestas, partiendo de dos o más simples, es muy frecuente en inglés. Se utilizan habitualmente los guiones como elemento de fusión, pero es también muy normal escribir dos palabras juntas, formando un solo bloque. Al no existir en la práctica regla concreta, pronunciarse en favor de una modalidad no supone, en general, menoscabo alguno de la otra. (Compárense, por ejemplo: **cash flow, cash-flow o cashflow**).

SIGLAS

Aunque, cada día más, se tiende a suprimir los puntos entre las letas **(ABA)**, se ha optado aquí por conservarlos **(A.B.A.)**, salvo en dos o tres casos de excepción aconsejable, para así evitar que pueda tomarse un acrónimo, derivado de varias palabras, cual si de una sola se tratase. Tales abreviaturas figuran al comienzo de cada una de las secciones alfabetizadas (letras) en que se divide este Diccionario, seguidas de la indicación **ab.** (abreviatura de), la transcripción completa, en cursiva negrita, de las palabras que las componen y su traducción (entre paréntesis): **A.B.A.,** ab. *American Bankers Association* (Asociación de Banqueros Americanos).

FIRST PART

ENGLISH-SPANISH BANKING DICTIONARY

By RAFAEL GIL ESTEBAN
Official Sworn Translator
and Authorized Officer of
BANCO POPULAR ESPAÑOL

A

@ **(at),** a, al precio de

a1, buque de primera, barco de óptima construcción

a.a., ab. *always afloat* (siempre a flote)

a.a.r., ab. *against all risks* (contra todo riesgo)

A.B.A., ab. *American Bankers Association* (Asociación de Banqueros Americanos)

a.b.s., ab. *asset-backed security* (valor respaldado por activos)

a/c, ab. *(for) account of* (por cuenta de); ab. *account* (cuenta)

a/d, ab. *after date* (días después de la fecha)

A.D.B., ab. *Asian Development Bank* (Banco Asiático de Desarrollo)

A.D.P., ab. *automatic data processing* (proceso automático de datos)

a.d.v. (shares), ab. *average daily volume of trading* (volumen medio diario de contratación de acciones)

a.i., ab. *accrued interest* (interés acumulado, interés devengado, intereses vencidos)

A.I.B.D., ab. *Association of International Bond Dealers* (Asociación de Intermediarios del Euromercado)

a.k.a., ab. *also known as* (también conocido como)

a.l., ab. *average life* (vida media, duración media)

A.M., ab. *ante meridiem* (de la mañana, de las 12 de la noche a las 12 del mediodía); ab. *above mentioned* (arriba citado)

a.m.t., ab. *air mail transfer,* (transferencia de fondos por correo aéreo)

a/o, ab. *(for) account of* (por cuenta de)

a.o.n, ab. *all or none* (todos o ninguno; orden que sólo puede ejecutarse en su totalidad)

a/p, ab. *additional premium* (suplemento de prima)

a.p.r., ab. *annual percentage rate* (tipo porcentual anual sobre descubiertos)

a.r., ab. *against (all) risks* (contra todo riesgo)

A.R.I., ab. *accounting rate of interest* (tipo de interés contable - *TICO*)

a.r.m., ab. *adjustable rate mortgage* (hipoteca con interés ajustable)

a/s, ab. *alongside* (sobre muelle, al costado del muelle); ab. *after sight* (a ... días vista)

A.S.A., ab. *American Standards Association* (Asociación Americana de Normas)

a.s.a.p., ab. *as soon as possible* (cuanto antes, lo antes posible)

A.T.M., ab. *Automated Teller Machine* (Cajero Automáticc Permanente)

A.T.S. accounts, ab. *Automatic Transfer Service Accounts* (cuentas enlazadas automáticamente)

a.u., ab. *address unknown* (dirección desconocida)

a.w., ab. *actual weight* (peso real)

a.w.o.l., ab. *absent without leave* (ausente sin permiso)

abalienate, enajenar, traspasar

abalienation, enajenación, traspaso

abandon a patent, renunciar a una patente

abandon the gold standard, abandonar el patrón oro

abandonment, abandono; eliminación de un activo fijo en uso

abandonment of appeal, desistimiento del recurso, abandono de apelación

abandonment of leased property, abandono de una propiedad arrendada sin consentimiento del arrendador

abandonment of rights, abandono de derechos, renuncia de derechos

abandonment of ship and freight, abandono del buque y de los fletes

abandonment of suits, desistimiento de la instancia

abandonment to insurers, abandono al asegurador

abandonment under reserve, abandono bajo reserva

abate, reducir, rebajar; anular, suprimir

abate a writ, anular un mandamiento, anular un auto

abatement, reducción, rebaja, bonificación, descuento; anulación, supresión, nulidad

abatement of debts, disminución de deudas

abatement of taxes, rebaja de impuestos

abater, instancia de nulidad

abating, descuento, rebaja; merma

abbreviation, abreviatura

abdicate, renunciar; abdicar; desheredar

abdication, abdicación; renuncia

abet, instigar, incitar, inducir

abetment, instigación, incitación, inducción

abettor, instigador, incitador, inductor

abeyant, en suspenso; en espera de su dueño legítimo

abide by the rules, seguir las reglas

ability, capacidad

ability to pay, capacidad de pago

abintestate, intestato, sin otorgar testamento

able, idóneo, apto, capaz, competente; legalmente habilitado

ably-run company, compañía bien gestionada

abnormal risk, riesgo agravado

abnormally pronounced tendency, tendencia anormalmente pronunciada

aboard, a bordo

abolish, abolir, anular, suprimir, derogar, revocar, dejar sin efecto

abolition, abolición, anulación, supresión, derogación

aboriginal cost, costo primitivo, coste original

about 10 p.c. +/—, alrededor de un 10 % +/—

above board, sobre cubierta

above-cited, mencionado, antes citado, susodicho

above deck, sobre cubierta

above issue price, sobre el precio de lanzamiento, sobre precio de emisión

above-mentioned, mencionado, antes citado, susodicho

above par, sobre la par

above-said, mencionado, antes citado, susodicho

abrasion, abrasión, pérdida de peso por desgaste (monedas metálicas)

abridge, abreviar, resumir; privar de derechos

abridged financial statements, estados financieros resumidos

abridged translation, traducción abreviada

abridged version, versión resumida

abridg(e)ment, compendio, abreviación, resumen; privación de derechos

abroad, extranjero, exterior; en el extranjero

abrogate, abrogar, revocar, anular, abolir; casar

abrogate an agreement, revocar un convenio

abrogation, abrogación, revocación, anulación, casación, abolición

absence from work, falta de asistencia al trabajo

absence of agreement, falta de conformidad

absences, faltas injustificadas

absent with leave, ausente con permiso

absentee, persona ausente sin permiso

absentee ownership, separación entre lugar de residencia y emplazamiento de la propiedad que genera los beneficios; propiedad del absentista

absenteeism, absentismo

absenteeism rate, tasa de absentismo

absolute acceptance, aceptación incondicional

absolute advantage, ventaja absoluta

absolute bequest, legado incondicional

absolute coding, código absoluto (Inf.)

absolute conveyance, cesión incondicional

absolute covenant, garantía incondicional

absolute endorsement, endoso total, endoso absoluto

absolute estate, plena propiedad

absolute guaranty, garantía incondicional

absolute interest, interés fijado, interés establecido

absolute liability, responsabilidad incondicional

absolute monopoly, monopolio absoluto

absolute presumption, indicio indubitable

absolute priority, prioridad absoluta

absolute rate, tipo absoluto

absolute rights, plenos derechos

absolute total loss, pérdida total efectiva

absolute warranty, garantía de título

absorb the loss, absorber la pérdida

absorption account, cuenta de absorción

absorption costing, imputación de costes fijos y variables entre la producción, absorción de costes

abstract of postings, resumen de pases al Mayor

abstract of record, sinopsis de los autos

abstract of title, resumen de antecedentes de un título en propiedad, extracto de un título

abstraction, hurto, sustracción, robo; abstracción; desatención, descuido

abuse, abuso; corruptela; maltrato (a personas, maquinaria, etc.); abusar

abuse of authority, abuso de autoridad

abutter, propietario colindante

abutting property, propiedad (co)lindante

accelerated amortization, amortización acelerada

accelerated depreciation, depreciación acelerada, amortización libre

accelerated maturity, vencimiento acelerado, vencimiento anticipado

accelerated premium, prima por aumento de producción

acceleration, aceleración

acceleration clause, cláusula de opción al pago anticipado

acceleration coefficient, coeficiente de aceleración

acceleration note, pagaré con opción al pago anticipado

acceleration premium, prima de productividad, prima por aumento de producción, gratificación por fomento de la productividad

acceleration principle, principio de aceleración (Inf.)

accelerator, acelerador (en teoría económica)

accept, aceptar

accept a bill, aceptar una letra

accept a bill payable at, domiciliar una letra en

accept a draft, aceptar una letra, aceptar un efecto

accept an appointment, aceptar un cargo, aceptar un nombramiento

accept for the account of, aceptar por cuenta de

accept provided that, aceptar siempre que

acceptability, aceptabilidad

acceptable as asset, aceptable como activo

acceptable loss, pérdida aceptable

acceptance, aceptación; letra aceptada

acceptance against documents, aceptación contra documentos

acceptance agreement, contrato de aceptación

acceptance bill, letra de aceptación

acceptance by special endorser, aceptación por intervención

acceptance clause, cláusula de aceptación

acceptance credit, crédito de aceptación

acceptance for hono(u)r, aceptación por intervención

acceptance house, banco de descuento, casa de aceptaciones

acceptance of deposits, aceptación de depósitos

acceptance of tender, adjudicación de un contrato

acceptance slip, borderó

acceptance supra protest, aceptación por intervención, aceptación después del protesto

acceptances, guarantees and documentary letters of credit, aceptaciones, avales y créditos documentarios

accepted draft, letra aceptada

acceptor, aceptante

acceptor for hono(u)r, interventor en la aceptación, avalista de un efecto

acceptor supra protest, interventor en la aceptación, avalista de un efecto.

access, acceso (Inf.)

access time, tiempo de acceso (inf.)

accession, acceso; aumento; consentimiento

accession to office, toma de posesión

accessorial guilt, delito de complicidad

accessorial services, servicios complementarios

accessory after the fact, cómplice

accessory before the fact, instigador

accident at work, accidente de trabajo

accident death rate, porcentaje de mortalidad por accidentes

accident insurance, seguro contra accidentes

accident prevention, prevención de accidentes

accident-proof, a prueba de accidentes

accident risk, riesgo de accidente

accidents of navigation, accidentes de navegación, eventualidades del mar

accidental, accidental, casual, fortuito

accidental means, medio excepcional

accommodate, conceder un préstamo, otorgar un crédito

accommodated party, parte beneficiada

accommodation, crédito, préstamo

accommodation acceptance, aceptación de complacencia

accommodation bill, letra de favor, letra de complacencia

accommodation bill of lading, conocimiento de favor sobre mercancía no entregada

accommodation deck, cubierta de alojamiento del buque

accommodation endorsement, endoso de favor

accommodation line, seguro suscrito en unión de otras pólizas

accommodation note, documento de garantía

accommodation paper, efectos de favor

accomplish a form, rellenar un impreso

accord, conciliar, conformar, concordar

according to, de acuerdo con, conforme a, según

according to banking practice, según el uso bancario

according to invoice, según factura

according to law, conforme a derecho

according to schedule, según las previsiones

account, cuenta

account analysis, análisis de cuentas

account balance, saldo en cuenta; posición deudora o acreedora

account book, libro de cuentas

account card, tarjeta-cuenta, ficha-cuenta

account closed, cuenta saldada

account coding, codificación de cuentas

account day, día de liquidación

account department, departamento de contabilidad

account for, dar cuenta (de); justificar

account heading, título de cuenta

account history, historial de la cuenta

account holder, titular de la cuenta

account in common, cuenta conjunta

account in trust, cuenta fiduciaria

account number, número de cuenta

account of (a/o), (por) cuenta de

account of another, por cuenta ajena

account of developments, exposición de la evolución

account of expenses, cuenta de gastos

account opening, apertura de cuenta

account payable, cuenta por pagar, cuenta acreedora

account payee only, páguese a (la persona citada en un cheque)

account prefix, prefijo de cuenta

account receivable, cuenta por cobrar, cuenta deudora

account reconciliation, conciliación de cuentas

account settled, cuenta liquidada

account sheet, hoja-cuenta

account status report, extracto de cuenta

account subject to notice, cuenta con preaviso de retiro

accountability, responsabilidad, exigibilidad, obligación de dar cuenta

accountable, responsable

accountancy, contabilidad

accountant, contable, tenedor de libros

accountee, comitente, ordenante

accounting, contabilidad

accounting adjustments, ajustes contables, regularizaciones contables

accounting cycle, ciclo contable

accounting day, día de vencimiento

accounting department, departamento de contabilidad

accounting evidence, pruebas contables

accounting file, archivo contable

accounting note, nota de liquidación, nota de apunte contable

accounting period, período de liquidación, período contable

accounting principles, principios contables

accounting rate of interest *(A.R.I.),* tipo de interés contable *(TICO)*

accounting reclassifications, reclasificaciones contables

accounting records, registros contables

accounting regulations, normativa contable

accounting standards, normas contables

accounts clerk, auxiliar administrativo

accounts department, departamento de contabilidad

accounts due, cuentas vencidas, acreedores diversos

accounts payable, contabilidad de acreedores; cuentas a pagar, acreedores diversos

accounts receivable, contabilidad de deudores; cuentas a cobrar, deudores diversos

accounts receivable from vendors, anticipos a proveedores

accredit, acreditar, abonar, anotar al Haber de una cuenta; otorgar crédito; autorizar

accredited, acreditado; abonado en cuenta

accreditee, tenedor del crédito

accretion, acrecentamiento; plusvalía

accrual, acumulación

accrual accounts, cuentas de periodificación

accrual basis, principio del devengo (USA)

accrual concept, principio del devengo (GB)

accrual system, sistema de acumulación

accrue, acumular

accrued, acumulado

accrued assets, activo acumulado

accrued charges, gastos acumulados

accrued commission, comisión acumulada

accrued depreciation, depreciación acumulada

accrued dividend, dividendo acumulado, dividendo devengado

accrued expenses, gastos acumulados

accrued gross receipts, ingresos brutos acumulados

accrued income, rentas acumuladas, utilidades devengadas, ingresos devengados

accrued insurance premiums, primas de seguros acumuladas

accrued interest *(a.i.),* interés acumulado, interés devengado, intereses vencidos; cupón corrido

accrued interest payable, intereses acumulados a pagar

accrued interest receivable, intereses acumulados por cobrar

accrued liabilities, pasivo acumulado, pasivo transitorio

accrued loan commissions, comisiones acumuladas sobre préstamos

accrued salaries, sueldos vencidos

accrued taxes, impuestos por pagar

accrued vacations, vacaciones acumuladas

accrued wages, jornales acumulados, salarios vencidos

accumulate, acumular

accumulated capital, capital acumulado: utilidades capitalizadas

accumulated depreciations, depreciaciones acumuladas

accumulation, acumulación; período de equilibrio en los precios tras una fase de retroceso

accumulation dividend, dividendo diferido, dividendo de acumulación

accumulation insurance, seguro acumulativo

16

accumulation of factors, acumulación de factores

accumulation of risk, acumulación de riesgos, riesgo de cúmulo (SA)

accumulator, acumulador

accuracy of calculation, precisión del cálculo

accurate interest, interés calculado sobre año natural (365 días)

accurate translation, traducción fiel

achieve, lograr, conseguir, alcanzar

achieve specific objectives, alcanzar objetivos específicos

achievement, resultado de explotación

acid-test ratio, prueba del ácido, relación entre activo disponible y pasivo corriente, coeficiente de liquidez

acknowledge, acusar (recibo); agradecer

acknowledge a signature, reconocer una firma

acknowledge receipt, acusar recibo

acknowledge (receipt of) a letter, acusar recibo a una carta

acknowledg(e)ment, acuse de recibo

acknowledg(e)ment of payment, acuse de recibo de pago

acknowledg(e)ment of receipt, acuse (de recibo)

ackward problems, problemas engorrosos

acquaint, avisar, informar, advertir, comunicar, hacer saber

acquainted, familiarizado

acquest, propiedad adquirida

acquire property, adquirir propiedades

acquire rights, adquirir derechos, comprar derechos

acquired outright, adquirido en firme

acquired right, derecho adquirido

acquiring member, miembro adquirente

acquisition, adquisición

acquisition agent, agente productor

acquisition commission, comisión de adquisición

acquisition costs, gastos de adquisición

acquisition program, programa de captación

acquit, pagar una deuda, saldar una deuda

acquittal of defendant, absolución a la demanda

acquittance, carta de pago, finiquito, quita

act, acto; ley, decreto, acta; escritura; actuar

act as surety, actuar como fiador

act as trustee, actuar como fiduciario

act of bankruptcy, acto de quiebra, acto de insolvencia

act of coining, acuñación

act of God, causa de fuerza mayor, caso fortuito

act of hono(u)r, acto de intervención

act of incorporation, escritura de constitución

act of law, acto jurídico

act of ownership, acto de dominio

act of parliament, ley del parlamento (GB)

act of providence, causa de fuerza mayor, caso fortuito

act of state, acto de dominio

act of war, acto bélico, hecho de guerra

acting chairman, presidente interino, presidente en ejercicio, presidente en funciones

acting chief, jefe interino

acting judge, juez de turno

acting order, delegación de poderes

acting partner, socio gerente

acting secretary, secretario interino

actio rescisoria (lat.), acción rescisoria

action, acción legal, proceso, demanda

action against administration, recurso contencioso administrativo

action at law, acción judicial, proceso, pleito

action ex contractu (lat.), acción por incumplimiento de contrato

action for damages, acción por daños y perjuicios

action in tort, demanda fundada en agravio

action in trespass, acción de transgresión

action of assumpsit, acción por incumplimiento de contrato

action of debt, acción de apremio

action of pledge, acción pignoraticia

action which may lie, acción a que hubiere lugar

actionable, procesable, punible

actions taken during the year, acciones emprendidas durante todo el año

activation program, programa de activación

active account, cuenta activa, cuenta con movimiento

active balance, saldo acreedor

active bond, bono de interés fijo; título al portador

active capital, capital activo

active debt, deuda que devenga interés

active dividend, dividendo activo

active file, archivo activo, fichero activo

active market, mercado activo

active partner, comanditado, socio industrial, socio activo

active trade balance, balanza comercial ventajosa

active trust, fideicomiso activo

activity file, archivo de actividad, registro de actividad, fichero de actividad

activity parameters, parámetros de actividad

actor, agente, apoderado; demandante

actual, efectivo, real

actual amount of interest paid, suma real de intereses pagados, monto efectivo de intereses abonados

actual average cost, coste medio real

actual bailment, depósito efectivo

actual cash value, valor efectivo de mercado

actual cost, coste efectivo, costo real

actual damages, daños efectivos

actual depreciation, depreciación real

actual liabilities, pasivo real

actual loss, pérdida real, pérdida efectiva

actual overdraft, descubierto real, sobregiro real

actual price, precio real

actual rate of interest paid, suma real de intereses pagados, monto efectivo de intereses abonados

actual rate of return, tasa de rentabilidad efectiva

actual tare, tara real

actual total loss, pérdida total real

actual value, valor real

actual weight *(a.w.),* peso real

actuals, instrumentos financieros de contado

actuarial age, edad actuarial

actuarial expectation, esperanza matemática de vida

actuarial reserve, reserva actuarial

actuarial science, ciencia actuarial

actuarial tables, tablas actuariales

actuarial yield, rentabilidad actuarial, rendimiento actuarial

actuary, actuario; notario; oficial de sala, escribano (SA)

ad damnum clause, cláusula de declaración de daños sufridos y reclamación de su importe

ad hoc committee, comité ad hoc, comité competente

ad referendum (lat.), término legal, referido a un contrato, que indica que ciertos puntos se tratan por separado

ad usum (lat.), según costumbre

ad valorem (lat.), ad valorem, con arreglo al valor, por avalúo (SA)

ad valorem duties, derechos ad valorem

add (up), sumar, totalizar

add-to-storage, suma en el almacenamiento (Inf.)

added value, valor añadido

added value contributed by the bank to the national product, valor añadido por el banco al producto nacional

added value tax, tasa por valor añadido, impuesto sobre el valor añadido

addend, sumando de una suma

adding machine, máquina sumadora

add(ition), suma

additional, complementario, adicional

additional charge, gasto accesorio

additional conditions, condiciones complementarias

additional cost, coste adicional

additional digit, dígito adicional

additional dividend, dividendo complementario

additional insured, otros asegurados (reseñados en la póliza de seguro)

additional margin requirement, margen adicional

additional mark-on, margen complementario adicional

additional paying agent, agente pagador complementario

additional postage, sobretasa

additional premium *(a/p),* suplemento de prima

additional premium for payment by instal(l)ments, sobreprima por fraccionamiento

additional premium for short period cover, sobreprima por corto plazo

additional security, garantía suplementaria

additional tax, sobretasa

addlings, paga, salario

address, domicilio, dirección; dirigir

address in full, dirección completa

address cheque (USA = *check),* cheque domiciliado

addressee, destinatario

addressing machine, máquina de imprimir direcciones

addressor, remitente

ademption, revocación de un legado

adhere to fiscal regulations, ajustarse a la normativa fiscal

adjoiner, propietario (co)lindante

adjourn, suspender, diferir, pos(t)poner

adjourn a meeting, suspender una junta

adjourned session, sesión aplazada

adjudication of bankruptcy, apertura del procedimiento de quiebra

adjudication of rights, adjudicación de derechos

adjudication order, declaración judicial de quiebra con designación de administrador del quebrado

adjudicator, adjudicador

adjunct account, cuenta auxiliar

adjust an average, liquidar una avería

adjust the book value, ajustar el valor contable

adjustable rate mortgage *(a.r.m.),* hipoteca con tipo de interés ajustable

adjusted balances, saldos ajustados

adjusted entries, asientos de regularización

adjusted figures, cifras revisadas

adjusted market price (of shares) at year end, cotización ajustada (de las acciones) a fin de año

adjusted market price per share, cotización ajustada por acción adjusted net income, beneficio neto ajustado

adjusted results per share, resultados ajustados por acción

adjusted trial balance, balance de comprobación ajustado

adjuster, tasador; asesor; componedor

adjusting entry, asiento de ajuste

adjustment, ajuste

adjustment bond, bono sobre beneficios

adjustment costs, gastos de liquidación

adjustment entry, asiento de regularización, asiento de ajuste

adjustment of the balance of payments, ajuste de la balanza de pagos

adjustment of the securities portfolio, saneamiento de la cartera de valores

adjustment of premium, ajuste de prima al vencimiento

administer property, administrar un patrimonio

administered price, precio controlado

administration, administración

administration costs, gastos de administración

administration expenditures, gastos de administración

administrative accounting, contabilidad administrativa

administrative admonition, admonición administrativa

administrative board, consejo de administración

administrative expenses, gastos (generales) de administración

administrative message, mensaje administrativo, nota interior

administrator, administrador

administrator of estates, administrador de fincas

Admiralty Law, Derecho Marítimo (GB)

admissible assets, activo computable

admission fee, derechos de admisión

admission of securities to the stock market, admisión de títulos a la cotización oficial

admission temporaire, admisión temporal

admit, admitir; reconocer deudas

admit a new partner, admitir a un nuevo socio

admitted assets, activo aprobado, activo confirmado, activo admitido

admitted to practice, apto para el ejercicio de su profesión

admonition, amonestación

adopt a resolution, acordar una resolución

adrift, a la deriva

adulteration of proceedings, falsificación de procedimientos

adulterator, falsificador

advance, anticipo, adelanto; adelantar, pagar por adelantado, pagar por anticipado

advance against pledged securities, préstamo sobre pignoración de efectos

advance against shipping documents, anticipo contra documentos de embarque

advance collection, cobro por adelantado

advance-decline ratio, número de valores que avanzan dividido por el número de los que retroceden en un período concreto

advance deposit, depósito previo

advance freight, flete pagado, porte pagado

advance from a current account, anticipo de cuenta corriente

advance in seniority, ascenso por antigüedad

advance money, anticipar fondos

advance money on securities, anticipar dinero sobre valores

advance note, nota de anticipos

advance of funds, anticipo de fondos

advance of money, anticipo de dinero, anticipo de fondos

advance on freight, anticipo sobre el flete

advance payment, pago anticipado; anticipar el pago

advance payment on account of, anticipo a cuenta de

advance repayment, reembolso anticipado

advance warning, preaviso

advanced dividend, dividendo anticipado

advancement, anticipo, pago adelantado; promoción, ascenso

advances from customers on sales tax, anticipos de clientes a cuenta sobre ingresos mercantiles

advances option, opción para anticipos

advances to contractors, anticipos a contratistas

advantageous balance of trade, balanza comercial ventajosa

adventitious, accidental

adverse, adverso, desfavorable

adverse balance of trade, balanza comercial desfavorable

adverse claim, reclamación de tercero sobre bienes embargados

adverse stock market conditions, coyuntura bursátil desfavorable

adverse verdict, sentencia desfavorable

advertisement *(ad),* anuncio

advertising, publicidad

advertising agency, agencia publicitaria

advertising budget, presupuesto de publicidad

advertising media, medios publicitarios

advertising campaign, campaña publicitaria

advertising coverage, cobertura publicitaria

advertising department, departamento de propaganda

advertising expenses, gastos publicitarios

advertising goal, objetivo publicitario

advertising supplies, material de propaganda

advice, aviso, notificación, carta de aviso; consejo

advice of execution, aviso de ejecución

advise, avisar, comunicar

advising bank, banco avisador

advisor, asesor

advisory committee, comité asesor, comité consultivo

advisory funds, fondos de colocación no discrecional

advocate, abogado defensor; apoyar, abogar por, defender

advocator, abogado

Af.D.B., ab. *African Development Bank* (Banco Africano de Desarrollo)

affair, asunto

affect, pignorar, hipotecar; afectar

affeer, tasar

affiant, declarante, deponente

affidavit, declaración jurada, certificación, acta notarial

affiliate, afiliado; filial; afiliar

affiliated and inter-company accounts, cuentas intrasistema

affiliated company, compañía asociada, compañía afiliada, sociedad filial

affiliated member, miembro afiliado

affiliation, afiliación

affirmative pregnant, alegación afirmativa que lleva implícita otra negativa

affirmative vote, voto afirmativo, voto favorable

affirmative warranty, garantía expresa, garantía escrita

afflux of capital, entrada de capital, afluencia de capitales

affreight, fletar

affreighter, fletador

affreightment, fletamento

afloat *(aflt),* a flote; libre de deudas o compromisos financieros

aforementioned, susodicho, mencionado

aforenamed, susodicho, mencionado

aforesaid, susodicho, mencionado

African Development Bank *(Af.D.B.),* Banco Africano de Desarrollo

after account, cuenta nueva

after action report, examen de resultados (créditos sindicados)

after date *(a/d),* días (después de la) fecha

after-date bill, letra a cierto plazo de la fecha

after-hours service, servicio fuera de hora

after market, mercado secundario

after-market transactions, transacciones inmediatas

after sight *(a/s),* a... días vista

after-sight bill, letra a cierto plazo de la vista

after-tax earnings, beneficios después de deducir impuestos, beneficios netos

after-tax yield, beneficios después de deducir impuestos, beneficios netos

after taxes, después de impuestos

against all risks *(a.a.r., a.r.),* contra todo riesgo

against payment, previo pago

age at entry, edad de entrada

age at expiry, edad término

age limit, límite de edad

aged account, cuenta vencida

agency, agencia; organismo oficial, organismo público, dirección general (en Ministerios)

agency agreement, acuerdo de apertura de relaciones de corresponsalía

agency arrangements, trámites para apertura de relaciones de corresponsalía

agency fee, comisión de agente (créditos sindicados)

agenda, agenda, temario, orden del día, puntos a tratar

agent, agente; representante, mandatario, corresponsal

agent bank, banco agente

agent middleman, agente mediador

agent of exchange, corredor de bolsa

agent's commission, comisión de agente

agent's lien, derecho de retención, por parte del agente, de mercancías de su principal sobre comisiones no pagadas

aggregate, total; totalizar

aggregate allowance, fondo acumulado

aggregate amount, suma total

aggregate benefit, beneficio total

aggregate estimate, cálculo de conjunto

aggregate indemnity, indemnización total

aggregate liability, responsabilidad total

aggregate liability index, ficha de acumulación de riesgos

aggregate principal amount, capital total más intereses acumulados

aggregate table, tabla agregada

aggregate value, valor global

aggregation levels, niveles de agregación

aggregative economics, macroeconomía

aggressive attitude, actitud agresiva

aging, análisis de antigüedad de las cuentas

agio, agio

agio drop, caída del agio

agiotage, especulación en el mercado de divisas

agreed value, valor convenido

agreement, acuerdo, convenio, contrato; consenso

agreement among underwriters, acuerdo entre aseguradores de la emisión

agreement by the job, contrato a destajo

agreement clause, cláusula contractual

agreement for exclusiveness, contrato de exclusividad

agreement of lease, contrato de arrendamiento

agreement to the contrary, pacto en contrario

agreement of service, contrato de trabajo

agricultural cooperative, cooperativa agrícola

agricultural credit, crédito agrícola

agricultural credit bank, banco de crédito agrícola

agricultural insurance, seguro agrícola

aid, asistencia, ayuda; ayudar

aim, meta, fin, propósito, objeto, finalidad

air consignment note, carta de (trans-) porte aéreo, conocimiento de embarque aéreo

air freight, flete aéreo, carga por avión, aerocarga

air mail, correo aéreo

air mail receipt, recibo de correo aéreo

air mail transfer *(a.m.t.),* transferencia de fondos por correo aéreo

air rights, derechos aéreos, derecho al espacio aéreo existente sobre un terreno, que puede venderse separadamente de éste

air transport insurance, seguro de transportes aéreos

air waybill, conocimiento de embarque aéreo

aircraft hull insurance, seguro de cascos (aviación)

aircrafts, aeronáuticas (bolsa)

airfreighting, flete aéreo

airliner, avión comercial (líneas regulares)

airway bill of lading, conocimiento de embarque aéreo

Aladdin bond, bono de una emisión resultante de la conversión de otra anterior

aleatory contract, contrato aleatorio

ALGO, (ab. *algorithmic language*) lenguaje algorítmico, lenguaje de programador (Inf.)

algorithm, algoritmo (Inf.)

alias bank, banco asociado a otro principal

alias dictus (lat.), por otro nombre

alienation of property, enajenación de bienes

alimony in gross, suma alzada, suma total

all charges deducted, deducidos todos los gastos

all charges to goods, todos los gastos con cargo a la mercancía

all-in, todo comprendido en el precio

all-in cost, coste total, coste más gastos

all-in policy, póliza a todo riesgo

all-loss insurance, seguro a todo riesgo

all or none, todos o nada, todos o ninguno; orden que sólo puede ejecutarse en su totalidad (bolsa)

all risks insurance, seguro a todo riesgo

allegement, alegación, alegato

allied company, compañía asociada, sociedad filial

allied member, dependiente de corredor de bolsa (Esp.)

allied products, productos asociados

allocable, imputable

allocate, asignar, imputar

allocated functionally, aplicado funcionalmente

allocation, asignación, adjudicación

allocation of funds, provisión de fondos

allocation of operating costs, imputación de costes operativos allocation process, proceso de imputación

allocation to reserves, atribución a reservas

allonge, suplemento a una letra, anexo a la letra para recoger endosos adicionales

allotment, asignación, cuota, adjudicación, distribución, reparto

allow a discount, conceder un descuento, otorgar descuento

allowable deductions, deducciones autorizadas

allowance, rebaja, bonificación; provisión, dotación; pensión; tolerancia

allowance account, cuenta de reserva

allowance for credit losses and country risk, provisiones para insolvencias y riesgo-país

allowance for doubtful accounts, provisión para cuentas dudosas

allowance for exchange losses, reserva de cambio

allowance for tare, rebaja por tara

allowance and discounts on sales, rebajas y descuentos sobre ventas

allowances reserve, reserva para bonificaciones

alongside (a/s), sobre muelle, al costado del buque

alpha value, valor alfa

alphabet, alfabeto

alphanumeric code, código alfanumérico (Inf.)

alphanumeric field, campo alfanumérico (Inf.)

alter the balance, alterar los resultados

alter the books, alterar los libros

alter the partnership agreement, alterar el contrato de sociedad

alteration of amount, alteración de cantidad

alteration switch, conmutador de alteración (Inf.)

altered cheque (USA = check), cheque manipulado

altered information, información manipulada

alternate, suplente

alternative cost, coste alternativo

alternative investment plans, fórmulas alternativas de inversión

alternative order, orden que ofrece dos opciones al corredor (bolsa)

alternative relief, recursos alternativos

always afloat (a.a.), siempre a flote

amalgamation, amalgama; fusión

ambulatory will, testamento revocable

amendatory deed, escritura de modificación

amendment, modificación, rectificación, enmienda

amendment of bylaws, modificación de los estatutos

amends, compensación, reparación

American option, opción americana

American Standards Association (A.S.A.), Asociación Americana de Normas

amicable compounder, amigable componedor, juez de controversia

amicable referee, amigable componedor, juez de controversia

amicable settlement, liquidación amistosa

amicus curiae (lat.). amigo del tribunal

amortizable assets, activos amortizables

amortizable debt, deuda amortizable

amortization, amortización

amortization of a loan, amortización de un empréstito, amortización de un préstamo

amortization of bonds, amortización de obligaciones

amortization of capital, amortización de capital

amortization of notes, amortización de pagarés

amortization percentage, tasa de amortización, porcentaje de amortización, cuota de amortización

amortization quota, cuota de amortización

amortization rate, tasa de amortización, porcentaje de amortización, cuota de amortización

amortization reserve, reserva para amortizaciones

amortization schedule, plan de amortización

amortize, amortizar

amortized loan, crédito amortizado

amortized securities, títulos amortizados

amortized stock, acciones amortizadas

amotion, desposesión de un cargo

amount, importe, cantidad, montante; (SA) monto; importar, ascender a

amount due, suma debida

amount in dispute, cantidad en disputa

amount of bill, importe de la factura

amount of damage, importe del daño

amount outstanding, deuda pendiente

amount payable forwith, cantidad pagadera de inmediato

amount payable on settlement, valor de liquidación

amplitude, amplitud; distancia entre el punto más alto y el más bajo de una gráfica

analog computer, ordenador analógico (Inf.)

analog model, modelo analógico (Inf.)

analysis by ratios, análisis por (medio de) razones

analysis of distribution by value, análisis de distribución por valores

analysis of expenditures, análisis de gastos

analysis of expenses, análisis de gastos

analysis of handwriting, análisis grafológico

analysis of the market, análisis del mercado

analyst, analista (Inf.)

analytical balance sheet, balance analítico

analytical breakdown. descomposición analítica, desglose analítico

analytical cost accounting, contabilidad analítica de costes

analytical jurisprudence, jurisprudencia interpretativa

analytical summary, resumen analítico

ancillary, subsidiario, subordinado

ancillary letter of credit, carta de crédito auxiliar

animus lucrandi (lat.), ánimo de lucro

animus revocandi (lat.), ánimo de revocar

announce, anunciar

announcement, anuncio, comunicación

annual amortization, amortización anual

annual closing, cierre anual

annual dues, derechos anuales

annual examination, inspección anual

annual general meeting of shareholders, asamblea anual general de accionistas, junta general anual de accionistas

annual interest, interés anual

annual percentage increase, porcentaje anual de crecimiento, porcentaje anual de aumento

annual percentage rate (a.p.r.), tipo porcentual anual sobre descubiertos

annual premium, prima anual

annual report, memoria anual

annual return, rentabilidad anual

annual statement, estado anual, balance general, memoria anual

annualize, anualizar

annually, anualmente, al año, por año

annuitant, beneficiario de una anualidad

annuity, anualidad, pago periódico

annuity bond, bono perpetuo, bono sin vencimiento

annuity certain, anualidad incondicional

annuity depreciation method, depreciación calculada por el método de anualidades

annuity due, anualidad vencida, anualidad de pago inicial inmediato

annul, anular, cancelar, abrogar, casar, dejar sin efecto, invalidar

anomalous endorsement, endoso irregular

answer, contestación, respuesta, réplica; contestar, responder, replicar

answerable, discutible, refutable; responsable

antapocha, escritura de confirmación de una deuda

ante meridiem *(A.M.)*, de la mañana (de 12 de la noche a 12 del mediodía)

antedate, antefechar, antedatar, retrotraer

anticipated interest, interés anticipado

anticipated profits, utilidades anticipadas, ganancias previstas

anticipation warrant, cédula fiscal sobre futuros ingresos

anticipatory breach of contract, violación anticipatoria de contrato

antidilution clause, cláusula antidilución

antidumping duties, derechos protectores contra la importación a precios arbitrarios

anti-inflationary policies, medidas antiinflacionistas

anti-money laundering measures, medidas antiblanqueo

antitrust, antimonopolio

antitrust law, ley antimonopolio

antiwaiver clause, cláusula antirrenuncia

any two jointly, firmas mancomunadas

aperture card, ficha para procesar datos (Inf.)

apex, punto de intersección de dos tendencias

apocha, ápoca, acuse de recibo por escrito de un pago

app (ab. *application*), petición, solicitud

apparent authority, poder aparente

apparent danger, peligro evidente

apparent error, error manifiesto

apparent maturity, vencimiento aparente

apparently abnormal behavio(u)r, comportamiento aparentemente anómalo

appeal, apelación, recurso, alzada; apelar, recurrir, alzarse

appeal for amendment, recurso de enmienda, recurso de reforma

appeal for annulment, recurso de casación, demanda de nulidad

appeal for reversal, recurso de reposición

appealable, apelable

appear, personarse, comparecer

appearance bail, fianza de comparecencia

appearance before, comparecencia ante

appearance by attorney, comparecencia por apoderado, comparecencia por medio de abogado

appearance by counsel, comparecencia por medio de abogado

appellant, apelante, recurrente, demandante

appellee, demandado

appendant, accesorio

appendix, apéndice, anexo

applicant, solicitante, solicitante de un puesto; peticionario; ordenante; proponente

applicant to membership, postulante a miembro

application, petición, solicitud, aplicación

application for a job, solicitud de empleo

application form, impreso para solicitud de empleo

application for a loan, solicitud de un crédito

application holder, góndola para impresos de petición

application of funds, empleo de la financiación, aplicación de los fondos

application of funds statement, estado de origen y aplicación de fondos

applied burden, gastos de fabricación asignados

applied cost, coste aplicado

applied economics, economía aplicada

apply for a job, solicitar empleo, pedir trabajo

apply for a loan, solicitar un crédito

appoint, nombrar

appointment, nombramiento, designación

appointment circular, circular de nombramiento

apportionment, prorrateo, distribución, derrama

appraisal, valoración, tasación, (SA) avalúo

appraisal of damage, evaluación del daño

appraisal surplus, superávit de revaluación, beneficio procedente de valoración

appraise, peritar, valorar, evaluar, tasar

appraised value, valor estimado

appraiser, tasador

appraising, peritación

appreciation, apreciación, revalorización

appreciation surplus, superávit de apreciación

apprehension, captura, arresto

apprentice, aprendiz

apprenticeship, aprendizaje

appropriated profits, utilidades aplicadas

appropriated surplus, superávit reservado, superávit asignado

appropriation, dotación, aplicación, distribución, aplicación de utilidades, distribución de beneficios; apropiación, estimación, asignación

appropriation for statutory fees, dotación para atenciones estatutarias

appropriation of earnings to reserves, dotación de beneficios a reservas

appropriation of net income, aplicación de los ingresos netos

approval, aprobación, conformidad, visto bueno

approval levels, límites de aprobación, límites de autorización

approval ratio, relación de aprobaciones otorgadas

approval request, solicitud de aprobación

apron, plataforma de cemento para carga y descarga; muelle

aptitude test, examen de aptitud

arbitrage, arbitraje

arbitrage of exchange, arbitraje de cambio

arbitrage operation, operación de arbitraje

arbitrager, arbitrajista

arbitral award, laudo arbitral, sentencia arbitral

arbitrated par of exchange, tipo de cambio a la par comercial

arbitration, arbitraje, juicio arbitral, laudo, componenda, tercería

arbitration clause, cláusula de arbitraje

arbitration committee, comité de arbitraje

arbitrator, amigable componedor

archive, archivo

area search, búsqueda de zona (Inf.)

area-wide bargaining, negociación de convenio colectivo a nivel sectorial

arithmetic computation, cómputo aritmético

arithmetic progression, progresión aritmética

arra, arras, señal

arrange for the payment of a draft, hacer provisión para el pago de un efecto

arranged bank, banco concertado

arrangement, acuerdo, convenio, arreglo, concierto

arrangement fee, comisión de gestión

arrears, atrasos

arrha, arras, señal

arrival draft, efecto pagadero a la llegada de la mercancía, letra pagadera a la recepción del cargamento

arrival notice, notificación de llegada

arson, incendio intencionado

arson clause, cláusula de incendios

article, artículo, cláusula

articled clerk, empleado en período de prácticas, empleado en fase de adiestramiento

articles of association, estatutos sociales

articles of incorporation, estatutos de constitución

articles of partnership, estatutos de asociación

artificial language, lenguaje artificial (Inf.)

as a guarantee measure, como medida de garantía

as a whole, en conjunto

as follows, como sigue, como a continuación se indica

as interest may appear, a quien corresponda, a quien pueda interesar

as is, tal cual, según es(tá), en el estado en que se encuentra

as mentioned in earlier paragraphs, conforme se indica en los párrafos precedentes, según se indica en párrafos anteriores

as of December 31, al 31 de Diciembre

as per, de acuerdo con, según, conforme a

as per advice, según aviso

as permitted by law, según permita la ley

as requested by law, conforme exige la ley, según requieren las leyes, de acuerdo con las disposiciones legales

as scheduled, según lo programado, conforme a lo programado

as soon as possible, lo antes posible, en cuanto sea factible

as soon as practicable, lo antes posible en cuanto sea factible

ascertainment of preferences, determinación de preferencias

Asian Development Bank *(A.D.B.)*, Banco Asiático de Desarrollo

asked price, cambio de venta, precio de oferta, precio de venta, precio de vendedor

asking price, cambio de venta, precio de oferta, precio de venta

assecuration, seguro marítimo

assecurator, asegurador

assemble, ensamblar (Inf.)

assembly, asamblea, junta, reunión; compaginación (Inf.)

assembly line, línea de fabricación en cadena, línea de montaje

assembly room, sala de juntas, sala de sesiones

assembly routine, rutina de compaginación (Inf.)

assent, acuerdo, convenio, contrato; acordar, convenir

assertory oath, juramento de cargo

assess, evaluar

assess costs, tasar las costas

assess damages, fijar daños y perjuicios

assessable, imponible, gravable, sujeto a contribución

assessed valuation, avalúo catastral (SA)

assessed value, valor catastral

assessment, valor catastral, avalúo catastral (SA); peritación; dividendo pasivo; contribuciones

asset accounts, cuentas de activo

asset and liability operations, operaciones de activo y pasivo

asset-backed security *(a.b.s.),* valor respaldado por activos

asset disposal, enajenación de activos

asset-liability management, gestión de (la cartera de) activos y pasivos

asset operations, operaciones activas

assets, activo; activos, empleos, recursos; cartera de valores

assets and liabilities, activo y pasivo de un balance; volumen de negocio

assets in foreign currencies, activos en moneda extranjera, activos en divisa

assets not admitted, activo no admitido

assets of a partnership, activo social

assets on the balance sheet, activos en el balance

assets sold under repurchase agreements, cesión temporal de activos

assign for security, ceder como garantía

assignable, transferible

assigned account, cuenta traspasada

assignee, apoderado, poderhabiente; cesionario, cedido; síndico de la quiebra

assignee in fact, cesionario de hecho

assignee in law, cesionario de hecho

assignment, asignación; cesión; traspaso, transferencia

assignment of a loan, cesión de un préstamo

assignment of prefixes, asignación de prefijos

assignment of registry numbers, asignación de números de registro

assignment of rights, cesión de derechos

assignor, comitente, ordenante; cedente, cesionista

assistant bookkeeper, auxiliar administrativo

assistant clerk, auxiliar administrativo

assistant general secretary, secretario general adjunto

assistant manager, subdirector

assistant secretary, vicesecretario

assistant treasurer, vicetesorero

assistant vice president, subdirector general (USA)

associate, asociado, socio; asociar

association, asociación

Association of International Bond Dealers *(A.I.B.D.),* Asociación de Intermediarios del Euromercado

assume an obligation, asumir un compromiso

assumed bond, bono garantizado por otra compañía, bono asumido

assumed liabilities, pasivo asumido, pasivo supuesto, responsabilidad asumida

assumed profit, beneficio supuesto, beneficio imaginario

assumpsit, proceso por incumplimiento de contrato

assumption, supuesto, presunción, suposición

assumption of indebtedness, asunción de la deuda

assumption of risk, asunción del riesgo

assurance, seguro de vida

assured placement, colocación asegurada

asymmetries, errors and omissions, asimetrías, errores y omisiones

asymmetry, asimetría

at a yield, con una rentabilidad

at best, al mejor, por lo mejor

at call, a la vista

at customer level, a nivel de cliente

at market rates, a los tipos de interés en el mercado

at or better, al mejor, al más favorable, por lo mejor

at par, a la par, tipo de la par

at pro-rata, a prorrata

at sight, a la vista, a su presentación

at the beginning of the year, al comienzo del ejercicio, a principios de año, a comienzos del año

at the close order, orden que se ejecuta al cierre del día

at the end of 1990, al cierre de 1990

at the end of the year, al final del ejercicio, a finales de año, a fin de año

at the market, orden al corredor, al mejor precio posible

at the money, indiferente

at-the-money option, opción «en el precio», opción «at the money»

at the opening only order, orden de ejecución al abrirse la sesión de bolsa

at the start of the year, al comienzo del ejercicio, a principios de año, a comienzos del año

attach, adjuntar; embargar, ejecutar

attachable, embargable

attached, adjunto

attacher, embargante

attaching creditor, acreedor embargante

attachment, embargo, incautación, (de)comiso, secuestro; juicio ejecutivo; entrada en vigor (del seguro)

attachment bond, fianza de embargo

attachment proceedings, diligencia de embargo

attention of, a la atención de

attest, atestación, deposición, declaración; atestar, atestiguar, deponer, dar fe

attestation, atestación, testimonio; certificado

attested copy, copia certificada

attorney, apoderado, poderhabiente, mandatario; abogado

attorney-at-law, abogado, letrado

attorney-in-fact, apoderado, representante, procurador, mandatario de hecho

attorney's lien, embargo preventivo del abogado

attributable, imputable

atypical results, resultados atípicos

auction, subasta, remate; subastar, rematar, sacar a subasta

auction sale, venta en subasta

auctioneer, subastador; rematador, martillero (SA)

auctor, principal, comitente

audit, auditoría, examen de cuentas, revisión de cuentas, glosa, censura de cuentas; auditar, revisar las cuentas

audit fees, honorarios de auditoría

audit of details, censura detallada

audit scope, alcance de la auditoría

audit trail, referencia de auditoría

audited figures, cifras revisadas

auditing, auditoría

auditing standards, normas de auditoría

auditor, auditor, censor jurado de cuentas

auditor's office, (oficina de) auditoría

auditor's report, informe de los censores jurados de cuentas

Aussie bond, bono en dólares australianos

autarchy, autarquía

authenticate, autenti(fi)car, legalizar, refrendar

authentication, autenti(fi)cación, legalización, refrendo

authentication of notes, autenti(fi)cación de pagarés

authentication of signature, reconocimiento de firma

authenticity, autenticidad

authenticum (lat.), documento original

authority, autoridad; apoderamiento, autorización

authority by estoppel, autorización por impedimento

authority to negotiate drafts, autorización para negociar efectos

authority to pay, autorización para el pago

authority to purchase, autorización de compra

authority to sell, autorización de venta

authorization, autorización

authorization cancellation, cancelación de autorización

authorization centre (USA = *center*), centro de autorizaciones

authorization centre identification number (USA = *center*), número de identificación de centro de autorizaciones

authorization code, código de autorización, número de autorización

authorization facilities, servicios de autorización

authorization inquiry, solicitud de autorización

authorization number, número de autorización, código de autorización

authorized, autorizado

authorized capital, capital autorizado

authorized foreign exchange bank, banco habilitado para operaciones en divisas

authorized signature, firma autorizada

authorized signature list, lista de firmas autorizadas

authorizing member, miembro autorizador

autocoder, autocodificador (Inf.)

autocorrelation, autocorrelación

automated, informatizado

automated teller machine *(A.T.M.),* cajero automático permanente

automatic coding, codificación automática (Inf.)

automatic data processing *(A.D.P.),* proceso automático de datos (Inf.)

automatic reinstatement, restauración automática (Inf.)

automatic termination, rescisión automática

automation, automación

automobile insurance, seguro de automóviles

automobiles and trucks, automóviles y camiones, material móvil, parque móvil

auxiliary, auxiliar, subsidiario, accesorio

auxiliary accounting book, libro auxiliar de contabilidad

auxiliary cashbook, libro auxiliar de Caja

auxiliary ledger, libro auxiliar del Mayor

auxiliary personnel, personal subalterno

auxiliary storage, almacén de memoria complementario (Inf.)

avail of a credit, utilizar un crédito

availability of capital, disponibilidad de capitales

availability of exchange for imports, disponibilidad de divisas para la importación

available, disponible

available assets, activo disponible, activo realizable

available balance, saldo disponible

available for the purpose, disponible a tal efecto

available funds, recursos disponibles

available limit, límite disponible

availment, disposición

aval, aval

average, promedio; avería

average adjuster, tasador de averías, perito tasador

average adjustment, liquidación de averías

average age of receivables, antigüedad media de los efectos a cobrar

average balance, saldo medio

average bond, fianza de avería

average claim, coste medio por siniestro

average cost, costo medio

average cost of funds, costo medio de los recursos

average credit balance, saldo acreedor medio

average customer deposits, recursos medios de clientes

average daily balance, saldo medio diario

average daily production, producción media diaria

average daily volume of trading *(A.D.V.)*, volumen diario de contratación de acciones

average deposit per account, saldo medio por cuenta

average discount term, plazo medio de descuento

average due date, fecha media de vencimiento, vencimiento común, plazo medio

average equity, recursos propios medios

average equity to average deposits ratio, relación entre recursos propios medios y recursos ajenos medios

average exchange rate adjustment, ajuste medio de los tipos de cambio

average foreign currency assets, empleos medios en divisa

average funds, recursos medios

average implicit risk premium, prima media implícita de riesgo

average inventory at cost, inventario promedio al costo

average inventory at selling price, inventario promedio al precio de venta

average inventory in units, inventario promedio por unidades

average investment balance, saldo medio de la inversión

average life *(a.l.)*, vida media, duración media

average liquidity surplus, excedente medio de liquidez

average loan and discount investment, inversión bancaria típica media

average loans and discounts per branch office, inversión media por oficina

average loss, pérdida parcial

average number of shares, número medio de acciones

average overall cost of funds, tipo medio de coste global de los recursos

average peseta assets, empleos medios en pesetas

average premium, prima media

average price, precio medio

average rate, tipo medio, tasa media

average rate of cost of customer deposits, tipo medio de coste de los recursos de clientes

average rate of return on outstanding credit, tipo medio de rendimiento resultante

average rate of return on peseta credit, tipo medio de rendimiento del crédito en pesetas

average rates of return, tipos medios de rendimiento

average rates of return and cost, tipos medios de rendimiento y coste

average rise, aumento medio

average size of transactions, montante medio de las operaciones, monto medio de las transacciones (SA)

average stater, tasador de averías, perito tasador

average stockholders' equity and profitability, evolución contable de los recursos propios medios

average stockholders' equity (pay-out), porcentaje de beneficio que se reparte

average stockholders' equity and average total funds, recursos propios medios y recursos totales medios

average surveyor, tasador de averías, perito tasador

average total assets, activos medios totales

average turnover, volumen medio de negocio

average value of notes discounted, importe medio por efecto descontado

average value per note, importe medio por efecto

average volume of business handled, volumen medio de negocio gestionado

average weighted exchange rate, tipo de cambio medio ponderado (fixing)

average yield, rendimiento medio

averaging down, comprar títulos a bajo precio para reducir el coste medio de la cartera de valores

averaging up, comprar títulos a precio alto ante la expectativa de una fuerte alza en las cotizaciones

avow, reconocer, admitir; declarar, confesar

award, juicio, fallo, laudo, decisión tomada en arbitraje; adjudicación de contrato; adjudicar; fallar

awareness and training program, programa de divulgación y formación

axe (to grind), intereses personales

B

B.A.I. certificate, certificado de control veterinario norteamericano (expedido por el Bureau of Animal Industry)

b.d.i., ab. *both dates included* (ambas fechas inclusive)

b.d.r., ab. *bearer depositary receipt* (recibo de depósito al portador)

B4, ab. *before* (antes)

b.f.s., ab. *business for self* (negocios personales)

B.I.N., ab. *bank identification number* (número de identificación del banco)

B.I.S., ab. *Bank for International Settlement* (Banco de Pagos Internacionales *(B.P.I.)*

b/l, ab. *bill of lading* (conocimiento de embarque)

B. of E., ab. *Bank of England* (Banco de Inglaterra)

b.p.c., ab. *bearer participation certificate* (certificado de participación al portador)

B/S total, ab. *balance sheet total* (total del balance)

b.w., ab. *bid wanted* (petición de puja sobre un valor)

baby bond, bono de valor nominal inferior a $1.000 (USA)

back bond, contrafianza

back freight, flete de retorno

back of the bill, reverso del efecto

back taxes, impuestos atrasados

back to back credit, crédito documentario subsidiario, crédito «back to back», crédito respaldado

back to back loans, créditos de mutuo respaldo

backdate, antefechar, retrotraer

background of oil crisis, antecedentes de la crisis del petróleo

backing, aval, garantía

backlog, pedidos sin cumplimentar

backstop role, compromiso de los colocadores de una emisión

backward area, área no desarrollada, región deprimida

bad debt recovery, recuperación de dudosos

bad debts, créditos dudosos, deudores morosos, créditos incobrables, deudas incobrables, fallidos

bad debts charged off, cuentas incobrables canceladas

bad debts written off, cuentas incobrables llevadas a la cuenta de resultados

bad faith, mala fe

bad money, dinero falso

bad risk, mal riesgo

bail, fianza, caución, prestar fianza, entregar en depósito

bail below, fianza ordinaria

bail bond, fianza, caución

bailee, depositario

bailer, depositante, fiador

bailment, objeto depositado

bailor, depositante, fiador

baker's dozen, docena larga, trece por doce

balance, balance, saldo, diferencia, saldar, dar finiquito, nivelar un presupuesto

balance account, cuenta del balance

balance an account, saldar una deuda

balance cash, hacer arqueo

balance certificate, balance de situación, estado de cuenta

balance counter, contador de saldos (Inf.)

balance for carry forward, remanente a cuenta nueva

balance in our favo(u)r, saldo a nuestro favor

balance in power and management, equilibrio de poder y gestión

balance item, partida de balance

balance of payments, balanza de pagos

balance of payments difficulties, dificultades de la balanza de pagos

balance of payments forecasts, previsiones de balanza de pagos

balance of payments management, gestión de la balanza de pagos

balance of stock, saldo de existencias

balance of the securities portfolio, saldo de la cartera de valores

balance of trade, balanza comercial

balance of verification, balance de comprobación

balance on hand, saldo disponible

balance outstanding, saldo pendiente

balance sheet, balance, balance general, balance de situación

balance sheet analysis, análisis del balance

balance sheet audit, auditoría de balance

balance sheet sensitivity, sensibilidad del balance

balance sheet showing a loss, balance deficitario

balance sheet showing a profit, balance de saldo favorable

balance sheet total, total del activo o del pasivo, total del balance

balance test, prueba de saldos (Inf.)

balance the budget, nivelar el presupuesto, equilibrar el presupuesto

balanced budget, presupuesto equilibrado

balanced economy, economía equilibrada

balanced growth, crecimiento equilibrado

balancing entry, asiento de complemento, contrapartida

balancing of portfolio, compensación de riesgos

balloon loan, préstamo reembolsable en su mayoría al vencimiento

balloon maturity, vencimiento final de bonos reintegrados en cifra superior a otras previas; último vencimiento

balloon note, préstamo globo, préstamo sin amortizaciones parciales

balloon payment, último pago de un préstamo, arrendamiento financiero o adquisición con pagos aplazados; amortización progresiva

bank, banco; hacer operaciones bancarias

bank acceptance, aceptación bancaria, aceptación del banco

bank account, cuenta bancaria

bank bill, letra bancaria; billete de banco

bank branch, sucursal bancaria

bank cash ratio, coeficiente de caja

bank charges, comisión bancaria

bank circuit, circuito bancario

bank clearings, compensaciones bancarias

bank clerk, empleado de banca

Bank Collective Wage Agreement, Convenio Colectivo de Banca (Esp.)

bank commission, comisión bancaria

bank connection, relación bancaria

bank credit, crédito bancario

bank deposit, depósito bancario

bank discount, descuento bancario

bank discount rate, tasa de descuento bancario

bank draft, efecto interbancario, letra bancaria, giro bancario, libramiento de un banco sobre otro banco, cheque bancario

bank endorsement, endoso bancario

bank expansion plan, plan de expansión bancaria

bank failure, quiebra bancaria

Bank for International Settlement (B.I.S.), Banco de Pagos Internacionales (B.P.I.)

bank guarantee, garantía bancaria

bank investment, inversión bancaria

bank liquidity, liquidez bancaria

bank liquidity regulation, regulación de la liquidez bancaria

bank loan, préstamo bancario

bank manager, director de banco

bank note, billete de banco

bank of circulation, banco emisor, banco de emisión

bank of discount, banco de descuento

Bank of England (B. of E.), Banco de Inglaterra

bank of issue, banco emisor, banco de emisión

bank office, oficina bancaria

bank overdraft, descubierto, sobregiro

bank paper, papel bancario, efectos bancarios

bank premises, instalaciones del banco

bank rate, tipo bancario

bank rate for collateral loans, tipo de pignoración, tipo de interés para créditos pignoraticios

bank reconciliation, comprobación de cuentas bancarias, conciliación de estados bancarios

bank reference, referencia bancaria

bank reserves, reservas bancarias

bank risk, riesgo bancario

bank run, retirada masiva de depósitos bancarios

bank secrecy, secreto bancario

bank shares, acciones bancarias, papel bancario

bank statement, balance del banco, extracto de cuenta bancaria

bank status, estatuto bancario, calidad de entidad bancaria

bank stock, acciones bancarias, papel bancario

bank syndicate, consorcio bancario

bank system, sistema bancario

bank training centre (USA = center), centro de estudios bancarios

bank vault, cámara acorazada

bank with the Banco Popular Español, operar con el Banco Popular Español, mantener relaciones bancarias con el Banco Popular Español

bankable bill, letra sobre plaza bancable

bankable project, proyecto financiable

bankbook, libreta bancaria, libreta de ahorros, libreta de imposiciones, cartilla de depósitos

banker, banquero

banker's acceptance, aceptación bancaria, aceptación de banco

banker's acceptance tender facility, oferta de aceptación bancaria

banker's advance, préstamo bancario; anticipo bancario

banker's charges, comisiones bancarias, comisión del banco

banker's cheque (USA = *check*), cheque bancario

banker's credit, crédito bancario

banker's guarantee, garantía bancaria

banking, banca, bancos, entidades de depósito; bancario

banking and investment, banca e inversión

banking business, negocio bancario

banking circles, círculos bancarios

banking commission, comisión bancaria

banking company, banco, sociedad bancaria

banking correspondent transaction balances, saldos de corresponsalía por operaciones de tráfico

banking facilities, facilidades bancarias, servicios bancarios

banking hours, horas de oficina bancaria, horas de despacho al público (banca)

banking house, casa de banca, entidad bancaria

banking industry, sistema bancario, sector de la banca

banking infrastructure, infraestructura bancaria

banking institution, entidad bancaria, institución bancaria

banking office, oficina bancaria

banking operations, operaciones bancarias

banking practice, uso bancario, prácticas bancarias

banking receipt, recibo del transitario destinado al banco

banking secrecy, secreto bancario

banking sector's index, índice del sector bancario

banking services, servicios bancarios

banking subsidiaries, bancos filiales

banking system, sistema bancario, sector de la banca

banking technology, tecnología bancaria

banking transactions, operaciones bancarias

banknotes, billetes de banco, papel moneda

bankrupt, quebrado, insolvente

bankrupt's estate, masa de bienes de un quebrado

bankruptcy, quiebra, bancarrota, insolvencia

bankruptcy discharge, rehabilitación (en quiebra)

bankruptcy law, ley de quiebras

bankruptcy notice, aviso de decisión de incoar el procedimiento de quiebra

bankruptcy proceedings, juicio de quiebra

banks and bankers, bancos y banqueros

bar, barra de oro o plata; colegio de abogados

bar chart, representación gráfica de la evolución del precio y volumen de un valor incluyendo altos, bajos y cierres

bare legal title, nuda propiedad

bareboat charter, fletamento de un buque con los mismos derechos que su propietario

bargain, ganga; regatear precios

bargain and sale, compraventa

bargain sale, venta de rebajas

bargainee, contratante comprador

bargaining, negociación; regateo

bargainor, contratante vendedor

barge, chalana, gabarra, barcaza

barge bill of lading, conocimiento de embarque fluvial

baron, financiero o industrial influyente (col.)

barratry of the master and mariners, baratería del capitán y la tripulación

barrel, barril (como recipiente y unidad de medida —de varias capacidades—)

barren money, dinero que no produce interés ni utilidades, dinero improductivo

barrister, abogado (GB)

barter, trueque

base, base; diferencia entre el precio de un instrumento en efectivo y un contrato a plazo

base coin, moneda falsa

base price, precio base

base rate, tipo (de) base, tipo básico

baseline data, datos aplicados como punto de referencia

basic coding, codificación básica (Inf.)

basic premium, prima base

basic problem, problema esencial

basic rate, tarifa base

basic wage, salario mínimo

basis, base; diferencia entre el precio de un instrumento en efectivo y un contrato a plazo

basis of presentation and consolidation, bases de presentación y consolidación

basis point, centésimo de entero, punto base, punto básico, centésimo

basis risk, riesgo de base

basis spread, diferencial de base

basis trade, operación de base, operación sobre la desviación de la base

basket purchase, compra global de activos

batch, galerada, lote

batch costing, costo por lotes

batch header, identificador de galerada (Inf.)

batch processing, procesamiento por lotes (Inf.)

baud, baudio (Inf.)

be aware of, ser consciente de, estar al tanto de

be bonded, tener fianza

be concerned about, preocuparse por, estar preocupado respecto a, mostrar preocupación hacia

be idle, estar ocioso, estar desocupado, estar inactivo

be it enacted, decrétese

be it resolved, resuélvase

be open to losses, verse abocado a sufrir pérdidas

be pushed for money, andar escaso de dinero

be short of money, andar escaso de dinero

bear, bajista; a la baja

bear covering, compra para cubrir ventas al descubierto

bear interest, devengar intereses, producir intereses

bear market, mercado a la baja, mercado bajista

bear sale, venta al descubierto

bear the date of, llevar fecha de

bear the market, jugar a la baja

bear trap, falso movimiento bajista

bearer, portador, tenedor

bearer bond, título al portador, obligación al portador

bearer cheque (USA = *check*), cheque al portador

bearer depository receipt *(b.d.r.)*, recibo de depósito al portador

bearer instrument, instrumento al portador, documento al portador, instrumento traspasable

bearer paper, títulos al portador, documentos traspasables

bearer participation certificate *(b.p.c.)*, certificado de participación al portador

bearer scrip, vale al portador; cédula

bearer securities, títulos a la orden, valores al portador

bearer share, acción al portador

bearer stock, acciones al portador

bearish, en baja, a la baja

bearish attitude towards, actitud pesimista ante

bearish covering, compra de cobertura

bearish market, mercado a la baja

bearish tendency, tendencia a la baja

beat the gun, adelantarse en una oferta (col.)

become bankrupt, quebrar, ir a la quiebra

become effective, entrar en vigor, hacerse efectivo

before-cited, mencionado, antes citado, susodicho

before hatch opening, antes de abrir escotillas, antes de la descarga

before me, ante mí

before-mentioned, mencionado, antes citado, susodicho

before taxes, antes de deducir impuestos

before written, mencionado, antes citado, susodicho

behavio(u)r of savings, evolución del ahorro

belated claim, daño diferido

bells and whistles, señuelo (col.)

bellwether bond, bono para medir el comportamiento del mercado

below par, bajo la par

below the line, partida no considerada en el presupuesto inicial

bench warrant, auto judicial para detención de una persona

benchmark, punto de referencia

beneficial improvement, mejora patrimonial

beneficial owner, propietario beneficiario

beneficial ownership, posesión a través de un tercero

beneficiary, beneficiario

beneficiary clause, cláusula de beneficiario

beneficium cedendarum actionum, (lat.) beneficio sobre cesión de acciones

benefit fund reserve, reserva para auxilios a empleados

benefit of inventory, a beneficio de inventario

benefit plan service, centro de promoción social

benefits from development of reserves, ventajas de la explotación de reservas

benefits in kind, prestaciones en especie

bequeath, legar, mandar

bequeather, testador

bequest, legado

best banking practices, usos bancarios más idóneos

best bid, mejor oferta

best of my knowledge and belief (to the), a mi leal saber y entender

best seller, artículo de venta masiva (col.)

beta coefficient, coeficiente beta

beta value, valor beta

betrayal of confidence, abuso de confianza

better paid position, colocación con mejor retribución

betterments, mejoras

beyond sea, en el extranjero

bias, sesgo, predisposición, tendencia

bid, OPA (oferta pública de adquisición de acciones); precio de compra ofertado; oferta, puja, licitación; ofertar; pujar, licitar

bid and ask, oferta y demanda

bid-ask price, precio de comprador y vendedor

bid bond, fianza de participación en puja

bid deadline, fecha tope para la oferta

bid in, sobrepujar en beneficio del vendedor

bid market, demanda superior a la oferta (divisas)

bid price, precio de comprador, precio de compra

bid quote, tipo de tanteo

bid wanted (b.w.), petición de puja sobre un valor

bidder, postor, licitante, licitador

big figure, parte principal de la cifra (USA = *handle*)

bilateral grant, préstamo bilateral

bilateral payments arrangement, convenio bilateral de pagos

bilateralism, bilateralismo

bilding specifications, pliego de condiciones

bill, factura (USA), cuenta; pagaré; giro, letra; facturar, girar

bill book, libro registro de facturas; libro registro de efectos a pagar o cobrar

bill broker, corredor de cambios

bill for fraud, reclamación por fraude

bill obligatory, pagaré

bill of costs, pliego de costas

bill of debt, pagaré

bill of entry, declaración de entrada (aduanas)

bill of exchange, letra de cambio, efecto cambiario, cambial, libranza

bill of exchange at a discount, letra de cambio al descuento, efecto al descuento

bill of exchange for collection, letra de cambio al cobro, efecto al cobro

bill of health, patente de sanidad, carta de sanidad, certificado sanitario

bill of lading (b/l), conocimiento de embarque

bill of lading consigned to, conocimiento de embarque consignado a

bill of lading to order, conocimiento de embarque a la orden

bill of sale, carta de venta, nota de venta, instrumento de venta, certificado de conformidad a la venta realizada, contrato de venta; contrato de prenda sin desplazamiento

bill of sufferance, carta de exención

bill payable at a fixed date, letra a fecha fija, efecto con vencimiento fijo

bill single, pagaré

billable currency, moneda de facturación

billholder, tenedor de la letra

billing cycle, ciclo de facturación

billing date, fecha de facturación

billion, billón (GB = millón de millones; USA = mil millones

bills discounted, letras descontadas, efectos descontados

bills for collection, efectos a cobrar, facturas al cobro

bills in set, letras de cambio y sus documentos anejos

bills not hono(u)red at maturity, papel vencido

bills on hand, efectos en cartera

bills payable, efectos a pagar

bills receivable, efectos a cobrar

bills to collect, efectos a cobrar

bills to pay, efectos a pagar

binary, binario (Inf.)

binary digit, dígito binario (Inf.)

bind over, poner bajo fianza

binder, recibo de pago preliminar; carpeta, encuadernador con tapas

binding, obligatorio, vinculante

binding agreement, acuerdo obligatorio

binding over, caución para comparecencia

birth certificate, partida de nacimiento

birth rate, tasa de natalidad

bit, bit, unidad de información (Inf.)

black economy, economía sumergida

black interest, interés a cobrar

black knight (col., takeover bids), caballero negro (col., opas)

black list, lista negra (relación de personas, organizaciones y países con los que se prohíbe operar)

black market, mercado negro

Black-Scholes model, modelo Black-Scholes

blading *(b/l),* ab. *bill of lading* (conocimiento de embarque)

blank acceptance, aceptación en blanco

blank bill of lading, conocimiento de embarque al portador

blank cheque (USA = *check*), cheque en blanco

blank cheque form (USA = *check*), formulario de cheque en blanco, formulario de cheque sin rellenar

blank endorsed, endosado en blanco

blank endorsed bill of lading, conocimiento de embarque endosado en blanco

blank endorsement, endoso en blanco

blank form, formulario en blanco, impreso sin rellenar

blanket bond, fianza de fidelidad de los empleados

blanket mortgage, hipoteca general

blanket policy, póliza abierta

blind entry, asiento confuso, asiento incompleto

blind test, prueba ciega

block diagram, ordinograma, diagrama por bloques (Inf.)

block of numbers, bloque de números

block of shares, lote de acciones

block offer, oferta conjunta

block tariff, tarifa bloque

block vouching, verificación de comprobantes en serie (Inf.)

blocked account, cuenta bloqueada, cuenta congelada

blocked balances, saldos bloqueados

blocked currency, moneda bloqueada, moneda de movimiento internacional controlado

blocked deposits, depósitos bloqueados

blocked funds, fondos bloqueados, fondos congelados, fondos controlados, fondos inmovilizados

blotter book, borrador del Diario

blown-out security, valor rápidamente vendido

blue button, (GB) empleado de la bolsa de valores (col.)

blue chip shares, acciones de primera categoría, acciones de primera clase

blue chips, acciones de primera categoría, acciones de primera clase (USA)

blue collar, trabajador manual (col.)

blue law, ley que prohíbe realizar negocios en Domingo

blue list, relación diaria de los títulos ofrecidos en venta

blue onips, acciones de primera categoría, acciones de primera clase

bluesky laws, legislación de control de emisión y venta de valores

board, junta, consejo, directiva; directorio (SA)

board lot, unidad bursátil equivalente a 100 acciones (USA)

board meeting, junta del consejo, sesión del consejo

Board of Conciliation and Arbitration, Junta de Conciliación y Arbitraje

board of directors, consejo de administración

bcard of management, gerencia (SA)

board of trustees, junta de síndicos

board of underwriters, consejo de aseguradores, junta de aseguradores

bodily oath, juramento solemne

body, órgano, corporación

bogus money, dinero falso (USA)

bona fide (lat.), (de) buena fe

bona fide activities, actividades legales, actividades de buena fe

bona fide holder, tenedor de buena fe

bona fide purchaser, comprador de buena fe

bona immobilis (lat.), bienes inmuebles

bona mobilis (lat.), bienes muebles

bond, bono de caja, obligación, título-valor de renta fija; fianza, responsiva (SA); dar fianza, prestar fianza; hipotecar

bond and mortgage, escritura de préstamo e hipoteca

bond auction, subasta de bonos

bond coupon, cupón de renta fija

bond debenture, obligación hipotecaria

bond debt, deuda representada por bonos

bond dividend, dividendo en bonos, dividendo en obligaciones

bond indenture, contrato legal de emisión y compra de bonos

bond issue, emisión de bonos, emisión de obligaciones

bond market, mercado de valores de renta fija

bond mortgage, cédula hipotecaria

bond of indemnity, fianza

bond premium, prima sobre bonos

bond rate, interés producido por un bono

bond serial, bonos de vencimiento escalonado

bond warrant, certificado de almacén, certificado de depósito

bond yield, rendimiento de las obligaciones

bonded debt, deuda consolidada; deuda en obligaciones, deuda en bonos

bonded goods, mercancías en depósito franco, sujetas al pago de derechos arancelarios

bonded warehouse, depósito franco, almacén franco

bondholder, obligacionista, tenedor de bonos

bonding of employees, afianzamiento de empleados

bonds and stocks securities, valores mobiliarios

bonds payable to bearer, títulos al portador, obligaciones (pagaderas) al portador

bonus, prima, gratificación, sobresueldo; participación en beneficios; gratuito

bonus issue, emisión liberada

bonus right, derecho de atribución

bonus scheme, sistema de participación en beneficios

bonus share, acción gratuita, acción con prima, acción liberada

bonus stock, acciones liberadas

book, libro; contabilizar, reservar

book account, cuenta sin comprobante

book earnings, resultados contables

book equity, recursos propios contables

book figures, cifras contables

book inventory, inventario en libros, inventario contable

book loss, pérdida contable

book loss/gain, beneficio/pérdida contable

book net assets, activo neto contable

book of original entry, libro de primer asiento, libro de asiento inicial

book profits, utilidades contables, utilidades reflejadas en los libros

book surplus, superávit contable, superávit en libros

book value, valor contable

book value of net worth, valor en libros del neto patrimonial

book value per share adjusted to bonus issues, cotización de las acciones ajustada a las ampliaciones de capital gratuitas

book yield, rentabilidad contable

bookkeeper, contable, tenedor de libros

bookkeeping, teneduría de libros, contabilidad

books of account, libros de contabilidad

books of record, libros de contabilidad

Boolean algebra, álgebra de Boole (Inf.)

boom, auge, coyuntura favorable, alta coyuntura, «boom», mercado a la alza

boom in consumption, auge del consumo

boost, impulsar, dar impulso, potenciar, maximizar

boost demand, impulsar la demanda, dar impulso a la demanda

boot, ganancia adicional (col.)

booth, puesto, «stand»

bootleg, (col.) obtenido por medios ilícitos

borrow, pedir prestado; tomar un préstamo

borrowed funds, fondos ajenos

borrowed resources, recursos obtenidos en préstamo

borrower, prestatario, tomador de un préstamo

borrower on bottomry, tomador a la gruesa

borrowing, empréstito

borrowing agreement, acuerdo de préstamo

borrowing and lending, captación y concesión de préstamos

borrowing capacity, capacidad de endeudamiento

borrowing country, país deudor, país prestatario

borrowing position, posición pasiva

borrowings, recursos ajenos

both dates included *(b.d.i.)*, ambas fechas inclusive

bottleneck, estrangulamiento, cuello de botella

bottleneck production department, departamento limitativo de producción

bottomry, préstamo a la gruesa, contrato a la gruesa, cambio marítimo, empréstito a la gruesa

bottomry bond, empréstito a la gruesa, préstamo a la gruesa

bought deal, operación de compra afianzada; emisión precolocada

bounce (col.), cheque no atendido por el banco librado por falta de fondos

bound, obligado

boycott, boicot, boicotear

brainstorming, aportación masiva de ideas, tormenta de ideas (col.)

branch, sucursal; bifurcación (Inf.); bifurcar (Inf.)

branch clearing, compensación de efectos procedentes de sucursales

branch dismantling expenses, gastos de desmantelamiento de una sucursal

branch manager, director de sucursal, director de (agencia) urbana

branch network, red de sucursales

branch office, sucursal; agencia urbana

branching expansion capacity, capacidad de expansión de sucursales

branchpoint, punto de bifurcación (Inf.)

brand, marca de fábrica; marcar

brand awareness, conocimiento de marca

brand manager, jefe de producto

breach of contract, incumplimiento de contrato

breach of trust, abuso de confianza

breadth, relación entre acciones que avanzan y retroceden

break, baja de precios; baja en los cambios; cambio de precio rápido y sensible

break-forward, contrato de compraventa de divisas a plazo en el que se conviene la liquidación previa al vencimiento con un interés prefijado

breakage, rotura

breakage clause, cláusula de rotura

breakage cost, coste de incumplimiento (después de haber anunciado una disposición de crédito)

breakdown, clasificación, desglose, detalle; desglosar

breakdown by region, desglose por regiones

breakeven chart, gráfica de equilibrio

breakeven exchange rate, cambio de compensación

breakeven point, punto muerto, punto de equilibrio

breaking into a house, allanamiento de morada

breaking jail, fugarse de la cárcel

breakpoint, indica que una nueva emisión de bonos está cotizándose por encima/debajo del precio original de venta en el mercado secundario

breakup value, valor de realización inmediata, valor residual

breve, auto, decreto

breweries (stock exchange), cervezas (bolsa)

bribe, soborno, cohecho; sobornar

briber, sobornador

bribery, soborno, cohecho

bridge financing, crédito puente

bridge over, crédito provisional

bridging advance, anticipo a corto plazo

bridging loan, préstamo-puente

briefing, conjunto resumido de instrucciones, resumen

bring inflation down, frenar la inflación, reducir la inflación, desacelerar la inflación

bring suit, entablar demanda, poner pleito

broken account, cuenta inactiva, cuenta sin movimiento

broken down, desglosado

broker, «broker», agente de bolsa, intermediario por cuenta ajena, corredor de comercio, agente mediador, intermediario financiero

brokerage, corretaje, comisión de agente, comisión de intermediación

bucket shop, bolsa clandestina (col.)

bucketing, operación ilegal de bolsa

budget, presupuesto, estimación; presupuestar, estimar

budget cut, recorte de presupuesto

budget deficit, déficit presupuestario

Budget Law, Ley de Presupuestos

budget period, período presupuestario

budgetary control, control presupuestario

budgetary variance, desviación presupuestaria

budgeted cost, coste presupuestado

buffer, cantidad prevista

buffer inventory, existencias de seguridad

bug, fallo, falla, defecto (Inf.)

building loan, crédito a la construcción

building society, sociedad de crédito inmobiliario, sociedad hipotecaria, sociedad de crédito hipotecario

buildings and premises department, departamento de inmuebles e instalaciones

bulk, masa, volumen; a granel

bulk cargo, cargamento a granel

bulk of profit, volumen de beneficios

bull, alcista, especulador a la alza; jugar a la alza

bull market, mercado a la alza, mercado alcista

bull trap, falso movimiento alcista

bulldog bonds, bonos emitidos en el Reino Unido por institución no británica

bullet bond, obligación con vencimiento final

bullet issue, emisión sin redención anticipada

bullet loan, crédito con amortización única al vencimiento, préstamo sin amortizaciones graduales

bullion, oro o plata sin acuñar

bullish, alcista

bullish attitude towards, actitud optimista ante

bullist, alcista

bunched income, ingresos globales

bunny bond, bono que permite al tenedor recibir los intereses en efectivo o en bonos de la misma emisión, bono reinvertible

burden, carga, sobrecarga; gastos generales

burden adjustment, repartición de gastos generales

burden rate, coeficiente de gastos de fabricación

burglary insurance, seguro contra robos

business, comercio, negocio; comercial, mercantil

business activities, actividades comerciales

business administration, administración comercial

business cycles, ciclos económicos

business day, día bancable, día comercial, día hábil, día laborable

business development service, servicio de producción

business environment, entorno comercial

business fixed investment, inversión fija de las empresas

business forecasting, previsión comercial

business game, juego de empresas

business hours, horas hábiles, horas laborables, horas de trabajo

business law, derecho mercantil

business management, dirección comercial, administración comercial

business organization, organización comercial

business paper, papel comercial, efectos comerciales

business plan, plan de negocio

business premises, locales comerciales, locales para oficinas

business sector, sector empresarial

business trust, asociación empresarial

business unit, unidad de negocio

business year, ejercicio social

but-for income, ingresos circunstanciales

buy, comprar

buy ahead, comprar anticipadamente

buy back, pagar total o parcialmente equipos, maquinaria o tecnología con los productos fabricados a partir de tales bienes o servicios

buy for cash, comprar al contado

buy in, cubrir una posición corta

buy on close, comprar al cierre

buy on credit, comprar a crédito

buy on opening, comprar al comienzo

buy out, comprar al cien por cien

buy rights, comprar derechos, adquirir derechos

buy up, acaparar

buyer, comprador

buyer market, mercado favorable a los compradores

buying power, poder adquisitivo

buying rate, tipo de compra, cambio de compra, cambio comprador

buyout, compra al cien por cien

by instal(l)ments, a plazos, mediante pagos escalonados

by-products, subproductos

by proxy, por poder

bylaws, estatutos

byte, porción mensurable de dígitos binarios consecutivos; octeto (Inf.)

C

c.a., ab. *cash advance* (anticipo de efectivo)

c.a.d., ab. *cash against delivery* (pago contra entrega)

C. & F., ab. *cost and freight* (coste y flete)

C. & F. cleared, ab. *cost and freight cleared,* (coste y flete) con todos los gastos de documentación, impuestos y derechos de aduana por cuenta del vendedor

C. & F. customs duties paid, ab. *cost and freight* (coste y flete) con derechos de aduana pagados

C. & F. landed, ab. *cost and freight* (coste y flete) con todos los gastos de descarga por cuenta del vendedor

C.A.T.S., ab. *computer-assisted trading system,* mercado continuo bursátil informatizado

C.C.T., ab. *Common Customs Tariff* (Arancel Aduanero Comunitario)

C.D., ab. *certificate of deposit* (certificado de depósito)

C.E.O., ab. *chief executive officer* (consejero delegado; GB = *managing director*)

c.f.m., ab. *contact with foreign matters* (contacto con cuerpos extraños)

C.F.P.S., ab. *cash flow per share,* recursos generados por acción

C.H.I.P.S., ab. *Clearing House Interbanking Payment System* (Sistema de Liquidación de Ordenes de Pago Interbancarias en Dólares)

C.I.F., ab. *cost, insurance, freight* (coste, seguro y flete)

C.I.F. & E., ab. *cost, insurance, freight and exchange* (coste, seguro, flete y gastos de cambio y negociación)

C.I.F. free out, ab. *cost, insurance, freight free out* (coste, seguro y flete, deducidos gastos de descarga)

C.I.F. price, ab. *cost, insurance, freight price* (precio C.I.F.)

C.I.R.R., ab. *commercial interest rate of reference* (tipo de interés de referencia para operaciones de financiación de exportaciones en determinada divisa)

c.m.o., ab. *collateralized mortgage obligation* (obligación hipotecaria de remuneración por tramos)

c.o.c., ab. *contact with other cargo* (contacto con otras mercancías del cargamento)

c.o.d., ab. *cash on delivery* (envío contra reembolso)

C.O.O., ab. *chief operating officer* (director general)

47

c.o.o.c., ab. *contact with oil or other cargo* (contacto con aceite u otras mercancías del cargamento)

C.P., ab. *charter party* (contrato de alquiler de un barco)

C.P.A., ab. *Certified Public Accountant* (perito contable)

C.P.I., ab. *Consumer Price Index* (Indice de Precios al Consumo)

C.T.R., ab. *currency transaction report,* declaración de movimientos monetarios

cable transfer, transferencia por cable, transferencia telegráfica

cablegram, cablegrama

cabotage, cabotaje

cadastre (USA = *cadaster),* catastro

caducity, caducidad

calculating machine, máquina calculadora

calculation, cálculo

calculation of probabilities, cálculo de probabilidades

calculator, calculadora

calendar call spread, margen estacional, en opciones de compra

calendar days, días naturales

calendar year, año civil

call, citación, convocatoria; opción a comprar; derecho a redimir bonos antes de su vencimiento, redención de un bono; amortización anticipada; requerimiento de pago de acciones suscritas; citar, convocar

call a strike, decretar el paro, convocar una huelga

call account, cuenta de suscripciones a pagar

call for bids, llamada a licitación, llamada a concurso

call in a loan, denunciar un préstamo, exigir el reembolso de un préstamo

call loan, préstamo a la vista, préstamo a la demanda

call money, dinero prestado a la demanda, dinero por prestar, a la demanda, dinero de día a día, dinero a la vista

call option, opción de compra

call premium, prima de opción a comprar, prima por amortización anticipada, prima de amortización de un bono antes de su vencimiento

call price, precio de demanda, precio de amortización, precio de rescate

call protection, protección contra la amortización anticipada

call rate, tipo de interés para préstamos día a día

callable, amortizable

callable bond, bono rescatable antes de su vencimiento

callable capital, capital exigible, capital amortizable

callable terms of the liabilities, exigibilidad contractual de los pasivos

called-up capital stock, acciones pagaderas

Can. $, dólar canadiense

cancel, cancelar, anular, rescindir

cancel a credit, anular un crédito

cancellation, cancelación, anulación, rescisión

cancellation bulletin, boletín de cancelaciones, listín de alertas

cancellation clause, cláusula resolutiva

cancellation of an entry, anulación de un asiento

cancellation of premium, cancelación de prima

cancelled cheque (USA = *check),* cheque cancelado

cancelled debt, deuda anulada

cancelled purchase order, orden de compra cancelada

canons of construction, cánones de interpretación, reglas de interpretación

cap, techo

cap rate, margen fijo

capacity, capacidad, aptitud

capacity to work, aptitud física para el trabajo

capital, capital

capital account, cuenta de capital

capital adequacy ratio, coeficiente de garantía, coeficiente de solvencia

capital assets, activo fijo, activo inmovilizado, bienes de capital

capital assured, capital asegurado

capital budget, presupuesto de gastos de capital

capital call, apelación al capital, dividendo pasivo

capital compliance ratio, coeficiente de recursos propios

capital contribution, aportación de capital

capital cost, costos de capital

capital debenture, bono de caja, bono de tesorería

capital dividend, dividendo de capital

capital efficiency, productividad del capital

capital endowment, dotación de capital

capital exporting country, país exportador de capitales

capital flight, fuga de capitales, evasión de capitales

capital gains, plusvalías del capital

capital gains tax, impuesto de plusvalía

capital goods, bienes de equipo

capital income, rentas de capital

capital increase, ampliación de capital, aumento de capital

capital increase at premium rate, ampliación de capital con prima

capital inflow, entrada de capital

capital investment, colocación del capital, inversiones de capital

capital levy, impuesto sobre el capital, impuesto sobre el patrimonio, tributo patrimonial

capital liabilities, pasivo consolidado, pasivo fijo

capital loss, pérdida de capital, minusvalía

capital management company, sociedad gestora de patrimonios

capital market, mercado de capitales

capital outflow, salida de capitales, egresos de capitales

capital outlay, desembolso capitalizable

capital paid-in, capital desembolsado

capital reduction, reducción de capital

capital reserves, reservas de capital

capital stock, acciones del capital; capital social

capital stock outstanding, capital en circulación

capital subscribed and pending payment, capital suscrito y pendiente de desembolso, capital suscrito y no desembolsado

capital surplus, excedente de capital, superávit de capital

capital structure, estructura de capital

capitalist economy, economía capitalista

capitalist partner, socio capitalista

capitalization, capitalización

capitalization rate, tasa de capitalización

capitalize, capitalizar

capped floating rate note, pagaré a tipo de interés flotante máximo, pagaré a tipo de interés de flotación limitada

caps, floors and collars, máximos, medios y mínimos

captain's protest, (acta de) protesta del capitán

caption, capítulo, epígrafe

captive funds, recursos cautivos

capture and seizure, captura y aprehensión

car, vagón de mercancías; coche

carbon paper, papel carbón

card, tarjeta, ficha

card counter sorter, clasificadora contadora de tarjetas (Inf.)

card encoding, codificación de tarjetas (Inf.)

card field, campo de tarjeta (Inf.)

card file, fichero, tarjetero (Inf.)

card index, índice de tarjetas (Inf.)

card input, entrada de tarjetas (Inf.)

card layout, diagrama de tarjeta (Inf.)

card length indicator, indicador de longitud de tarjeta (Inf.)

card output, salida de tarjetas (Inf.)

card punch, perforadora de fichas, perforadora de tarjetas (Inf.)

card reader, lectora de tarjetas (Inf.)

card reissue, reemisión de tarjetas (Inf.)

card verifier, verificadora de tarjetas (Inf.)

cardholder, titular de una tarjeta de crédito, tarjetahabiente

cardholder application, petición de tarjeta

cardholder authorization centre (USA = center), centro de autorizaciones

cardholder master file, fichero maestro de tenedores de tarjetas

cards per account, tarjetas por cuenta

cargo, carga(mento)

cargo surveyor, tasador de averías

carload, carga(mento) de un vagón

carriage (USA), transporte por camión

carriage control tape, cinta de control del carro (Inf.)

carried forward, suma y sigue

carrier, transportador, transportista

carrier rates, tarifas de transporte

carrier's liability, responsabilidad del transportador

carry, llevar, transportar

carry an election, ganar la elección

carry a motion, aprobar una moción

carry-back, pérdida traspasada al año anterior

carry down, trasladar el saldo de una cuenta

carry-forwards from previous years, remanente de ejercicios anteriores

carry (in)to account, pasar a la cuenta

carry over, arrastre, suma y sigue, remanente, excedente; arrastrar una suma

carry rights to interest, detentar derechos a percibir intereses

carrying balances, saldos mantenidos

carrying charges, gastos incidentales

carrying interest, productos de intereses

carrying share, acción productiva, acción de dividendo, acción que produce dividendos

carrying value, valor neto en libros

cartage, transporte por camión; acarreo

cartel agreement, acuerdo de cártel

cartel for price fixing, cártel de precios

case dismissed, causa desestimada, no ha lugar

case law, jurisprudencia, derecho común

cash, caja, efectivo, numerario, tesorería, encaje; al contado, en efectivo; valor a muy corto plazo; cobrar al contado

cash a cheque (USA = check), cobrar un cheque, hacer efectivo un talón

cash account, cuenta de caja

cash advance, anticipo de efectivo

cash advance draft, factura de anticipo de efectivo

cash advance fee, comisión sobre anticipo de efectivo

cash advance reimbursement fee, cuota de reembolso sobre anticipo en efectivo

cash advance to contractors, anticipo a contratistas

cash against bill of lading, cobro contra conocimiento de embarque

cash against documents, pago contra (presentación de) documentos

cash and due from Bank of Spain, Caja y Banco de España (depósito)

cash and due from banks, caja y bancos, efectivo en caja y bancos, activo disponible

cash assets, activos de caja, activo disponible, encaje, tesorería

cash audit, auditoría de caja, arqueo

cash balance, saldo en efectivo, saldo en caja

cash bonus, dividendo extraordinario en efectivo

cash book, libro de caja

cash budget, presupuesto de caja

cash count, arqueo de caja

cash cow, vaca

cash deposit, depósito en efectivo, ingreso en efectivo

cash disbursement journal, libro de caja-salidas

cash discount, descuento por pago al contado, descuento por pronto pago

cash dispenser, cajero permanente, caja automática, máquina expendedora de billetes, expendedor automático de billetes

cash dividend, dividendo en efectivo

cash (down), pagar al contado, cobrar en efectivo; al contado, dinero en mano

cash entry, asiento de caja

cash fixed fund, fondo fijo de caja

cash flow, recursos generados, «cash flow», flujo de caja, generación de fondos

cash forecast, presupuesto de entradas y salidas de caja

cash fund, fondo de caja

cash gauging, arqueo de caja

cash imprest, fondo fijo de caja

cash in, hacer efectivo, cobrar

cash in advance, cobrar por anticipado, pagar por adelantado

cash in hand, caja, efectivo en caja

cash laundering, blanqueo de dinero

cash management, gestión de tesorería

cash market, mercado al contado

cash messenger insurance, seguro de expoliación, seguro contra el robo por los cobradores

cash on delivery *(c.o.d.)*, envío contra reembolso

cash on hand, caja, efectivo en caja

cash on hand and deposits with the Bank of Spain, caja y (depósitos en el) Banco de España

cash on hand and with banks, activo disponible, caja y bancos

cash outlays, desembolsos en efectivo

cash paid, pagos por caja

cash payment, pago al contado

cash position, encaje, situación de liquidez

cash price, precio al contado

cash proof, arqueo de caja

cash purchase, compra al contado

cash ratio, coeficiente de caja

cash receipts journal, libro de caja-entradas

cash received, cobros por caja

cash reserve, reserva en efectivo

cash reserve requirement, coeficiente de caja

cash sale, venta al contado

cash security, valor de liquidación inmediata

cash settlement, valor de rescate

cash surrender value, valor de rescate

cash value, valor real

cash voucher, comprobante de caja

cash warrants, bonos de caja

cash withdrawal, retirada en efectivo

cashier (USA = ***teller***), cajero

cashier's cheque (USA = *check*), cheque a cargo del propio banco emisor, cheque de gerencia, cheque de caja

casting vote, voto de calidad, voto del presidente, voto decisivo

casual worker, trabajador interino, eventual

casus fortuitus (lat.), caso fortuito

catalogue, catálogo

category, categoría

cattle, semovientes

causal analysis, análisis causal

cause of cancellation, motivo de rescisión

cause suit to be brought, entablar pleito

cautio pro expensis (lat.), fianza para costas

caution, cautela, caución; precaución, cuidado

caveat (lat.), amonestación, advertencia

ceiling, límite máximo

cell, celda (Inf.)

census, censo

center (GB = *centre*), centro

central bank, banco central

central processing unit, unidad central de proceso (Inf.)

central purchasing department, departamento de compras centralizadas

central services, servicios centrales

centralization, centralización

centralize, centralizar

centralized record keeping system, sistema centralizado de archivo de antecedentes

centre (USA = *center*), centro

certificate, certificado; póliza, cédula, acta, dictamen, atestado; abono; certificar

certificate in writing, certificado por escrito

certificate of balance, certificado de saldo en cuenta

certificate of damage, certificado de daños y perjuicios, certificado de averías

certificate of deposit, certificado de depósito *(C.D.)*

certificate of destruction, certificado de destrucción

certificate of eviction, orden de desahucio

certificate of existence, fe de vida

certificate of incorporation, escritura de constitución

certificate of indebtedness, título de deuda; obligación

certificate of inspection and acceptance (USA), certificado de conformidad

certificate of insurance, certificado de seguro

certificate of manufacture(r), certificado de fabricación

certificate of origin, certificado de origen

certificate of ownership, certificado de propiedad

certificate of protest, certificado de protesto, acta de protesto

certificate of registration of title, título de propiedad

certificate of registry, certificado de registro, boleta de matrícula

certificate of sale, certificado de venta, vendí

certificate of stock, certificado de propiedad de acciones

certification of accounts, certificación de cuentas

certified bankrupt, fallido rehabilitado

certified bill of lading, conocimiento de embarque con certificación consular

certified cheque (USA = *check*), cheque certificado, cheque confirmado, cheque aprobado

certified copy, copia certificada

Certified Public Accountant *(C.P.A.)*, perito contable; (SA) contador público titulado

certify in writing, certificar por escrito

cess, impuesto

cession, cesión, transferencia, traspaso

cession of growth, cese del crecimiento

cession of portfolio, cesión de cartera

cessionary, cesionario

chad tape, cinta de perforación completa (Inf.)

chadless tape, cinta de perforación incompleta (Inf.)

chain banking, sistema bancario constituido por consorcios de bancos

chain code, código de identificación de una cadena de establecimientos

chain of command, estructura jerárquica

chaining, encadenada (Inf.)

chairman, presidente

chairman of the board, presidente del consejo de administración

chairman of the stock exchange, síndico presidente (Bolsa)

chairmanship, presidencia

chairwoman, presidenta

chamber of commerce, cámara de comercio

chance, azar

Chancellor of the Exchequer (GB), ministro de hacienda

change, cambio, canje; dinero suelto, vuelta, calderilla; cambiar

change notice, aviso de cambio, notificación de cambio

change of attitude, cambio de actitud

change of title, cambio de titularidad

changes in exchange rates, variaciones en los tipos de cambio

channel, canal , medio, vía; canalizar

channel for criminal funds, medio de trasvase de dinero negro

chantage, chantaje, extorsión

character, carácter (Inf.)

character loan, un préstamo sin garantía colateral

character of the position and principal activities, naturaleza del puesto y actividades principales

character reader, lectora de caracteres (Inf.)

character set, juego de caracteres (Inf.)

charge, cargo, adeudo, débito; adeudar, debitar, cargar

charge account, cuenta corriente

charge back, retrocesión, retroceso

charge back period, período para hacer el retroceso, plazo para (hacer la) retrocesión

charge entry, asiento de cargo, asiento deudor, adeudo, cargo

charge interest, cargar intereses

charge off, llevar la pérdida a la cuenta de resultados

charge off recoveries, recuperación de créditos dudosos amortizados como fallidos

charge sale, venta a crédito

chargeable, imputable

charges, gastos, comisiones

charges forward, gastos de cobro por cuenta del librado

charges here, gastos de cobro por cuenta del librador

charges prepaid, gastos pagados por adelantado

charm price, precio de reclamo

charter, escritura social, escritura de constitución, carta constitucional (SA); autorización gubernamental; contrato de fletamento; contratar, fletar, constituir

charter party *(c.p.),* contrato de alquiler de un barco, contrato de fletamento

charter party bill of lading, conocimiento de embarque sobre mercancías a bordo de buque alquilado

chartered accountant (GB), contable titulado; contador público titulado (SA) chartered company (GB), sociedad anónima

charter(ed) plane, avión fletado

charter(ed) ship, buque fletado

charterer, fletador

chartist, analista

chattel mortgage, hipoteca prendaria, hipoteca mobiliaria

chattels, bienes muebles y enseres

check (GB = *cheque*), cheque; verificación, punteo; verificar, puntear

check an account, comprobar una cuenta

check bit, bit de verificación (Inf.), dígito de control

check book (GB = *cheque*), talonario de cheques, libreta de cheques, chequera (SA)

check clearing (GB = *cheque*), compensación de cheques

check digit, dígito de control, dígito de verificación (Inf.)

check ledger (GB = *cheque*), libro de registro de cheques

check processing, proceso de cheques

check register, registro de contraste (Inf.)

check stub (GB = *cheque*), matríz de un cheque

check up, cotejar

check value, valor de comprobación

check without funds (GB = *cheque*), cheque al descubierto

checking account (USA), cuenta corriente

checking deposit, depósito a la vista, en cuenta corriente

checking of cash, arqueo

checkpoint, punto de control (Inf.)

cheque (USA = *check*), cheque

cheque account (USA = *check*), cuenta corriente

cheque form (USA = *check*), formulario de cheque

cheque register (USA = *check*), registro de cheques

cheque specimen (USA = *check*), modelo de formulario de cheque

cheque to bearer (USA = *check*), cheque al portador

cheque to the order (of) (USA = *check*) cheque a la orden (de)

cheques for collection (USA = *checks*), cheques al cobro

cheques outstanding (USA = *checks*), cheques pendientes de pago

chief executive officer *(C.E.O.)*, (GB = *managing director*) consejero delegado

chief operating officer *(C.O.O.)*, director general

chink (col.), dinero, tela, parné, pasta, monises; plata (SA)

chip, chip, pastilla (Inf.)

choice of significative ratios, elección de razones significativas

chronological series, serie cronológica

chunk sampling, muestreo sin base probabilística

churning, operaciones con un valor para dar impresión de actividad en el mercado; fuerte rotación en una tendencia, previa a un movimiento contrario a esta última

circa, hacia el día

circuitry, red de circuitos (Inf.)

circular, circular

circular letter, carta circular

circulating assets, activo flotante, activo circulante

circulating capital, capital circulante

circulating register, registro circulante (Inf.)

circumstantially, coyunturalmente

circus, circo

citizenship papers, carta de ciudadanía, certificado de naturalización

city branch, agencia urbana

city branch network, red de agencias urbanas

city hall, ayuntamiento, cabildo, casa consistorial

city real estate, inmuebles urbanos, fincas urbanas

civil commotions, desórdenes internos, levantamiento popular, conmoción civil

civil corporation, sociedad civil

civil death, muerte civil

civil jurisdiction, jurisdicción civil

civil liability, responsabilidad civil

civil procedure, enjuiciamiento civil

civil register, registro civil

civil responsibility, responsabilidad civil

civil servant, funcionario público

claim, reclamación; demanda de indemnización por siniestro; reclamar

claim damages, reclamar (por) daños

claim for indemnification, reclamación de indemnización

claim notice, aviso de reclamación

claim of recourse, recurso

claim paid, siniestro pagado

claim settlement, liquidación de siniestro

claim statement, descuento del daño

claimant, demandante, reclamante

claims receivable, reclamaciones a cobrar

class of insurance, clase de seguro

class of risk, clase de riesgo

class struggle, lucha de clases

classification of accounts, clasificación de cuentas

classified advertisement, anuncio por palabras

clause, cláusula, artículo

claused bill of lading, conocimiento de embarque con reservas

clean, limpio, sin reservas, sin interés acumulado; simple, no documentado

clean acceptance, aceptación libre

clean air waybill, guía limpia de carga aérea

clean bill, letra simple, efecto no acompañado de documentos

clean bill of health, patente limpia de sanidad

clean bill of lading, conocimiento de embarque limpio, conocimiento de embarque sin restricciones, conocimiento de embarque sin reservas

clean charter, póliza limpia de fletamento

clean credit, crédito simple, crédito no documentario, crédito realizable sin presentación de documentos

clean draft, libranza simple, letra no documentaria, efecto no documentario

clean letter of credit, crédito simple, crédito no documentario, credito realizable sin presentación de documentos

clean money, dinero limpio, dinero legal, dinero blanqueado

clean payment, pago sin exigir documentos al beneficiario

clean price, cotización ex-cupón

clean remittance, remesa simple, orden de pago sin gastos para el beneficiario

clear, aclarar; compensar; liquidar; borrar (Inf.)

clear a bill, recibir dinero a cambio de una letra

clear profit, beneficio líquido

clear reporting lines, líneas de comunicación bien definidas

clear value, valor líquido

clearance, paso de la mercancía por aduana; liberación; desembargo

clearance certificate, certificado de despacho de aduanas

clearance loan, préstamo por un día

clearance sale, liquidación, venta de saldos

cleared cheques (USA = *checks*), cheques compensados

clearing, compensación; liquidación

clearing account, cuenta de compensación, cuenta de liquidación; cuenta puente, cuenta transitoria

clearing agreement, acuerdo de compensación, convenio de compensación

clearing arrangement, acuerdo de compensación, convenio de compensación

clearing bank, banco de compensación, banco de liquidación

clearing draft, efecto de compensación

clearing facilities, sistema de compensación

clearing house, cámara de compensación

Clearing House Interbanking Payment System *(C.H.I.P.S.)*, Sistema de Liquidación de Ordenes de Pago Interbancarias en Dólares

clearing market for farm products, mercado en origen de productos agrarios

clearing member, miembro compensador

clearing members' positions, posiciones de los miembros compensadores

clearing sheet, estado de compensaciones

clearing system, sistema de compensación

clerical, de oficina; rutinario

clerical staff, personal administrativo

clerk, auxiliar administrativo

client, cliente

clientele, clientela

climate, coyuntura

climax, súbito fin de una tendencia; fuerte volatilidad y alto volumen

clique, grupo de personas unidas por intereses comunes

close, final de sesión

close an account, cerrar una cuenta

close collaboration, estrecha colaboración

close corporation, sociedad cuyos directivos poseen la totalidad de las acciones

close down, cerrar las puertas

close of business, cierre de operaciones

close the books, saldar los libros, cerrar los libros

closed account, cuenta cerrada, cuenta saldada

closed-end fund, fondo limitado

closed mortgage, hipoteca cerrada

closed session, sesión a puerta cerrada

closed subroutine, subrutina cerrada (Inf.)

closed union, sindicato que no admite nuevas afiliaciones

closing account, cuenta de cierre

closing agreement, acuerdo final

closing date, fecha de cierre, fecha tope, fecha límite

closing day, día final, día de cierre, último día

closing entries, asientos de cierre, asientos de clausura, partidas de cierre

closing inventory, inventario de cierre; inventario de salida (SA)

closing inventory at selling price, inventario final a precio de venta

closing inventory in units, inventario final en unidades

closing of books, cierre de libros

closing of stock exchange, cierre de la bolsa

closing out, cancelación (con una operación inversa)

closing price, precio de cierre, precio al cierre, precio de un título al cierre de la bolsa

closing rate, cambio al cierre de mercado del día

closing share price, cotización de las acciones al cierre

closing stock market price, último cambio bursátil del año

closure (of books), cierre (de libros)

cluster analysis, análisis en racimo

coadministrator, coadministrador

coasting trade, cabotaje

COBOL language, lenguaje COBOL (Inf.)

cobonding, coafianzamiento

co-chairman, copresidente

Code of Commerce, Código de Comercio

codify, codificar

coefficient, coeficiente

coefficient of bad debts, coeficiente de fallidos

coefficient of capital yield, coeficiente de rentabilidad del capital

coexecutor, albacea mancomunado

coin, moneda metálica; acuñar

coin envelope, cartucho para monedas

coin money, acuñar moneda

coinage, acuñación de moneda

coining, acuñación de moneda

coins, moneda fraccionaria, calderilla

coinsurance clause, cláusula de coaseguro

coinsurer, coasegurador

collar, límites (alto y bajo) del interés de un pagaré con interés flotante; banda

collared floating-rate note, pagaré con tipo de interés flotante máximo y mínimo establecido

collate, fundir (Inf.)

collateral, caución, prenda, fianza; garantía, colateral; pignoración

collateral contract, contrato de prenda

collateral loan, crédito pignoraticio, préstamo pignoraticio, préstamo con garantía de valores, préstamo con garantía colateral, préstamo con garantía prendaria

collateral note, pagaré con resguardo

collateral trust bond, bono (de garantía) colateral

collateral undertaking, compromiso colateral

collateralize, avalar

collateralized mortgage obligation (C.M.O.), obligación hipotecaria de remuneración por tramos

collator, intercaladora (Inf.)

collect, cobrar, recaudar; coleccionar

collect a commission, cobrar una comisión

collect bill, factura por cobrar

collect call, conferencia telefónica con cargo al destinatario, conferencia telefónica a cobro revertido

collect on delivery, pago contra entrega, entrega contra reembolso

collect taxes, recaudar impuestos

collecting bank, banco encargado del cobro, banco cobrador

collecting commission, comisión de cobranza

collection, cobranza

collection at (the) source, retención en origen, cobro en origen, recaudación en origen

collection charges, gastos de cobranza, gastos de cobro

collection expenses, gastos de cobranza, gastos de cobro

collection fee, cuota por cobro, comisión de cobranza

collection item, partida a cobrar

collection letter, carta de cobranza, carta de remesa

collection of premium, cobro de primas

collection of taxes, recaudación de impuestos

collection register, registro de cobranzas

collection service, servicio de cobro

collections, cobros por caja

collections on accounts receivable, cobros a clientes

collections repayable, cobranzas a reembolsar

collectible insurance, seguro colectivo

collective bargaining agreement, convenio colectivo de trabajo

collective company, sociedad colectiva

collective investment, inversión colectiva

collective investment vehicles, medios para la inversión colectiva

collector of customs, administrador de aduana

collector of internal revenue, recaudador de rentas internas

collector of taxes, recaudador de impuestos

collusion, colusión

collusive, colusorio

colo(u)r of title, título aparente

columnar system, sistema tabular (Inf.)

comanagement, cogestión

co-manager, «co-manager», miembro del grupo gestor de colocación de bonos o de sindicación de un préstamo, cojefe de fila, codirector

combat money laundering, combatir el blanqueo de dinero

combine, grupo

combined assets, activos conjuntos

combined financial statement, estado financiero agrupado

come back on someone, recurrir a alguien

come into service, entrar en funcionamiento

coming into force, entrada en vigor

commandite, sociedad en comandita simple

comments on the financial statements, evolución del balance y de la cuenta de resultados, comentario sobre los estados financieros

commerce, comercio

commerce and trade, comercio e industria

commercial, comercial, mercantil, especulativo

commercial acceptance, aceptación comercial

commercial activities, actividades comerciales

commercial arbitration, arbitraje comercial

commercial bank, banco comercial

commercial banking, banca comercial

commercial bill (of exchange), letra (de cambio) comercial

commercial broker, corredor de comercio

commercial credit, crédito comercial

commercial credit company, sociedad financiera; compañía de crédito comercial

commercial crisis, crisis comercial

commercial discount, descuento comercial

commercial domicile, domicilio comercial

commercial insolvency, insolvencia comercial

commercial instruments, instrumentos comerciales

commercial interest rate of reference (C.I.R.R.), tipo de interés de referencia para operaciones de financiación de exportaciones en determinada divisa

commercial invoice, factura comercial

Commercial Law, Derecho Mercantil

commercial letter of credit, carta de crédito comercial

commercial loan, préstamo comercial

commercial loan rate, tipo de interés sobre préstamos comerciales

commercial management, gestión comercial

commercial paper, efectos comerciales, papel financiero, bonos de caja a corto plazo, pagarés de empresa, activos financieros privados a corto plazo

commercial paper market, mercado de papel comercial

commercial policy, política comercial

commercial samples, muestras comerciales

commercial set, juego de documentos de embarque

commercial terms, términos comerciales, condiciones comerciales, condiciones de mercado

commercial transaction, acto de comercio

commercial treaty, tratado comercial

commercial usage, usos y prácticas comerciales

commercial year, año comercial (360 días)

commission, comisión

commission agent, comisionista, agente comisionista

commission accounts receivable, cuentas endosadas al cobro

commission and other revenue, comisiones y otros ingresos

commitment fee, comisión de compra, comisión de compromiso

commitment period, período de compromiso

commitments records, registro de obligaciones contraídas

commitments to date, obligaciones contraídas hasta la fecha

committee, comité, comisión

commodities, productos básicos

Commodities Futures Trading Commission (USA), organismo federal que vigila el correcto funcionamiento de la Bolsa y sus agentes

commodity boom, auge de los productos básicos

commodity exchange, bolsa de comercio, lonja

commodity loan, crédito respaldado por productos; préstamo en especie

commodity paper, efectos respaldados por productos

commodity warehouse, almacén de materias primas y productos básicos

Common Agricultural Policy, Política Agrícola Comunitaria

common aim, interés común

common average, avería simple, avería particular

common carrier bill of lading, carta de porte de transportista explotador de una línea regular

common creditor, acreedor no asegurado

Common Customs Tariff *(C.C.T.),* Arancel Aduanero Comunitario

common equity, recursos propios (capital y reservas)

common law, ley consuetudinaria

Common Market, Mercado Común

common ownership, condominio

common right, derecho consuetudinario

common share, acción ordinaria

common stock, capital, acciones ordinarias, acciones comunes, acciones de voto ilimitado, acciones votantes, acciones con derecho al voto

common venture, riesgo común

communication, comunicación, comunicado

community income, utilidades proindiviso

community property, bienes gananciales

compact, convenio, pacto, acuerdo

company, sociedad, compañía

company reserves, reservas sociales

comparative record, evolución comparativa

comparative results, resultados comparados

comparative statement, estado comparativo

comparative statement of condition, balances comparados

comparative statement of earnings, cuenta de pérdidas y ganacias comparadas

comparative ten-year record of the bank, evolución del banco en los diez últimos ejercicios

compare, cotejar

compel payment, apremiar el pago

compensating balance, saldo compensatorio

compensating duties (USA), derechos compensadores, recargos «antidumping», montantes compensatorios monetarios

compensation, compensación, indemnización; reembolso

compensatory drawing, giro compensatorio

compensatory financing, financiamiento compensatorio

compete for funds, competir para captar recursos ajenos, competir en la captación de fondos

competency of court, competencia del tribunal

competent authority, autoridad competente

competition, competencia

competitive advantage, ventaja competitiva

competitive challenge, reto competitivo

competitive devaluation, devaluación competitiva

competitive disadvantage, desventaja competitiva

competitive edge, ventaja competitiva

competitive markets, mercados competitivos

competitive offer, oferta competitiva

competitive price, precio competitivo

compile, compilar (Inf.)

complainant, demandante, querellante

complaint, demanda, queja

complementing entry, asiento de complemento, asiento complementario

complete, completo; cumplimentar, rellenar

complete audit, auditoría completa

complete the necessary arrangements, ultimar los arreglos necesarios

completely unified management, gestión plenamente unificada, unidad total de gestión

completion bond, fianza de cumplimiento

complex, complejo, complicado

compliance committee, comité de acatamiento

compliance with laws, cumplimiento de las leyes, acatamiento de la ley

composite depreciation, depreciación combinada

composition and extension, acuerdo de pago bajo jurisdicción de quiebra

composition in bankruptcy, acuerdo entre fallido y acreedores

composition with creditors, acuerdo con los acreedores

compound annual rate, tasa anual compuesta

compound duty, derecho aduanero complementario

compound entry, asiento compuesto, asiento combinado

compound interest, interés compuesto

compound interest formula, fórmula de interés compuesto

compound present worth, valor actual a interés compuesto

compounder, componedor, árbitro

comprehensive insurance, seguro combinado

compromise, compromiso

comptrol(l)er, interventor; controlador (SA)

60

comptrol(l)ership, intervención; contraloría (SA)

compulsory arbitration, arbitraje forzoso

compulsory insurance, seguro obligatorio

compulsory third party insurance, seguro obligatorio de responsabilidad civil

computable funds, recursos computables

computable risks, riesgos computables

computer, ordenador (Esp.), computadora (SA)

computer-assisted trading system (C.A.T.S.), mercado continuo bursátil informatizado

computer code, código de ordenador (Inf.)

computer console, consola de ordenador (Inf.)

computer input, entrada de datos al ordenador (Inf.)

computer instruction code, código de instrucciones al ordenador (Inf.)

computer interface, interconexión entre ordenadores (Inf.)

computer memory, memoria de ordenador (Inf.)

computer output, resultados de un programa de ordenador (Inf.)

computer program, programa de ordenador (Inf.)

computer programmer, programador de ordenadores (Inf.)

conceal ocultar

concealed assets, activos ocultos

concentrated entry, asiento global, asiento concentrado, asiento compuesto, asiento combinado

concentration brackets, tramos de concentración

concentration entry, asiento global, asiento concentrado, asiento compuesto, asiento combinado

concentration level, grado de concentración

concentration of risks, concentración de riesgos

concern, firma, razón social; preocupación

concession, concesión

conciliation board, comisión de arbitraje, junta de conciliación

condemnation, expropiación, confiscación

condensed statement, estado (de cuentas) condensado

conditional acceptance, aceptación condicional, aceptación limitada, aceptación restringida

conditional agreement, acuerdo condicionado

conditional fee, dominio condicionado

conditional sale, venta condicional

conditioning of the offices, acondicionamiento de las oficinas

conditions, condiciones

condonation, condonación

confederacy, conspiración

Conference Line, asociación de armadores que tienen establecidos fletes uniformes para recorridos o cargas similares

Conference Line Freight Terms, condiciones de flete uniforme aplicadas por los buques adheridos a la «Conference Line»

Conference Line Vessel, buque adherido a la «Conference Line

confession of indebtedness, reconocimiento de una deuda

confidence interval, intervalo de confianza

confidential, confidencial

confidential employee, empleado de confianza

confidential file, archivo confidencial

confidential relation, relación fiduciaria

confidential report, informe confidencial

confidentiality, confidencialidad, reserva

configuration, configuración (Inf.)

confirm, confirmar

confirm an appointment, confirmar una entrevista

confirm an arrangement, aprobar un acuerdo, ratificar un acuerdo, confirmar un acuerdo

confirmation, confirmación

confirmation slip, aviso de ejecución

confirmed, confirmado, irrevocable

confirmed credit, crédito confirmado, crédito irrevocable

confirming bank, banco confirmador

confirming letter, carta de confirmación

confiscation, confiscación

conform to the standards, ajustarse a las normas

conglomerate, conglomerado

(con)jointly, mancomunadamente

conjuncture, coyuntura

consensual contract, contrato consensual

consent, consentimiento

consent dividend, dividendo virtual

consent to pledge, acta de pignoración

consign, consignar, enviar mercancías

consignee, consignatario, destinatario

consignor, expedidor, remitente

consignment, consignación, remesa, expedición

consignment in, mercancías en comisión, consignaciones recibidas

consignment note, hoja de expedición, albarán de envío

consignment out, mercancías en consignación, consignaciones enviadas

consistent with, acorde con

consistent with the law, conforme a la ley

consistently, de forma habitual

console, consola (Inf.)

consolidated average total assets, activos totales medios consolidados

consolidated balance sheet, balance consolidado

consolidated debt, deuda consolidada

consolidated earnings and profitability, resultados consolidados y rentabilidad

consolidated earnings per share, beneficio consolidado por acción

consolidated figures, cifras consolidadas

consolidated financial statement, documentación financiera consolidada, estado financiero consolidado

consolidated fund, fondo consolidado

consolidated goodwill, plusvalía consolidada

consolidated mortgage, hipoteca consolidada

consolidated net profit, beneficio neto consolidado

consolidated ordinary operating income, resultado ordinario de gestión consolidado

consolidated pretax income, beneficio consolidado antes de impuestos

consolidated statement of income, cuenta de resultados consolidados

consolidation, consolidación; pausa que precede a un movimiento en igual dirección que la tendencia previa

consolidation of a debt, consolidación de una deuda

consolidation of balances, consolidación de balances

consolidation of figures, consolidación de cifras

consolidation surplus, beneficio neto de consolidación

consortium, consorcio

consortium bank, banco consorcial

constant, constante (Inf.)

constant amortization, amortización constante

constant risk, riesgo constante

constituent company, compañía dentro de un grupo de afiliadas

constitute a company, formar una compañía, constituir una sociedad

constitution of provisions, constitución de provisiones

construction in progress, obras en curso

constructive assent, consentimiento implícito

constructive larceny, hurto implícito

constructive trust, fideicomiso impuesto

consuetudinary law, derecho consuetudinario

consular invoice, factura consular

consular fees, derechos consulares

consular visa, visa consular

consumer credit, crédito al consumidor; compra a plazos

consumer goods, bienes de consumo

Consumer Price Index (C.P.I.), Indice de Precios al Consumidor

consumer profile, perfil del consumidor

consumer research, investigación del consumidor

consumer spending, gastos de consumo

consumers' cooperative (society), cooperativa del consumo; economato

consumption, consumo

consumption credit, crédito al consumo

consumption tax, impuesto sobre consumo

contact with foreign matters (c.f.m.), contacto con cuerpos extraños

contact with oils or other cargo (c.o.o.c.), contacto con aceite u otras mercancías del cargamento

contact with other cargo (c.o.c.), contacto con otras mercancías del cargamento, contacto con el resto de la carga

contango (GB), interés sobre prolongación (Bolsa); contango

contempt of court, desacato al tribunal

contents, contenido; efectos mobiliarios

contest, concurso

contest a will, impugnar un testamento

continental system,sistema continental

continental through bill of lading, conocimiento de embarque amparando mercancía que sólo puede transbordarse en puerto británico

contingent, contingente

contingent annuity, anualidad con vencimiento imprevisto

contingent assets, activo contingente, activo eventual

contingent estate, propiedad contingente

contingent fund, fondo para previsión de contingencias

contingent interest, interés condicional

contingent liabilities, pasivo contingente, pasivo eventual

contingent reserve, reserva para contingencias, reserva para imprevistos

continuing line (graphs), línea de trazo continuo (gráficas)

continuity premiums, premios cupón-oferta

continuous audit, auditoría continua

continuous billing, facturación contínua

continuous form, impreso contínuo (Inf.)

continuous production, producción continua

contra accounts, contracuentas, cuentas cruzadas, cuentas de orden

contra debit, contrapartida

contract, contrato; contratar

contract of affreightment, póliza de fletamento

contract of pledge, contrato pignoraticio

contract rate of interest, tipo de interés contractual

contracting party, parte contratante

contractor, contratista

contributed capital, capital aportado**

contribution, contribución, aportación; cotización; subvención

contribution margin, margen de aportación

contribution to capital, aportación al capital, aportación de capital

contribution to Deposit Guarantee Fund, contribución al Fondo de Garantía de Depósitos

contribution to G.D.P., contribución al P.I.B. (producto interno —o nacional— bruto)

control, control; controlar, intervenir

control card, tarjeta de control (Inf.)

control character, carácter de control (Inf.)

control key, clave de control (Inf.)

control of line limits, control de plenos (seguros)

control sequence, secuencia de instrucciones (Inf.)

control total, total de control (Inf.)

control unit, unidad de control (Inf.)

controlled company, compañía subsidiaria, sociedad filial

controlled prices, precios intervenidos

controlled storage room, recinto de almacenaje controlado

controller, interventor; contralor (SA)

controlling account, cuenta centralizadora

controlling interest, participación de control

controlling shareholder, accionista mayoritario

convenience goods, artículos de consumo diario

convention, convención, seminario

conventional mortgage, hipoteca simple

convergence of objectives, convergencia de objetivos

conversion, conversión; canje

conversion account, cuenta de conversiones

conversion cost, coste de conversión (trabajo directo más gastos generales)

conversion date, fecha de conversión

conversion discount, descuento por conversión, prima de conversión

conversion factor, factor de conversión

conversion issue, emisión de conversión

conversion of a loan, conversión de un empréstito

conversion parity, paridad de conversión

conversion premium, prima de conversión, descuento por conversión

conversion price, precio de conversión

conversion programs, programas de conversión (Inf.)

conversion rate, tasa de conversión

conversion ratio, relación de conversión

conversion value, valor de conversión

convert into dollars, convertir en dólares, traspasar a dólares

convert shares, convertir acciones

converter, convertidor (Inf.)

convertibility, convertibilidad

convertible, convertible

convertible bonds, bonos convertibles, obligaciones convertibles

convertible currency, moneda convertible

convertible debenture loan investment, préstamo representado por obligaciones convertibles

convertible F.R.N., pagaré a tipo de interés flotante convertible

convertible securities, valores convertibles

convexity, convexidad

cook the books, alterar los libros de contabilidad (col.)

cooperative retail society, cooperativa de consumo, economato

cooperative union, asociación cooperativa, unión de cooperativas

coordinator, coordinador

copartner, consocio, copartícipe

copartnership, sociedad comanditaria, coparticipación

copybook, libro copiador (de cartas)

copyright, derechos de autor, propiedad literaria, propiedad intelectual

core, núcleo (Inf.)

core center, centro de interés

core image library, biblioteca imagen de la memoria (Inf.)

core storage, memoria de núcleos magnéticos (Inf.)

corner the market, comprar determinado valor a gran escala

corporate bonding, afianzamiento

corporate commitments, compromisos corporativos

corporate entity, persona jurídica

corporate income tax, impuesto sobre sociedades

corporate income tax provision, provisión para el impuesto de sociedades

corporate individual, persona jurídica

corporate notes, pagarés de empresa

corporate purposes, fines sociales, objeto social

corporate risk, riesgo de empresa

corporate seal, sello corporativo, sello de la sociedad

corporate stocks, acciones

corporation, sociedad; sociedad anónima

corporation income tax, impuesto sobre sociedades, impuesto sobre la renta de sociedades anónimas

corporation papers, escritura social

corpus, capital; principal menos intereses; principal de una herencia; fondo o fideicomiso

corpus delicti (lat.), cuerpo del delito

correcting entry, asiento corrector, contraasiento, contrapartida

correction, movimiento contrario a la tendencia, que no la altera

corrective action, remedio, medida correctora

correlation, correlación

correlation coefficient, coeficiente de correlación

correlative entry, asiento correlativo

correspondence, correspondencia

correspondence file, archivo de cartas, archivo de correspondencia

correspondent bank, banco corresponsal

correspondent relationship, relaciones de corresponsalía

cosignatory, firmante conjunto

cosigner, firmante conjunto

cosmetic leasing, lease-back tendente a eliminar inmovilizado, aumentando así su liquidez en el balance

cost, coste, costo; costar

cost accounting, contabilidad de costos, contabilidad analítica

cost allocation, imputación de costes, distribución del costo

cost and freight *(C.& F.)*, coste y flete

cost-benefit analysis, análisis costo-beneficio

cost centre (USA = *center*), centro de coste

cost control, control de gastos

cost control policy, política de contención del gasto

cost displacement, ahorros por reducción de costes

cost distribution, repartición de costos

cost finding, determinación del costo

cost flow, movimiento del costo

cost, insurance, freight *(C.I.F.)*, coste, seguro y flete

cost, insurance, freight and exchange *(C.I.F. & E.)*, coste, seguro y flete y gastos de cambio y negociación

cost ledger, libro Mayor de costos

cost of capital, coste de capital

cost of carry, diferencia entre rendimiento y coste de financiación; coste del transporte

cost of funds, coste de los recursos

cost-of-living adjustment, ajuste por coste de la vida

cost of production, costo de producción

cost of sales, costo de las ventas

cost of transfers, costo de traspasos

cost plus percentage, costo más porcentaje

cost price, precio de costo

cost-push inflation, inflación de costes

cost reduction, reducción de costos

cost saving, economía de costes

cost sheet, hoja de costes

cost to the borrower, costo para el prestatario

cost variances, variaciones de costos, desviación de costes

cost-volume-profit relationship, relación de costo, volumen y utilidades

cotenant, coarrendatario

council of conciliation, tribunal de conciliación

council of ministers, consejo de ministros

counsel, abogado, asesor legal

counsel fees, honorarios del abogado, minuta de letrado

counsel for the defense, abogado defensor

counsel to the company, asesor legal de la sociedad

count, contar

counter, mostrador, ventanilla

counter cheque (USA = *check*), talón de cuenta

counter wills, testamentos recíprocos

counteract the negative effects, contrarrestar los efectos negativos

counterfeit, falsificación; falsificado; moneda falsa; falsificar

counterfeit card, tarjeta falsificada

counterfeit losses, pérdidas por falsificaciones

counterfeit money, dinero falso

counterfeit paper, facturas falsificadas

counterfoil, matriz, talón

countermand, contraorden

counterpart, contrapartida

countersignature, refrendo

countervalue, contravalor

country code, código de país

country of origin, país de origen, país de procedencia

country risk, riesgo-país

county seat, cabeza de partido

coupon, cupón

coupon bond, bono al portador

coupon book, registro de cupones a pagar

coupon due, cupón al cobro

coupon for collection, cupón al cobro

coupon issue, emisión de cupones

coupon payment period, período de pago de cupones

coupon sheet, hoja de cupones

coupon stripping, separación de cupones

coupon yield, rendimiento nominal

courier, mensajero, correo

court, tribunal

court action, apremio judicial

court costs, costas procesales

court of appeal, audiencia, tribunal de apelación

Court of Directors (Bank of England), Directorio (del Banco de Inglaterra)

court of oyer and terminer, tribunal de lo penal

courthouse, palacio de justicia

covariance, covarianza

covenant, pacto, convenio, contrato, compromiso; cláusula, cautela

covenantee, contratante

covenantor, obligado, garantizador, garante

cover, provisión de fondos, cobertura; compra de futuros para cubrir una posición precedente; proveer de fondos; cubrir una posición abierta de divisas

cover a position, cubrir una posición

cover charges, cubrir gastos

cover letter, carta de acompañamiento de anexos

cover note, comprobante de cobertura (previo a la emisión de la póliza de seguro)

cover of risk in foreign exchange, seguro de cambio

coverage, cobertura

covered call writing, venta opción compra estando en posesión del valor subyacente, venta cubierta

crack, colapso de la Bolsa

crash, colapso de la Bolsa

crating, loading and shipping, gastos de embalaje, carga y embarque

create problems, crear problemas, originar problemas, motivar problemas

credit, crédito; abono; data, haber; abonar, asentar al haber

credit account, cuenta de crédito; cuenta acreedora

credit advice, aviso de abono

credit an account, acreditar una cuenta, abonar en (una) cuenta

credit analysis, análisis de créditos

credit and collections, crédito y cobranzas

credit availability, disponibilidad de crédito

credit balance, saldo acreedor, saldo al haber

credit bank, banco de crédito

credit card, tarjeta de crédito

credit department, departamento de créditos

credit entry, asiento de abono, apunte acreedor; abono; anotación en el haber, asiento al haber

credit facilities, facilidades crediticias, línea de crédito

credit file, archivo de antecedentes de crédito

credit information, antecedentes de solicitantes de crédito

credit institution, institución crediticia

credit instrument, instrumento de crédito

credit insurance, seguro al crédito

credit interest, intereses acreedores

credit into account, abono en cuenta; abonar en cuenta

credit ledger, registro de créditos

credit limit, límite crediticio

credit line, línea de crédito

credit loss allowance, provisión para insolvencias

credit loss provision, provisión para insolvencias

credit losses, insolvencias

credit note, nota de abono

credit policy, póliza de crédito; política crediticia

credit purchase, compra a crédito

credit rating, capacidad financiera, nivel de solicitud; calificación

credit report, informe comercial

credit restraint, restricción crediticia

credit restriction, restricción crediticia

credit risk, riesgo sobre créditos concedidos

credit sale, venta a crédito

credit scoring, valoración ponderada de solvencia para decisiones sobre petición de créditos

credit society, sociedad de financiación

credit squeeze, restricción crediticia

credit system, sistema crediticio

credit terms, condiciones del crédito

credit the amount (of), abonar la suma (de)

credit to private borrowers, crédito a particulares

credit to the private sector, crédito al sector privado

credit union, cooperativa de crédito (gremial)

credit voucher, nota de abono

creditors' ledger, libro Mayor de compras

creditors' meeting, junta de acreedores

credits pending for customers' returns, créditos pendientes por devoluciones a clientes

creditworthiness, solvencia

creditworthy, solvente, digno de crédito

creeping inflation, inflación subyacente, inflación furtiva, inflación latente

cremation certificate, certificado de incineración

criminal, delincuente; delictivo

criminal activity, actividad delictiva

criminal in purpose, contrario a lo legal, en contra de la ley

criminal offence, acto delictivo

criminal record, antecedentes penales

criminal use, uso delictivo, utilización en contra de la ley

criminal(ly obtained) funds, dinero de procedencia ilegal, dinero negro

crook, estafador, embustero, fullero, tramposo

crop hail insurance, seguro de pedrisco

cross-border risk, riesgos con no residentes

cross-border transactions, operaciones de extranjero, transacciones internacionales

cross default, cancelación simultánea; cláusula de vinculación por impago

cross-default clause, cláusula de insolvencia cruzada; cláusula de denuncia por incumplimiento de obligaciones con terceros

cross entry, asiento cruzado

cross footings, sumas cuadradas

cross hedge, cobertura cruzada

cross holding, participación cruzada

cross rate, cambio indirecto

crosscheck, sumar cantidades vertical y horizontalmente para determinar la corrección de las sumas

crossed cheque (USA = *check*), cheque cruzado, cheque barrado

crossed market, mercado cruzado

crossed out, tachado

crossholding, participación cruzada

crossing, cruzamiento

crowding out, intervención pública en el sector financiero

cryptographic key, clave criptográfica

cryptographic software, programa criptográfico

cum (lat.), con

cum dividend, con derecho a dividendo

cumulative, (a)cumulativo

cumulative annual average rate, ritmo anual acumulativo

cumulative dividend, dividendo (a)cumulativo

cumulative preferred stock, acciones privilegiadas con dividendo acumulativo

cumulative sinking fund, fondo de amortización (a)cumulativo

cumulative stock, acciones (a)cumulativas

curb market, operaciones de bolsa realizadas al margen de la sesión

curb speculation, frenar la especulación

currency, moneda; monetario

currency advisor, asesor monetario

currency area, zona monetaria

currency basket, cesta de monedas

currency certificate (USA), Bono del Tesoro

currency clause, cláusula monetaria

currency devaluation, depreciación monetaria

currency-linked bond, bono en moneda subordinada

currency management, gestión monetaria

currency of bill, período de validez de una letra de cambio

currency of denomination, moneda de denominación, divisa de emisión

currency option clause, cláusula de opción a la moneda de pago

currency pairings, emparejamientos monetarios

currency rate, tipo de cambio de una divisa

currency restrictions, restricciones monetarias

currency risk, riesgo monetario

currency swap, trueque de divisas, permuta de divisas, swap de divisas

currency system, sistema monetario

currency transaction report (C.T.R.), declaración de movimientos monetarios

currency unit, unidad monetaria

currency units per S.D.R., unidades monetarias por D.E.G.

current account, cuenta corriente

current account balances, saldos en cuenta corriente; saldos a la vista

current account credit, crédito en cuenta corriente

current account ledger, libro de cuentas corrientes

current account surplus, superávit en cuenta corriente

current assets, activo realizable a corto plazo, activo circulante, activo corriente, capital circulante

current cost, coste actual

current coupon, cupón corriente; bono cotizado a/cerca de la par

current external deficit, déficit externo en cuenta corriente

current file, archivo corriente

current insurance, seguro en vigor

current interest, interés corriente

current investment, inversiones reales, inversión actual

current liabilities, pasivo flotante, pasivo circulante

current maturities, vencimientos a menos de un año

current money, moneda nacional

current month, mes corriente, mes actual, mes en curso

current rate, tipo actual, tipo corriente

current ratio, relación del circulante, coeficiente del circulante

current regulations, normativa vigente

current risks, riesgos en curso

current worth, valor real

current year, año actual, año corriente, año en curso

current yield, rentabilidad actual, rendimiento nominal

curtail a credit, reducir un crédito

curtailment, reducción, restricción

cushion, amortiguador; protección; protector

custodian, custodio

custody account, cuenta de custodia

custody of stocks, custodia de títulos, conservación de valores

custom, clientela

custom of the trade, costumbre de la plaza

customer, cliente, comprador

customer(s') deposits, recursos de clientes, depósitos de clientes; acreedores

customer(s') foreign currency deposits, recursos de clientes en divisa, depósitos de clientes en moneda extranjera, acreedores en divisa

customer(s') funds, recursos de clientes

customer(s') identification, identificación de los clientes

customer(s') insolvency risk, riesgo de insolvencia de los clientes

customer(s') liabilities on acceptances, guarantees and documentary letters of credit, deudores por aceptaciones, avales y créditos documentarios

customer(s') peseta deposits, acreedores en pesetas

customs, aduana

customs agent, agente de aduanas, aduanero

customs appraisal, reconocimiento aduanal

customs authorities, autoridades aduaneras

customs bond, garantía prestada a favor de la aduana

customs broker, agente de aduanas

customs classification, fracción arancelaria

customs clearance, despacho de aduanas, trámites aduaneros

customs court, tribunal de aduanas

customs duties, derechos aduaneros

customs entry form, formulario para declaración de aduanas

customs inspector, vista de aduanas

customs (office), aduana

customs officer, agente de aduanas, aduanero

customs tariff, arancel de aduanas

cut down expenses, reducir gastos

cut in the discount rate, rebaja en el tipo de descuento

cut-off coupon, cupón cortado

cut-off date, fecha de corte de operaciones

cybernetics, cibernética (Inf.)

cyclical rise in productivity, aumento cíclico de la productividad

cylinder concept, concepto del cilindro (Inf.)

D

d/a, ab. *delivery against acceptance* (entrega contra aceptación); ab. *doesn't answer* (no contesta)

d.b.a., ab. *doing business as* (operando como)

d.d.a., ab. *demand deposit account* (cuenta de depósito a la vista)

d.l.p., ab. *date of last payment* (fecha del último pago)

d.o.b., ab. *date of birth* (fecha de nacimiento)

d.o.d., ab. *date of death* (fecha de fallecimiento)

d/p, ab. *delivery against payment* (envío contra reembolso, entrega contra pago)

d.v.p., ab. *delivery versus payment* (envío contra reembolso, entrega contra pago)

daily, diario

daily cash statement, estado diario de caja, extracto diario de caja

daily machine production, producción diaria por máquina

daily price limit, límite de precio diario

daily production, producción diaria

daily rate, tipo diario

daily statement of account, extracto diario de cuenta

daily volumes, volúmenes diarios

daily wages, jornal (diario)

damage, avería, daño, deterioro; deteriorar, dañar

damages and losses, daños y perjuicios

damages in transit, daños en tránsito

dandy note, solicitud de entrega de mercancías en aduana

dangers of the sea, riesgos del mar

data (singular *datum*), datos

data adapter unit, unidad adaptadora de datos (Inf.)

data and ratios, datos y ratios

data bank, banco de datos (Inf.)

data base, base de datos (Inf.)

data field, campo de datos (Inf.)

data input terminal, terminal para entrada de datos (Inf.)

data item, unidad de información (Inf.)

data preparation, preparación de datos (Inf.)

data processing, proceso de datos, proceso de información, tratamiento de la información (Inf.)

data processing department, departamento de informática, departamento de control de datos (Inf.)

data processing equipment, equipo de mecanización, equipo informático, equipo de proceso de datos

data series, serie de datos (Inf.)

data set, conjunto de datos; convertidor de señal (Inf.)

date, fecha, data; fechar, datar

date and place of issue, fecha y lugar de emisión

date back, antefechar, antedatar

date draft, letra a... días

date of closing, fecha de cierre

date of issue, fecha de emisión

date of listing, fecha de admisión a cotización en bolsa

date of maturity, fecha de vencimiento

date of payment, fecha de pago

date of qualification, fecha de disfrute

date of return, fecha de devolución

dated, fechado, datado, de fecha

dated ahead, de fecha adelantada, con fecha anticipada

dated bond, bono de vencimiento fijo

datum (plural = *data*), dato

daughter company (USA = *subsidiary*), sociedad filial

day loan, préstamo por un día

day of delivery, fecha de entrega

day of receipt, día de recepción

day order, orden de bolsa válida por un solo día

day shift, turno de día

day-to-day compliance with regulations, cumplimiento cotidiano de las normas

day-to-day money, dinero de día a día

days after date, días fecha

days (after) sight *(d/s),* días vista *(d/v)*

days of grace, plazo de gracia, días de gracia

de facto bankruptcy, quiebra de hecho

dead account, cuenta sin movimiento, cuenta inactiva

dead assets, activo sin valor

dead freight, falso flete

dead loss, pérdida total

dead stock, capital improductivo

dead time, tiempo muerto

deadline, fecha límite, plazo

deal, operación, trato; operar, comerciar, tratar

deal with a problem, abordar un problema, enfrentarse a un problema

dealer, comerciante, tratante, negociante; cambista, arbitrajista; agente de cambio y bolsa; intermediario por cuenta propia, individuo o institución que opera en valores por su propia cuenta; «dealer», colocador de pagarés

dealing in securities, operaciones de valores

dear money, dinero prestado a interés alto

Dear Sirs, muy Sres. míos, muy Sres. nuestros (para GB, seguido de coma; para USA, seguido de dos puntos)

death rate, tasa de mortalidad

debasement, reducción del contenido metálico de una moneda

debenture, obligación, título, certificado de reintegro; empréstito

debenture bond, bono sin respaldo específico, obligación no hipotecaria

debenture capital, producto obtenido de la venta de obligaciones

debenture loan, crédito contra pagaré

debit, adeudo, cargo, débito; asentar al Debe, adeudar, debitar, cargar

debit advice, aviso de cargo, carta de adeudo, nota de cargo, adeudo, cargo, aviso de adeudo

debit and credit, Debe y Haber, cargo y data

debit balance, saldo deudor, saldo al Debe

debit entry, asiento al Debe, anotación en el Debe, asiento de adeudo, asiento de cargo, asiento deudor, cargo, adeudo

debit interest, intereses deudores, intereses a pagar

debit memo(randum), aviso de cargo

debit note, aviso de cargo, nota de cargo

debit redemption, amortización de una deuda

deblocking of funds, desbloqueo de fondos

debt, deuda, crédito, obligación

debt barred by limitation, deuda prescrita

debt ceiling, límite de una deuda

debt-equity conversion, conversión de deuda en capital

debt management, gestión de la deuda

debt ratio, relación deuda/recursos propios; ratio de endeudamiento

debt refinancing, refinanciación de la deuda

debt restructuring, reestructuración de la deuda

debt security, garantía de una deuda

debt service, pagos sobre deuda contraída; servicio de la deuda

debtee, acreedor

debtor, deudor

debug, depuración; eliminar fallos de un programa (Inf.)

dec., ab. *deceased* (fallecido)

decal, calcomanía

decentralization, descentralización

decimal digit, dígito decimal (Inf.)

decimalization, decimalización (Inf.)

decision-making levels, niveles de acción

decision-making unit, unidad de decisión y control

decision tree, árbol de decisión

deck, cubierta; lote de tarjetas o documentos (Inf.)

deck cargo, cargamento sobre cubierta

deck cargo allowed, se autoriza la carga sobre cubierta; cláusula que autoriza la carga sobre cubierta

deckload, cargamento sobre cubierta

declaration of bankruptcy, declaración de quiebra, auto de quiebra

declare a dividend, declarar un dividendo, repartir un dividendo, decretar un dividendo

declare bankrupt, declarar quebrado

declared capital, capital declarado, capital escriturado

declared dividend, dividendo declarado, dividendo decretado

decline, baja

decline in living standards, descenso en el nivel de vida

declined authorization, autorización rechazada

declining competitiveness, decreciente competitividad, competitividad en descenso

declining share, acción en descenso

decrease, retroceso, descenso, disminución

decrease in restatement reserves, disminuciones en reservas de actualización

decrease in the headcount, disminución de plantilla

decrease in value, disminución del valor

decrease of risk, disminución del riesgo

decreasing amortization, amortización decreciente

decreasing-charge method of depreciation, depreciación por cargos anuales decrecientes

decree, decreto; decretar

decree-law, decreto-ley

decree of divorce, sentencia de divorcio

decree of insolvency, declaración judicial de insolvencia

decree of nullity, auto de nulidad

decryption, descifrado

deduction, deducción

deduction at source, deducción de origen

deduction from income, deducciones de los ingresos

deed, escritura de propiedad inmobiliaria; contrato

deed in fee, escritura de pleno dominio

deed of assignment, escritura de cesión

deed of conveyance, escritura de traspaso

deed of covenant, escritura de garantía

deed of gift, escritura de donación

deed of indenture, escritura de traspaso

deed of inventory, inventario de una herencia

deed of partnership, contrato de sociedad

deed of protest, acta de protesto, certificado de protesto

deed of release, acta de cesión de derechos

deed of sale, escritura de compraventa

deed of secrecy, promesa de guardar el secreto

deed of trust, escritura de fideicomiso, cesión a un fideicomisario

deed poll, escritura unilateral

deep-discount bonds, bonos emitidos en mercados internacionales, con gran descuento sobre su nominal y tasa de interés moderada; obligaciones al descuento

defalcation, desfalco, malversación

defalcator, desfalcador, malversador

default, incumplimiento, falta de pago; insolvencia

default on payment, incumplimiento de pago

defaulting debtor, deudor moroso

defeasance, revocación, anulación

defeasance clause, cláusula resolutoria

defective merchandise, mercancía defectuosa

defences against money laundering, defensas contra el blanqueo de dinero

defendant, demandado

defensive shares, acciones que muestran firmeza

defensive strategies, estrategias defensivas

deferment, plazo

deferred, diferido, demorado

deferred annuity, anualidad aplazada, anualidad diferida

deferred assets, activo diferido, activo transitorio

deferred availability, disponibilidad diferida

deferred bond, título de interés diferido

deferred charges, cargos diferidos

deferred coupon bond, bono con cupón diferido

deferred debit, cargo diferido

deferred dividend, dividendo diferido, dividendo en suspenso

deferred income, utilidades diferidas

deferred liabilities, pasivo diferido, pasivo transitorio, pasivo no exigible

deferred payments, pagos aplazados, abonos diferidos

deferred stock, acciones diferidas, acciones con dividendo diferido, acciones con derecho a dividendo en último lugar

deficit, déficit

deficit spending, gastos deficitarios

definition of powers, definición de poderes

deflation, deflación

defraud, defraudar, estafar, timar, engañar

degree of damage, gravedad del daño

degree of delinquency, grado de morosidad

74

degree of difficulty, grado de dificultad

degree of disablement, grado de invalidez

degree of dispersion of interest rates applied, grado de dispersión de los tipos de interés aplicados

degree of insolvency, grado de insolvencia, índice de falencia

degree of risk dispersion, grado de dispersion de los riesgos

degree of volatility, grado de volatilidad

delay, (de)mora, atraso

delay charges, gastos de demora

delay line, línea de recargo (Inf.)

delay penalty, sanción de demora

delayed delivery, entrega diferida, adquisición a posteriori

delayed interest, interés de demora

delayed settlement, liquidación diferida

delegate, delegado; delegar

delegation, delegación

delete, borrar, tachar; anular

deliberalize, desliberalizar

delinquency, morosidad

delinquent debtor, moroso

delinquent in payment, deudor moroso

deliver a judg(e)ment, dictar sentencia

delivery, entrega

delivery against acceptance (d/a), entrega contra aceptación

delivery against payment (d.v.p.), entrega contra pago, entrega contra reembolso

delivery bond, fianza para reintegro de bienes embargados, compromiso de entrega

delivery date, fecha de entrega

delivery expenses, gastos de entrega

delivery factor, factor de conversión

delivery note, albarán

delivery order, orden de entrega

delivery service, servicio de reparto

delivery slip, nota de envío

delta, delta

delta hedging, delta-inmunización, limitación del delta

demand bill, giro a la vista, letra a la vista

demand deposit, depósito a la vista, depósito disponible, imposición a la vista, cuenta corriente a la vista, pasivo exigible a la vista

demand draft, giro a la vista, letra a la vista

demand exchange, divisas a la vista

demand for credit, demanda de crédito, demanda de inversión

demand for stock, demanda de acciones

demand liabilities, obligaciones a la vista

demand management, regulación de la demanda

demand money, dinero de día a día

demand note, pagaré a la vista, compromiso de pago al primer requerimiento

demand promissory note, pagaré a la vista

demand-pull inflation, inflación de demanda

demand rate of exchange, cambio a la vista

demesne, propiedad, dominio

demisable, arrendable, transferible

demise, arrendamiento, cesión; defunción, muerte

demographic explosion, explosión demográfica

demography, demografía

demonstrate, manifestarse

demonstration, manifestación

demonstrator, manifestante

demurrage, demora, sobrestadía

denial, denegación

denomination, valor nominal

density, densidad

department, departamento, sección

department head, jefe de departamento, jefe de sección

Department of Health, (USA) Ministerio de Sanidad

depletable assets, activo agotable

depletion, agotamiento

deponent, declarante

depopulation, despoblación

deport, diferencial de compra a plazo y venta simultánea al contado

deposit, depósito, imposición; depositar

deposit account, cuenta de depósito

deposit bank, banco de depósitos

deposit bases, bases de recursos ajenos

deposit cash, depositar dinero en efectivo, ingresar fondos, hacer un ingreso de dinero en efectivo

deposit date, fecha de depósito

Deposit Guarantee Fund, Fondo de Garantía de Depósitos (Esp.)

deposit money in a bank, depositar dinero en un banco, ingresar dinero en un banco

deposit of securities, depósito de valores

deposit operations, operaciones pasivas

deposit passbook, libreta bancaria

deposit rate, tipo de interés para depósitos

deposit receipt note, resguardo de depósito

deposit slip, abonaré, resguardo de depósito

deposit subject to an agreed term of notice, depósito con plazo de preaviso

deposit-taking bank, banco receptor del depósito

deposit ticket, abonaré, resguardo de depósito

deposited securities, valores depositados

depositor, depositante, imponente

depository, depositario

depository bank, banco depositario

deposits, depósitos; acreedores (banca)

deposits at notice, depósitos sujetos a preaviso

deposits in transit, depósitos en tránsito

deposits over two years, depósitos a plazo superior a dos años

deposits per branch office, depósitos por oficina

deposits per employee, depósitos por empleado

deposits placed with financial institutions, depósitos efectuados en las instituciones financieras

depreciable assets, activo amortizable

depreciated currency, moneda depreciada

depreciated value, valor depreciado

depreciation, depreciación; amortización

depreciation fund, fondo de depreciación

depreciation of premises and equipment, amortización del inmovilizado material

depreciation of tangible fixed assets, inmovilizado material

depreciation rate, tasa de depreciación, coeficiente de amortización

depreciation reserve, reserva para depreciación

depression, depresión

dept., ab. department (departamento)

deputize, comisionar a, delegar en

deputy director, director adjunto, subdirector de departamento

deputy managing director, consejero delegado adjunto, director general adjunto

derivative instruments, instrumentos secundarios

description of proposed operation, descripción de la operación propuesta

description of risk, descripción del riesgo

deserve, tener derecho a, ser acreedor a

designated national, persona o entidad reseñada en la lista negra por comerciar con un país sujeto a boicot

designated officer, (funcionario) responsable, encargado

designee, persona nombrada

detailed audit, auditoría detallada

detect laundering activities, detectar actividades de blanqueo

detection of a counterfeit card, detección de una tarjeta falsificada

deterioration, deterioro

determination of accounting periods, determinación de períodos contables

determination of book income, determinación del beneficio contable

determining factor, factor determinante

devaluation, devaluación

devaluation of assets, depreciación del activo

devaluation of currency, depreciación de la moneda

devalued currency, moneda devaluada

developed countries, países desarrollados

developing countries, países en (vías de) desarrollo

development assistance, ayuda para el desarrollo, asistencia para el desarrollo

Development Assistance Committee, Comité de Asistencia para el Desarrollo

development expenses, gastos de promoción

development goals, objetivos del desarrollo

development of reserves, explotación de reservas

development plan, plan de desarrollo

development policies, medidas tendentes a promover el desarrollo

developments, avances, progresos

developments in anti-drug traffic, progresos en la lucha contra el narcotráfico

devest, enajenar

deviation, desviación

devisal, legado

Devise, letra de cambio; legado

devoid of risk, sin riesgo

diagnostic routine, rutina de diagnóstico (Inf.)

diagram, diagrama (Inf.)

dies, matrices (Inf.)

differentials, diferenciales; descuentos o primas aplicables cuando las especificaciones de un contrato son distintas a las del contrato par

digested securities, valores comprados y conservados como inversión

digital computer, ordenador digital (Inf.)

dilution, reducción en el valor de los activos, dilución

dilution of the earnings, dilución de los resultados

diminishing assets, activo amortizable, activo agotable

diminishing returns, rendimientos decrecientes

diminishing-value depreciation method, depreciación por cálculo decreciente sobre saldos

dingo, emisión de obligaciones en dólares australianos

direct access, acceso directo (Inf.)

direct bill of lading, conocimiento de embarque sin transbordos

direct business, negocio directo

direct compensation, compensación directa

direct confirmation, confirmación directa

direct evaluation, estimación directa

direct expenses, gastos directos, costos directos

direct insurance, seguro directo

direct insurer, asegurador directo

direct investment, inversión directa

direct labo(u)r, mano de obra directa

direct liabilities, pasivo directo

direct materials, materiales directos

direct obligation, compromiso directo

direct operating costs, costes operativos directos

direct selling, venta directa al consumidor

direct taxes, impuestos directos

direct trust, fideicomiso directo

directed economy, economía dirigida

directive, directiva

director, director, gerente, administrador; consejero, miembro del consejo de administración

directors' fees, honorarios de los consejeros, atenciones estatutarias

dirty bill of lading, conocimiento de embarque con reservas, conocimiento de embarque con objeciones

dirty float, flotación sucia

dirty money, dinero sucio, dinero negro

disability percentage ratio, baremo de invalidez

disablement, incapacidad laboral

disagreement, disconformidad, desacuerdo

disaster clause, cláusula de protección por anomalías del mercado

disburse money, desembolsar dinero

disbursement, desembolso; egresos, gasto

disbursement account, cuenta de gastos

disbursement of dividends (USA), pago de dividendos

disbursement voucher, comprobante de desembolso

discharge, descarga, descargo, finiquito; descargar, finiquitar

discharge a bill, pagar una letra

discharge a debt, cancelar una deuda

discharge an undertaking, dar fin a un cometido

discharge of bankrupt, rehabilitación de un fallido

discharged bill, letra de cambio pagada

disclaimer, cláusula de renuncia; declaración de limitación de responsabilidad por parte de gestores o aseguradores de una emisión de bonos

disclosure, declaración; revelación, descubrimiento

discount, descuento, bonificación, rebaja; descontar, bonificar, rebajar

discount a draft, descontar una letra

discount allowed, descuento concedido

discount bank, banco de descuento

discount bills, descontar letras, negociar efectos

discount bonds, descontar bonos; bonos cotizados bajo la par

discount earned, descuento recibido

discount for prompt payment, descuento por pronto pago

discount house, sociedad mediadora

discount issue price, precio de emisión con descuento

discount note, europagaré

discount of drafts, descuento de efectos

discount rate, tipo de descuento, tasa de descuento

discount-sales bonus, bonificación sobre ventas, descuento, toler

discountable bill, efecto descontable

discounted accounts receivable, cuentas a cobrar descontadas

discounted bills, efectos descontados

discounted coupons, cupones descontados

discounted notes, cartera de efectos; efectos descontados

discounts and advances, descubiertos y anticipos

discounts and allowances, descuentos y bonificaciones

discounts and bonuses, descuentos y bonificaciones

discrepancy or omission, discrepancia u omisión; salvo error u omisión (s.e.u.o.)

discretionary budget deficits, déficits presupuestarios deliberados

discretionary funds, fondos de colocación no discrecional

disencumber, desgravar

dishonour a cheque (USA = *dishonor, check*), impago de un cheque

dishono(u)red bill, letra no pagada, letra impagada, letra no aceptada, efecto no atendido, efecto desatendido

dishono(u)red cheque (USA = *check*), cheque impagado

disinflationary policies, políticas desinflacionistas

disintermediation, desintermediación

dismantling expenses, gastos de desmantelamiento

dismiss an application, denegar una solicitud

dismissal, despido

disparity, asimetría

disparity in prices, disparidad en precios

dispatch, expedir, despachar

dispatch money, prima de rapidez

dispatch note, hoja de expedición, albarán de expedición, talón de expedición

dispatching charges, gastos de expedición

dispel concern, despejar las sospechas

dispersion of rates, dispersión de los tipos de interés

displacement, desplazamiento (Inf.)

display, representación visual; pantalla: mostrar en pantalla (Inf.)

disposable income, ingresos disponibles

disposal sale, venta a precios de liquidación (por renovación de existencias, cambio de negocio, etc.)

dissent, disconformidad; disentir

dissolution by assent of all partners, disolución por acuerdo de todos los socios

dissolution by decree of court, disolución por decisión judicial

dissolution by operation of the law, disolución en virtud de la ley

dissolution of a company, disolución de una sociedad

distraint, embargo

distributable, repartible

distribution, distribución, asignación; proceso por el que la demanda de un valor queda superada por una oferta creciente que suele afectar negativamente al precio del mismo

distribution of earnings, distribución de beneficios

distribution of income from the previous financial year, distribución de beneficios del ejercicio anterior

distribution of profits, aplicación de utilidades, distribución de beneficios

distribution of risks, distribución de riesgos

distribution of the added value, distribución del valor añadido

div. ab, *division* (división); ab. *dividend* (dividendo)

diversification, diversificación

dividend, dividendo

dividend (bearing) coupon, cupón de dividendo

dividend counterfoil, cupón de dividendo

dividend coupon, cupón de dividendo

dividend-equalization reserve, reserva estabilizadora de dividendos

dividend per share, dividendo por acción

dividend policy, política de dividendos

dividend restraint, política de limitación de dividendos

dividend share, acción de dividendo, acción que genera dividendo, acción productiva

dividends collected, dividendos percibidos

dividends in arrears, dividendos atrasados

dividends on preferred stock, dividendos preferentes

division, división

divisional coin, moneda fraccionaria; calderilla (Esp.)

divisional money, moneda fraccionaria; calderilla (Esp.)

dock, muelle, dársena

dock charges, derechos por utilización de instalaciones portuarias

dock receipt, recibo de entrada de mercancía en el almacén, para ser posteriormente cargada

dock warrant, conocimiento de almacén

document, documentación; documentar

documentary bill, letra documentaria, efecto documentario

documentary collection, cobranza documentaria, remesa documentaria

documentary credit, crédito documentario

documentary draft, letra documentaria, efecto documentario

documentary letter of credit, crédito documentario, carta de crédito documentaria

documentary proof, prueba documentada

documents against acceptance, aceptación contra (entrega de) documentos, documentos contra aceptación

documents against payment, pago contra (entrega de) documentos

dodger, octavilla, anuncio entregado en mano

dollar ($), dólar

dollar area, área del dólar

dollar bonds, bonos pagaderos en dólares

dollar commodities, mercancías pagaderas en dólares

dollar gap, escasez de dólares

dollar rise, subida del dólar

domestic affiliate, afiliado nacional

domestic and foreign transactions, operaciones nacionales y extranjeras

domestic assets, activos nacionales

domestic bank, banco nacional, banco doméstico

domestic bill, letra sobre el interior, efecto sobre el interior

domestic consumption, consumo interno

domestic credit, créditos internos

domestic debt, deuda pública interna

domestic economy, economía nacional

domestic interchange, intercambio nacional

domestic issue, emisión interior, emisión nacional

domestic market, mercado nacional, mercado interior

domestic member, miembro nacional

domestic trade, comercio interior

domestic value of the currency, valor interior de la moneda

domicile, domicilio; domiciliar

domicile a bill (with), domiciliar una letra (en)

domicile a draft, domiciliar una letra, domiciliar un efecto

domiciled draft, letra domiciliada

domiciliation, domiciliación

domiciliation commission, comisión de domiciliación

donated capital stock, acciones donadas

donations, donativos

dormant account, cuenta sin movimiento

dormant balance, saldo inactivo

dormant company, sociedad comanditaria

double call, opción a doblar la amortización de bonos

double entry, partida doble

double-entry bookkeeping, teneduría de libros por partida doble

double insurance, seguro acumulativo

double invoicing, doble facturación

double taxation treaty, tratado de doble imposición

double up shift, doblar turno

doubtful accounts, cuentas dudosas

doubtful assets, activo dudoso

doubtful debts (GB), deudores dudosos, cuentas dudosas

doubtful notes and accounts (USA), deudores dudosos, cuentas dudosas

doubtful off-balance sheet risks, créditos de firma de dudosa recuperación

down payment, arras

downtick, transacción cerrada a un precio inferior a la precedente

downturn, bache

dowry, bienes dotales

draft, letra de cambio, cambial, efecto cambiario, libranza, efecto de comercio; borrador previo

draft contract, proyecto de contrato, borrador de contrato

draft discounting, negociación de efectos

draft maturity, vencimiento de una letra

draft on, girar sobre

draft to be collected, letra a cobrar, efecto al cobro

draft to be paid, efecto a pagar

drafts drawn on a foreign country, efectos girados sobre el extranjero

drafts payable, efectos a pagar

draw, girar, librar; retirar; cobrar

draw a bill, librar una letra, girar una letra, extender una letra, librar un efecto

draw a cheque (USA = *check*), extender un cheque, librar un cheque

draw a draft, librar un efecto, girar una letra

draw (against), librar, girar (sobre)

draw by lot, sortear

draw cheques against a deposit (USA = *check*), librar cheques contra una cuenta

draw firm conclusions, sacar conclusiones definitivas

draw interest, devengar intereses

draw money, retirar dinero, sacar dinero

draw on, librar sobre, girar contra, librar a cargo de

draw up a written agreement, redactar un contrato por escrito

drawback, reembolso parcial de derechos aduaneros (en el tráfico de perfeccionamiento); dificultad; (Esp., col.) pega

drawback debenture, certificado para reintegro

drawdown, disposición (de un crédito)

drawdown of equity, pago con cargo al capital

drawdown period, período de disponibilidad del crédito

drawee, librado, girado

drawer, librador, girador

drawing, giro, cambial, libranza; sorteo

drawing account (USA), cuenta corriente

drawing right, derecho de disponibilidad, derecho de giro

drawn bond, bono sorteado

drop, caída, descenso

drought, sequía

drug dealer, narcotraficante

drug dealing, narcotráfico

drug trafficking, narcotráfico

drugs, farmacéuticas (Bolsa)

drum, bocoy; tambor, envase cilíndrico de metal

dry goods, tejidos, confecciones y quincallería

dry trust, fideicomiso pasivo

dual capacity, autorización al agente de bolsa para que opere como intermediario e inversor

dual control, doble control

dual currency bond, obligación en doble moneda, obligación con denominación doble

dual economy, economía dual

dual posting, asiento doble

dual tranche, emisión en dos tramos

due 1990, con vencimiento en 1990

due and payable, vencido y pagadero

due bill, pagaré, efecto vencido

due date, fecha de vencimiento, fecha de caducidad

due from banks and savings banks, (depósitos en) bancos y cajas de ahorros

due from financial intermediaries, (depósitos con) intermediarios financieros

due mainly, principalmente a consecuencia, debido sobre todo a

due on demand, pagadero a la vista

due to Bank of Spain and to financial intermediaries (funds provided), Banco de España e intermediarios financieros (origen de fondos)

dues and subscriptions, cuotas y suscripciones

dull (market), flojo (mercado); mercado estancado

duly authenticated, debidamente autenti(fi)cado

dummy, testaferro, hombre de paja, cabeza de turco

dummy card, tarjeta de prueba (Inf.)

dummy instruction, instrucción ficticia (Inf.)

dummy transaction, operación ficticia (Inf.)

dump, vuelco de la memoria (Inf.)

dumping, «dumping», ventas en el extranjero tendentes a rebajar artificialmente el precio de exportación

dunnage, abarrote (SA); cuña para asegurar la estiba

dunning letter, carta de requerimiento, carta de cobranza

duplex, bidireccional (Inf.)

duplicate data, datos duplicados

duplicate processing, proceso duplicado (Inf.)

duplicate tape, cinta duplicada

duration, duración, vigencia; vida media actualizada

duration of guaranty, vigencia de la garantía

Dutch auction, subasta holandesa

Dutch guilder, florín holandés

duty, derecho; deber; arancel, tasa, impuesto

duty-free, exento de impuestos, libre de tasas

dwelling loan, préstamo (para) vivienda

dynamic memory relocation, reubicación dinámica de la memoria (Inf.)

dynamic solvency margins, márgenes de solvencia dinámicos

dynamic structures, estructuras dinámicas

E

e.& o.e., ab. *errors and omissions excepted* (salvo error u omisión, *s.e.u.o.*)

E.C.P., ab. *Euro-commercial paper* (papel eurocomercial, europapel comercial, europagarés de empresa)

E.C.S.C., ab. *European Coal and Steel Community* (Comunidad Europea del Carbón y del Acero, *C.E.C.A.*)

E.C.U., ab. *European Currency Unit* (ECU, *Unidad de Cuenta Europea*)

E.E.C., ab. *European Economic Community* (Comunidad Económica Europea, *C.E.E.*)

E.F.F.A., ab. *European Federation of Financial Analysts* (Federación Europea de Analistas Financieros, *F.E.A.F.*)

e.f.t., ab. *electronic fund transfer* (transferencia de fondos electrónica)

E.F.T.A., ab. *European Free Trade Association* (Asociación Europea de Libre Comercio)

e.g. (lat), ab. *exempli gratia* (por ejemplo)

E.I.B., ab. *European Investment Bank* (Banco Europeo de Inversiones)

e.o.m., ab. *end of month* (fin de mes)

e.o.w., ab. *end of week* (fin de semana)

e.p.s., ab. *earnings per share* (beneficios por acción, resultados por acción)

E.S.C., ab. *Economic and Social Committee* (Comité Económico y Social)

e.t.r., ab. *estimated total return* (rentabilidad total estimada)

earmark, reservar para ciertos usos

earmarked account, cuenta reservada

earn (an) interest, devengar interés

earned income, rentas del trabajo

earned interest, intereses devengados

earned premium, prima devengada

earned profits, ganancias realizadas, beneficios obtenidos, beneficios realizados

earned surplus, beneficios acumulados, superávit ganado

earnest money, prenda, señal, arras

earning capacity, rentabilidad

earning power, capacidad de generar beneficios, rentabilidad

earnings, ganancias, utilidades, renta, productos

earnings growth rates, tasas de crecimiento de los resultados

earnings per share (e.p.s.), beneficio por acción, resultados por acción

ease, aflojar algo

ease import control, liberalizar los controles de importación

easing of credit, moderación del crédito

East-West economic relations, relaciones económicas Este-Oeste

economic activity, actividad económica

economic analysis, análisis económico

Economic and Social Committee (E.S.C.), Comité Económico y Social

economic bottleneck, estrangulamiento económico

economic crisis, crisis económica

economic dislocations, perturbaciones económicas

economic forecasting, previsiones económicas

economic growth, crecimiento económico

economic influences, influencias económicas

economic infrastructure, infraestructura económica

economic life, vida útil de un activo, vida económica

economic model, modelo económico

economic outlook, perspectivas económicas

economic past standards, niveles económicos anteriores

economic planning, planificación económica

economic policy, política económica

economic pump priming, medidas para estimular la economía

economic recovery, reactivación económica, recuperación económica

economic sectors, sectores económicos

economic situation, situación económica

economic stabilization, estabilización económica

economic stagnation, estancamiento económico

economic strengthening, fortalecimiento económico

economic structure, estructura económica

economic studies, estudios económicos

economic summit, reunión cumbre económica

economic takeoff, despegue económico

economic topics, temas económicos

economic trend, tendencia económica, coyuntura

economic upswing, recuperación económica

economic variables, variables económicas

economic wealth, riqueza económica

economics and statistics, economía y estadística

economies of scale, economías de escala

edge, compra a plazo

edge up, subir lentamente

edit, editar, revisar, compaginar (Inf.)

edit package, paquete de programas, programa filtro (Inf.)

effective date, fecha efectiva; valor; en vigor

effective exchange rate, tipo de cambio efectivo

effective interest rate, tasa real de interés, tipo real de interés, tasa de interés efectiva

effective language, lenguaje de ejecución (Inf.)

effective yield, rendimiento efectivo

effects not cleared, efectos pendientes de cobro

efficient employee, empleado eficiente

efficient service, servicio eficiente, servicio eficaz

elastic limit, límite variable

elasticity of demand, elasticidad de la demanda

elasticity of the financial margin, elasticidad del margen financiero

electronic banking, banca electrónica

electronic data computer, ordenador de datos electrónico (SA = computadora) electronic data processing, proceso automático de datos

electronic data transmission system, sistema electrónico de transmisión de datos

electronic fund transfer *(e.f.t.),* transferencia electrónica de datos

electronic interchange of transaction data, intercambio electrónico de datos de operación

electrostatic printer, impresora electrostática (Inf.)

eleemosynary corporation, sociedad de beneficencia

elements of uncertainty, factores de incertidumbre

eligible liabilities, pasivos computables

eligible paper, efectos redescontables (USA)

embargo, embargo; embargar

embezzle, desfalcar, malversar

embezzlement, desfalco, malversación

embossed card, tarjeta grabada, tarjeta estampada

embossing, embutición, estampado en relieve, grabación en relieve

embrace(o)r, cohechador, sobornador

embracery, cohecho, soborno

emigration, emigración

emigration of capital, salida de capitales, fuga de capitales

eminent domain, dominio eminente, supremo dominio

emitter, emisor (Inf.)

emolument, emolumento

employee, empleado

employee training program, programa de formación profesional para empleados; reciclaje

employer, empresario, patrono, empleador

employer's association, sindicato patronal

employment, empleo

employment and foreign exchange earnings, fuentes de empleo y divisas

employment application, solicitud de empleo

employment exchange, oficina de selección y reclutamiento de personal

emulate, emular (Inf.)

enclose, adjuntar, acompañar, remitir adjunto

enclosed, adjunto, anexo (a la presente)

enclosures, anexos

encoded cardholder('s) name, nombre codificado de tenedor de tarjeta

encoding specifications, especificaciones de codificación

encryption, cifrado

encumber, gravar, hipotecar

encumber with a mortgage, hipotecar, gravar con una hipoteca

encumbered, gravado con una hipoteca

encumbrance, gravamen, carga, hipoteca

encumbrancer, acreedor hipotecario

end-around carry, arrastre a la posición extremo derecha (Inf.)

end customer, cliente final, cliente particular.

end investor, inversor final, inversionista particular

end product, producto final

end sentinel, señalizador de término (Inf.)

endorse, endosar

endorse a bill, endosar una letra

endorse in blank, endosar en blanco

endorsee, endosatario, tenedor por endoso

endorsement, endoso, suplemento

endorsement date, fecha de endoso

endorsement in blank, endoso en blanco

endorsement in full, endoso completo

endorser, endosante, cedente

endowment, dotación; crédito hipoteca-inversión (seguro de inversión y seguro de vida combinados)

endowment fund, fondo de beneficencia

enforce, hacer cumplir, ejecutar

enforce payment, exigir el pago

enforcement, entrada en vigor

engagement, obligación, compromiso

enhance security measures, potenciar las medidas de seguridad

enter, contabilizar, anotar, registrar, apuntar, tomar nota

enterprise, empresa

entity, ente

entrepreneur, empresario; emprendedor

entry, asiento, partida, apunte, registro, nota; alta

entry barrier, barrera de entrada

entry of goods, entrada de mercancías

environment, entorno, medio

equalization fund, caja de compensación, fondo de igualación

equalizing dividend, dividendo complementario

equated calculation of interest, cálculo de intereses a base de saldos

equated date, fecha media de vencimiento

equipment, mobiliario e instalaciones

equipment financing, financiación de bienes de equipo

equitable value, valor equitativo de venta

equities, títulos, obligaciones, (valores de) renta variable, acciones ordinarias

equity, recursos propios, patrimonio; derecho de propiedad; acción ordinaria; valor residual en cuenta especulativa de futuros

equity accounts, cuentas patrimoniales

equity at year-end, recursos propios a fin de año

equity capital, recursos propios

equity derivatives, valores secundarios de renta variable

equity holding, participación económica

equity investor, inversor en acciones, inversionista en títulos de renta variable

equity of redemption, derecho (hipotecario) de rescate, derecho de redención

equity options exchange, bolsa de opciones sobre valores de renta variable

equity securities, títulos, obligaciones, (valores de) renta variable

equity trading, operaciones con valores de renta variable, operaciones de bolsa

erase, borrar o tachar la información contenida en un medio de almacenamiento (Inf.)

ergonomics, ergonomía

erosion of net worth, descapitalización

erratic growth, crecimiento errático

errors and omissions excepted (E.&.O.E.), salvo error u omisión (s.e.u.o.)

escalator clause, cláusula de revisión

escape character, carácter diferenciador (Inf.)

escape clause, cláusula que permite retirarse de un contrato

escheat, reversión de bienes abintestato al estado

escrow, plica

escrow agreement, acuerdo de plica, contrato de depósito en garantía

escrow funds, fondos puestos bajo depósito legal

specialist, entidad encargada de mantener un mercado fluido y ordenado para un valor concreto

estate, sucesión, testamentaría, bienes, propiedad; herencia

estate accounting, contabilidad de sucesiones

estate distribution, partición de bienes

estate duties, impuesto de sucesiones

estate in common, propiedad mancomunada

estate in remainder, nuda propiedad

estate of bankrupt, masa de la quiebra

estate of deceased, bienes testamentarios

estate tax, impuesto sobre sucesiones

estimate, cálculo estimativo

estimate sheet, hoja de estimación

estimated efficiency, eficiencia estimada

estimated impact of inflation, impacto calculado de la inflación

estimated total return *(e.t.r.)*, rentabilidad total estimada

estimated value, valor estimativo, valor estimado

ethical standards, normas éticas

ethics, ética

Eurobond, Eurobono

Eurobond markets, mercados de Eurobonos

Eurocapital market, Euromercado de capitales

Eurocommercial paper *(E.C.P.)*, papel eurocomercial, europapel comercial, europagarés de empresa

Eurocommercial paper facility, programa de emisión de Europagarés de empresa

Eurocurrency, Euromoneda, Eurodivisa

Eurocurrency lending, préstamos en Euromonedas

Eurocurrency markets, mercados de Euromonedas, mercados de Eurodivisas

Eurodollar, Eurodólar

Eurodollar loan, Eurocrédito, préstamo en Eurodólares

Euroissue, Euroemisión

Euromarket, Euromercado

Euronote, Europagaré

Euronote facility, mecanismo de emisión de Europagarés

European Coal and Steel Community *(E.C.S.C.)*, Comunidad Europea del Carbón y del Acero *(C.E.C.A.)*

European Common Market, Mercado Común Europeo

European Currency Unit *(E.C.U.)*., U.C.E., *unidad de cuenta europea*

European Economic Community *(E.E.C.)*, Comunidad Económica Europea *(C.E.E.)*

European Federation of Financial Analysts *(E.F.F.A.)*, Federación Europea de Analistas Financieros *(F.E.A.F.)*

European Free Trade Association *(E.F.T.A.)*, Asociación Europea de Libre Comercio

European Investment Bank *(E.I.B.)*, Banco Europeo de Inversión *(B.E.I.)*

European-style option, opción europea

evade taxes, evadir impuestos

evaluate, evaluar

evaluation, evaluación

even-parity check, verificación de paridad par (Inf.)

event file, registro cronológico de actividad

event of default, caso de incumplimiento, impago, falta de pago

evergreen credit, crédito con fecha de reembolso final no predeterminada

evict, desalojar, desahuciar

eviction, desahucio, desalojo

evidence, justificante, prueba, testimonio; hacer constar

evidence of indebtedness, comprobante de adeudo

evidence of title, escritura de propiedad

ex (lat.), sin

ex dividend, sin dividendo

ex dock, sobre muelle, franco muelle

ex factory, sobre fábrica, franco fábrica

ex gratia payment, prestación graciable

ex interest, sin interés

ex mill, sobre fábrica, franco fábrica

ex pier, sobre muelle, franco muelle

ex quay, franco muelle, sobre muelle

ex rights, sin derechos

ex ship, franco y sobre buque

ex S/S, franco y sobre buque (seguido del nombre del barco)

ex warehouse, sobre almacén, franco almacén

ex works, franco fábrica, sobre taller

exact interest, interés calculado sobre año natural (365 días)

examination of the books, examen de los libros

except as otherwise agreed, salvo acuerdo en contrario

exception file, fichero de excepciones, registro de excepciones, maestra de excepciones

excerpt, extracto

excess capacity, capacidad adicional

exchange, cambio; cambio de divisas; cambiar, canjear

exchange alterations, modificaciones en el cambio

exchange and trade systems, sistemas cambiarios y comerciales

exchange bill of lading, conocimiento de embarque a la orden

exchange bonds, canjear obligaciones

exchange broker, corredor, cambista

exchange control, control de operaciones en moneda extranjera

exchange control board, junta de control de cambios

exchange control regulations, medidas de control de cambios

exchange cover, reservas en divisas

exchange in suspense, cambio en suspenso

exchange inflow, afluencia de divisas, entrada de divisas

exchange losses, pérdidas en operaciones cambiarias

exchange of views, cambio de impresiones

exchange office, casa de cambio, oficina de cambio, puesto de cambio

exchange outflow, salida de divisas; fuga de divisas

exchange parity, paridad cambiaria

exchange practices, prácticas cambiarias

exchange rate, tipo de cambio

exchange rate adjustment, modificación de tipos de cambio

exchange rate fluctuations, fluctuaciones en el cambio

exchange rate hedge, seguro de cambio

exchange rate pattern, esquema de tipos de cambio

exchange restrictions, restricciones cambiarias

exchange stability, estabilidad cambiaria

exchange stock, canjear acciones

exchange transactions, operaciones cambiarias

exchange, translation and dealing gains, resultados por diferencias de cambio

exchange value, contravalor, equivalencia

(exchange's) computer-assisted trading system (C.A.T.S.), mercado continuo bursátil informatizado

exchange's volume, volumen bursátil

excise tax, impuesto sobre la renta; arbitrios

exclusive rights, derechos de exclusividad

excusable neglect, inobservancia justificable

execute, ejecutar, realizar; formalizar; firmar

execute a contract, ejecutar un contrato, cumplir un contrato

execute an order, cumplimentar un pedido, servir un pedido

execution creditor, acreedor con derecho a ejecución

executive, ejecutivo

executive body, órgano ejecutivo

executive director, consejero ejecutivo, consejero delegado

executive secretary, secretario ejecutivo

executive secretary to the chairman, secretario ejecutivo de presidencia

executor, albacea testamentario

exempt from taxation, exento del pago de impuestos

exemption from customs, exención arancelaria

exemption from duties, franquicia arancelaria

exercise price, precio de ejercicio; precio de compraventa de contratos de opciones

exhaust, agotar

exhibit, anexo, apéndice, anexo explicativo, apéndice aclaratorio

exhibition, exposición

exit barrier, barrera de salida

exodus of capital, evasión de capitales

exoneration, exoneración, descargo

expand, extenderse

expansion capacity, capacidad de expansión

expansion of consumer credit, expansión del crédito al consumidor

expansion of gross national product, expansión del producto nacional bruto

expectations, expectativas

expected liquidity of the assets, liquidez prevista de los activos

expected return, rendimiento esperado

expenditure, desembolso, gasto

expenditures analysis, análisis de gastos

expenditures and receipts, gastos e ingresos

expense advances, anticipos para gastos

expense advances to employees, anticipos a empleados para gastos

expense capitalization, activación de gastos

expense control, control del gasto

expense items, partidas de gasto

expense ratio, porcentajes de gastos generales

expenses, gastos

expenses account, cuenta de gastos

expenses at buyer's cost, gastos por cuenta del comprador

expenses chargeable, gastos cobrables

expenses not requiring outlay of funds in the current period, importes que minoran el beneficio, pero que no suponen aplicación de fondos

expenses recovered, gastos recuperados

experience curve, curva de experiencia

expert, perito, experto; pericial

expert accountant, perito mercantil (Esp.), experto contable (SA)

expert appraisal, peritación, tasación pericial

expiration date, fecha de caducidad, fecha de vencimiento

expiration of a draft, vencimiento de un efecto

expire, vencer, caducar, expirar

expired card, tarjeta caducada

expiry date, fecha de caducidad, fecha de vencimiento

exponential function, función (de tipo) exponencial

export, exportación; exportar

export bond, fianza de exportación

export certificate, certificado de exportación, permiso de exportación

export commodities, artículos de exportación

export credit, crédito a la exportación

export credit insurance, seguro de crédito a la exportación

export duties, arancel de exportación, impuestos de salida

export earnings, ingresos provenientes de la exportación

export licence, licencia de exportación

export money, exportar dinero, exportar capitales

export quota, cuota de exportación, cupo de exportación

export-related credit, crédito relativo a la exportación

export restraint, restricción de las exportaciones

export shipments, embarques de artículos de exportación

export subsidy, subvención a la exportación

exporting countries, países exportadores

expostulatory letter, carta de observaciones

exposure, riesgo (en divisas)

express assumpsit, compromiso expreso

express trust, fideicomiso expreso

express waiver, renuncia expresa

extend a loan, conceder un préstamo

extend credit, otorgar un crédito, conceder crédito

extension, prórroga, prolongación

extension and termination of projects, ampliación y terminación de obras

extent of damage, extensión del daño

external audit, auditoría externa

external auditor, auditor externo

external bill, letra exterior, letra sobre el extranjero

external bond, obligación extranjera

external capital requirements of developing countries, necesidades de capital externo de los países en desarrollo

external convertibility, convertibilidad externa

external debt, deuda exterior

external deficit, déficit externo

external sources, financiación externa

external storage, almacenamiento externo, memoria externa (Inf.)

external trade, comercio exterior

extra dividend, dividendo extraordinario, dividendo complementario

extract, extracto

extraordinary depreciation, depreciación extraordinaria, amortización complementaria

extraordinary earnings, beneficios extraordinarios

extraordinary general meeting, junta general extraordinaria

extrapolation, extrapolación

90

F

F. & C., ab. *free and clear* (sin gastos y franco aduanas)

F.A.S. barge, ab. *free alongside barge* (franco costado de la barcaza)

F.A.S. car, ab. *free alongside car* (franco costado del vagón)

F.A.S. vessel, ab. *free alongside vessel* (franco costado del buque)

F.A.S.B., ab. *Financial Accounting Standards Board* (Comité de Normas de Contabilidad Financiera)

f.c., ab. *financial charges* (gastos financieros)

F.C. & S. clause, ab. *free of capture and seizure clause* (cláusula de exención de responsabilidad del asegurador por captura o secuestro del buque o de la mercancía asegurada)

F.F., ab. *Fed(eral) Funds* (USA) (fondos federales); ab. *French Franc* (Franco francés)

f.n., ab. *final notice* (notificación final)

F.O.B., ab. *free on board* (franco a bordo)

F.O.B. and trimmed goods, mercancía a granel, franco a bordo y acondicionada en el pañol

F.O.B.U.K., ab. *free on board United Kingdom,* franco a bordo sobre puerto del Reino Unido

F.O.R., ab. *free on rail,* franco vagón

F.O.T., ab. *free on truck,* franco camión

F.O.T.R.A., ab. *free of tax to residents abroad* (libre de impuestos a residentes en el extranjero)

F.P.A., ab. *free of particular average* (franco de averías particulares)

F.R.A., ab. *forward rate agreements* (convenios sobre tipos de interés futuros, contratos a plazo de tipos de interés concertados)

F.R.B., ab. *Federal Reserve Board* (USA) (Consejo de la Reserva Federal)

f.r.n., ab. *floating rate note* (pagaré a tipo de interés flotante, bono de interés flotante, obligación con tipo de interés variable)

f.t., ab. *full time* (jornada completa)

face amount, valor nominal, importe nominal

face and reverse, anverso y reverso

face capital, capital nominal

face of card, anverso de la tarjeta

face of the bill, anverso del efecto

face value, valor nominal, valor facial

facility, línea de crédito, facilidad crediticia; servicio

facility fee, comisión de servicio (en préstamos sindicados), comisión de disponibilidad

facsimile, facsímil; fax

facsimile signature, firma facsímil

factorage, corretaje

factorial analysis, análisis factorial

factoring, «factoring», descuento de facturas, anticipo de fondos a cuenta del crédito cuya gestión de cobro se asume

factory accounting, contabilidad industrial

factory burden, gastos de fabrica(ción)

factory expenses, gastos de fabrica(ción)

facultative reinsurance, reaseguro facultativo

fail, quiebra; dar quiebra, hacer bancarrota, quebrar

fail in prices, baja de precios, bajada en los cambios

failure, quiebra, bancarrota; impago; incumplimiento

failure to comply, falta de cumplimiento, incumplimiento

failure to pay, falta de pago

failure to perform, incumplimiento

fair, justo, razonable, equitativo

fair average quality *(f.a.q.),* buena calidad general

fair cash value, valor justo en efectivo

fair competition, competencia justa

fair copy, copia en limpio

fair offer, oferta ventajosa

fair prices, precios justos

fair return, beneficio justo

fair trade laws, legislación comercial

fair value, valor equitativo

faithfully yours, de Vd. (Vdes.) atentamente (atte.)

faked balance sheet, balance falseado

fall, baja; bajar, descender

fall due, vencer, caducar

fall in the return on stockholders' equity, caída de la rentabilidad de los recursos propios

fallback, recurso de emergencia

falling, a la baja, en baja

false entry, asiento falsificado

false instrument, documento falsificado

false oath, perjurio

false statement, declaración falsa, extracto de cuenta falso

falsification, falsificación

family partnership, sociedad familiar

farm loan, crédito agrícola

farm loan bank, banco de crédito agrario, banco de crédito agrícola

farm subsidy, subvención a la agricultura

farm(ers') cooperative, cooperativa agrícola

fault tolerant system, sistema indefectible (Inf.)

favo(u)rable change, cambio favorable

favo(u)rable outcome, resultados favorables

fax, fax

feasibility, viabilidad

feasibility study, estudio de viabilidad

features, valores muy cotizados

Fed (USA), Reserva Federal

federal bank (USA), banco federal

fed(eral) funds (USA), fondos federales

Federal funds market (USA), mercado de fondos federales

Federal funds rate (USA), tipo de interés interbancario

federal laws (USA), leyes federales

Federal Reserve banks (USA), bancos de la Reserva Federal

Federal Reserve Board *(F.R.B.),* Consejo de la Reserva Federal (USA)

fee, honorarios, derechos, canon; tarifa, accesorios, cuota; comisión

fee collection, cobro de cuotas, cobro de comisiones

feedback loop, bucle de realimentación (Inf.)

fees, dues and assessments, cuotas, derechos y contribuciones

fees for guarantees, other sureties and documentary credits, comisiones de avales y otras cauciones

ferrite, ferrita (Inf.)

flat money, moneda fiduciaria, dinero sin cobertura, moneda de curso forzoso

fictitious account number, número de cuenta ficticio

fictitious assets, activo ficticio

fidelity bond insurance, seguro contra el robo de empleados

fiduciary, fiduciario

fiduciary accounting, contabilidad fiduciaria

fiduciary circulation, circulación fiduciaria

fiduciary currency, moneda fiduciaria, dinero sin cobertura, moneda de curso forzoso

fiduciary funds, fondos fiduciarios

fiduciary issue, emisión fiduciaria, emisión sin cobertura

fiduciary loan, préstamo fiduciario

fiduciary money, moneda fiduciaria, dinero sin cobertura, moneda de curso forzoso

field, campo (Inf.)

field allowance, plus de compañía

field warehouse, almacén provisional para mercancías pignoradas

field work, trabajo del auditor en las propias oficinas o locales del cliente

figures in brackets, cifras entre paréntesis

file, archivo; expediente, legajo, carpeta; fichero (Inf.); archivar, presentar

file a claim, presentar reclamación

file a suit, entablar pleito

file an application, presentar una solicitud

file an objection, formular un reparo

file copy, copia de archivo

file envelope, sobre para archivo de documentación

file folder, carpeta para archivo

file maintenance, actualización de ficheros (Inf.)

file requisition, requisición de expedientes

file retention and control, conservación y control de archivos

filing cabinet, archivador, archivo, fichero

filing card, tarjeta de archivo

fill an order, servir un pedido

fill or kill, cumplimentar o anular de inmediato (col.)

fill out a form, rellenar un formulario

fill the vacancy, cubrir la vacante

filling, parte del cheque que se rellena con la cantidad en cifra y en letras

final configuration of the market, configuración final del mercado

final decision, auto definitivo

final dividend, dividendo final

final net income, beneficio neto final

final pleadings, escritos de conclusión

final tax base, base liquidable

finance, erario, hacienda; financieras (bolsa); financiar

finance bill, efecto financiero

finance charges, gastos financieros

finance company, sociedad financiera, entidad de financiación

finance purchases, financiar las compras

financial, financiero (adj.), monetario

financial accounting, contabilidad financiera

Financial Accounting Standards Board *(F.A.S.B.)*, Comité de Normas de Contabilidad Financiera

financial activity, actividad financiera

financial asset intermediation market, mercado de intermediación de activos financieros

financial assets, activos financieros

financial assets sold under repurchase agreements, activos vendidos bajo compromiso de recompra

financial assistance, asistencia financiera, apoyo financiero

financial backer, prestamista

financial backing, respaldo económico

financial calendar, calendario financiero

financial centre (USA = *center)*, centro financiero

financial charges, gastos financieros

financial chart, gráfica financiera

financial claim, activo financiero, título de crédito

financial conditions, situación financiera

financial contingency, imprevistos financieros

financial costs, costes financieros

financial credit, crédito de financiación

financial disintermediation, desintermediación financiera

financial engineering, ingeniería financiera

financial expenses, costes financieros

financial flows, flujos financieros

financial futures, futuros financieros, contratos financieros a plazo

financial gearing (USA = *financial leverage)*, relación entre deudas y activos totales; apalancamiento financiero

financial income, ingresos financieros

financial institution, entidad financiera, institución financiera, empresa financiera

financial intermediaries, intermediarios financieros

financial intermediation, intermediación financiera

financial investment, inversión financiera

financial leverage (GB = *financial gearing)*, relación entre deudas y activos totales; apalancamiento financiero

financial loan, crédito financiero

financial loss, pérdida financiera

financial management, gestión financiera

financial margin, margen financiero

financial market, mercado financiero

financial market penetration, penetración en los mercados financieros

financial operations, operaciones financieras

financial paper, efectos financieros

financial policy, política financiera

financial products, productos financieros

financial resources, recursos financieros

financial risk, riesgos financieros

financial sector, sector financiero

financial stability, estabilidad financiera

financial standing, solvencia financiera

financial statement, estado financiero, documentación financiera

financial support, apoyo financiero, asistencia financiera

financial world, mundo financiero, círculos financieros

financial year, ejercicio social, año financiero

financier, financiero (n.)

financing, financiación

financing income, ingresos financieros

financing of exports, financiación de las exportaciones

financing operations, operaciones de financiación

financing to other entities, financiación a otras entidades

finder, intermediario

finding, laudo, fallo

fine, multa; multar

fingerprints, huellas digitales, impresiones dactilares

finished goods, artículos terminados, productos acabados

finished products, productos acabados, artículos terminados

finished products inventory, inventario de productos terminados

fink, esquirol; soplón (col.)

fire damage, siniestro de incendio

fire indemnity, indemnización por incendio

fire insurance, seguro contra incendios

firm, razón social, firma, casa; firme, estable, mantenido, sostenido

firm change, cambio firme, cambio estable, cambio sin fluctuaciones

firm commitment, compromiso en firme

firm name, razón social

firm offer, oferta en firme, propuesta en firme

firm order, pedido en firme

firm price, precio en firme, precio mantenido, precio sin fluctuaciones

firm purchase, compra en firme

firm quotation, cotización en firme

firm rate, tipo mantenido, tipo firme, tipo sin fluctuaciones

firm sale contract, contrato de venta en firme

firm underwriting, aseguramiento en firme

firm('s) title, razón social

firmware, lógica física (Inf.)

first class mail (USA), correo de primera clase

first contract, primer contrato

first cost, costo original, costo inicial, costo de adquisición

first-in-first-out method inventory, inventario por últimos costos

first-in-first-out valuation *(F.I.F.O.),* valoración en el orden de entrada

first lien, primera hipoteca

first loss insurance, seguro a primer riesgo

first mortgage, primera hipoteca

first of exchange, primera de cambio

fiscal, fiscal, tributario

fiscal accounting, contabilidad fiscal

fiscal agency agreement, acuerdo de designación del agente fiscal de emisión

fiscal agent, agente fiscal

fiscal auditor, auditor fiscal

fiscal matters, asuntos fiscales

fiscal period, período contable, ejercicio fiscal

fiscal policy, política fiscal

fiscal policy decisions, decisiones de política fiscal

fiscal transparency, transparencia fiscal

fiscal year, (año de) ejercicio, año fiscal

fit for consumption, apto para el consumo

five-year period, quinquenio

fixed assets, activo fijo, inmovilizado material, activo inmovilizado, inmovilizaciones

fixed allowances, concesiones fijas

fixed budget, presupuesto fijo

fixed capital, capital fijo

fixed change, cambio fijo

fixed charges, gastos fijos, cargos fijos

fixed cost (USA = *period cost),* coste fijo

fixed debt (UK = *funded debt),* deuda fija, deuda a largo plazo, deuda perpetua

fixed deposit, depósito a plazo fijo

fixed fees, honorarios fijos

fixed fund, fondo fijo

fixed income, renta fija

fixed-income securities, (valores de) renta fija

fixed interest, interés fijo

fixed interest(-bearing) securities, valores de renta fija

fixed liabilities, pasivo fijo, pasivo consolidado

fixed loan, préstamo a plazo fijo

fixed parity, paridad fija

fixed premium, prima fija

fixed price, precio fijo

fixed-rate depreciation method, depreciación calculada a porcentaje fijo

fixed-rate financing, financiación a tipo de interés fijo

fixed storage, memoria fija (Inf.)

fixed term, plazo fijo

fixed-term deposit, imposición a plazo fijo

fixed-term insurance, seguro a plazo fijo

fixing, determinación del interés, cambio de referencia, cambio de base

fixtures, enseres, mobiliario

fixtures and installations, mobiliario e instalaciones

flag, señalizador

flair for business, olfato para los negocios

flash notes, billetes falsos

flash report, informe condensado

flat, fijo, constante; global, a tanto alzado; sin interés, neto; no traspasable

flat bill of lading, conocimiento de embarque no traspasable

flat fee, comisión pagadera una sola vez

flat loan, préstamo sin interés

flat money (col.), papel moneda

flat price, cotización bruta (cupón)

fleece, contratar a personas inexpertas; embaucar (col.)

flight money, capital especulativo

flight of capital, fuga de capitales, huida de capitales

flip-flop security (col.), valor con opción a la conversión

float, títulos negociables (excluidos los que los tenedores no desean vender); cobro de efectos; promover; financiar; emitir, flotar, poner en circulación, emitir (bonos); obtener (un empréstito)

float a loan, emitir un empréstito

float an issue, realizar una emisión

floaters (col.), títulos al portador de primera clase

floating; flotación; flotante

floating assets, activo flotante, activo circulante, activo corriente

floating capital, capital flotante

floating debt, deuda flotante

floating exchange rates, cambios flotantes

floating interest rate, tipo de interés flotante

floating liabilities, pasivo flotante, pasivo circulante, pasivo corriente, deuda flotante

floating money, dinero disponible

floating parity, paridad flotante

floating point, punto flotante

floating policy, póliza flotante

floating rate, tipo (de interés) flotante.

floating rate note (F.R.N.), pagaré al tipo de interés flotante, bono de interés flotante, obligación con tipo de interés variable, bono negociable (a medio y largo plazo) con tipo de interés variable

floating rate option note, bono con cláusula de opción al pago en otra moneda a tipo de cambio flotante

floating security investment credit, crédito bursátil flotante

floor, suelo; mínimo

floor broker, miembro de una Bolsa que cobra comisión, comisionista bursátil

floor limit, límite tope

floor trader, comerciante en Bolsa por su propia cuenta, «Local»

floppy disk, disco blando (Inf.)

flotation, apelación al capital de los suscriptores

flotsam, pecio

flow chart, diagrama de secuencia (Inf.); organigrama funcional

flow of funds, flujo de dinero, flujo monetario

flow-through entities, sociedades de transparencia fiscal

fluctuation, fluctuación

fluctuation of prices, fluctuación de los precios

flying spot, punto móvil, cursor (Inf.)

flying spot scanner, explorador de punto móvil (Inf.)

follow-up, carta recordatoria, recordatorio

follow-up financing, financiación complementaria

footing, total de una suma

for account and risk of, por cuenta y riesgo de

for account of whom it may concern, por cuenta de quien corresponda

for collection only, sólo para el cobro

for consolidation purposes, a efectos de consolidación

for example, por ejemplo

for instance, por ejemplo

for one's own risk, bajo propio riesgo

for own account, por cuenta propia

for the purposes as may be required, para los fines a que haya lugar

for value date, valor-fecha, fecha de valoración

forbearance, días de gracia

force majeure, fuerza mayor

forced billing, facturación de mercancías llegadas sin guía de carga

forced loan, préstamo forzoso, empréstito forzoso

forced sale, venta forzosa

forced sale value, valor de realización forzosa

forecast, previsión, pronóstico, juicio estimativo

forecasting, previsiones

foreclose, entablar juicio estimativo

foreclosure of a mortgage, ejecución de hipoteca

foreclosure sale, venta hipotecaria

foredate, antefechar, antedatar

foreign affiliated company, compañía afiliada en el extranjero, sociedad filial extranjera

foreign attachment, embargo contra persona no residente

foreign bill, letra sobre el extranjero, efecto sobre el exterior

foreign bonds, bonos exteriores, bonos extranjeros

foreign business planning service, servicio de planificación del negocio internacional

foreign chartered ship, buque fletado en el extranjero

foreign creditor, acreedor extranjero

foreign currency, moneda extranjera, divisa

foreign (currency) account, cuenta en moneda extranjera, cuenta en divisas

foreign currency assets, activos en moneda extranjera

foreign currency bond, bono en moneda extranjera

foreign currency borrowing limit, límite de la capacidad de endeudamiento en divisas

foreign (currency) debt, deuda en moneda extranjera

foreign (currency) deposits, acreedores en moneda extranjera, depósitos en divisas

foreign (currency) loan, empréstito en moneda extranjera, crédito en moneda extranjera, préstamo en divisas

foreign (currency) loans, deudores en moneda extranjera, créditos en divisas

foreign (currency) market (Esp.), bolsa de divisas

foreign (currency) risk, riesgo en moneda extranjera

foreign daughter, filial extranjera

foreign debts, deudas exteriores, créditos sobre el extranjero

foreign deposits, acreedores en moneda extranjera, créditos en moneda extranjera; depósitos en divisas

foreign drafts, giros sobre el exterior, efectos girados sobre el extranjero

foreign exchange, moneda extranjera, divisas; cambios, cambio extranjero, cambio de divisas

foreign exchange arbitrage, arbitraje en divisas

foreign exchange broker, corredor de cambios, cambista

foreign exchange control, control de divisas, control de cambios

foreign exchange cushion, amortiguador de cambio de divisas

foreign exchange dealer, corredor de cambios, cambista

foreign exchange dealings, operaciones de cambio

foreign exchange department, departamento de cambios y arbitrajes

foreign exchange liabilities, obligaciones en divisas

foreign exchange market, bolsa de cambios, mercado de divisas, mercado de cambios

foreign exchange permit, permiso para la compraventa de divisas

foreign exchange receipts, entradas de divisas

foreign exchange regulations, control de cambios

foreign exchange reserves, reservas en divisas

foreign exchange risk, riesgo de cambio, riesgo cambiario

foreign exchange service, servicio de cambios y arbitrajes

foreign exchange spot market, mercado de divisas al contado

foreign exchange trader, cambista, corredor de cambios

foreign exchange trading, operaciones en divisas, compraventa de moneda extranjera

foreign grant, subvención recibida del extranjero

foreign investor, inversor extranjero

foreign issue, emisión exterior, emisión extranjera

foreign notes and coins, monedas y billetes extranjeros

foreign operations, operaciones extranjeras, operaciones de extranjero, negocio extranjero

foreign-owned investments, inversiones de propiedad extranjera

foreign participants, participantes extranjeros

foreign reserves, reservas exteriores, reservas en divisas

foreign risk, riesgo exterior

foreign securities, valores extranjeros

foreign trade, comercio exterior

foreign trade bank, banco de(dicado al) comercio exterior

foreign trade development, desarrollo del comercio exterior, fomento del comercio exterior, promoción del negocio internacional

foreign trade policy, política de comercio exterior

foreign trade zone, zona franca (aduanas)

foreman, capataz

foreman of the jury, presidente del jurado

forfeit, (de)comiso; decomisar; caducar

forfeitable, caducable

forfeited share, acción caducada

forfeiting, forfetización; compra sin recurso de obligaciones de pago

forfeiture, decomiso, caducidad

forfeiture of a bond, caducidad de una fianza

forfeiture of funds from drug-trafficking, incautación de fondos emanantes del narcotráfico

forge, falsificar

forged card, tarjeta falsificada

forged cheque (USA = *check),* cheque falsificado

forged document, documento falsificado

forger, falsificador

forgery, falsificación, fraude

forgery-proof, infalsificable, a prueba de falsificaciones

form, formulario, impreso; constituir, establecer, fundar, crear

form a company, constituir una sociedad, establecer una compañía, fundar una compañía, crear una sociedad

formal contract, contrato formal

formalities, formalidades, diligencias

format code, código de formato (Inf.)

form set, juego de impresos

FORTRAN (programming language), FORTRAN (lenguaje de programación)

formulation and development, formulación y desarrollo

fortuitous bankruptcy, quiebra fortuita

fortune, fortuna

forum, foro

forward, a plazo

forward contract, contrato de plazo, compraventa de divisas a un cambio determinado con pago diferido

forward delivery, entrega futura

forward integration, integración de empresas de producción y distribución

forward currency market, mercado monetario a plazo

forward exchange covering, garantía de cambio

forward foreign exchange market, mercado de divisas a plazo

forward market, mercado a plazo

forward market in treasury bonds, mercado a plazo de deuda pública

forward position, posición lejana (Bolsa)

forward rate, cambio a plazo

**forward rate agreements *(F.R.A.),* convenios sobre tipos de interés futuros, contratos a plazo de tipos de interés concertados

forward sales, ventas de mercancías en futuros

forward tax, impuesto adelantado

forward transaction, operación a plazo

forwarder, expedidor, remitente; transitario

forwarder's bill of lading, conocimiento de embarque emitido por un transitario

forwarder's receipt, recibo del transitario

forwarding agent, transitario

forwarding charges, gastos de expedición

foul bill of lading, conocimiento de embarque con reservas, conocimiento de embarque en sucio

founder's shares, acciones de fundador

founding stockholders, accionistas constituyentes

fractional shares, acciones fraccionables, acciones fraccionarias

framing, encuadramiento, estructuración (Inf.)

framing bits, bits delimitadores (Inf.)

Franc area, zona del franco

franchise, franquicia

franchise clause, cláusula de franquicia

franchise contract, contrato de franquicia

franking privilege, franquicia postal

fraud, fraude, estafa, dolo

fraud code, clave de fraude

fraudulent, fraudulento

fraudulent bankruptcy, quiebra fraudulenta

fraudulent use, uso fraudulento

fraudulently obtained credit card, tarjeta de crédito obtenida fraudulentamente

freakish, atípico

free, gratuito, gratis, libre; exento de, a excepción de

free access to market, libre acceso al mercado

free alongside barge *(F.A.S. barge),* franco (costado de la) barcaza, franco sobre muelle

free alongside car *(F.A.S. car),* franco (costado del) vagón

free alongside vessel *(F.A.S. vessel),* franco (costado del) buque

free and clear, libre de gravámenes

free exchange rates, cambios libres

free import list, lista de mercancías liberalizadas

free of captures and seizure clause *(F.C. & S. clause),* cláusula de exención de responsabilidad del asegurador por captura o secuestro del buque o de la mercancía asegurada

free of charge(s), libre de gastos, gratis

free of collection, sin pago

free of duty, franco de derechos

free of particular average *(F.P.A.),* franco de averías particulares

free of premium, liberado de prima

free of tax to residents abroad *(F.O.T.R.A.),* libre de impuestos a residentes en el extranjero

free on board *(F.O.B.),* franco a bordo

free on board United Kingdom *(F.O.B.U.K.),* franco a bordo sobre puerto del Reino Unido

free on rail *(F.O.R.),* franco vagón

free on truck *(F.O.T.),* franco camión

free port, puerto franco

free surplus, beneficio neto disponible

free text message, mensaje de texto libre (Inf.)

free-trade zone, zona comercial franca

free-zone system, sistema de zonas francas

freedom on bail, libertad bajo fianza

freeholder, propietario absoluto

freeing, liberalización

freeing of interest rates, liberalización de los tipos de interés

freeing of the captive funds, liberalización de los recursos cautivos

freely convertible accounts, cuentas libremente convertibles

freeze an account, bloquear una cuenta, congelar una cuenta

freezing of funds, congelación de fondos

freight, flete, cargamento

freight allowance, bonificación sobre flete

freight allowed to, porte a ... incluido

freight and cartage, flete y acarreos

freight at destination, porte debido, porte por cobrar, porte pagadero en destino, flete a pagar en destino

freight bill, carta de porte, cuenta del flete

freight collect, porte debido, porte por cobrar, porte pagadero en destino, flete a pagar en destino

freight forward, porte debido, porte por cobrar, porte pagadero en destino, flete a pagar en destino

freight forwarder, transitario

freight insurance, seguro de flete

freight note, factura de flete

freight outward, flete por cuenta del vendedor

freight paid to ..., flete pagado hasta ...

freight prepaid, flete pagado (por anticipado)

freight rate, tarifa de flete

freight receipt, guía, conocimiento de carga

freight to be prepaid, flete a pagar por anticipado

freighter, buque de carga

freightment, fletam(i)ento

French franc, Franco francés

frequency, frecuencia

fresh news, nuevas noticias

fresh water, agua dulce

fringe benefits, beneficios complementarios, mejoras marginales

from and after this date, a partir de esta fecha

front and back, anverso y reverso

front bank, banco garante exclusivo

front-end fee, comisión pagadera por adelantado

front man, testaferro; fiduciario

frost damage insurance, seguro contra las heladas

frozen accounts, cuentas congeladas, cuentas bloqueadas

frozen assets, activo(s) congelado(s)

frozen credit, crédito congelado

full bill of lading, conocimiento de embarque con responsabilidad total del transportista

full-bodied money, moneda de valor intrínseco igual al nominal

full business day, día comercial completo

full coverage, cobertura total

full employment, pleno empleo

full endorsement, endoso completo

full meeting, asamblea plenaria

full-paid shares, acciones totalmente desembolsadas, acciones exhibidas, acciones enteramente liberadas

(full) point, entero

full power of attorney, poder general

full powers, plenos poderes

full price, precio total

full set, juego completo

full-time employee, empleado con jornada completa

full use of powers conferred, pleno uso de los poderes conferidos

full value insurance, seguro a valor total

full word, palabra entera (Inf.)

fully developed, plenamente desarrollado

fully invested, totalmente invertido

fully paid-up shares, acciones totalmente desembolsadas, acciones exhibidas, acciones enteramente liberadas

fully perforated tape, cinta totalmente perforada (Inf.)

fully qualified stock, acciones de pleno disfrute

functional units, unidades funcionales

functions, funciones

fund, fondo; proporcionar fondos; consolidar

fund segregation, segregación de fondos

fund the current account deficit, enjugar el déficit en cuenta corriente

fund transfer, movilización de fondos, transferencia de fondos

funded debt (USA = *fixed debt)*, pasivo consolidado, deuda consolidada, deuda a largo plazo, deuda perpetua

funded liabilities, pasivo fijo

funded trust, fideicomiso de fondos depositados

funding, captación de fondos, obtención de recursos

funding loan, empréstito de consolidación

funds, fondos, dinero, numerario, efectivo

funds and assets, recursos y empleos

funds available, (activo) disponible, caja y bancos

funds available for investment, fondos disponibles para inversión

funds from operations, fondos procedentes de operaciones

funds in hand, fondos disponibles, fondos libres

funds provided, origen de (los) fondos

funds statement, estado de origen y aplicación de fondos

funds used, aplicación de fondos, empleo de fondos, fondos empleados

furnish, amueblar; proporcionar, facilitar, aportar

furnish bail, prestar fianza

furnish capital, aportar capital

furnish information, facilitar informes

furnish security, dar una garantía, prestar caución

furniture and fixtures, muebles y enseres

furniture and installations, mobiliario e instalaciones

further news, nuevas noticias; aviso ulterior

future conditions in the stock market, comportamiento futuro de la bolsa

future developments, evolución futura

futures, futuros

futures and options markets, mercados de opciones y futuros

futures contract, contrato a plazo, compraventa de divisas a un cambio determinado con pago diferido; contrato de futuros

futures equivalent value, precio al contado por factor de conversión, equivalencia futura

futures market, mercado de futuros

futures option, opción sobre contratos de futuros

futures trading, operaciones en el mercado de futuros

G

g.a., ab. *general average* (avería gruesa)

G.A.A.P., ab. *generally accepted accounting principles* (principios de contabilidad generalmente aceptados *P.C.G.A.*)

G.A.T.T., ab. *General Agreement on Tariffs and Trade* (Acuerdo General sobre Tarifas Aduaneras y Comercio)

G.D.P., ab. *Gross Domestic Product* (P.I.B. - *Producto Interno Bruto*)

G.M.T., ab. *Greenwich Mean Time* (Hora del Meridiano de Greenwich)

G.N.P., ab. *Gross National Product* (P.N.B. - *Producto Nacional Bruto*)

G.N.P. recovery, recuperación del P.N.B.

g.t.c., ab. *good 'til cancelled* (orden de compraventa vigente hasta su ejecución o cancelación)

g.u.n., ab. *grantor underwritten note,* nota de compromiso

gain and loss exhibit, estado de pérdidas y ganancias

gain on disposal of assets, resultados de enajenación de activos, plusvalías por enajenaciones

gains, ganancias, utilidades

gal., ab. *gallon* (galón)

gallon *(gal.),* galón

galvanise the markets, galvanizar los mercados

gambling, juego (de azar)

game theory, teoría de juegos

gamma, gamma

gap, diferencia; déficit; carencia de contacto entre el alto y bajo del día con las mismas variables; desequilibrio, desajuste, desfase

garbled telex message, mensaje de télex mutilado, télex recibido incompleto

garnish. embargar

garnishee, embargado; embargar

garnisher, embargante

garnishment, embargo de bienes

gatekeeper, prescriptor

gather pace, ganar impulso

general acceptance, aceptación libre

general accounting, contabilidad general

general activity, actividad general

general agent, agente general

general agreement, acuerdo base

General Agreement on Tariffs and Trade *(G.A.T.T.),* Acuerdo General sobre Tarifas Aduaneras y Comercio

general allowances, provisiones genéricas

general assumpsit, proceso por incumplimiento de compromiso

general average *(g.a.),* avería gruesa, avería común

general balance sheet, balance general de situación

general cargo, cargamento mixto

general chart of accounts, plan general de contabilidad

general creditor, acreedor no privilegiado, acreedor común

general executor, albacea universal

general expenses, gastos generales

general franchise, escritura de constitución

general fund, fondo general

general guaranty, garantía general

general ledger, libro Mayor general

general management, dirección general, alta dirección

general manager, director general

general meeting, junta general, asamblea general

general obligations, compromisos generales

general obligations of membership, obligaciones generales de los miembros

general operating expenses, gastos generales de explotación

general partner, socio colectivo, socio regular, socio solidario

general partnership, sociedad regular colectiva

general planning, planificación general

general policy conditions, condiciones generales de la póliza

general power of attorney, poder general, poder sin restricciones, poder ilimitado

general provision, provisión genérica

general reserve account, cuenta de reserva general

general stock, acciones ordinarias

general strike, huelga general

generally accepted accounting principles *(G.A.A.P.),* principios de contabilidad generalmente aceptados *(P.C.G.A.)*

generate, generar; producir

generation, generación (Inf.)

generator, generador (Inf.)

Gentlemen (GB = seguido de coma (,); USA = seguido de dos puntos (:), Muy Sres. míos, Muy Sres. nuestros

gentlemen's agreement, acuerdo entre caballeros

geographic and economic areas, áreas geográficas y económicas, zonas geoeconómicas

geographic coverage, cobertura geográfica, expansión geográfica

geographic expansion, expansión geográfica, cobertura geográfica

get a bank loan, obtener un crédito bancario

get money out of a country, sacar dinero de un país

get the axe, ser despedido (col.)

gift, donación

gilt-edged securities (GB), bonos en Libras emitidos por el Tesoro británico; fondos públicos, valores del estado

give an option (on), dar una opción (sobre)

give an order, pasar un pedido

give and bequeath, legar

give bail, prestar fianza

give bond, prestar fianza

give notice, avisar, dar aviso, notificar; solicitar el reembolso anticipado

give raise, dar origen

global cover, cobertura global

global pattern of payments balances, estructura global de las balanzas de pagos

global quota list, lista global de contingentes

global tariff quotas, cuotas arancelarias globales

glut of money, abundancia de dinero

gnomes of Zurich (col.), banqueros de Zurich

go down, bajar, caer

go into bankruptcy, ir a la quiebra

go public, entrar en bolsa; sacar a bolsa

go through, salir adelante

go to protest, llevar al protesto, ser protestado

go to the bank, ir al banco, personarse en el banco

go up, subir

going business, negocio en marcha

going concern, negocio en marcha

going rate, tipo vigente, tipo corriente

going value, valor de un comercio en marcha, fondo de comercio, llave

gold, oro

gold assets, activos en oro

gold bullion, oro en lingotes

gold bullion standard, patrón oro

gold coin, moneda de oro

gold cover, cobertura (de) oro

gold holdings, reservas en oro

gold parity, paridad oro

gold reserves, reservas (en) oro

gold standard, patrón oro

golden handcuffs, prima de permanencia

golden parachute (clause), paracaídas (cláusula)

good behavio(u)r, buen comportamiento

good faith, buena fe

good faith attempt, intento de buena fe

good name, buena fama, solvencia moral

good reputation, buena fama, solvencia moral

good 'til cancelled *(g.t.c.),* orden de compraventa vigente hasta su ejecución o cancelación

goods, mercancías, artículos, mercaderías

goods actually shipped on, mercancía recibida a bordo, mercancías efectivamente cargadas

goods and chattels, bienes muebles

goods and services, bienes y servicios

goods completed, productos terminados, productos acabados

goods imported for re-export, importaciones destinadas a la reexportación

goods in process, artículos en curso de fabricación

goods in transit, mercancías en camino

goodwill, valor de un comercio en marcha, fondo de comercio, llave, plusvalía; activo nominal; (SA) crédito mercantil

goodwill and taxation, crédito mercantil e impuestos

governing law, ley aplicable

government agencies, organismos gubernamentales

government bank, banco estatal, banco nacional

government bonds, fondos públicos, valores del estado; obligaciones del gobierno, deuda pública; bonos del Tesoro (USA)

government debt market, mercado de deuda pública

government debt stock, deuda pública, fondos públicos

government loan, préstamo oficial, crédito oficial

government monopoly, monopolio del gobierno, monopolio fiscal

government paper, deuda pública, fondos públicos

government securities, fondos públicos, valores del estado; bonos del Tesoro (USA)

government supervision, control oficial

governor, gobernador

grace period, período de gracia, período de carencia

graduate rated post, puesto de titulado

graft, soborno, cohecho; (SA) mordida, coima; cometer concusión

grant, donación, concesión, subvención; otorgar, conceder, donar

grant a credit, conceder un crédito

grant a delay, conceder una prórroga

grant a loan, conceder un préstamo

grant an extension, conceder una prórroga

grant commitment, compromiso de donación

grant element, compromiso de donación

grantee, concesionario, adjudicatario, donatario

granting of credits, concesión de créditos

grantor, otorgante, donante, cesionista; vendedor de una opción

grants and loans, donaciones y créditos

graphic, gráfica

gray market, mercado gris, mercado previo a la emisión

Gré à Gré market, transacciones fuera de bolsa, mercado secundario, mercado extrabursátil, mercado Gré à Gré

green clause, cláusula verde

green currency, moneda verde

green hands, obreros inexpertos (col.)

greenmail, pago de rescate, órdago; compra de acciones para su posterior reventa a la propia entidad emisora

Greenwich Mean Time *(G.M.T.),* Hora del Meridiano de Greenwich

grey market, mercado gris, mercado previo a la emisión

grievance arbitration, arbitraje de quejas

gripe box, buzón de quejas y sugerencias

gross, bruto

gross added value, valor añadido bruto, renta bruta generada

gross adventure, préstamo a la gruesa

gross average, avería gruesa, avería común

gross book value, valor bruto contable

gross cashflow, flujo de caja bruto

gross charter, fletamento con operación por cuenta del arrendador

Gross Domestic Product *(G.D.P.),* Producto Nacional Bruto *(P.N.B.),* Producto Interno Bruto *(P.I.B.)*

gross earnings, beneficios brutos, ganancias brutas

gross earnings margin, margen de intermediación

gross figures, cifras brutas

gross for net weight, peso bruto por neto

gross income, producto bruto, renta bruta, utilidad bruta, ingresos brutos

gross income on operations, productos brutos de explotación

gross loss, pérdida bruta

gross margin, margen de ganancia bruta

Gross National Product *(G.N.P.),* Producto Nacional Bruto *(P.N.B.),* Producto Interno Bruto *(P.I.B.)*

gross operating income, productos brutos de explotación

gross premium, prima bruta

gross profit, utilidad bruta

gross provisions, dotaciones brutas

gross receipts, ingresos brutos, entradas brutas

gross reserve, reserva bruta

gross return, rendimiento bruto global

gross sales, ventas brutas

gross spread, comisiones de emisión de bonos

gross-up payments, pagos en bloque

gross weight, peso bruto

gross yield, rentabilidad bruta

group, grupo

group banking, agrupación bancaria, banca agrupada, sistema bancario constituido por consorcios de bancos, consorcio bancario

group operations control, control de gestión del grupo

group policy, política colectiva

groupage, agrupamiento

grouping of records, agrupamiento de registros (Inf.)

growing demand for credit, demanda de crédito creciente

growing interest (in), interés creciente (en, sobre, por, hacia)

growth, crecimiento

growth and expansion, crecimiento y expansión

growth rate, tasa de crecimiento, ritmo de crecimiento

growth rate in consolidated net income, progresión del beneficio neto consolidado

growth rate of ordinary operating income, tasa de crecimiento del resultado ordinario de gestión

growth-share matrix, matríz de crecimiento-cuota

guarantee (USA = *guaranty*), garantía, caución; aval; garante; prestar fianza

guarantee a bill of exchange, avalar una letra

guarantee fund, fondo de garantía

guarantee measures, medidas de garantía

guarantee placement of an issue, garantizar la colocación de una emisión

guaranteed bill, letra avalada

guaranteed bond, obligación garantizada

guaranteed cheque (USA = *check*), cheque garantizado

guaranteed credit, crédito con garantía, préstamo con garantía, préstamo garantizado

guaranteed floating-rate notes, pagarés garantizados a tipo de interés flotante

guaranteed loan, préstamo con garantía, crédito garantizado

guaranteed placement, colocación garantizada

guaranteed placing, colocación garantizada

guaranteed price, precio garantizado

guaranteed stock, acciones con dividendo mínimo garantizado

guarantees and other sureties, avales y otras cauciones

guarantor, garante, avalista, fiador

guaranty (GB = *guarantee*), garantía, caución, fianza, aval

guide price, precio indicativo

guidelines, directrices, líneas maestras, pautas

H

half duplex, semiduplex, bidireccional alternativo (Inf.)

half stock, acción de valor nominal inferior a $50

half-yearly amortization, amortización semestral

hand and seal, firma y sello

hand money, arras, señal

handbook, manual

handle (USA). parte principal de la cifra; (GB = *big figure*)

handling, manipulación, tramitación, negociación

handling charges, gastos de manipulación, gastos de negociación

handsel, arras, señal

hangup, plante (Inf.)

harbo(u)r dues, derechos portuarios

hard currency, moneda estable, moneda fuerte

hard disk, disco duro (Inf.)

hard loans, préstamos en condiciones ordinarias

hard money, metálico; (col.) dinero contante y sonante

hard terms, condiciones de mercado

hardware, equipo físico, equipo material, conjunto del ordenador (Inf.)

hatch, escotilla

have a draft protested, hacer protestar un efecto, enviar una letra al protesto

have a right to, tener derecho a

hawrer, vendedor ambulante

hazardous negligence, imprudencia temeraria

head a banking group, encabezar un grupo bancario

head hunters (col.), cazatalentos

head of department, jefe de departamento, jefe de negociado, jefe de sección

head of government, jefe de gobierno

head of state, jefe del estado

head office (USA = *home office*), sede social, oficina principal, oficina central; jefatura

head partner, socio principal

head sheet, hoja con membrete

head teller, cajero principal

headcount, plantilla

headed by, bajo la dirección de, encabezada por, presidida por, al frente de la cual figura

header record, registro de cabecera (Inf.)

heading, membrete, encabezamiento

headquarters, sede social, oficina principal; jefatura

health certificate, certificado sanitario

heavy industry, industria pesada

heavy outflow of capital, fuerte salida de capital

heavy restrictions, fuertes restricciones

hedge, cobertura, inmunización

hedge clause, cláusula de salvaguardia

hedge ratio, tasa de cobertura, ratio de inmunización

hedger, reductor del riesgo

hedging, cobertura; límites establecidos; compra o venta de un contrato futuro para tomar una posición temporal

height of embossing, altura del estampado en relieve

heir, heredero

heir-at-law, heredero legítimo

heiress, heredera

held back, retraído

hell or high water clause, cláusula irrenunciable (col.)

hereby, por la presente

herein, en este

hereinafter, más abajo

hereto, a este fin, a tal efecto

heretofore, anteriormente, antes

hereunder, por la presente, en virtud de este

herewith, adjunto; adjuntamos

heritable mass, caudal hereditario

heritables, bienes raíces

heuristic program, programa heurístico (Inf.)

hexadecimal digits, dígitos hexadecimales (Inf.)

hidden inflation, inflación subyacente, inflación latente

hidden payroll, nómina de gastos sociales

hidden reserves, reservas tácticas, reservas ocultas

hidden unemployment, paro encubierto

hide the source, ocultar la procedencia

high, cotización máxima

high change, cambio elevado

high denomination note, billete de valor elevado, billete de alta denominación

high finance, altas finanzas

high-grade Euro dollar bonds, bonos de primera clase en Eurodólares

high inventory, inventario alto (SA)

high order, orden superior (Inf.)

high seas, altamar

high wage level, nivel elevado de salarios, alto nivel salarial

higher yield, mayor rentabilidad

highest bidder, mejor postor

hire purchase, arriendo con opción a la compra, compraventa a plazos

hire-purchase financing, financiación de compras a plazos

histogram, histograma

hit, vender a un precio dado

hit-on-the-fly printer, impresora al vuelo (Inf., col.)

hitherto, hasta ahora, hasta la fecha

hoard, atesorar, acaparar

hoarding, acaparamiento, atesoramiento

hock, empeñar (col.)

hold, bodega de barco; poseer, detentar, guardar, sostener, mantener

hold an auction, celebrar una subasta

hold harmless, mantener libre de perjuicio

holder, tenedor, portador, titular; comprador de una opción

holder in due course, tenedor legal

holder in good faith, tenedor de buena fe

holder of a chattel mortgage, acreedor prendario

holder of procuration, apoderado, mandatario

holder of record, tenedor registrado

holding, «holding», sociedad instrumental, sociedad de cartera, sociedad tenedora; participación accionaria

holding cost, gastos de almacenaje

holdings, valores en cartera, participaciones

holdings in foreign banks, participaciones en bancos extranjeros

holidays with pay, vacaciones retribuídas

holographic will, testamento ológrafo

home banking, banca a domicilio

home loop, operación local, circuito autónomo (Inf.)

home office (GB = *head office*), sede social, oficina principal, oficina central, jefatura

home savings account, cuenta ahorro vivienda

homestead, casa solariega

homeward bound, viaje de vuelta, regreso al puerto de salida

homework system, sistema de trabajo a domicilio

hono(u)r, acoger, aceptar, pagar, atender

hono(u)r a cheque (USA = *honor a check*), pagar un cheque

hono(u)r a credit card, aceptar una tarjeta de crédito

hono(u)r a draft, acoger un giro, atender una letra

hono(u)red bill, letra pagada; factura atendida

hooks, ganchos (para subir o bajar mercancías del/al barco)

hopeful sign, signo esperanzador, síntoma esperanzador

horizontal spread, margen estacional, en opciones de compra

hostile takeover bid, OPA hostil, oferta pública de adquisición (de acciones) hostil (*OPAH*)

hot money, dinero especulativo, dinero caliente (col.)

hotel occupancy rate, tasa de ocupación hotelera

House of Commons, Cámara de los Comunes (GB)

House of Lords, Cámara de los Lores (GB)

House of Representatives, Cámara de Representantes (USA)

house-to-house selling, venta a domicilio

housekeeping card, tarjeta de preparación (Inf.)

huge, ingente

hybrid computer, ordenador mixto (Inf.)

hypothecate, hipotecar, pignorar, empeñar

hypothecated assets, activo pignorado

hypothecation, hipoteca, pignoración, prenda, garantía

hypothetic(al), hipotético

I

I.A.D.B., ab. *Inter-American Development Bank* (Banco Interamericano de Desarrollo)

I.A.T.A., ab. *International Air Transport Association* (Asociación Internacional para la Aviación Civil)

I.B.F., ab. *International Banking Facilities* (Servicios Bancarios Internacionales, Programa Bancario Internacional)

I.B.R.D., ab. *International Bank for Reconstruction and Development* (Banco Internacional de Reconstrucción y Desarrollo - *B.I.R.D.*)

I.C.C., ab. *International Chamber of Commerce* (Cámara de Comercio Internacional - *C.C.I.*); ab. *Institute Cargo Clauses* (cláusulas de seguro de transporte marítimo, adoptadas por el Instituto de Aseguradores de Londres)

I.D.A., ab. *International Development Association* (Asociación para el Desarrollo Internacional - *A.D.I.*)

I.D.B., ab. *interdealer broker* (broker o intermediario ciego, en los mercados de deuda pública; meda - mediador de deuda anotada)

i.e., (lat.) ab. *id est* (es decir)

I.F.C., ab. *International Finance Corporation* (Corporación Financiera Internacional - *C.F.I.*)

i.i.t., ab. *incoming interchange tape* (cinta de intercambio de entrada (Inf.)

I.L.U., ab. *Institute of London Underwriters* (Instituto de Aseguradores de Londres)

I.M.F., ab. *International Monetary Fund* (Fondo Monetario Internacional - F.M.I.)

I.M.F. Articles of Agreement, convenio constitutivo del F.M.I.

I.O.U., ab. *I owe you* (pagaré sobre papel sin timbrar)

I.S.C., ab. *Institute Strike Clauses* (cláusulas de seguro contra riesgo de huelga adoptadas por el Instituto de Aseguradores de Londres)

I.S.M., ab. *issuer set margin* (margen establecido por el emisor)

I acknowledge receipt, acuso recibo

id est *(i.e.)*, (lat.) es decir

identification codes, claves de identificación

identity card, cédula de identidad, documento nacional de identidad, D.N.I. (Esp.), carnet de identidad

idle, desocupado

idle balances, saldos inactivos

idle capacity, capacidad no utilizada

idle capacity cost, costo de capacidad no utilizada

idle capacity loss, pérdida por capacidad desperdiciada

113

idle capital, dinero inactivo, capital improductivo

idle cash, dinero inactivo

idle plant, planta parada

idle time, tiempo ocioso, tiempo pasivo, tiempo de inactividad (Inf.)

ignorance of the law is no excuse, la ignorancia de la ley no excusa su cumplimiento

illegal, ilegal, contrario a la ley

illegal interest, interés ilegal

illegal strike, huelga ilegal

illegality clause, cláusula de ilegalidad

illegible number, número ilegible

illegible photocopy, fotocopia ilegible

illicit funds, dinero ilegal, fondos de origen ilegítimo

illiquid funds, fondos no realizables

illiquid security, valor de escaso movimiento en el mercado secundario

illiquidity, falta de liquidez

immaterial assets, activo intangible

immediate access storage, memoria de acceso inmediato (Inf.)

immediate delivery, entrega inmediata

immediate investment requirements, necesidades inmediatas de inversión

immediate payment, pago inmediato, desembolso inmediato

immediately available funds, fondos inmediatamente disponibles

immovable property, bienes inmuebles, bienes raíces

immovables, bienes inmuebles, bienes raíces

impact of inflation, incidencia de la inflación, impacto de la inflación

impairment of international liquidity positions, empeoramiento de las posiciones de liquidez internacional

impawn, empeñar, pignorar

implead, demandar, entablar pleito

implement, instrumentar

implement a plan, poner en marcha un programa

implementation of preventive safeguards, aplicación de salvaguardias preventivas, introducción de medidas precautorias

implements, útiles, herramientas

implications of draught, consecuencias de la sequía

implied consent, consentimiento tácito

implied contract, contrato implícito, cuasicontrato

implied duties, obligaciones implícitas, deberes tácitos

implied engagement, acuerdo tácito

implied rescission, rescisión tácita

implied volatility, volatilidad implícita

implied waiver, renuncia tácita

import, importación; importar

import application, solicitud de importación

import credit, crédito a la importación

import duties, derechos de importación

import duties receivable, derechos de importación recuperables

import expenditures, gastos de importación

import-export ratio, índice de cobertura

import goods, artículos de importación

import liberalization, liberalización de las importaciones, apertura del régimen de importación

import licence (USA = *license*), licencia de importación, permiso de importación

import licence extension, prórroga a la licencia de importación

import permit, permiso de importación, licencia de importación

import quota, cupo de importación

import upsurge, expansión de las importaciones

importation, importación

importing countries, países importadores

imposable, imponible

impose a tax, implantar un impuesto

impost, derechos aduaneros; impuesto, contribución

impress, expropiar, confiscar

imprest, fondo fijo, fondo rotativo para gastos menores

imprest system, sistema de saldo fijo

improve, potenciar

improve liquidity, potenciar la liquidez

improved rate of return, alza de la rentabilidad

improved risk conditions, mejoría en las condiciones del riesgo

improvement in communications, mejora de las comunicaciones

in accordance with, de acuerdo con, conforme a, según

in advance, anticipadamente, como anticipo, con anticipación

in arrears, vencido (interés)

in bond, en depósito

in brackets, entre paréntesis

in bulk, a granel

in cash, en efectivo

in compliance with the request, de acuerdo con la solicitud, conforme a lo solicitado

in-depth analysis, análisis exhaustivo

in-depth study, estudio detenido

in exchange for, a cambio de

in favo(u)r of, en favor de, a favor de

in figures, en cifras

in-house form, formulario interno, impreso de régimen interior

in-house funds, fondos de clientes

in ink, a tinta

in lieu of, en lugar de

in our favo(u)r, a nuestro favor

in partial payment, a cuenta

in particular, en concreto

in process, en proceso, en curso de fabricación; en trámite

in process of realization, en trámite de desinversión

in real terms, en términos reales

in return for, a cambio de

in stock, en existencia, en almacén

in the course of the year, en el transcurso del año, a lo largo del ejercicio

in-the-money, interesa; en dinero

in-the-money option, opción «dentro del precio», opción «in the money»

in words, en letra

in working order, en buen estado de funcionamiento

in writing, por escrito

inactive account, cuenta sin movimiento

inactive equipment, equipo inactivo

inactive equipment and material report, informe de equipo y material inactivo

inadequacy, insuficiencia

inadmissible assets, activo no computable, activo no confirmado, activo no aprobado

Inc., ab. *incorporated* (sociedad anónima - USA)

incentives, incentivos

incentives payment, pago de incentivos

incentives plan, plan de incentivos

incentives system, sistema de incentivos

incentives to foreign investors, incentivos al inversor extranjero

income, utilidades, entradas, ingresos, renta, rédito

income analysis, análisis de los resultados

income account, cuenta de ingresos

income and return, resultados y rentabilidad

income before taxes, beneficio antes de impuestos, resultado antes de impuestos

income bond, bono de participación en utilidades, obligación participativa

income distribution, distribución de beneficios

income effect, efecto renta

income from investments, utilidades provenientes de inversiones en valores

income policy, política de rentas

income statement, estado de ganancias y pérdidas, cuenta de resultados, balance de resultados

income tax, impuesto sobre la renta, impuesto de sociedades

income-tax blank, formulario para declaración del impuesto sobre la renta

income-tax reserve, reserva para el impuesto sobre la renta

incoming interchange tape (I.I.T.), cinta de intercambio de entrada (Inf.)

incompetence, incompetencia, ineptitud

inconnector, conector de procedencia (Inf.)

incorporate a company, constituir una sociedad

incorporated (Inc.), sociedad anónima (USA)

incorporation papers, escritura social, escritura constitutiva, acta de constitución

incorrect account number, número de cuenta incorrecto

increase, aumento, incremento, crecimiento; aumentar, incrementar, crecer

increase at par, ampliación a la par

increase in dividend, aumento de dividendo

increase in financial costs, aumento de los costes financieros

increase in profits, aumento de las utilidades

increase in the discount rate, alza en el tipo de descuento

increase in value, aumento de valor

increase the capital by, aumentar el capital en

increase the interest rate, aumentar el tipo de interés

increased cost clause, cláusula de aumento de coste

increasing, creciente, en aumento

increasing interdependence, creciente interdependencia

increment, incremento

incremental cost, costo marginal, costo diferencial, costo directo

incur a debt, incurrir en una deuda

incur no charges, sin gastos

indebtedness, deudas; adeudo, cargo, débito

indecipherable data, datos indescifrables

indemnification, indemnización

indemnify, indemnizar

indemnitee, indemnizado

indemnitor, indemnizador, indemnizante

indemnity, indemnización

indenture, contrato con el comisariado, contrato en el que se especifican las obligaciones legales de un emisor de bonos

independent audit, auditoría externa, revisión independiente

independent bank, banco independiente

index, índice, relación, coeficiente

index numbers, números índice

index of liquidity, índice de liquidez

index-tied loan, préstamo reajustable según un índice

indexation, indexación, indiciación

indexed bond, obligación indexada, obligación indiciada

indexing, indexación, indiciación

indicator, indicador

indirect expenses, gastos indirectos, cargas indirectas, sobrecarga indirect holding, participación indirecta

indirect labo(u)r, mano de obra indirecta

indirect liabilities, pasivo contingente

indirect materials, materiales indirectos

indirect taxes, impuestos indirectos

individual contract, contrato individual

individual income tax, impuesto individual sobre la renta, impuesto sobre la renta de las personas físicas (Esp.)

individual note, pagaré a cargo propio, pagaré con una sola firma

individual shareholder, accionista individual

indorse, endosar, avalar

indorsee, endosatario

indorsement, endoso

indorsement in full, endoso completo

indorser, endosante

industrial bank, banco industrial, banco de negocios

industrial estate, polígono industrial

industrial insurance, seguro contra accidentes de trabajo

industrial partnership, participación obrera en los beneficios

industrial sector, sector industrial

industrial stock, valores industriales

industrial techniques, técnicas industriales

industrialist, industrial (n)

industry, industria

inflation, inflación

inflation and balance of payments problems, problemas de inflación y balanza de pagos

inflation rate, tasa de inflación; índice de precios al consumo

inflationary, inflacionario, inflacionista

inflationary pressures, presiones inflacionistas

inflationary trend, tendencia inflacionista

influx of capital, entrada de capital

information, información

information bits, bits de información (Inf.)

information retrieval, recuperación de la información (Inf.)

information systems, sistemas informativos

infraction, infracción

infrastructure, infraestructura

inheritance tax, impuesto sucesorio, impuesto de sucesiones

initial change, cambio inicial

initial margin, margen inicial; depósito de garantía

initial par value, paridad inicial

initial private placement, colocación privada inicial

initial public offering, oferta pública inicial

initial steps, pasos iniciales

initiate, iniciar

inland bill, letra sobre el interior

inland freight, flete terrestre

input, entrada (Inf.)

input data, datos de entrada (Inf.)

input-output analysis, análisis de entradas-salidas

input-output control unit, unidad de control de entradas-salidas (Inf.)

input preparation, preparación de datos para el proceso (Inf.)

insider information, información confidencial

insider trading (GB = insider dealing), utilización comercial lucrativa de información restringida, tráfico de confidencias

insofar as, en la medida que

insolvency, insolvencia

insolvent, insolvente, fallido

inspection certificate, certificado de inspección

inst., ab. *instant* (corriente, mes en curso)

instal(l)ment, pago parcial, pago a cuenta, plazo

instal(l)ment buying, compra a plazos

instal(l)ment credit, crédito para compras a plazo

instal(l)ment drafts, letras a plazos escalonados

instal(l)ment loan, préstamo reembolsable a plazos

instal(l)ment mortgage, hipoteca pagadera a plazos

instal(l)ment note, letra a cargo propio, con varios vencimientos

instal(l)ment purchase, compra a plazos

instal(l)ment sale, venta a plazos

instal(l)ment selling, venta a plazos

instant *(ins.)*, corriente, mes en curso

Institute Cargo Clauses *(I.C.C.)*, cláusulas de seguro de transporte marítimo adoptadas por el Instituto de Aseguradores de Londres

Institute Cargo Clauses with Wartime Extension, cláusulas de seguro de transporte marítimo, cubriendo riesgos de guerra, adoptadas por el Instituto de Aseguradores de Londres

Institute of London Underwriters *(I.L.U.)*, Instituto de Aseguradores de Londres

institutional investor, inversor institucional

instruction code, código de una instrucción (Inf.)

instruction format, formato de la instrucción (Inf.)

instrument, instrumento, documento

instrument in writing, documento por escrito

instrumental capital, capital de explotación

insufficient funds, saldo insuficiente, provisión de fondos insuficiente, falta de fondos

insurable risk, riesgo asegurable

insurable value, importe asegurable

insurance, seguro

insurance and bonds, seguros y fianzas

insurance broker, agente de seguros

insurance certificate, certificado de seguro

insurance fund, fondo de autoseguro

insurance policy, póliza de seguro

insurance premium, prima de seguro

insurance reserve, reserva para seguro, reserva actuarial

insure, asegurar

insured deposit, depósito asegurado

intangible assets, activo intangible, activo aparente, activo ficticio, activo nominal

intangible fixed assets, activo fijo intangible

intangible value, valor intangible

integrated asset and liability management, gestión integrada de activos y pasivos

integrated circuit, circuito integrado (Inf.)

integrated data processing, proceso integrado de datos (Inf.)

integration program, programa de integración

integrity of staff, integridad del personal

intensive distribution, distribución intensiva

Interamerican Bank for Development *(I.B.D.)*, Banco Interamericano de Desarrollo *(B.I.D.)*

interbank deposits, depósitos interbancarios

interbank market, mercado interbancario

interbank trading, actividad interbancaria

interbranch transactions in transit, operaciones en camino

interchange paper, documentos de intercambio

interchange tape, cinta de intercambio (Inf.)

interdealer broker *(I.D.B.)*, broker o intermediario ciego (en los mercados de deuda pública); *MEDA* (mediador de deuda anotada)

interdependence of asset and liability operations, interdependencia de las operaciones de activo y pasivo

interdivisional transfers-in, traspasos interdivisionales recibidos

interdivisional transfers-out, traspasos interdivisionales enviados

interest, interés

interest accrued, intereses devengados

interest-adjustment clause, cláusula sobre revisión del tipo de interés

interest-bearing liabilities, recursos medios ajenos

interest charges coverage, cobertura de intereses

interest differential, diferencial de intereses

interest due but not paid, interés devengado pero no pagado

interest expenses, costes financieros, coste de los recursos

interest-free loan, préstamo sin interés

interest income, productos financieros

interest payable, intereses por pagar

interest plus fees, interés más comisión

interest rate, tipo de interés

interest rate cap, tope de tipos de interés

interest rate curve, curva de tipos de interés

interest rate differential, diferencial entre tipos de interés

interest rate increase, alza en los tipos de interés

interest rate swap, trueque de tipos de interés, permuta de intereses, swap de tipos de interés

interest receivable, interés a cobrar

interest revenues, rendimiento de los empleos, productos obtenidos, margen financiero, productos de empleos

interest risk, riesgo de interés

interest spread, margen entre tipos de interés

interest tables, planillas de intereses, tablas de cálculo de intereses

interest today, intereses hasta la fecha

interested parties, partes interesadas

interface, acoplamiento mutuo, interfaz (Inf.)

interim assessment, informe provisional

interim audit, auditoría preliminar

interim certificate, resguardo provisional

interim dividend, dividendo (activo) a cuenta, dividendo provisional

interim financial statements, estados financieros provisionales

interim period, período interino

interleave, interpolar, simultanear

interlocking shareholdings, participaciones accionarias de interbloqueo

intermediate credit, crédito a medio plazo

intermediate goods, mercancías semiacabadas, productos semielaborados, bienes de producción

intermediate storage, memoria intermedia (Inf.)

intermediating function, función intermediadora

intermediation, intermediación

intermediation of financial assets, intermediación de activos financieros

internal audit, auditoría interna, auditoría privada

internal auditor, auditor interno

internal consumption, consumo interno

internal controls, controles internos

internal convertibility, convertibilidad interna

internal fraud, fraude interno

internal loan in foreign currency, préstamo interior en divisas

internal operating programs, programas de explotación interna

internal rate or return, tasa de rentabilidad interna, rentabilidad total

internal resources, medios internos

internal revenue, rentas internas

internal sources, financiación interna

internal storage, memoria interna (Inf.)

internal value of the currency, valor interior de la moneda

international activities, actividad internacional

International Air Transport Association (I.A.T.A.), Asociación Internacional para la Aviación Civil

international bank, banco internacional

International Bank for Reconstruction and Development (I.B.R.D.), Banco Internacional de Reconstrucción y Desarrollo (B.I.R.D.)

international banking facilities (I.B.F.), servicios bancarios internacionales, programa bancario internacional

international bond market, mercado internacional de obligaciones en divisas

international capital movements, movimientos internacionales de capitales

International Chamber of Commerce (I.C.C.), Cámara de Comercio Internacional (C.C.I.)

international commodities agreement, convenio internacional sobre mercancías

International Development Association (I.D.A.), Asociación para el Desarrollo Internacional (A.D.I.)

international forwarding, transportes internacionales

international gold standard, patrón-oro internacional

international markets, mercados internacionales

International Monetary Fund (I.M.F.), Fondo Monetario Internacional (F.M.I.)

international recession, recesión internacional

international relations, relaciones internacionales

interplead, pleitear con otro demandante sobre una misma cosa

interpolation, interpolación

interpretation of balances, interpretación de balances

interpreter, intérprete

interpreting forecast, pronóstico interpretativo

interregional balance, equilibrio interregional

interstate commerce, comercio interestatal

interval timer, cronómetro (Inf.)

intervening period, período de intervención

intervention exchange rates, cambios de intervención

intervention point, punto de intervención

intervention stocks, existencias de intervención, partidas de choque

intestate, intestado

intragroup fund transfers, trasvases internos de fondos

intrinsic value, valor intrínseco

introductory price, precio de introducción

intrusion alarm system, sistema de alarma contra intrusos

invalid, nulo

invalidate, invalidar

inventory, inventario, existencias de mercancías, existencias en almacén

inventory book, libro de inventarios y balances, libro de almacén

inventory controls, control e inventarios

inventory holding cost, coste de almacenaje

inventory items, partida del inventario, artículos de inventario

inventory losses, pérdidas por ajuste del inventario

inventory pricing (GB = *stock valuation),* valoración de existencias

inventory report, informe de existencias

inventory sales, ventas de existencias

inventory sheet, hoja de inventario

inverse ratio, proporción inversa

inverted interest rate curve, curva invertida en los tipos de interés

inverted interest rate curve, curva invertida de rentabilidad

invest, invertir, colocar

invest money on, invertir dinero en

invested capital, capital invertido, capital aportado

investee company, sociedad participada

investment, inversión, colocación

investment advisor, asesor de inversiones; trust de inversión

investment bank (GB = *merchant bank*), banco de negocios, banco de inversión

investment banking, banca de inversión

investment company, sociedad de cartera

investment credit, crédito de inversión

investment file, archivo de inversiones

investment financing, financiación de inversiones

investment fund, fondo de inversión

investment goods, bienes de inversión, bienes de equipo

investment of reserves, inversión de reservas y fondos de previsión

investment planning, planificación de inversiones

investment policy, política de inversiones

investment portfolio, cartera de inversiones

investment program, programa de inversiones

investment rate, tasa de inversiones

investment ratio, coeficiente de inversión

investment reserve, reserva para inversiones

investment securities, valores para inversión

investments, valores en cartera

investments in foreign countries, inversiones exteriores, inversiones en países extranjeros

investments in real estate, inversiones en valores mobiliarios

investor, inversor, inversionista

investor('s) guidance and counsel(l)ing, asesoramiento y orientación del inversor en Bolsa

invisible balance, balanza de invisibles

invisible export, exportación de invisibles

invite subscriptions for a loan, sacar a subscripción un empréstito

invoice (USA = *bill*), factura; facturar

invoice amount, importe de la factura

invoice copybook, libro copiador de facturas

invoice cost, costo según factura

invoice file, archivo de facturas

invoice form, formulario de factura, modelo de factura

invoice price, precio según factura

invoice register, libro de facturas, registro de facturas

invoice value, importe de la factura

invoiced, facturado

invoiced value, valor facturado, valor según factura

invoices to collect, facturas al cobro

invoices to pay, facturas a pagar

invoicing, facturación

invoicing machine, máquina facturadora

involuntary bankruptcy, quiebra involuntaria

involuntary trust, fideicomiso implícito

irrecoverable, incobrable, irrecuperable, perdido

irredeemable, irredimible

irrevocable documentary credit, crédito documentario irrevocable

irrevocable letter of credit, crédito documentario irrevocable, carta de crédito irrevocable

isolationist policy, política aislacionista

issuance of import licences, emisión de licencias de importación

issue, emisión; emitir, girar, librar

issue a bill, librar una letra, girar un efecto, extender una letra

issue a cheque (USA = check), extender un cheque, librar un cheque

issue a ruling, emitir un dictamen

issue a writ, dictar un auto

issue against non-monetary subscriptions, emisión contra aportaciones no dinerarias

issue bonds, emitir obligaciones

issue for date, fecha de emisión

issue of currency, emisión de moneda

issue of debt securities, emisión de obligaciones (bonos, pagarés, etc.)

issue of foreign bonds, emisión de bonos exteriores

issue paper at sub-market rates, emitir papel a tipos inferiores a los vigentes en el mercado

issue premium, prima de emisión

issue price, tipo de emisión, precio de emisión, precio de lanzamiento

issued and outstanding, emitido y en circulación

issued as full-paid and non-assessable shares, acciones emitidas con carácter de liberadas

issued stock, acciones emitidas, acciones liberadas

issuer, emisor

issuer identification, identificación del emisor

issuer set margin (i.s.m.), margen establecido por el emisor

issuer's right of rejection, derecho de rechazo del emisor

issuing and paying agent, agente emisor y pagador

issuing bank, banco emisor

issuing country, país emisor

issuing house, banco de emisión de valores

issuing member, miembro emisor

issuing of new coupons, renovación de hojas de cupones

item, artículo, partida, capítulo, apunte contable; unidad de información (Inf.)

item inventory, inventario de artículos

item on the assets side, partida del activo

item on the liabilities side, partida del pasivo

item of tariff, partida arancelaria

itemize, detallar, desglosar

itemized invoice, factura detallada

itemized prices, precios detallados

iterates, iterativos (Inf.)

iterative process, proceso iterativo (Inf.)

J

jack, tomacorrientes, enchufe hembra (Inf.)

jam, atascamiento, atasco (Inf.)

jargon, jerga

Jason clause, cláusula restrictiva de responsabilidad del transportista inserta en el conocimiento de embarque

jeopardize, amenazar, poner en peligro

jetsam, echazón, objetos arrojados al mar desde el buque

jettison, alijo forzoso; arrojar al mar

jewels of the crown (col., takeover bids), activos infravalorados (col., opas)

job, puesto de trabajo; especular en Bolsa; trabajar a destajo

job bidding, oferta de puestos de trabajo

job enlargement, enriquecimiento del trabajo

job evaluation, evaluación de puestos

job hopper, trabajador que cambia de empresa frecuentemente

job in stocks, especular con acciones en Bolsa

job lot, lote de artículos de ocasión

job price, precio de destajo

job ranking, valoración de puestos de trabajo

job reduction, reducción de puestos de trabajo, reducción de plantilla

job rotation, rotación en los puestos de trabajo

job setup, preparación del trabajo

job specification, perfil del puesto

job-time recording clock, reloj de control de entrada y salida de personal

jobber, agente de cambio y bolsa (GB); especulador, agiotista, especulador por cuenta propia

jobbing in bills, agiotaje de letras

John Doe, nombre figurado, Fulano de Tal

joinder of actions, acumulación de acciones

joinder of parties, unión de las partes

joint, asociado, mancomunado, colectivo, conjunto

joint account, cuenta conjunta, cuenta mancomunada, cuenta indistinta

joint adventure, empresa colectiva, sociedad en participación, especulación en participación con otros, riesgo colectivo

joint and several, conjunta y solidariamente, mancomunado y solidario

joint and several creditor, acreedor solidario

joint and several liability, responsabilidad solidaria, obligaciones solidarias

joint contract, contrato colectivo

joint costs, costos conexos, costos mancomunados

joint covenant, pacto mancomunado

joint creditor, acreedor mancomunado, coacreedor, acreedor solidario

joint debtor, deudor mancomunado, deudor solidario

joint declaration, declaración conjunta

joint enterprise, empresa conjunta, empresa colectiva

joint group investment, inversión colectiva del grupo

joint guaranty, garantía mancomunada

joint insurance, seguro colectivo, seguro conjunto

joint lessor, coarrendador

joint liabilities, pasivo mancomunado

joint liability, responsabilidad solidaria, obligación mancomunada

joint loan, empréstito conjunto

joint manager, cogerente

joint note, pagaré mancomunado

joint obligation, obligación solidaria

joint owner, copropietario

joint ownership, condominio

joint policy, póliza conjunta

joint products, productos simultáneos

joint proprietor, copropietario

joint resolution, resolución conjunta

joint return, declaración de la renta en régimen ganancial

joint share in the bank's stock, participación conjunta en el capital del banco

joint-stock company, sociedad en comandita por acciones, sociedad anónima

joint surety, fiador mancomunado

joint trustee, cofiduciario

joint venture, riesgo colectivo, empresa colectiva, sociedad en participación, especulación en participación con otros, negocio conjunto

joint will, testamento mancomunado

jointly, mancomunadamente

jointly and severally, mancomunada y solidariamente

jointly liable, responsable mancomunado

journal (book), (libro) Diario

journal entry, asiento de Diario

journalize, asentar en el Diario, pasar al Diario

Jr. (ab. *junior*), hijo (detrás de nombre propio); de menor categoría o antigüedad

judge, juez; juzgar, fallar

judg(e)ment, fallo, juicio, sentencia; criterio

judicial authority, autoridad judicial

judicial bond, fianza judicial

jumbo loan, préstamo jumbo (entre $300/6.000 millones)

junior (Jr.), hijo (detrás de nombre propio); de menor categoría o antigüedad

junior accountant, oficial administrativo, auxiliar contable

junior creditor, acreedor no prioritario

junior debt, deuda subordinada

junior mortgage, hipoteca secundaria

junior partner, socio menor, socio moderno, socio de reciente incorporación

junk bonds, bonos especulativos, bonos-basura (col.), obligaciones a riesgo

junk value, valor de desecho, valor residual

jurisdiction of a court, jurisdicción de un tribunal

juristic person, personalidad jurídica

jury foreman, presidente del jurado

just debt, deuda legítima

K

keelage, derechos de anclaje, derechos de quilla, derechos portuarios

keep, mantener vigente

keep a record, llevar un registro

keep above the exchange, mantenerse sobre el cambio

keep an account with, mantener cuenta con

keep down expenses, aminorar los gastos

keep posted, llevar los asientos al día

keep the books, llevar los libros, llevar la contabilidad

kerb market, bolsín

key, clave; tecla

key currency, moneda clave

key figures, cifras clave

key indicator, indicador de clave

key industry, industria fundamental

keyboard, teclado

keyboard computer, ordenador de teclado (Inf.)

keyboard entry, entrada por teclado (Inf.)

kickout, despido de personal (col.)

kite, efecto de colusión, cheque sin fondos, talón sin provisión; factura cruzada; pelota (col. Esp.)

kite flying, libramiento de letras cruzadas; circulación de cheques sin fondos; peloteo (col. Esp.)

kiting, libramiento de letras cruzadas; circulación de cheques sin fondos; peloteo (col. Esp.)

kiwi bond, eurobono neozelandés en dólares

knockdown, descenso brusco de precios; baja en las cotizaciones

knocking down, adjudicación (subastas)

know all men by these presents, conste por la presente

know-how, conocimientos técnicos

kurtosis, apuntamiento

L

£, ab. *pound sterling* (libra esterlina)

L.B.O., ab. *leveraged buyout* (compra mediante endeudamiento, compra apalancada)

L/C, ab. *letter of credit* (carta de crédito o crédito documentario, según los casos)

L.D.C., ab. *less developed countries* (países subdesarrollados)

L.I.B.O.R., ab. *London Interbank Offered Rate* (tipos de interés del mercado interbancario de Londres)

L.M.B.O., ab. *leveraged management buyout* (compra de la empresa por parte de sus directivos con créditos a cuenta de futuros beneficios)

L.S.E., ab. *London Stock Exchange* (Bolsa de Valores de Londres)

L/T bonds, ab. *long-term bonds* (bonos a largo plazo)

label, etiqueta; símbolo (Inf.); etiquetar

labo(u)r, trabajo; mano de obra, jornaleros; trabajar

labo(u)r accident fund reserve, reserva para accidentes laborales

labo(u)r agreement, convenio colectivo de trabajo

labo(u)r allowances and make up, pagos adicionales por mano de obra y compensaciones

labo(u)r code, código del trabajo, legislación laboral

labo(u)r contract, contrato de trabajo

labo(u)r court, magistratura del trabajo

labo(u)r disputes, conflictos laborales, desórdenes en apoyo de reivindicaciones laborales

labo(u)r force, población activa

labo(u)r union, sindicato obrero

labo(u)r wages, jornal por mano de obra

labo(u)ring class, clase trabajadora

lac, centena de millar (en documentos procedentes de India o Pakistán)

lack of end customers, falta de clientes particulares

lack of inventory, falta de existencias

lack of liquidity, falta de liquidez

lack of participation, falta de participación

lack of punctuality, falta de puntualidad

lack of support, falta de apoyo

laddering, escalonamiento

lading, cargamento, carga del buque

lakh, centena de millar (en documentos procedentes de India o Pakistán)

land, terrenos

land bank, banco de crédito hipotecario

land jobbing, especulación sobre terrenos

land tax, impuesto sobre bienes raíces, contribución territorial

landed estate, bienes raíces, bienes inmuebles

landed weight, peso al desembarque

landing weight, peso al desembarque

language, idioma; lenguaje (Inf.)

lapse, caducar

lapsed discount, descuento caducado

lapsed option, opción vencida, opción caducada

lapsed policy, póliza caducada

larceny, robo, hurto

large amounts of paper, grandes cantidades de dinero

large sales of government debt, ventas a gran escala de títulos de la deuda pública

last day of trading, última sesión de Bolsa

last-in first-out, salidas en orden inverso a la compra; última entrada-primera salida

last resort, última instancia

last will, última voluntad

late arrival, retraso en la llegada

late presentation, presentación fuera de plazo

latent goodwill, plusvalía latente

latest reason, causa última

launch an issue, lanzar una emisión

launch an option, lanzar una opción

launch date, fecha de lanzamiento

launch price, precio de lanzamiento

launder money, blanquear dinero

laundering, blanqueo de dinero negro

laundering and investment, blanqueo e inversión

laundering techniques, técnicas de blanqueo

law enforcement, ejecución de la ley

law enforcement authorities, autoridad ejecutiva, agentes de la ley

law expenses, costas, gastos judiciales

law for the development of transformation industries, ley de fomento de industrias de transformación

law merchant, derecho mercantil

law of corporations, ley de sociedades, ley sobre régimen jurídico de sociedades anónimas

law of diminishing returns, ley de los rendimientos decrecientes

law of mortgages, derecho hipotecario

law of negotiable instruments, ley cambiaria

lawbreaker, infractor de la ley

lawful day, día hábil

lawful money, dinero de curso legal

lawful reserve, reserva legal

lawsuit, acción judicial, pleito, causa, litigio

lawyer, abogado

lay-away, pago anticipado, anticipo a cuenta de una obligación de pago

lay damages, reclamar daños

lay days, estadía, plazo para la carga o descarga del buque concedido por el contrato de fletamento

lay-offs, despidos

layering, diversificación de dinero negro para su blanqueo

lead manager, banco gestor de una emisión de pagarés; jefe de fila, director de la emisión

lead to, dar pie a

leading bank, banco de primera fila

leading limit, límite de crédito

leading zeros, ceros a la izquierda (Inf.)

leads and lags, adelantos y atrasos

leakage, derrame, filtración

lease, arrendamiento, alquiler-compra; arrendar

lease-back, alquiler-venta

lease contract, contrato de arrendamiento

lease rental, canon de arrendamiento

leased line, línea privada

leased line network, red de comunicaciones privada

leaseholder, arrendatario

leasing, «leasing», arrendamiento financiero, arriendo, alquiler-compra

leave blank, dejar en blanco

leave of absence, faltas con permiso, ausencias justificadas

ledger, Mayor (libro)

ledger account, cuenta del Mayor

ledger assets, activo en libros

ledger balance, saldo del Mayor

ledger entry, asiento del Mayor

ledger headings, títulos de cuentas del Mayor

ledger value, valor contable

legacy, legado

legal adjustment of securities, saneamiento legal de valores

legal adviser, asesor legal

legal age, mayoría de edad

legal amortization, amortización legal

legal bill, billete de curso legal

legal capacity, capacidad legal

legal capital, capital legal

legal connection, conexión jurídica

legal counsel, asesor legal

legal damages, daños compensables

legal day, día hábil

legal department, asesoría jurídica, departamento de asesoría, departamento jurídico

legal discount, descuento legal

legal discount limit, coeficiente legal de inversión

legal duty, obligación legal

legal entity, persona jurídica, ente jurídico

legal expenses, gastos legales, costas, gastos jurídicos

legal fees, honorarios de abogado

legal hours, horas hábiles

legal interest, interés legal

legal liability, responsabilidad legal

legal link, vínculo jurídico

legal margin, margen legal

legal owner, propietario en derecho, dueño legal

legal proceeding, acto jurídico

legal profits, beneficios legales

legal rate of interest, tipo de interés legal

legal requirements, normas legales

legal reserve, reserva legal, reserva estatutaria

legal reserve ratio, encaje legal.

legal rights, derechos legales

legal schedule, horario legal

legal status, capacidad legal, situación jurídica

legal strike, huelga autorizada

legal support, soporte jurídico

legal tender, moneda (de curso) legal

legally separate, jurídicamente independiente

legatee, asignatario

legible photocopy, fotocopia legible

legislative committee, comité legislativo

legitimate money, dinero legítimo, fondos de procedencia legal; blanquear dinero de origen ilegal

lend, prestar

lend at interest, prestar dinero a interés

lend on collateral, prestar con seguridad colateral

lend on mortgage, prestar sobre hipoteca

lender, prestamista

lender of last resort, prestamista de último recurso, prestamista en última instancia

lender on bottomry, prestamista a la gruesa

lending activity, actividad crediticia

lending to public sector, crédito al sector público

lending institution, institución de crédito

lending position, posición activa

lendings, préstamos concedidos

less developed countries *(l.d.c.)*, países subdesarrollados

lessee, arrendatario

lessor, arrendador

letter, carta

letter book, libro copiador de cartas

letter file, archivo de cartas, archivo de correspondencia

letter of advice, carta de aviso

letter of attorney, poder, carta de autorización

letter of authority, carta de autorización, poder

letter of commitment, carta de compromiso

letter of credit *(L/C)*, carta de crédito, crédito documentario

letter of delegation, carta de delegación, poder

letter of guaranty, carta de garantía

letter of hypothecation, carta de pignoración

letter of indemnity, carta de indemnización, carta de garantía

letter of introduction, carta de presentación, carta de recomendación

letter of subordination (USA), carta de subordinación a un crédito

letter of subrogation (GB), carta de subordinación a un crédito

letterhead, membrete

level-line repayment, amortización en cuotas iguales

level of prices, nivel de precios

level of unemployment, nivel de desempleo

level of security, nivel de seguridad

leverage, apalancamiento, relación entre recursos propios y activos crediticios

leverage coefficient, coeficiente de apalancamiento

leverage ratio, coeficiente de apalancamiento

leveraged buyout *(L.B.O.)*, compra apalancada

leveraged management buyout *(L.M.B.O.)*, compra de la empresa por parte de sus directivos con créditos a cuenta de futuros beneficios, compra apalancada por ejecutivos, compra por apalancamiento

leveraged recap, apalancamiento defensivo

leviable, gravable, imponible

levy, contribución, exacción, tasa, impuesto; recaudar impuestos

liabilities, pasivo; obligaciones, deudas, créditos pasivos; recursos

liabilities to foreign monetary authorities, pasivos frente a autoridades monetarias del exterior

liability, compromiso, responsabilidad, pasivo, deudas

liability accounts, cuentas de pasivo

liability control, control de riesgos

liberalization of exchange controls, liberalización de los controles de divisas

liberalization of interest rates, liberalización de tipos de interés

licence (USA =*license*), licencia

library, biblioteca (Inf.)

licensee, concesionario de una licencia

licensor, otorgante de una licencia

lien, embargo preventivo, derecho prendario, gravamen, hipoteca

lienee, embargado

lienor, embargador

life, vida, duración, vigencia, plazo

life annuity, anualidad vitalicia, renta vitalicia

life expectancy, esperanza de vida

life insurance, seguro de vida

life insurance policy, póliza de seguro de vida

life of a loan, vigencia de un préstamo

life of the guaranty, vigencia de la garantía

life rent, renta vitalicia

life tenant, propietario vitalicio

life to maturity, plazo de vencimiento

lift, tomar una oferta de bonos a un precio dado

lighter, barcaza

lightning strike, huelga sin previo aviso

likewise, del mismo modo, igualmente

limit down, caída hasta el mínimo permitido de un valor en una sesión

limit up, subida hasta el máximo permitido de un valor en una sesión

limited accommodation, aval restringido

limited audit, auditoría limitada

limited authority, poderes restringidos

limited authority to sign, poderes de firma restringidos

limited company, sociedad de responsabilidad limitada *(S.L.)*

limited liability, responsabilidad limitada, capital comanditario

limited liability company, sociedad de responsabilidad limitada, sociedad comanditaria

limited partnership, sociedad de responsabilidad limitada, sociedad comanditaria

line, línea

line of credit, línea de crédito

line of goods, serie de artículos

line printer, impresora por renglones (Inf.)

line production, producción en serie

linear programming, programación lineal (Inf.)

linear regression, recta de regresión (Inf.)

liner, buque de línea regular

liner terms, condiciones de las líneas marítimas regulares

link, vínculo; integrar

liquid assets, activo realizable, activo disponible, activo corriente, activo líquido, activo de fácil realización

liquid reserves, reservas realizables

liquid resources, recursos líquidos

liquidate, liquidar, cancelar, saldar

liquidate a company, liquidar una empresa

liquidating dividend, dividendo de liquidación

liquidating value, valor liquidable, valor de liquidación, valor de realización

liquidation, liquidación, cancelación; quiebra

liquidation of holdings, liquidación de la cartera de valores

liquidation value, valor liquidativo

liquidator, síndico, administrador judicial, liquidador

liquidity, liquidez, disponibilidad

liquidity and money markets, tesorería y mercados monetarios

liquidity diversification, diversificación de la liquidez

liquidity position, posición de liquidez

liquidity ratio, coeficiente de caja

liquidity risk, riesgo de liquidez

liquidity surpluses, excedentes de liquidez

list, lista; nómina de empleados, planilla (SA); cotizar

list notes on the stock exchange, cotizar pagarés en Bolsa

list of attendance, lista de asistencia

list of authorized signatures, lista de firmas autorizadas

list of foreign exchange rates, lista de cambio de divisas, boletín de cambios de monedas

list of quotations, lista de cotizaciones, boletín de cotizaciones

listed, cotizado en bolsa; incluido en una lista

listed securities, valores cotizados en bolsa, valores bursátiles, valores inscritos en bolsa, valores cotizables

listed stock, acciones cotizadas en Bolsa

list(ing), lista; listado (Inf.); admisión a cotización

litigant, litigante

litigate, pleitear, litigar, entablar pleito, llevar a juicio

litigation, litigio, pleito

live file, archivo activo

living trust, fideicomiso activo

living wage, salario base

Lloyd's form, póliza de seguro marítimo del Lloyd

load, cargar en memoria (Inf.)

loaded premium, prima mejorada, sobreprima

loan, préstamo, empréstito; prestar

loan account, cuenta de crédito

loan against collateral, préstamo con garantía

loan against securities, préstamo sobre valores

loan agreement, contrato de préstamo, contrato sobre crédito

loan application, solicitud de préstamo

loan ceiling, límite de un préstamo

loan commitment, compromiso de préstamo

loan contract, contrato de préstamo, contrato de crédito

loan fund, fondo de préstamo

loan guarantee, garantía de un préstamo

loan holder, acreedor hipotecario

loan investment, inversión viva

loan loss recoveries, recuperación de activos en suspenso

loan on bottomry, préstamo a la gruesa

loan on first mortgage, préstamo sobre primera hipoteca

loan on pledge, préstamo sobre garantía

loan on policy, anticipo sobre póliza

loan operations, operaciones activas

loan portfolio, cartera de préstamos

loan secured by a pledge, crédito con garantía prendaria

loan services, servicios crediticios

loan shark, usurero (col.)

loan stock, obligaciones (GB)

loans and discounts, préstamos y descuentos; inversión bancaria, inversiones crediticias, inversión libre, efectos y créditos

loans and discounts to customers, créditos y descuentos a clientes

loans granted, créditos concedidos

loans secured by collateral and mortgages, créditos deudores con garantía real

loans secured by monetary deposits, créditos con depósitos dinerarios

loans to employees, préstamos a empleados

loans transferred to suspense accounts, activos en suspenso regularizados

loans written off as bad debts, créditos amortizados como fallidos

local bank, banco local

local bill, letra sobre la plaza

local branch, agencia urbana

local draft, letra sobre la plaza

local excise taxes, arbitrios

local markets, mercados nacionales, mercados locales

local production, producción local

local trade, comercio local, comercio nacional

location, puesto de trabajo

lockout, paro forzoso, cierre patronal

logging, anotación de errores

logical operation, operación lógica (Inf.)

logo(type), logotipo

Lombard loan (USA), préstamo con garantía prendaria, préstamo «Lombard»

Lombard rate, tipo de interés sobre créditos con garantía de valores

London Interbank Eurocurrency Market, mercado interbancario de eurodivisas de Londres

London Interbank Offered Rate (L.I.B.O.R.), tipo de interés del mercado interbancario de Londres

London Stock Exchange (L.S.E.), bolsa de valores de Londres

long, compra de futuros para restablecer una posición de mercado; posición de un cliente con un exceso de compras sobre ventas; comprador de una posición a plazo

long bill, letra a vencimiento largo

long bond, bono del Tesoro a 30 años (USA)

long dated, a largo plazo

long dozen, docena de trece unidades

long end of the market, mercado de capitales a largo plazo

long hedge, cobertura en contrato de futuro con posición larga

long position, posición larga

long range planning, planificación a largo plazo

long term, a largo plazo

long-term bonds (L/T bonds), bonos a largo plazo

long-term creditors, acreedores a largo plazo

long-term draft, letra a largo plazo

long-term Eurodollar bonds, bonos a largo plazo en Eurodólares

long-term forecasts, previsiones a largo plazo

long-term funds, dinero a largo plazo

long-term interest rates, tipos de interés a largo plazo

long-term investment, inversión a largo plazo

long-term liabilities, pasivo a largo plazo

long-term receivables, cuentas a cobrar a largo plazo

long-term structural problems, problemas estructurales a largo plazo

long-time bill, letra a largo plazo

long ton (L.T.), tonelada larga

loop, bucle (Inf.)

loophole, laguna legal, vacío legal

loose cargo, cargamento a granel

lorry, camión (GB); vagón de mercancías (USA)

loss, pérdida, quebranto

loss leader, artículo gancho

loss or damages in transit, pérdidas o daños en tránsito

loss statement, declaración de pérdidas

losses, pérdidas; minusvalías

losses in the sale of tangible fixed assets previously revalued, minusvalías materializadas en la enajenación de partidas del inmovilizado material

losses through vandalism, quebrantos por delitos contra la propiedad

lost card, tarjeta extraviada

lost production, producción perdida

low, cotización mínima

low bidder, mejor postor

low capacity, capacidad baja

low change, cambio bajo

low denomination note, billete de valor bajo, billete de baja denominación

low interest, intereses bajos

low inventory, inventario bajo

low wage level, bajo nivel de salarios, nivel salarial bajo

low yield, bajo rendimiento, poco rentable, de baja rentabilidad

loyalty to the company, lealtad a la empresa

lump entry, asiento global, asiento concentrado

lump sum, suma redondeada, cifra redonda; tanto alzado, cantidad global

lump-sum bid, oferta a tanto alzado

lump-sum charter, flete a tanto alzado

luxury goods, artículos de lujo

luxury tax, impuesto de lujo, impuesto suntuario

M

M.B.O., ab. *management buyout* compra de una compañía por su equipo directivo)

M.I.B.O.R., ab. *Madrid Interbank Offered Rate* (tipo de interés interbancario en el mercado de Madrid)

m.o.f.f., ab. *multi-option financing facility* (facilidad financiera multinacional)

M.R., ab. *mate's receipt* (recibo de a bordo)

M/S, ab. *months sight* (meses vista); ab. *motor ship* (buque a vapor)

m.s.r.t., ab. *magnetic stripe reading terminal* (terminal de lectura de banda magnética (Inf.)

m.t., ab. *mail transfer* (transferencia por correo)

M.V., ab. *motor vessel* (buque a vapor)

machine, máquina

machine-hours, horas-máquina

machine language, lenguaje de ordenador (Inf.)

machine processing, procesamiento mecanizado (Inf.)

machinery and equipment, maquinaria y equipo

machines per operator, máquinas por operadora

macroeconomic framework, estructura macroeconómica

macroeconomics, macroeconomía

macroinstruction, macroinstrucción (Inf.)

made bill, letra endosada por un tercero

made in, fabricado en

made out to bearer, pagadero al portador

made out to order, extendido a la orden

Madrid Interbank Offered Rate (M.I.B.O.R.), tipo de interés interbancario en el mercado de Madrid

Madrid stock exchange's general index, índice general de la Bolsa de Madrid

magazine, depósito (Inf.)

magnetic core, núcleo magnético (Inf.)

magnetic disk, disco magnético (Inf.)

magnetic head, cabeza magnética (Inf.)

magnetic strip, banda magnética (Inf.)

magnetic stripe reading terminal (m.s.r.t.), terminal de lectura de banda magnética (Inf.)

magnetic tape, cinta magnética (Inf.)

mail, correo (USA); remitir por correo, enviar por correo, echar al correo

mail order, pedido hecho por correo

mail transfer *(m.t.)*, transferencia postal, giro postal, transferencia por correo

mailable, que puede mandarse por correo, susceptible de envío por correo

main memory, memoria principal (Inf.)

main office, casa central, oficina principal

maintenance, mantenimiento, conservación; actualización (Inf.)

maintenance charges, gastos de conservación

maintenance shop, taller de mantenimiento

major expense items, principales partidas de gasto

major shareholder, accionista mayoritario

majority-held subsidiary, subsidiaria bajo control de interés mayoritario

majority of shares, mayoría de acciones

make a bill payable at, domiciliar una letra en

make a contract, formalizar un contrato, celebrar un contrato

make a note, hacer una nota, anotar, apuntar

make a settlement, practicar una liquidación

make an entry, asentar una partida

make available, facilitar

make delivery of, hacer entrega de

make distributions in bonus shares, distribuir dividendos en acciones

make money, ganar dinero

make out a cheque (USA = *check*), extender un cheque, librar un cheque

make over, traspasar, ceder

make quick profits, conseguir beneficios rápidos

maker, librador de un pagaré, otorgante, librador, girador; firmante

maker's name, marca del fabricante

makeup time, tiempo de puesta a punto (Inf.)

making up price, cambio de liquidación

mala fide holder, tenedor de mala fe

malthusianism, maltusianismo

malversation, malversación

manage, dirigir, administrar

managed currency, moneda controlada

management, dirección, administración; garantía

management buyout *(M.B.O.)*, compra de una compañía por su equipo directivo

management by objectives, dirección por objetivos

management by walking around, dirección por contacto

management by wandering around, dirección por contacto

management committee, comité administrativo

management control, control de gestión

management fee, comisión de gestión, gastos de gestión

management group, grupo de gestión

management information system, sistema de información de gestión

management model, modelo de gestión

management of security investments, administración y gestión de la cartera de valores

management report, informe de gestión

management shares, acciones de administración, acciones de fundador

management structure, estructura de dirección

manager, director, administrador, gerente; gestor de emisión

manager bank, banco director

managerial know-how, capacidad de dirección

managerial post, puesto directivo

managing director, consejero delegado, administrador delegado; director general

managing partner, socio administrador, socio gestor

mandatory, obligatorio

mandatory investments of special reserves, inversiones obligatorias de reservas especiales

mandatory regulation, norma de obligado cumplimiento

manual procedure, procedimiento manual

manufacture, fabricación, manufactura; fabricar

manufacture in process, fabricación en curso

manufacturer, fabricante

manufacturer's trademark, marca de fábrica

manufacturing accounting, contabilidad industrial

manufacturing cost, costo de fabricación, costo de producción

manufacturing cost variation, variación sobre el costo de fabricación

manufacturing in process, fabricación en proceso

manufacturing to order, fabricación bajo pedido

margin, margen

margin account, cuenta para operaciones de bolsa a crédito

margin buying, operaciones de bolsa en las que una parte se realiza a crédito

margin call, demanda de cobertura complementaria

margin of profit, margen de beneficio, margen de utilidad

marginal analysis, análisis marginal

marginal cost, coste marginal

marginal income, renta marginal

marginal note, nota marginal, apostilla

marginal profit, beneficio marginal

marginal propensity to consume, propensión marginal al consumo

marginal revenue, ingresos marginales

marginal term-deposit taking, contratación marginal

marginal trends, tendencias marginales

marine risk, riesgo marítimo, riesgos del mar

maritime loan, préstamo a la gruesa

mark, marca; marcar; fijar

mark-to-market, ajuste a valor de mercado (diferencia entre el precio de la operación y la cotización al cierre del mercado); acomodación contínua; ajuste diario de cuenta

mark-up, margen de beneficio marcado

marked cheque (USA = **check**), cheque confirmado

markedly favo(u)rable development, evolución sumamente favorable

market, mercado; plaza; bolsa

market breadth, cotizaciones extremas de valores

market capitalization, capitalización bursátil

market conditions, condiciones del mercado, situación del mercado

market cost, costo del mercado

market coverage, cobertura de mercado

market development, ampliación del mercado, desarrollo de mercados

market fluctuations, fluctuaciones del mercado

market health, salud del mercado

market liberalization, liberalización del mercado

market liquidity, liquidez del mercado

market makers, entidades mediadoras en el mercado secundario, sociedades de contrapartida, creadores de mercado (deuda pública)

market potential, mercado potencial

market price, valor de cotización, valor en el mercado, precio de mercado, precio corriente

market price per share, cotización por acción

market report, informe de mercados

137

market research, investigación de mercados, investigación mercadotécnica

market research and planning, planificación y estudio de mercados

market risk, riesgo de mercado

market segments, segmentos del mercado

market share, participación en el mercado, cuota de mercado

market sources of finance, fuentes de financiación en el mercado

market survey, estudio de mercados, investigación mercadotécnica

market test, prueba de mercado

market valuation, valoración otorgada por el mercado

market valuation of shares, valoración de acciones en el mercado

market value, precio de mercado, valor de mercado, cotización en el mercado, valor comercial

market yield, rentabilidad del mercado

marketable, vendible, realizable, comerciable, comercializable

marketable collateral, garantía negociable, garantía corriente

marketable securities, valores negociables

markets, mercados, centros de contratación

marketing, «marketing», mercadotecnia, mercadología

marketing board, junta de control y coordinación de ventas

marketing cooperative (association), cooperativa de ventas

marketing mix, actividades enfocadas hacia la venta

marketing of narcotics, narcotráfico, comercialización de drogas

mart, mercado

Mary Doe, Fulana de Tal, nombre figurado

mass data, datos masivos (Inf.)

mass production, producción masiva

Massachusetts trust, asociación voluntaria

massage the numbers, (col.), maquillar los números

master, patrono, empleador; capitán de barco

master card, tarjeta maestra (Inf.)

master clock, reloj maestro (Inf.)

master file, fichero maestro (Inf.)

master key, llave maestra; clave maestra

master's protest, acta de protesta del capitán

matador, bono emitido en europesetas

match, casar

matching, simetría en el plazo de los recursos y créditos

mate's receipt *(M.R.)*, recibo de a bordo

materials and supplies, materiales y suministros

materials in transit, materiales en tránsito

maternity leave, licencia laboral por maternidad

matter, asunto

mature, vencer, expirar

matured liabilities, compromisos vencidos, pasivo vencido, deuda vencida

maturity, vencimiento

maturity date, fecha de vencimiento

maturity of an instal(l)ment, vencimiento de un plazo

maturity range, escala de vencimientos

maturity tickler, recordatorio de vencimientos

maximum capacity, capacidad máxima

maximum margin, margen máximo

maximum yield, rendimiento máximo

mdse, ab. *merchandise* (mercancía)

meagre volumes, volúmenes pequeños, niveles limitados

mean, media, valor medio

138

mean life, vida media, duración media

means of payment, medios de pago

measurable costs, costos mensurables

measurement and evaluation of earnings, medición y valoración de los resultados

measurement bill, certificado de arqueo del buque

measures taken, acciones emprendidas

measures to stimulate exports, medidas para estimular la exportación

mechanized(-system) accounting, sistema de contabilidad mecanizada

meddling, ingerencia

media planning, planificación de medios

medium, soporte (Inf.)

medium term, medio plazo, a medio plazo

medium-term bonds, bonos a medio plazo

medium-term commitment, contrato a medio plazo

medium-term Eurodollar loan, Eurocrédito a medio plazo, préstamo en Eurodólares a medio plazo

medium-term forecasts, previsiones a medio plazo

medium-term strategy, estrategia a medio plazo

meet a bill, pagar una letra a su vencimiento

meet a debt, hacer frente a una deuda

meeting of shareholders, junta de accionistas, asamblea

meeting of the board, reunión del consejo

meeting of the minds, acuerdo de voluntades

megaloan, crédito «jumbo» (entre $ 300/6.000 millones)

member banks, bancos asociados

member countries, países miembros

member of a cooperative (society), socio cooperativo, cooperativista

member of the board, miembro del consejo de administración, consejero, vocal

members involved, miembros involucrados

memorandum, memorándum, comunicado; apunte

memorandum account, cuenta de orden

memorandum bill of lading, copia acreditativa de emisión del conocimiento de embarque original

memorandum invoice, factura provisional

memorandum of deposit, documento de depósito

memorandum order, nota de pedido

memory storage, memoria (Inf.)

mercantile, mercantil, comercial

mercantile accounting, contabilidad mercantil

mercantile law, derecho mercantil

mercantile paper, papel mercantil, efectos comerciales

mercantile partnership, sociedad mercantil

mercantile register, registro mercantil

merchandise (mdse.), mercancías, mercaderías

merchandise account, cuenta de mercancías

merchandising, mercadeo

merchant, comerciante

merchant agreement, contrato de comerciante

merchant bank, banco industrial y de inversión, banco financiero, banco de negocios

merchant outlet, punto de venta

merchant ship, buque mercante

merge, fusionar, incorporar; intercalar (Inf.)

merger, fusión, consolidación de empresas, absorción, fusión por absorción merger expenses, gastos de fusión

mergers and acquisitions, fusiones y adquisiciones

messenger, mensajero, correo

method of payment, modo de pago, forma de pago

methodical analysis, análisis metódico

methods and procedures, sistemas y procedimientos

microeconomics, microeconomía

micro-miniaturized circuits, circuitos en microminiatura (Inf.)

microfiche system, sistema de microfichas

microprocessor, microprocesador

middle management, mandos intermedios

middle market rate, tipo medio de mercado

middle price, precio medio

middleman, intermediario; revendedor

migration, migración

mill certificate, certificado de fábrica

minimum interest rate, tipo mínimo de interés

minimum mandatory provisions, provisiones mínimas obligatorias

minimum rate, tipo mínimo

minimum stockholders' equity, recursos propios mínimos

minimum upset price, tipo mínimo de subasta

minimum security standards, normas mínimas de seguridad

minimum wage, salario mínimo

minimum yield, rendimiento mínimo

ministerial order, orden ministerial

Ministry of Commerce (GB), Ministerio de Comercio

Ministry of Foreign Affairs (GB), Ministerio de Asuntos Exteriores

Ministry of the Interior (GB), Ministerio de Gobernación

Ministry of the Treasury, Ministerio de Hacienda (GB)

minority shareholder, accionista minoritario

mint, casa de la moneda

mint par of exchange, paridad monetaria

mintage, acuñación

minting, acuñación

minute(s) book, libro de actas

minutes of the meeting, acta de la reunión

misappropriation, apropiación indebida

miscellaneous income, productos varios, rentas diversas

misconstruction, mala interpretación

misdate, fecha equivocada; fechar erróneamente

misleading, que induce a error

misleading information, información equívoca

mismatch, desfase

mismatch risk, riesgo de desfase

mismatching, asimetría en el plazo de los recursos y créditos; desfase

missing signature, firma omitida

misunderstanding, malentendido

misuse, mal uso, uso indebido, impropio o inadecuado; usar indebida, impropia o inadecuadamente

mixed accounts, cuentas mixtas

mnemonic operation codes, códigos de operación nemotécnicos (Inf.)

mock auction, subasta fingida

modem, módem (Inf.)

moderate rally, recuperación moderada

moderate rise, alza moderada

momentum indicators, medias; indicadores de precio y volumen cuya función determina si el mercado está sobrecomprado o sobrevendido y cuál es su tendencia

monetary assets, activos monetarios

monetary control, control monetario

monetary depreciation, depreciación monetaria

monetary developments, evolución monetaria

monetary expansion, expansión monetaria

monetary law, legislación monetaria

monetary policy instruments, instrumentos de política monetaria

monetary reserves, reservas monetarias

monetary system, sistema monetario

monetary unit, unidad monetaria

monetizable at long term, monetizable a largo plazo

money, dinero, numerario; posición dinero

money at call, dinero de día a día

money broker, intermediario financiero

money broking company, sociedad de mediación

money contribution, aportación dineraria

money in circulation, dinero en circulación

money income, ingresos en metálico

money laundering, blanqueo de dinero

money laundering offence, delito de blanqueo de dinero

money laundering deterrence and detection, detección y lucha contra el blanqueo de dinero

money lender, prestamista

money market, mercado monetario; fondos de dinero

money market brokerage company, sociedad mediadora de mercados de dinero

money market liquidity, liquidez del mercado

money on call, dinero de día a día

money on hand, dinero disponible

money on short notice, dinero a corto plazo

money order, orden de pago, giro postal

money rate, tipo monetario

money scarcity, escasez de dinero

money squeeze, escasez de dinero

money stringency, escasez de dinero

money supply, medio circulante, masa monetaria

money transfer, transferencia de fondos

moneys paid-in, ingresos, cobros

moneys paid-out, gastos, pagos

monies, dinero en efectivo

monitor, monitor (Inf.); controlar, seguir

monitoring, control, seguimiento

monopolist, monopolizador, monopolista, acaparador

monopolizer, monopolizador, monopolista, acaparador

monopoly, monopolio

monopsony, monopsonio

monthly instal(l)ment, mensualidad, plazo mensual

monthly interest, interés mensual

monthly summary, resumen mensual

months after date, meses fecha

months after sight (M/S), meses vista

moonlighting, pluriempleo (col.)

moral obligation, obligación moral

mortality tables, tablas de mortalidad

mortgage, hipoteca; hipotecar, gravar

mortgage-backed securities, títulos con garantía hipotecaria, cédulas hipotecarias

mortgage bank, banco hipotecario, caja de crédito hipotecario, banco de crédito territorial

mortgage bond (USA), título hipotecario, cédula hipotecaria, obligación hipotecaria

mortgage certificate, título hipotecario, cédula hipotecaria

mortgage credit, crédito hipotecario

mortgage debentures (GB), obligaciones hipotecarias

mortgage deed, escritura de hipoteca

mortgage discharge, cancelación de hipoteca

mortgage holder, acreedor hipotecario

mortgage interest, interés hipotecario

mortgage loan, préstamo hipotecario, crédito hipotecario

mortgage note, pagaré hipotecario, cédula hipotecaria

mortgage payable, hipoteca a pagar

mortgage receivable, hipoteca a cobrar

mortgage right, derecho de hipoteca

mortgage secured on property, hipoteca garantizada por bienes

mortgage security, garantía hipotecaria

mortgageable, hipotecable

mortgagee, acreedor hipotecario

mortgager, deudor hipotecario

mortgagor, deudor hipotecario

most favo(u)red nation agreement, tratado de nación más favorecida

mother company, sociedad matríz, principal

motion, moción, ponencia, proposición, propuesta; petición, recurso

motion to adjourn, moción para levantar la sesión

motivation research, estudio de motivación

motor carrier, empresa de transportes por camión

motor ship *(M.S.)*, buque a vapor

motor vessel *(M.V.)*, buque a vapor

movable effects, efectos mobiliarios

moving average, media móvil

multi-bank guarantee, garantía multibancaria

multi-currency loan, préstamo multidivisas

multilateral agencies, organismos multilaterales

multilateral portfolio securities, inversiones de cartera multilaterales

multinational bank, banco multinacional

multinational development plan, plan de desarrollo multinacional

multi-option financing facility *(m.o.f.f.)*, facilidad financiera multiopcional

multiple assembly, compaginación de programas múltiples (Inf.)

multiple cost accounts, cuentas de costos múltiples

multiple currency practices, prácticas con tipos de cambios múltiples

multiplexor, multiplexor (Inf.)

multipoint line, línea multipunto (Inf.)

multiprocessing, multiproceso (Inf.)

multiprogramming, multiprogramación (Inf.)

multivariant analysis, análisis multivariante

municipal bonds, obligaciones municipales

muster roll, lista de tripulación, rol de tripulación

mutilated credit card, tarjeta de crédito mutilada

mutual consent, mutuo consentimiento

mutual fund, fondo de inversiones

mutual insurance company, compañía de seguros mutuos

mutual savings bank, caja mutua de ahorros

mutual trust, confianza mutua

N

n/a, ab. *no account* (sin cuenta)

N.A.S.D., ab. *National Association of Security Dealers* (Asociación Nacional de Agentes Intermediarios Bursátiles)

n/f, ab. *no funds* (sin fondos)

n.i.f., ab. *note issuance facility* (servicio de emisión de pagarés; línea de emisión de pagarés)

n.s.f., ab. *not sufficient funds* (fondos insuficientes)

N.Y.S.E., ab. *New York Stock Exchange* (Bolsa de Nueva York)

naked authority, autorización unilateral

naked call, opción de compra vendida en descubierto

naked debentures, obligaciones emitidas sin garantía específica

naked put, opción de venta vendida en descubierto

naked trust, fideicomiso pasivo

name, nombre, título, razón social

name day, segundo día de cotización en Bolsa

name of an account, titular de una cuenta

namely, a saber

Narcotic Control Act, Ley sobre Control del Narcotráfico

narcotic trading, narcotráfico

narcotic trafficking, narcotráfico

narrow market, título de escasa demanda en Bolsa

nascent, incipiente, naciente, que empieza

nascent market, mercado incipiente

National Association of Security Dealers *(N.A.S.D.)*, Asociación Nacional de Agentes Intermediarios Bursátiles

national bank, banco nacional

national bond markets, mercados nacionales de bonos

national debt, deuda pública, deuda nacional

national income, renta nacional

national lottery, lotería nacional

national product, producto nacional

National Registry of Foreigners, Registro Nacional de Extranjeros

national revenue, ingresos públicos, renta pública

nationalize, nacionalizar

natural person, persona física

natural resources, recursos naturales

natural wastage, merma natural

nay, voto negativo

near money, activo cuasi líquido, cuasi-dinero

negative balance, saldo negativo

negative check, verificación por saldos negativos

negative covenants, disposiciones negativas

negative goodwill, plusvalía negativa

negative mortgage security clause, cláusula hipotecaria negativa

negative pledging clause, cláusula de pignoración negativa, cláusula de garantía negativa, cláusula de salvaguarda de garantía

negative verification, comprobación negativa

negotiability, negociabilidad

negotiable, negociable

negotiable bill of lading, conocimiento de embarque negociable

negotiable draft, efecto negociable

negotiable instruments, documentos negociables, efectos de comercio, títulos negociables

negotiable letter of credit, crédito negociable

negotiable note, pagaré a la orden

negotiable securities, valores negociables

negotiate, negociar

negotiate a loan, negociar un préstamo

negotiated offer, oferta negociada

negotiation, negociación

negotiation of rights, negociación de derechos

net, neto, líquido

net accounts receivable, cuentas netas a cobrar

net added value, valor añadido neto, renta añadida neta

net amount, cantidad neta; monto neto (SA)

net asset differential, diferencial neto activo

net assets, activo neto, activo líquido, activo aprobado, activo confirmado, capital contable

net assets worth, valor del activo neto

net avails, productos líquidos

net balance, saldo líquido

net balance of the securities portfolio, saldo neto de la cartera de valores

net book value, valor contable neto

net borrowing, empréstitos netos

net cash against documents, al contado contra documentos

net charter, fletamento con todos los gastos por cuenta del fletador

net current assets, activo circulante neto

net decrease, disminución neta

net dividend to shareholders, dividendo líquido a los accionistas

net earnings, beneficios netos, ganancias netas, utilidades líquidas

net earnings per share, beneficio neto por acción

net effect, efecto neto

net income, beneficio neto, productos netos, renta neta, utilidad neta, ingresos líquidos, renta líquida, entradas netas

net income for the year, beneficio neto del ejercicio

net income per share, beneficio neto por acción

net income return, rentabilidad neta final

net increase, incremento neto

net interest, interés neto

net interest revenue, margen financiero neto

net investment, inversión neta

net lending, préstamos netos

net liability differential, diferencial neto pasivo

net loss, pérdidas netas

net margin, margen neto

net operating income, productos netos de la explotación, renta neta generada

net participation, participación neta

net position, posición neta

net price, precio neto

net proceeds, producto neto

net profits, beneficio líquido, beneficio neto, ganancia líquida

net provisions, dotaciones netas

net provisions to allowances, dotación neta a provisiones

net quick assets, activo neto realizable

net receipts, entradas líquidas, ingresos netos

net remuneration, retribución neta

net return, utilidad neta

net return on average total assets, beneficio neto sobre activos totales medios

net revenue, productos netos

net sales, ventas netas

net surplus, excedente neto

net value, valor líquido

net weight, peso neto

net working capital, capital de explotación neto

net worth, activo neto, capital líquido, valor neto, neto patrimonial, capital contable, activo líquido, patrimonio líquido, patrimonio neto

net yield on shares, rentabilidad en efectivo de las acciones

netting, cancelación de cuentas mutuas por saldos netos

network, red

network of shipping routes, red de rutas marítimas

new branch offices, nuevas sucursales

new burst of inflation, resurgimiento de la inflación

New Jason Clause, cláusula restrictiva de responsabilidad del transportista inserta en el conocimiento de embarque

new services, nuevos servicios

new shares, acciones nuevas

new stock, acciones nuevas

New York Stock Exchange *(N.Y.S.E.)*, Bolsa de Nueva York

night deposit, depósito nocturno

night safe, caja automática nocturna para ingreso de depósitos

nil report, resumen de actividad cero, declaración de inactividad, estado negativo de movimientos

No., ab. *number,* (N°, núm., *número*)

no account *(n/a),* sin cuenta

no bar, no es óbice

no-charge issue of shares, distribución gratuita de acciones

no funds *(n/f),* sin (provisión de) fondos

no par value shares, acciones sin valor nominal

nominal accounts, cuentas nominales

nominal amount, importe nominal

nominal capital, capital nominal, capital autorizado

nominal increase, aumento nominal

nominal interest rate, tipo de interés nominal

nominal trust, fideicomiso pasivo

nominal value, valor nominal

nominal yield, rendimiento nominal, rentabilidad nominal

nominate, nombrar, designar

nominative, nominativo

nominative shares, acciones nominativas, acciones nominales

nominee, nominatario

non-acceptance, falta de aceptación

non-admitted assets, activo no admitido, activo no confirmado

non-amortizable, no amortizable

non-assenting stockholders, accionistas disidentes

non-assignable, no negociable, intransferible

non-banking correspondents, corresponsales no bancarios

non-callable, no redimible durante cierto tiempo

non-collectable, incobrable

non-compensable, no compensable

non-conventional reserve assets, activos de reserva de tipo no tradicional

non-counter transaction, operación fuera de mostrador, operación atípica

non-cumulative dividend, dividendo no acumulativo

non-cumulative sinking fund, fondo de amortización no acumulativo

non-current assets, activo no circulante

non-durable goods, mercancías perecederas

non-dutiable, no imponible, exento del pago de derechos

non-earning assets, empleos no rentables, activos no rentables

non-equity securities, títulos de interés fijo

non-forfeitable, no caducable

non-fundable debt, deuda no consolidable

non-government securities, valores privados

non-inflationary growth, crecimiento no inflacionario

non-interest bearing, que no devenga interés

non-leviable, no embargable

non-liable, no responsable, exento de responsabilidad

non-marketable, no vendible, no transferible, no comercializable

non-monetary risks, riesgos no dinerarios

non-negotiable cheque (USA = *check*), cheque nominativo, cheque para abonar en cuenta

non-occupational accident, accidente no laboral, accidente no profesional, accidente ajeno al trabajo

non-occupational diseases, enfermedades no laborales, enfermedades ordinarias

non-oil developing countries, países en vías de desarrollo no productores de petróleo

non-operating earnings, ingresos ajenos a la explotación, otros productos, productos varios

non paid-up shares, acciones no liberadas

non-par stock, acciones sin valor nominal

non-performing, doubtful and bad loans, deudores morosos, dudosos y fallidos

non-performing loans, préstamos que no devengan intereses; morosos, deudores morosos

non-performing loans / qualifying risks, dudosos sobre total riesgos

non-productive assets, activo improductivo

non-profit institution, entidad filantrópica, institución no lucrativa

non-recourse, sin recurso

non-recoverable expenses, gastos no recuperables

non-recovery of loans and discounts, no recuperación de las inversiones crediticias

non-recurring charges, cargos extraordinarios

non-remunerated tranche, tramo no remunerado

non-residents, no residentes

non-stock corporation, sociedad sin acciones (institución no lucrativa)

non-surplus reserves, reservas provisionales

non-taxable, no imponible, exento de contribuciones, no gravable

non-transferable, intransferible

non-underwritten Euronote, Europagaré no asegurado

non-union workers, personal libre, trabajadores no sindicados

non-volatile storage, memoria permanente (Inf.)

non-voting stock, acciones sin derecho de voto, participación accionaria no votante

normal loans and discounts, inversión bancaria normal

normal ratios of classified expenses and profits to sales, razones normales entre gastos y utilidades

normally closed contacts, contactos cerrados en estado normal (Inf.)

not in order, no está en regla

not redeemable before, no rescatable antes de

not sufficient funds *(n.s.f.),* fondos insuficientes

notarial certificate, acta notarial

notarial instrument, instrumento notarial, escritura pública

notarial protest certificate, acta notarial de protesto

notary public, notario público

notary's office, notaría; escribanía (SA)

note, pagaré, vale; nota, apunte; billete; anotar, tomar nota; atestar falta de pago

note denomination, denominación (valor y divisa) del pagaré

note issuance facility *(N.I.F.),* línea de emisión de pagarés, servicio de emisión de pagarés, programa de emisión de pagarés

note maturity date, fecha de vencimiento del pagaré

note of hand, pagaré

note of protest, nota de protesto, apunte notarial sobre el documento protestado

note redemption, rescate de pagarés

noted bill, efecto protestado

noteholder, tenedor del pagaré

noteholder's risk, riesgo del tenedor de un pagaré

notes discounted, efectos descontados, cartera de efectos

notes in circulation, billetes en circulación

notes on hand, efectos en cartera

notes payable, efectos a pagar

notes payable and other liabilities, efectos y demás obligaciones a pagar

notes receivable, efectos a cobrar

notes to the financial statements, notas a los estados financieros

noteworthy, notable, relevante

notice, notificación; notificar

notice deposits, depósitos sujetos a preaviso

notice of change, aviso de cambio, notificación de cambio

notice of claim, notificación de reclamación; deje de cuenta

notice of dishono(u)r, notificación de impago

notice of loss, denuncia por extravío

notice of protest, notificación de protesto, aviso de protesto

notice of redemption of notes, aviso de rescate de pagarés

notice of termination of employment, notificación de despido

notify, notificar, participar, comunicar, poner en conocimiento; notifíquese ·

noting (GB), diligencia de comprobación de impago, protesto de una letra

noting and protest, levantamiento de protesto; anotación y protesto

notional bond, bono nocional

nuisance taxes, impuestos menores sobre el consumo

nuisance value, valor de los daños

null and void, nulo y sin valor

nullify, anular

numeric code, clave numérica (Inf.)

numeric distribution, distribución numérica

numeric representation, representación numérica

numeric value, valor numérico

O

O.C.C., ab. *Options Clearing Corporation* (Cámara de Compensación de Opciones)

O.E.C.D., ab. *Organization for Economic Cooperation and Development* (Organización para la Cooperación y el Desarrollo Económico - *O.C.D.E.*)

O.E.C.D. industrial production, producción industrial de la O.C.D.E.

O.E.C.D. member country, país miembro de la O.C.D.E.

o.i.t., ab. *outgoing interchange tape* (cinta de intercambio de salida) (Inf.)

O.P.E.C., ab. *Organization of Petroleum Exporting Countries* (Organización de Países Exportadores de Petróleo - *O.P.E.P.*)

O.T.C. market, ab. *over-the-counter market* (transacciones fuera de bolsa, mercado secundario, mercado extrabursátil, mercado Gré à Gré

oath of office, juramento de cargo

object language, lenguaje objeto (Inf.)

object program, programa objeto (Inf.)

objective evaluation, estimación objetiva

objective value, valor objetivo

obligate a sum, consignar en firme una suma

obligation, obligación; deuda; compromiso, responsabilidad

obligation under seal, contrato sellado

obligee, obligatario, acreedor

obligor, obligado, deudor

obscure audit trail, dificultar el seguimiento

obsolescence, desuso, en desuso; obsolescencia

obverse and reverse, anverso y reverso

obvious purpose, finalidad concreta

obvious risk, riesgo evidente

ocean freight, flete marítimo

occupational accident, accidente de trabajo, accidente laboral, accidente profesional

occupational diseases, enfermedades profesionales

occupational hazard, riesgo profesional

ocean bill of lading, conocimiento de embarque marítimo

odd lot, unidad de contratación (menos de $10.000); lote inferior a 100 acciones

odd-even check, control de paridad, verificación; par-impar (Inf.)

of age, mayor de edad

of even date herewith, de igual fecha que el presente

off-balance-sheet activities, operaciones fuera de balance, operaciones no integradas en balance

off-balance-sheet risks, riesgos sin inversión

off-line, fuera de línea, autónomo, «off-line» (Inf.)

off-line processing, proceso autónomo (Inf.)

offer, oferta, propuesta; ofertar, proponer

offer a loan for subscription, lanzar un empréstito a suscripción, sacar un préstamo a suscripción

offer easy terms, ofrecer facilidades de pago

offer for sale, oferta de venta

offer to buy, oferta de compra

offer to sell, oferta de venta

offer without engagement, oferta sin compromiso

offered market, oferta superior a la demanda

offered rate, tipo de oferta

offering circular, circular de oferta

offering price, precio de oferta

offhand buying, compra directa

office equipment, material de escritorio, equipo de oficina

office expenses, gastos de oficina

office manager, jefe de oficina; director de agencia

office supplies, material de escritorio, equipo de oficina

official check (USA), cheque de banco

official exchange rate, tasa oficial de cambio

official export bank, banco oficial de exportación

official export credit, crédito oficial a la exportación

official export financing, financiación oficial a la exportación

official gold holding, tenencia oficial de oro

official intervention in exchange markets, intervención oficial en el mercado cambiario

official liquidation, liquidación judicial

official market, mercado oficial

official quotation, cotización oficial

official submission, subasta pública

official trading, mercado oficial

official unrequited transfers, transferencias unilaterales

officially fixed price, precio de tasa

officially held claims on non-residents, activos oficiales sobre no residentes

officially held foreign assets, tenencias oficiales de activos exteriores

offset, cancelación, contrapartida, compensación; compensado; cancelar, compensar, contrarrestar

offset account, contracuenta

offset credit, crédito compensatorio

offset earlier losses, compensar pérdidas anteriores

offsetting flows, flujos compensatorios, movimientos compensatorios de capital

offsetting transactions, operaciones que se compensan mutuamente

offshore banking, plazas bancarias en zonas con determinadas características fiscales; operaciones bancarias no sujetas a control fiscal

offshore financial centre (USA = *center*), centro financiero transnacional, centro financiero supranacional

oil crisis, crisis del petróleo

oil sector, sector hidrocarburos

oils, petróleos, crudos; acciones petroleras

old age pension, pensión de ancianidad

Old Lady of Threadneedle Street (GB), Banco de Inglaterra (col.)

oligopoly, oligopolio

omit, omitir

omitted figure, cifra omitida

omnibus bill, proyecto de ley sobre diversos asuntos

on a bid basis, según presupuesto

on a large scale, a gran escala

on a payment basis, a título oneroso

on a seniority basis, por orden de antigüedad

on account, a cuenta

on behalf of, de orden de

on board, a bordo

on call, a petición, sobre pedido

on consignment, en consignación

on deck, sobre cubierta

on delivery, mediante entrega

on demand, a la vista, a su presentación

on hand, en existencia

on line, conectado, en línea (Inf.)

on mortgage security, con garantía hipotecaria

on parole, bajo palabra

on presentation, a su presentación, a la vista

on request, a petición, por encargo

on sight of, a la vista de

on-the-job training, formación práctica, entrenamiento sobre la marcha

one-industry economy, economía monoindustrial

one-time non-recurrent operation, operación singular y no repetitiva

ongoing, continuo, continuado

ongoing operating processes, procesos operativos continuados

open a branch, abrir una sucursal

open a credit, abrir un crédito

open a set of books, abrir los libros

open account, cuenta abierta

open-account export financing, financiación de exportaciones en régimen de cuenta abierta

open an account with, abrir una cuenta en

open bids, abrir propuestas

open charter, contrato de fletamento sin especificarse carga o destino

open cheque (USA = *check*), cheque no cruzado, cheque abierto

open contract, contrato abierto

open credit, crédito en blanco, crédito abierto

open-door policy, política de puertas abiertas

open-end investment fund, sociedad de cartera

open-end mortgage, hipoteca ilimitada

open-ended task force, grupo abierto de trabajo

open insolvency, insolvencia notoria

open loop, círculo abierto (Inf.)

open market, mercado abierto

open order, orden de compraventa de títulos pendiente de ejecución

open outcry, viva voz

open policy, póliza flotante

open port, puerto franco

open routine, rutina de apertura (Inf.)

open subroutine, subrutina abierta (Inf.)

open the meeting, abrir la sesión

opening, apertura

opening balance, saldo de apertura

opening bank, banco emisor

opening change, cambio de apertura, cambio inicial

opening entries, asientos de apertura, asientos de constitución

opening inventory, inventario inicial, inventario de apertura

opening inventory at selling cost, inventario inicial a precio de venta

opening inventory in units, inventario inicial por unidades

opening of a credit, apertura de un crédito

opening of an account, apertura de (una) cuenta

opening of bankruptcy proceedings, apertura del procedimiento de quiebra

opening of the books, apertura de libros

opening of the Stock Exchange, apertura de Bolsa

opening price, precio de apertura

operating agreement, concierto operativo

operating audit, auditoría funcional

operating budget, presupuesto de explotación

operating control and management records, documentos operativos de control y seguimiento de la gestión

operating costs, costes operativos

operating expenses, gastos operativos

operating deficit, déficit de explotación

operating expenses, gastos de explotación

operating exposure, exposición operativa

operating flexibility, agilidad operativa, flexibilidad operativa

operating income, productos de explotación, utilidades de explotación, margen de explotación

operating leverage, apalancamiento operativo

operating performance, resultado de la gestión

operating profitability, rentabilidad de gestión

operating ratio, razón de explotación, ratio de explotación

operating regulations, normas operativas

operating results, evolución de los resultados

operating statement, estado de resultados de explotación

operating supplies, materiales de consumo

operating surplus, superávit de explotación

operating system, sistema operativo

operating time, tiempo de ejecución

operational research (USA = *operations research*), investigación operativa

operational studies, estudios de operaciones, estudios operativos

operations control, control de gestión, control de operaciones

operations division, división de operaciones

operations research (GB = *operational research*), investigación operativa

operator, operador (Inf.)

operator's control panel, cuadro de mandos del operador (Inf.)

opposite value, valor inverso

optimistic forecasts, previsiones optimistas

optimization, optimización

optimize, mejorar, perfeccionar, optimizar

optimum output, producción óptima

option, opción

option call, opción de compra

option of futures, opción sobre contrato

option put, opción de venta

option to buy, opción de compra

option to sell, opción de venta

option warrant, certificado para la compra de acciones a un precio determinado

optional dividend, dividendo optativo

optional redemption, reembolso optativo, cláusula de amortización anticipada

optional subfield, subcampo optativo (Inf.)

Options Clearing Corporation *(O.C.C.)*, Cámara de Compensación de Opciones

order, pedido, encargo; orden, decreto; encargar

order acceptance, aceptación de un pedido

order bill of lading, conocimiento de embarque a la orden, conocimiento de embarque negociable, carta de porte negociable, albarán al portador

order blank, formulario de pedido, nota de pedido

order book, listín de pedidos; block de notas de pedido

order cheque (USA = *check*), cheque a la orden

order discount, descuento de cantidad

order in writing, orden por escrito

order instrument, instrumento a la orden, documento negociable

order of, a la orden de

order of business, orden del día, temario, agenda

order of payment, orden de pago

order of the day, orden del día, temario, agenda

order share, acción a la orden

ordering by mail, pedir por correo

ordinary dividend, dividendo ordinario

ordinary hazards, riesgos normales

ordinary income and net income, resultado ordinario y beneficio neto

ordinary interest, interés calculado sobre año comercial (360 días)

ordinary investment, inversión normal

ordinary loans and discounts, inversión bancaria normal, inversión bancaria típica

ordinary operating income, resultado ordinario de gestión

ordinary share, acción ordinaria

ordinary share capital, capital en acciones ordinarias

ordinary stock, acciones ordinarias, acciones comunes, acciones no preferentes

organic law, ley orgánica

organization, organización, estructura de administración y gobierno

organization chart, organigrama

organization expenses, gastos de organización; gastos de constitución

Organization for Economic Cooperation and Development *(O.E.C.D.),* Organización de Cooperación y Desarrollo Económico, *(O.C.D.E.)*

organization meeting, asamblea constitutiva

Organization of Petroleum Exporting Countries *(O.P.E.C.),* Organización de Países Exportadores de Petróleo *(O.P.E.P.)*

organized consortia, consorcios organizados

original bill, letra de cambio vendida antes de su endoso

original bill of lading, conocimiento de embarque original

original capital, capital inicial, capital de constitución

original cost, precio de fábrica

original paper, documentos originales

other assets, otros activos

other compensations, otras compensaciones

other interest, otros intereses

other income, otros productos

other items, otras cuentas

other liabilities, otros pasivos

other payables, otras obligaciones a pagar

other reconciling items, otras partidas de conciliación

other securities, otros valores

out of debt, libre de deudas

out-of-pocket expenses, gastos de bolsillo, gastos menudos

out of term, fuera de plazo

out of the money, no interesa; precio de ejercicio mayor al del activo subyacente (opciones «call»); precio de ejercicio menor al del activo subyacente (opciones «put»)

out-of-the money option, opción fuera de precio, opción «out of the money» outbid, sobrepujar

outflow of capital, salida de capital

outgo, gastos, erogaciones, egresos

outgoing interchange, intercambio de salida

outgoing interchange tape *(o.i.t.)*, cinta de intercambio de salida (Inf.)

outgoing partner, socio saliente, socio que se retira

outgoing steamer dock, muelle de salida de puerto

outlaw, prescribir

outlays, desembolsos, gastos

outlines, generalidades, configuración

outlook, perspectiva

output, producción; salida (Inf.); cantidad producida

output stagnation, estancamiento de la producción

outright, en firme

outright sale, venta en firme incondicional

outside party, tercero

outstanding, pendiente; vigente

outstanding accounts, cuentas pendientes

outstanding amount, cantidad pendiente

outstanding balance, saldo vivo

outstanding capital, capital desembolsado, capital suscrito

outstanding event, hecho destacable

outstanding loans, préstamos sin amortizar

outstanding note, pagaré pendiente de rescate

outstanding shares, acciones en circulación

outward draft, efecto de remesa

outward freight, flete a cargo del vendedor, acarreo por cuenta del vendedor

outward payments, pagos efectuados

outward switching, salida de capital por compra de moneda extranjera contra moneda local

over and short account, cuenta puente; cuenta de faltas y sobrantes

over-the-counter market *(O.T.C. market)*, segundo mercado, mercado secundario, mercado paralelo, mercado irregular, mercado no organizado, mercado atípico, mercado Gré à Gré. transacciones fuera de Bolsa, operaciones extrabursátiles

over the threshold, por encima del límite

overall average return, rendimiento medio global

overall balance, balance global

overall deficit, déficit global

overall environment, circunstancias del entorno

overall figures, datos globales

overall flow of resources to developing countries, flujo global de recursos a los países en (vías de) desarrollo

overall provision, dotación global

overall surplus, superávit global

overall total, total global

overbought, sobrevalorado

overcapitalize, sobrecapitalizar

overcharge, cargo excesivo, recargo; recargar, cargar de más

overcredit, abonar de más

overdebit, recargar, cargar de más

overdraft, sobregiro, descubierto en cuenta corriente, descubierto, giro en descubierto, adelanto en cuenta corriente

overdrafts, deudores a la vista

overdraw, sobregirar, girar en descubierto

overdraw a credit, rebasar un crédito

overdraw account, cuenta rebasada, cuenta en rojo

overdrawn credit, crédito al descubierto

overdue, retrasado, vencido y no pagado, vencido, en mora

overflow, capacidad excedida (Inf.)

overflow line, línea de final de página (Inf.)

overhead and payroll expenses, gastos generales y de personal

overhead expenses, gastos generales

overheated, recalentado, forzado

overheated economy, economía recalentada

overinvestment, inversión excesiva

overload, sobrecargar

overnight interest rate, tipo de interés a un solo día

overnight loan, préstamo a un día

overriding clause, cláusula derogatoria

overrun commitment, compromiso de financiación de excesos de costos

overshipped merchandise, mercancía embarcada en exceso

overside, fuera del buque

oversold, infravalorado (Bolsa)

oversubscribed issue, emisión suscrita en exceso

oversupply, abastecimiento excesivo

overtime, horas extraordinarias

overvalued, sobrevalorado

overvalued currency, moneda sobrevalorada

owe, deber, adeudar, debitar

own, propio; poseer

own account, cuenta propia

own cost and risk, costo y riesgo propios

owner of record, propietario registrado

ownership, propiedad

P

p.a., ab. *power of attorney* (poderes); (ab. lat.) *per annum* (por año, anual, al año)

P.B.T., ab. *profit before taxes* (beneficio antes de impuestos)

p.c., ab. *per cent* (por ciento, %)

P/CF ratio, ab. *price/cash-flow ratio* (relación precio/cash-flow)

P/E yield, ab. *price/earnings yield* (rentabilidad en dividendo)

P.E.R., ab. *price/earnings ratio* (relación precio/beneficio de una acción)

p.l.c., ab. *public limited company* (GB) (sociedad anónima)

p.m., (ab. lat.) *post meridiem* (de la tarde, de la noche; de 12 del mediodía a 12 de la noche)

p/n, ab. *promissory note* (pagaré)

P.O. Box, ab. *Post Office Box* (Apartado de Correos; (SA) casilla postal)

p.p., ab. *per procuration* (por poder)

p.r.n., ab. *purchase request notice* (notificación de petición de compra)

p.t.o., ab. *please turn over* (ver al dorso)

pac-man, lanzar una oferta sobre las acciones de la opa

pack, empaquetamiento, paquete (Inf.)

package deal, paquete de medidas económicas

packing case, caja, embalaje

packing expenses, gastos de embalaje

packing instructions, instrucciones de empaque

packing list, lista de bultos

pacted, pactado

paid *(pd),* pagado

paid-in capital, capital desembolsado

paid in full, totalmente desembolsado, finiquitado

paid-in surplus, superávit pagado; prima de emisión de acciones

paid-up capital, capital desembolsado, capital pagado, capital realizado, capital integrado; capital exhibido (SA)

paid-up stock, acciones liberadas, acciones cubiertas

pallet, paleta

paper, papel; de papel; posición papel

paper currency, papel moneda

paper money, papel moneda

paper profits, utilidades no realizadas

paper tape, cinta perforada (Inf.)

papers, papeleras (Bolsa); documentos

par, paridad, par, a la par

par items, efectos cobrables sin comisión

par of exchange, paridad, cambio a la par, paridad cambiaria

par value, valor (a la) par, paridad

par value of a share, valor nominal de una acción, valor a la par de un título

par value stock, acciones con valor nominal

paragraph, párrafo

parallel, en paralelo (Inf.)

parallel access, acceso en paralelo (Inf.)

parallel banking networks, redes bancarias paralelas

parallel market, mercado libre

parallel rate of exchange, tipo de cambio extraoficial

parallel storage, memoria de acceso en paralelo (Inf.)

parameter, parámetro

paraph, rúbrica

paraphernalia, bienes parafernales

parcel, paquete

parcel of shares, paquete de acciones

parcel post receipt, resguardo de paquete postal

parent company, sociedad matriz

pari passu clause, cláusula pari passu, cláusula por la que el prestatario se compromete a no conceder a un nuevo acreedor garantías o condiciones más ventajosas que las otorgadas a los prestamistas en cuyo contrato se incluye esta cláusula

parity bit, bit de paridad (Inf.)

parity change, cambio a la par

parity check, verificación de paridad

parking deal, operación de aparcamiento; compra de acciones por mandato de otro para ocultar su verdadera titularidad

parol agreement, acuerdo verbal

part shipments prohibited, expediciones parciales prohibidas

part-time employee, empleado con jornada parcial

partial acceptance, aceptación condicionada

partial acquittance, quita

partial amount, cantidad parcial

partial audit, auditoría parcial

partial disability, incapacidad parcial

partial loss, pérdida parcial, avería simple

partial payment, abono parcial, pago a cuenta, pago parcial

partial redemption, rescate parcial

partial release, liberación parcial

partial shipments, allowed, embarques parciales permitidos

partially deductible, parcialmente deducible

participating mortgage, hipoteca conjunta, hipoteca de participación

participating preferred stock, acciones participantes preferentes

participating reinsurance, reaseguro prorrateado

participation, participación

participation account, cuenta de participación

participation certificate, certificado de participación

participation charges, gastos de participación

participation expenses, gastos de participación

participation fee, comisión de participación

participation of profits, participación en las utilidades, participación en los beneficios

participatory, participativo

particular average, avería simple, avería particular, pérdida parcial

partly convertible account, cuenta parcialmente convertible

partly offset, parcialmente compensado

partly paid, parcialmente pagado

partly paid bonds, obligaciones de desembolso aplazado, obligaciones parcialmente liberadas

partly paid share, acción parcialmente desembolsada

partner, socio, asociado

partnership, sociedad; sociedad colectiva, sociedad comanditaria

partnership articles, estatutos de asociación, escritura de asociación

partnership assets, bienes sociales

partnership deed, escritura de constitución de una sociedad

partnership property, bienes sociales

party and party, demandante y demandado

party in interest, parte interesada

pass a bill, aprobar una ley

pass a dividend, no declarar un dividendo

passbook, libreta de depósito, libreta bancaria, cartilla de ahorro, libreta de imposiciones

passive assets, activo intangible

passive bond, bono sin interés

passive liabilities, pasivo fijo

passive trust, fideicomiso pasivo

passthroughs, subrogación

password, contraseña; clave de acceso (Inf.)

past due, sobrevencido, de vencimiento atrasado

past due account, cuenta vencida

patent, patente; patentar

patent and trademark office, oficina de patentes y marcas

patent claim, reivindicación de patente

patent office, registro de propiedad

patent pending, patente en tramitación

patent royalty, derechos de explotación de patente

patrimonial integrity, integridad patrimonial

patrimony, patrimonio

patron, cliente

pattern, configuración, modelo, esquema

pattern of falling prices, tendencia descendente de los precios

pawn, empeñar

pawnbroking institution, monte de piedad

pawning, pignoración; empeño

pawnshop, casa de empeño

pay, sueldo, salario, paga, jornal; pagar, abonar; producir, rentar

pay back a loan, reembolsar un crédito

pay-back period, plazo de amortización de una emisión

pay by instal(l)ments, pagar a plazos

pay cash, abonar al contado, pagar en efectivo

pay damages, pagar daños y perjuicios

pay in advance, pagar por adelantado, pagar con anticipación

pay (in) cash, pagar en efectivo

pay-in slip, hoja de depósito, resguardo de entrega; «ticket» de caja (Esp.)

pay off a mortgage, redimir una hipoteca

pay on account, pagar a cuenta

pay the balance, liquidar el saldo

pay-through bond, obligación hipotecaria amortizable por lotes

pay to the order of, páguese a la orden de

pay out, desembolsar; distribuir, repartir

payable, pagadero, a pagar, por pagar, pendiente de pago

payable accounts, cuentas a pagar

payable at destination, pagadero en destino

payable at sight, pagadero a la vista, pagadero a su presentación

payable by, a cargo de

payable in advance, pagadero por adelantado

payable in instal(l)ments, pagadero a plazos

payable on delivery, pagadero a la entrega

payable on demand, pagadero a la vista, pagadero a su presentación

payable semi-annually in arrears, pagadero por semestres vencidos

payable to, pagadero a

payable to bearer, pagadero al portador

payable to order, pagadero a la orden

payables, efectos a pagar, obligaciones por liquidar

payee, beneficiario, portador, tomador, tenedor

payer, pagador; cajero pagador, ayudante de caja; habilitado

paying agent, agente pagador

paying teller (USA), pagador; cajero pagador, ayudante de caja; habilitado

paymaster, pagador, habilitado

payment, pago, abono

payment against documents, pago contra documentos

payment arrears, atraso en los pagos

payment bond, fianza de pago

payment by cheque (USA = *check*), pago mediante cheque

payment by instal(l)ments, pago a plazos

payment deficit, déficit de pagos

payment in full, pago total

payment in kind, pago en especie

payment on account, pago a cuenta, abono parcial

payment on first presentation, pago a la primera presentación

payment to bearer, pagadero al portador

payment under protest, pago bajo protesto

payments, pagos de caja, pagos por caja

payout, parte del beneficio destinado a dividendos

payout rate, porcentaje de reparto

payout ratio, porcentaje del beneficio destinado a dividendo

payroll, nómina, (SA) planilla de sueldos; plantilla activa

payroll account, cuenta de nóminas

peak, cresta de una gráfica, nivel máximo; alcanzar un nivel máximo

peak day, día punta

peak load, carga máxima

peculation, desfalco

peek-a-boo, verificación por superposición

pegged exchange rates, cambios fijos

pegging purchase, compra de apoyo

penal interest, intereses de demora, interés moratorio

penalty, multa; recargo por demora o incumplimiento

penalty clause, cláusula de penalización

penalty interest, intereses de demora

penny stocks (GB), acciones de precio muy bajo

pension fund, fondo de pensiones, caja de pensiones, fondo de previsiones, caja de jubilación

pension fund reserve, reserva para pensiones

pension plan, plan de jubilaciones

pension scheme, plan de pensiones

pension updating, actualización de pensiones

pensions, pensiones

per annum *(p.a.),* anualmente, al año, por año; anual

per books, contablemente

per capita income, ingresos por cápita, renta per cápita

per capita national income, renta nacional per cápita

per cent *(p.c., %),* por ciento

per procuration *(p.p.)*, por poder

perceived banking risk, riesgo bancario percibido

percentage *(p.c., %)*, porcentaje, tanto por ciento

percentage of coverage, porcentaje de cobertura

percentage of dealings, porcentaje contratado

percentage of stock, porcentaje del capital accionario

percentage point, punto porcentual

perfect trust, fideicomiso perfecto, fideicomiso formalizado

performance, rendimiento; resultado de la gestión; ejecución, desempeño

performance bond, fianza de cumplimiento, garantía de buena ejecución

performance of a covenant, cumplimiento de un convenio

performance rating, rendimiento efectivo

perils of the sea, riesgos marítimos, peligros del mar

period cost (GB = *fixed cost*), coste fijo

period of grace, período de gracia; moratoria

period of validity, plazo de validez

periodic audit, auditoría periódica

periodic payments, pagos periódicos

peripheral coding and sorting, equipo periférico de marcaje y clasificación (Inf.)

peripheral equipment, equipo periférico (Inf.)

perjury, falso testimonio, perjurio

perk, beneficios complementarios al sueldo

permanent, permanente, fijo, invariable

permanent assets, activo inmovilizado

permanent disability, incapacidad permanente

permanent investments, inversiones permanentes, inversiones a largo plazo

permanent records, archivo permanente

permanent storage, memoria permanente

permissive use, uso pasivo

permit, permiso, licencia; pase, permitir

permittee, tenedor de licencia, tenedor de patente

perpetual bond, bono sin vencimiento fijo

perpetual inventory, inventario continuo, inventario constante

perpetual lien, censo

perpetual trust, fideicomiso perpetuo

perquisites, beneficios complementarios al sueldo

personal accounts, cuentas personales

personal computer *(P.C.)* ordenador personal

personal covenant, convenio personal

personal data, datos personales

personal estate, bienes muebles

personal income tax, impuesto sobre la renta de las personas físicas *(I.R.P.F.)*

personal liability, responsabilidad personal, obligación personal, compromiso personal

personal loan, préstamo personal, crédito personal, crédito con garantía personal

personal property, bienes muebles

personal security, garantía mobiliaria

personal surety, fiador

personal warranty, garantía personal

personnel, personal, empleados

personnel contract, contrato de personal, contratación de personal

personnel department, departamento de personal

personnel expenses, gastos de personal, costes de personal

personnel files, expedientes de personal

personnel policies, políticas de personal

peseta deposits, depósitos en pesetas

Peter's principle, principio de Peter

petition, solicitud, instancia, petición; solicitar

petition in bankruptcy, petición de quiebra

petition the court for dissolution, solicitar la disolución ante el tribunal

petitioner, peticionario, solicitante

petitioning creditor, acreedor recurrente

petroleum sector, sector hidrocarburos

pettifogger, leguleyo, picapleitos (col.)

petty average, avería ordinaria, avería pequeña

petty cash, caja para gastos menores; caja chica (SA)

petty cash book, libro de caja chica (SA)

petty cash voucher, comprobante de caja chica (SA)

petty expenditures, gastos menores

phantom freight, falso flete

phone, teléfono (col.); telefonear

photostat(ic) (copy), fotocopia

physical assets, activos tangibles

physical depreciation, depreciación material

physical inventory, inventario físico, inventario extracontable, inventario real

phytosanitary certificate, certificado fitosanitario

pick up a bargain, (col.) hacer un buen negocio

picket, piquete de huelga

piece wages, jornal a destajo, jornal por unidad de hora

pignorate, pignorar

pignoration, pignoración

pilferage, hurto de mercancías durante el transporte

pilot plan, plan piloto

pilotage dues, derechos de práctico de puerto

PIN validation field, campo de validación del número de identificación personal (Inf.)

pit, corro donde sólo se opera con una clase de valor (Bolsa)

pivot rate, tipo pivote

place an issue, colocar una emisión

place an order, hacer un pedido, formular un pedido

place and date of issue, lugar y fecha de emisión

place funds, situar fondos

place money, colocar dinero

place of delivery, lugar de entrega

place of issue, lugar de emisión

placement, colocación

placement memorandum, folleto de emisión

placement of financial assets, colocación de activos financieros

placement of official reserves, aplicación de reservas oficiales

placement office, oficina de colocaciones

placing agent, agente colocador

placing memorandum, folleto de emisión

placing power, capacidad de colocación

plaintiff, demandante, reclamante

plan of accounts, plan contable

planning, planificación

planning committee, comité de planificación

plant, planta, fábrica

plastic card, tarjeta de plástico

platform, estabilizarse

plead guilty, declararse culpable

plead not guilty, declararse inocente

pleader, abogado

pleading, pleito, litigio, alegaciones

please acknowledge receipt, sírva(n)se acusar recibo

please turn over *(p.t.o.)*, ver al dorso

pledge, prenda, caución, garantía; dar en prenda, caucionar

pledge contract, contrato prendario

pledge loan, préstamo pignoraticio, préstamo prendario

pledged accounts, cuentas pignoradas

pledged assets, activo pignorado

pledgee, tenedor de prenda

pledging, pignoración

pledging of securities, pignoración de valores

plenary suit, juicio ordinario

plunder, saqueo, despojo, pillaje; saquear, despojar

plus accrued interest, más intereses acumulados

point, punto, entero; señalar

point and figure, método de análisis que contempla exclusivamente una variable

point of departure, punto de partida

point of meeting, punto de reunión

poison pill (col., takeover bids), píldora envenenada, píldora venenosa (opas)

police station, comisaría

policy, política; póliza; contrato de seguro

political crisis, crisis política

political price, precio político

poll, encuesta, sondeo; votación mediante papeletas

pool, mancomunidad, consorcio, agrupación, grupo, equipo; comisión residual; «pool»

pooling of interests, combinación de intereses

population growth, crecimiento demográfico

port, puerto

port duties, derechos portuarios

port of delivery, puerto de entrega, puerto de llegada

port of departure, puerto de salida

port of distress, puerto de amparo, puerto de refugio, puerto de arribada forzosa, puerto de emergencia

portfolio, cartera; cartera de valores

portfolio company, sociedad de cartera

portfolio management, gestión de cartera

portfolio optimisation, optimización de la cartera

portfolio sale, venta de valores en cartera

portfolio securities, valores de cartera

position, posición; posición en el mercado, a corto plazo, en forma de contrato abierto

position of an account, situación de una cuenta

position trader, operador de posición

positioning, posicionamiento

possession in trust, dominio fiduciario

post, cargo, empleo; Correos (GB); asentar, contabilizar; franquear, echar al correo (USA = *mail*)

post mortem session (col.), examen de resultados (créditos sindicados)

Post Office (GB), Oficina de Correos

Post Office (giro) account, cuenta de giros postales

postal receipt, resguardo de envío postal

postal savings bank, caja postal de ahorros

postdated, postfechado, postdatado

postdated cheque (USA = *check*), cheque con fecha atrasada

posting, asiento; traspaso al Mayor

postpayment, pago diferido

potential commitments, compromisos potenciales

potential delinquency, morosidad potencial

pound sterling (£), libra esterlina

power, apoderamiento, poder

power of attorney *(p.a.)*, poder notarial

praecipium (lat.), comisión previa por gestión

precatory trust, fideicomiso implícito

precautionary, cautelar

precautionary measures, medidas cautelares, medidas preventivas

preclude, impedir, evitar, prevenir

predator (takeover bids) tiburón (col., OPAS)

predetermined rate, tipo predeterminado

preemption, derecho de prioridad en la compra

preference stock, acciones preferentes, acciones privilegiadas

preference voting, votación por orden de preferencia

preferential allocation, asignación preferente, aplicación preferencial

preferential creditor, acreedor privilegiado, acreedor preferente

preferential duty, derecho de importación preferente

preferential subscription right, derecho de preferencia para la suscripción

preferential tariff, tarifa preferencial

preferred dividend, dividendo preferente

preferred ship mortgage, hipoteca preferente del buque

preferred stock, acción preferente

prefinancing, prefinanciación

prefix, prefijo

prefix configuration, configuración del prefijo (Inf.)

prefix designation, designación de prefijos

preliminary balance sheet, balance general preliminar

prematured loan, préstamo con vencimiento anticipado

prematuring, anticipación del vencimiento

premises, inmuebles, instalaciones

premises and equipment, inmovilizado material

premium, prima

premium bond, obligación con prima

premium bonus system, sistema de retribución con incentivos

premium for the put, prima de acción a vender

premium on redemption, prima de reembolso

prepaid, pagado por anticipado

prepaid expenses, gastos anticipados, cargos diferidos

prepaid interest, intereses pagados por anticipado

prepaid salaries, sueldos anticipados, salarios adelantados

prepaid taxes, impuestos anticipados

prepay, pagar por adelantado, pagar con anticipación

prepayment, pago anticipado, pago adelantado; anticipo, adelanto

prepayments, activo transitorio

prescribe, prescribir, caducar

prescription, prescripción

prescription period, período de prescripción

prescriptive right, derecho de prescripción

present, presente, corriente, actual, en curso; obsequio; presentar; obsequiar

present a bill for acceptance, presentar una letra para su aceptación

present for payment, presentar al cobro, presentar al pago

present value, valor actual

present worth, valor actual

present year, año actual, año corriente, año en curso

presentation, presentación; a la vista

presentation for payment, presentación al cobro

presenting bank, banco presentador, banco cedente

president, presidente (no de un consejo de administración, que es *«chairman»*); director general

press clipping, recorte de prensa

press release, comunicado de prensa, nota de prensa

pressure from wage costs, presiones de los costos salariales

pressure group, grupo de presión

prestige goods, artículos suntuarios, artículos de lujo

pretax income, beneficio antes de impuestos

prevailing market rate, tipo de mercado vigente

prevention of money laundering, prevención del blanqueo de dinero

preventive action, acción preventiva, proceso cautelar; mantenimiento preventivo

previous year, ejercicio precedente

price, precio, cotización; fijar el precio

price and yield of the bank's shares, precio y rentabilidad de las acciones del banco

price appreciation, alza de las cotizaciones

price/cash-flow ratio *(P/CF ratio)*, relación precio/cash-flow

price controls, reglamentación de precios

price/earnings ratio *(P.E.R.)*, relación entre cambio y beneficio, relación precio/beneficio de una acción

price/earnings yield *(P/E yield)*, rentabilidad en dividendo

price fall clause, cláusula de baja de precios

price forecast, previsiones sobre precios

price freeze, congelación de precios

price increase, alza de precios

price index, índice de precios

price level, nivel de precios

price lining, diversificación de precios

price outlook, perspectivas de evolución de los precios

price range of stock, evolución en la cotización de las acciones

price rise, alza de precios

price stability, estabilidad de precios

price support, mantenimiento de los precios

price upsurge, alza de los precios

price war, guerra de precios (col.)

primary commodities, materias primas

primary deposit, depósito emanado del ingreso de una cantidad

primary liability, responsabilidad directa

primary market, mercado primario para nuevas emisiones

primary producing countries, países de producción primaria

primary reserves, reservas líquidas

prime area, área primaria (Inf.)

prime bank, banco de primera fila, banco de primer orden

prime banker's acceptance rate, tipo de descuento aplicado a las aceptaciones sobre Nueva York, de bancos de primer orden

prime borrowers, prestatarios de primera clase

prime rate, tipo de interés preferencial, tasa de interés para préstamos preferenciales, tasa de interés preferencial, interés al mejor cliente

prime rate for commercial loans, tipo preferente sobre préstamos comerciales, tipo aplicable a clientes de primer orden

principal, cantidad principal de un préstamo, importe (sin gastos, intereses, etc.), principal, valor nominal neto; ordenante, comitente, mandante; delegante, constituyente, representado; director, jefe

principal and interest, capital e intereses, cantidad principal más intereses

principal member, miembro principal

printed forms, formularios impresos

printed (in), impreso (en)

printed matter, material impreso

printer, impresora (Inf.)

printing, impresión (Inf.)

printout, impresión del contenido de la memoria (Inf.)

prior charges, gastos prioritarios

prior lien, gravamen precedente

prior to the allocation of the year's earnings, antes de la aplicación de los resultados del año

prior year cash dividend, dividendo correspondiente al año anterior

priority rating, clasificación preferencial

priority share, acción preferente, acción privilegiada

private accountant, contable particular; contador privado (SA)

private bank, banco privado

private banking, banca privada

private capital market, mercado de capital privado

private commercial bank, banco comercial privado

private debt, deuda privada, deuda particular

private demand, demanda privada

private deposit, depósito privado

private export credit, crédito privado a la exportación

private financial flows, movimientos financieros privados

private individual, persona física

private limited company, sociedad limitada, sociedad con un número restringido de accionistas

private loans, colocación restringida

private office, oficina privada, despacho particular

private placement, colocación privada

private property, propiedad privada

private sector, sector privado

private-sector peseta deposits, recursos en pesetas procedentes del sector privado

private-sector securities, valores privados

private-sector variable-yield securities, valores privados de renta variable

private securities portfolio, cartera de valores privados

privies, copartícipes, partes en común

privileged, privilegiado

privileged debt, deuda preferente

privileged stock, acciones preferentes

prize, premio, recompensa

probability, probabilidad

procedure chart, gráfica de procedimientos

proceeding for collection, expediente de apremio

proceedings of crime, fruto del delito

proceeds, producto; importe neto

proceeds of discount, producto del descuento

process control, control de procesos (Inf.)

process of garnishment, proceso de embargo

processing date, fecha de proceso (Inf.)

processing error, error de procesamiento (Inf.)

processing for reexportation, perfeccionamiento y acabado para la reexportación, tráfico de perfeccionamiento

processing of interchange tapes, proceso de cintas de intercambio (Inf.)

processing of shareholder records, gestión de ficheros de accionistas

processing time limits, fechas tope para el proceso (Inf.)

procuration, apoderamiento, poder

procuration fee, comisión de prestamista

procure money, procurar dinero, recabar fondos

procurement, compra, aprovisionamiento

producing countries, países productores

product life-cycle, ciclo de vida de un producto

product range breadth, amplitud del surtido

production, producción

production bonuses, primas de producción

production control, control de producción

production department, departamento de producción

production efficiency, eficiencia de producción

production hold-up, mantenimiento de la producción

production loan, crédito a la producción

production scheduling, programación de la producción

production tax, impuesto sobre la producción

production units, unidades de producción

productive assets, activo productivo

productive investment, inversión productiva

productive labo(u)r, mano de obra directa, mano de obra productiva

productive wages, mano de obra directa, mano de obra productiva

productivity, productividad

productivity plan, programa de productividad

professional competence, profesionalidad

professional conduct, comportamiento profesional

professional ethics, ética profesional

professional fees, honorarios profesionales

professional level, categoría profesional

profile of the average interest rate, perfil del tipo medio de interés

profit, utilidad, beneficio, ganancia, provecho

profit after taxes, beneficio después de impuestos

profit and loss account, cuenta de pérdidas y ganancias, cuenta de resultados, estado de pérdidas y ganancias

profit and loss appropriation account, cuenta de distribución de beneficios

profit and loss statement, estado de pérdidas y ganancias, cuenta de pérdidas y ganancias, cuenta de resultados

profit before taxes *(P.B.T.)*, beneficio antes de impuestos, utilidades antes de deducir impuestos

profit centre (USA = *center*), centro de beneficio

profit-earning capacity, capacidad de generar beneficios

profit from gambling, beneficios del juego

profit margin, margen de utilidad

profit sharing, participación en beneficios, reparto de beneficios

profit-sharing debenture, obligación participativa

profit-sharing reserve, reserva para participación de utilidades

profit-worth rate, relación de utilidades a capital

profitability, rentabilidad, tasa de rendimiento, rentabilidad de gestión

profitable investment, inversión productiva

profitability ratio, relación de rentabilidad

profits tax, impuesto sobre beneficios

program, programa (Inf.)

program package, paquete de programas (Inf.)

program trading, contratación automática por ordenador (Inf.)

program(m)ed check, control programado (Inf.)

programmer, programador

progress payment, pago parcial

progression, progresión

progressive decline in unemployment rates, disminución progresiva en los índices de desempleo

progressive scale, escala progresiva

prohibited risk, riesgo no asegurable

project financing, financiación de proyectos

promissory note *(p/n),* pagaré, abonaré

promote, fomentar, promover, potenciar; ascender

promote an objective, promover un objetivo

promote liaison, promover contactos

promoter's shares, acciones de promotor

promotion, fomento, promoción, potenciación; ascenso

promotion expenses, gastos de promoción

promotional allowance, descuento de promoción

prompt, inducir

proof of loss, prueba de la pérdida

proof of posting, comprobante de asiento en libros

propaganda, propaganda

proper party, parte interesada

property, propiedad, bienes; inmobiliarias (Bolsa)

property development company, sociedad de promoción inmobiliaria

property equity, valor líquido del patrimonio

property tax, derechos reales

proposal, propuesta

proposed distribution of earnings, propuesta de distribución de beneficios

proprietary *(Pty),* sociedad limitada (en Australia, Nueva Zelanda, etc.)

proprietary equity, valor líquido de una propiedad (individual)

proprietor's account, cuenta de capital (empresa individual)

proprietorship, propiedad; patrimonio; activo líquido

proprietorship certificate, certificado de propiedad

proforma balance sheet, balance simulado

proforma invoice, factura simulada, factura proforma

proforma statement, balance simulado

prorata, prorrata

prosecuting attorney, abogado fiscal

prospects for investment, perspectivas para inversión

prospectus, prospecto; prospecto de emisión

protection, protección

protective covenant, cláusula de protección

protective measures, medidas proteccionistas

protest, protesto; protestar, llevar al protesto

protest charges, cuenta de resaca, gastos de protesto, cuenta de regreso (SA)

protest of drafts, protesto de efectos

protest waived, sin gastos

protested bill, letra protestada

provable debts, deudas justificables

prove, comprobar; demostrar

prove the cash, comprobar la caja, hacer arqueo de caja

provide collateral, dar una garantía, prestar fianza

provide evidence of identity, identificarse, acreditar la identidad

provide information, proporcionar (aportar, facilitar) información

provided it be paid, salvo buen fin

provincial bank, banco provincial

provincial savings bank, caja de ahorros provincial

proving the cash, hacer arqueo de caja

provision, cláusula, estipulación; fondo de previsión, reserva, provisión de fondos, dotación

provision accounts, cuentas de reserva

provision for accelerated depreciation, provisión para amortización libre

provision for bad debts, provisión para incobrables

provision for corporate income tax, provisión para el impuesto de sociedades

provision for country risk, provisión para riesgo-país

provision for credit losses, provisión para insolvencias

provision for depreciation, reserva para amortización

provision for pensions, provisión para pensiones

provision for statutory payments, dotación para atenciones estatutarias

provision for taxes, provisión para impuestos

provision for writedown of securities portfolio, provisión para saneamiento de la cartera de valores

provision market, mercado de abastos

provision of funds, provisión de fondos

provision to allowances, provisiones para reservas

provisional account, cuenta-puente, cuenta temporal, cuenta provisional

provisional figures, cifras provisionales

provisions and writedowns, provisiones y saneamientos

provisions of the agreement, disposiciones del acuerdo

proxy, apoderado; poder, carta de poder, autorización para ejercitar el voto en representación del titular, delegación de voto

proxyholder, poderhabiente

psychological tests, pruebas (p)sicológicas, tests (p)sicológicos

Pty., ab. _proprietary_ (especie de sociedad limitada, en Australia, Nueva Zelanda, etc.)

public auction, subasta pública

public audit, auditoría pública

public bonds, fondos públicos, efectos públicos

public debt, deuda pública

public funds, fondos públicos

public hearing, audiencia pública

public knowledge, notoriedad

public letting, subasta pública

public liability, responsabilidad civil, responsabilidad ante terceros

public limited company _(P.L.C.)_, sociedad anónima (GB)

public offering, oferta pública de enajenación _(O.P.E.)_

public officer, funcionario público

public opinion, opinión pública

public ownership, propiedad estatal, propiedad municipal

public relations, relaciones públicas

public sector deficit, déficit del sector público

public securities, fondos públicos

public utility company, compañía de servicios públicos

public weight master, pesador oficial

publicity, publicidad

punch, perforación (Inf.)

punch(ed) card, tarjeta perforada (Inf.)

punched tape, cinta perforada (Inf.)

punishable, sancionable, susceptible de castigo, punible

punishable crime, delito punible

punishable offence, delito punible

purchase, compra; comprar

purchase agent, agente comprador

purchase an issue outright, adquirir una emisión en firme

purchase and sale prices of the assets traded, precios de compra y venta de los activos negociados

purchase for cash, compra pagada en efectivo; comprar al contado

purchase forward, comprar a término

purchase fund, fondo de recompra, fondo de rescate

purchase journal, registro de facturas

purchase option, opción a la compra

purchase order, orden de compra

purchase price, precio de compra

purchase request notice *(p.r.n.),* notificación de petición de compra

purchaser, comprador, adquirente

purchases of raw materials, compras de materias primas

purchasing agent, agente de compras

purchasing bidder, rematador de una subasta

purchasing power, poder adquisitivo

purchasing power parity, paridad del poder adquisitivo

pure endowment, capital diferido

pure food certificate, certificado de pureza alimenticia

pure interest, interés neto

purloin, hurtar, robar, distraer

purpose, fin(alidad), propósito, objeto

purser, sobrecargo de un buque

pursuant to, de acuerdo con, conforme a, según

push the rates of interest on current accounts up, subir los tipos de interés de las cuentas corrientes

put, opción a vender; acuerdo de recompra

put and call, opción de compraventa, doble opción

put bond, bono con opción de recompra

put illegal funds on a secret account, depositar (ingresar, poner, meter) fondos de procedencia ilegal en una cuenta secreta

put in suit, entablar pleito

put option, opción de venta

put premium, prima de opción a vender

put up cash, aportar efectivo

put up price, precio inicial de subasta

pyramiding, piramidación; efecto cascada

Q

qualification shares, acciones de depósito obligatorio

qualifications, reservas, salvedades

qualified acceptance, aceptación condicional, aceptación restringida, aceptación limitada

qualified acceptance, aceptación condicional, aceptación restringida, aceptación limitada

qualified certificate, certificado con salvedades

qualified endorsement, endoso completo, con exclusión de responsabilidad; aval limitado

qualified report, informe con salvedades

qualified rights, derechos condicionales, derechos limitados

qualifying period, período de carencia

qualifying shares, acciones en pago de servicios

quality assessment, valoración de la calidad

quality circle, círculo de calidad

quality control, control de calidad

quantitative import controls, controles de importación cuantitativos

quantitative information, información cuantitativa

quantitative synthesis, síntesis cuantitativa

quantity discount, descuento por cantidad

quarter stock (USA), acciones de $25 nominales

quarter to quarter drop in accounts, descenso trimestral en el número de cuentas

quarterage, importe trimestral

quarterly, trimestral(mente)

quarterly amortization, amortización trimestral

quarterly average, media trimestral

quartile, cuartil

quasi-banking subsidiaries, empresas parabancarias filiales

quasi-public company, compañia semi-pública, empresa mixta, empresa semioficial, empresa privada de interés público

question, pregunta, cuestión; preguntar; dudar, poner en duda

questionnaire, cuestionario

quick assets, activo disponible, activo realizable, activo de realización inmediata, disponibilidades, valores realizables

quick ratio, relación entre activo disponible y pasivo corriente

171

quickie strike (col.), huelga salvaje

quittance, descargo, finiquito

quorum (lat.), quorum

quota, cupo, cuota, contingente

quotation, cotización, cambio, tipo

quotations bulletin, boletín de cotizaciones

quote, cuota; principio de transcripción (en mensajes por télex); transcribir literalmente; cotizar(se)

quoted shares, valores cotizados

R

r.a.f.t., ab. *revolving acceptance facility by tender* (línea renovable de financiación por subasta mediante aceptaciones)

r.c.l., ab. *restricted card list,* lista de tarjetas restringidas

r.o.a., ab. *return on assets* (rentabilidad de los activos)

r.o.e., ab. *return on equities* (rentabilidad de los recursos propios)

r.o.f.l., ab. *return on financial leverage* (crédito autorrenovable a corto plazo; límite renovable de aseguramiento de pagarés a corto plazo; emisión renovable garantizada)

rack rent, alquiler excesivamente alto

racketeering, extorsión

raid, agresión (opas); compra de acciones o toma de posiciones por sorpresa

raider (col., opas), tiburón; especulador

railroad bill of lading (USA), (GB = *waybill, railway bill*) talón de ferrocarril, resguardo de transporte por tren

railway bill (USA = *railroad bill of lading*), talón de ferrocarril, resguardo de transporte por tren

raise a loan, obtener un crédito, contraer un empréstito

raise an objection, poner una objeción

raise funds, obtener fondos, recaudar fondos

raising of interest rates, elevación de los tipos de interés

rally, recuperación, alza de precios pronunciada

rally in prices, mejora en los precios

random, aleatorio

random access, acceso directo (Inf.)

random sampling, muestreo al azar

randomly selected, seleccionado al azar

range, gama, alcance; recorrido de la variable

range (Barcelona/Valencia range), alcance (extensión comprendida entre Barcelona y Valencia)

range of derivative instruments, gama de instrumentos secundarios

ratable, valuable, evaluable, tasable

rate, tasa, tipo; razón, coeficiente, relación, proporción; tasar, evaluar

rate base, base tarifada

rate cap, tipo máximo de interés durante la vigencia de un crédito

rate of discount, tipo de descuento

173

rate of earnings on common stockholders' equity, relación entre utilidades y capital representado por acciones comunes

rate of earnings on total capital employed, relación entre utilidades y capital total empleado

rate of interest, tipo de interés

rate of issue, tipo de emisión

rate of profit, tipo de beneficio

rate of rental, canon de arrendamiento

rate of return, tasa de rentabilidad

rate of taxation, fiscalidad

ratify, ratificar, confirmar

rating, clasificación, evaluación; calificación de valores; calificación de solvencia financiera

ratio, proporción, razón, coeficiente, relación, índice

ratio analysis, análisis de ratios

ratio of accounts receivable to credit sales, relación entre cuentas por cobrar y ventas a crédito

ratio of earnings retained to net income, relación entre utilidades retenidas y rendimiento líquido

raw data, datos sin procesar (Inf.)

raw materials, materias primas

raw materials yield, rendimiento de las materias primas

re-account, cuenta de resaca

reaction capability, capacidad de reacción

reader, lectora (Inf.)

readily marketable money instruments, instrumentos monetarios fácilmente realizables

readiness to invest, disposición a la inversión inmediata

ready money, dinero en efectivo, dinero al contado

ready property movables, bienes muebles

real assets, bienes inmuebles, bienes raíces

real chattels, bienes reales

real cost, costo real

real estate, bienes raíces, bienes inmuebles, propiedad inmobiliaria

real estate credit, crédito inmobiliario

real estate loan, préstamo inmobiliario

real estate tax, impuesto predial

real estate tax receipt, resguardo de pago del impuesto predial

real exchange rate, tipo de cambio real

real growth from year to year, evolución real interanual

real income, renta real

real injury, perjuicio material

real interest rate, tipo de interés real

real money, dinero legítimo; monedas de oro y plata

real obligation, obligación real, obligación hipotecaria

real output, producción real

real par of exchange, cambio a la par comercial, paridad real de los cambios

real price, precio real

real property, bienes raíces, bienes inmuebles

real time, tiempo real (Inf.)

real time processing, proceso en tiempo real (Inf.)

real-time trading systems, sistemas operativos de tiempo real

real wages, salario real

real yield, rentabilidad real

realization, realización

realization account, cuenta de liquidación

realization value, valor de realización, valor de venta

reallowance, comisión de venta ofrecida durante la distribución inicial de una emisión de bonos

realtor, corredor de bienes raíces

realty, bienes raíces, bienes inmuebles

reappraisal of assets special reserve, reserva especial para regularización del balance

reasonable, razonable

reasonable care, prudencia razonable

reasonable value, valor equitativo

reattach, reembargar

reattachment, reembargo

rebate, rebaja, descuento, retorno, bonificación; disminución; rebajar, descontar, bonificar

reborrow, refundir una deuda

rebound tax, impuesto repercutido

recapitalization, recapitalización

recapitulation, concentración, recapitulación

recapitulation entry, asiento de concentración, asiento combinado

receipt, recibo, resguardo; carta de pago; talón, guía

receipt in full, finiquito

receipt is acknowledged, acuso (o acusamos) recibo

receipts, entradas, ingresos, percepciones

receipts and disbursements, entradas y salidas

receipts and expenditures, entradas y salidas

receivable, a recibir, por cobrar

receivables, efectos a cobrar, activo exigible

receive in exchange, recibir a cambio

received dividend, dividendo recibido

received for shipment bill of lading, conocimiento acreditativo de recepción de mercancía para su carga

received payment, recibí

receiver, síndico, administrador judicial, interventor, tomador, receptor, depositario, síndico de una quiebra

receiving bank, banco receptor

receiving teller, cajero cobrador, cajero de ingresos

recent opening, apertura reciente

recharter, refletar

recipient, receptor, destinatario

reciprocal contract, contrato recíproco, contrato bilateral

reciprocal covenants, garantías recíprocas, garantías mutuas

recognize a debt, reconocer una deuda

reconcile accounts, conciliar cuentas

reconcilement, conciliación, conformación, ajuste

reconciliation, conciliación, conformación, ajuste

reconciliation of capital funds, evolución de los recursos propios

reconvey, traspasar de nuevo

record, registro, expediente, acta; antecedentes; historial; record; inscribir, registrar

record a mortgage, inscribir una hipoteca

record a provision, constituir una provisión; tomar nota de una disposición

record a vote, hacer una votación verbal

record evidence, hacer constar

record figure, cifra sin precedentes

record high, cota máxima sin precedentes

record length, longitud de registro (Inf.)

record retention, conservación de antecedentes

recordable, registrable

recordation, registro legal

records, archivos, registros

recourse, recurso

recover, recobrar, recuperar(se)

recover damages, cobrar daños y perjuicios

recoverable, recuperable

recoverable waste, desperdicios recuperables

recovery, recuperación

recovery of bad debts written off, recuperación de fallidos amortizados

recovery of G.N.P., recuperación del P.N.B.

recovery of nonperforming loans, recuperación de créditos dudosos

recovery of prices, recuperación de los precios

recovery packages, paquetes de nuevas medidas económicas

recovery warehouse, bodega de recuperación

red clause, cláusula roja, cláusula de anticipo al exportador

red herring (USA, col.), prospecto informativo de una nueva emisión, prospecto preliminar

red interest, intereses deudores

red label, etiqueta roja; mercancías peligrosas

red product, números rojos

red tape, balduque; papeleo; formulismos, trámites burocráticos

redate, poner fecha nueva, rectificar la fecha

redeem a pledge, rescatar una prenda

redeem bonds, amortizar pagarés, redimir bonos

redeem mortgaged land, rescatar tierras hipotecadas

redeem notes prior to maturity, rescatar pagarés antes de su vencimiento

redeemable, rescatable, redimible, amortizable

redeemable bonds, bonos amortizables

redeemable shares, acciones amortizables

redeemed shares, acciones amortizadas

redeliver, devolver, retornar

redemption, rescate, amortización, redención

redemption date, fecha de rescate

redemption fund, fondo de amortización

redemption of a debt, extinción de una deuda

redemption price, precio de rescate, precio de amortización

rediscount, redescuento; redescontar

rediscount and endorsement of notes, redescuento y endoso de efectos

rediscount of drafts, redescuento de efectos

rediscount rate, tipo de redescuento

rediscounted notes, efectos redescontados

rediscounted or endorsed bills, efectos redescontados o endosados

redraft, letra de resaca; redactar de nuevo

reduce par value, reducir la paridad

redundant, redundante (Inf.)

reel, carrete (Inf.)

re-exchange, letra de resaca

refer to drawer, dirigirse al librador; (GB) devuelto por falta de fondos

referee, juez, árbitro (USA = administrador nombrado por los acreedores); amigable componedor

reference, referencia

reference agent, agente de referencia

reference is made of your letter dated..., hacemos referencia a su carta de fecha...

refinance, refinanciar

refinancing, refinanciación

refinancing loans, refinanciar créditos

reflation, reflación

reflex rally, movimiento contrario a la tendencia principal, que no la altera y simplemente corrige una situación de sobrecompra o sobreventa

reflex reaction = reflex rally

refund, reembolso, reintegro, devolución; reembolsar, devolver

refundable interest, interés reintegrable, interés restituible

refunding, reintegro, reembolso; conversión; refinanciación

refunding bonds, bonos de reintegro, bonos de refundición

refunding of a loan, conversión de un empréstito

refusable, rechazable, denegable

refuse a draft, rehusar un efecto, rechazar una letra

refuse payment, rehusar el pago

regardless of professional level, sin distinción de categoría profesional

regional capital markets, mercados regionales de capital

regional commercial bank, banco comercial regional

regional foreign department, departamento extranjero regional

regional headquarters, central regional, dirección regional, cabeza de región

regional manager, director regional

regional markets, mercados regionales

register, registro, protocolo, inscripción; registrar, protocol(iz)ar, inscribir

register a trademark, registrar una marca de fábrica, registrar una marca comercial

register of deeds, registro general de escrituras

register of ships, registro de barcos

registered bond, título nominativo, bono nominativo, obligación nominativa

registered capital, capital social escriturado

registered holder, tenedor inscrito

registered letter, carta certificada

registered mail (USA), correo certificado

registered shares, acciones nominativas

registered stock, acciones nominales, acciones nominativas

registered trademark, marca registrada

registrar, registrador

registrar of deeds, registrador de la propiedad

registration with receipt requested, certificación con acuse de recibo

regression analysis, análisis de la regresión

regressive tax, tributo regresivo

regular course of business, curso normal del negocio

regular endorsement, endoso en blanco (por el tomador)

regular job, trabajo fijo

regularization account, cuenta de regularización

regularization account balance, saldo de la cuenta de regularización

regulated and nonearning assets, empleos reglamentados y no rentables

regulated assets, empleos reglamentados

regulated company, sociedad controlada por el Estado

regulations in force, normas vigentes, leyes en vigor

regulatory agency, organismo de control

rehypothecate, rehipotecar

reimbursable, reembolsable

reimbursable expenses, gastos reembolsables

reimburse, reembolsar, reintegrar

reimbursement, reembolso, reintegro

reinforce control systems, potenciar los sistemas de control

reinsurance, reaseguro

reinvest, reinvertir

reinvestment, reinversión

reinvestment of profits, reinversión de las ganancias

reinvestment risk, riesgo de reinversión

reject, rechazar

rejuvenate staff, rejuvenecer la plantilla

relative market share, cuota de mercado relativa

177

relative strength line, comportamiento de un valor frente a un sector o índice general

release, descargo, finiquito; boletín; descargar, liberar, finiquitar

release from an attachment, levantar un embargo, desembargar

release of funds, liberación de fondos

release of rights, liberación de derechos

release on bail, libertad bajo fianza

release from a tax, exonerar (del pago) de un impuesto

released bill of lading, conocimiento de embarque con responsabilidad limitada del transportista

released provisions (following satisfactory settlement of the loans to which they related), provisiones disponibles (por resolución satisfactoria de los expedientes de crédito a que estaban afectas)

relevant figures, cifras significativas

reliable, formal, cumplidor; fiable

reliable statistics, estadísticas fiables

reliability, fiabilidad

reliance, dependencia

relief, relevo; asistencia

relief awarded, compensación otorgada

relief fund, fondo de ayuda

relief fund reserve, reserva para auxilios a empleados

reluctance to provide information, reticencia a facilitar información

remain outstanding, quedar pendiente, estar pendiente

remain unsold, quedar sin vender

remainder, resto, remanente

remaining term, vigencia

reminder, reclamación

remission, renuncia; condonación; remisión

remit, remesa; remitir

remittance, remesa, envío

remittance accounts, cuentas de remesa

remittance for collection, remesa al cobro

remittances in transit, remesas en camino

remittee, destinatario de una remesa

remitter, remitente

remitting bank, banco remitente, banco presentador

remote processing, proceso a distancia (Inf.)

remunerated tranche, tramo remunerado

remuneration of employees, retribución al personal

render a report, presentar un informe

render accounts, rendir cuentas

rendering of accounts, presentación de cuentas

renegotiate, renegociar

renew, renovar, prorrogar, ampliar, extender

renew a loan, prorrogar un crédito

renewal, prórroga, renovación, ampliación

renewal fund, fondo de reposición

renewal of coupon sheets, renovación de hojas de cupones

rent, renta, arrendamiento, alquiler; alquilar, arrendar

rent paid, alquiler pagado

rental, renta, arrendamiento, alquiler

reopening of the books, reapertura de los libros

reorganization, reorganización

repairs, reparaciones

repairs and upkeep, reparaciones y conservación

repay, reintegrar, reembolsar

repayment of a loan before it is due, reembolso anticipado de un préstamo

repayment schedule, calendario de amortización

repeal of a law, anulación de una ley, derogación de una ley

repeater loan, préstamo complementario

replacement cost, costo de reposición

REPO, ab. *repurchase agreement* (acuerdo de recompra, compromiso de recompra, pacto de recompra, venta de valores con compromiso de recompra; cesión temporal, compraventa al contado simultánea de una venta-compra a plazo)

report, informe, parte, reporte (SA), comunicación, declaración, denuncia; diferencia de compra al contado y venta simultánea a plazo; informar, comunicar, declarar, dar parte, denunciar

report generation, generación de informes (Inf.)

report in writing, informe por escrito

report of the auditors, informe de los censores de cuentas

reporting lines, líneas de comunicación

repossessed goods, mercancías rescatadas

representations, manifestaciones, declaraciones; garantías

representative office, oficina de representación

representative offices abroad, oficinas de representación en el extranjero

reprise, retracción anual

reprivatization, reprivatización

reprivatized bank, banco reprivatizado

reproducer, reproductora (Inf.)

repurchase, readquisición, recompra; readquirir

repurchase agreement *(REPO)*, acuerdo de recompra, compromiso de recompra, pacto de recompra, venta de valores con compromiso de recompra; cesión temporal, compraventa al contado simultánea a una venta-compra a plazo

reputation, reputación

reputed ownership, propiedad presunta

request, demanda, petición, requerimiento, solicitud; solicitar, pedir

request banking services, recabar (solicitar, pedir) servicios bancarios

request for bid, solicitud de oferta

request for original paper, petición de documentos originales

request for photocopy, petición de fotocopia

requesting bank, banco peticionario

requesting member, miembro solicitante, miembro peticionario

rerun, repetición de pasada (Inf.)

resale, reventa

reschedule loans, replantear créditos

rescind a contract, rescindir un contrato

rescission, rescisión

research and innovation service, servicio de investigación e innovaciones

resell, revender

reservation of rights, reserva de derechos

reservation of title, reserva de propiedad

reserve, reserva, fondo de previsión; reservar

reserve account, cuenta de reserva

reserve assets, activos de reserva

reserve currency, moneda de reserva

reserve for accidents, reserva para accidentes

reserve for allowances, reserva para bonificaciones

reserve for amortizations, reserva para amortizaciones

reserve for bad debts, reserva para deudas incobrables, reserva para fallidos

reserve for contingencies, reserva para imprevistos

reserve for depreciations, reserva para depreciación

reserve for discounts, reserva para descuentos

reserve for doubtful debts, reserva para morosos

reserve for government subsidiarized employee housing, reserva para viviendas de protección oficial

reserve for investments, reserva para inversiones

reserve for taxes, reserva para impuestos

reserve for uncollectable accounts, reserva para cuentas incobrables

reserve fund, fondo de reserva

reserve positions in the I.M.F., posiciones de reserva en el F.M.I.

reserve ratio, relación de reservas contra depósitos, ratio reservas/depósitos

reserve repo, operaciones de dobles

reset, restaurar, borrar, poner a cero (Inf.)

residual amortization, amortización residual

residual cost, costo residual

residual products, productos residuales, subproductos

residual standard deviation, desviación típica residual

residual surplus, excedente residual

residual value, valor residual, valor de desecho

residuary estate, herencia residual

resign, renunciar a un cargo

resignation, renuncia, dimisión de un cargo

resistance, resistencia; nivel de precio en el que sale papel impidiendo que el dinero continúe la elevación del precio de un valor

resolution, acuerdo, resolución

resolve disputes, resolver disputas

resort to the surety, recurrir al avalista

resource allocation, asignación de recursos

resource gap, déficit de recursos

resources, recursos, medios, activos

respite, prórroga, plazo

respondentia, préstamo hipotecario sobre la carga de un buque

responsibility, responsabilidad; solvencia

rest, resto, saldo; diferencia

restate, regularizar

restatement, regularización

restitution of draft, devolución de un efecto

restraint, restricción

restraint of trade, limitación al libre comercio

restrict, limitar, restringir

restricted card list, *(r.c.l.),* lista de tarjetas restringidas

restricted credits, créditos restringidos

restricted items, artículos restringidos

restricted reserves, reservas restringidas

restrictions on oil supply, restricciones en el abastecimiento de petróleo

restrictions on the provision of exchange for imports, restricciones a la provisión de divisas para importar

restrictive practices, prácticas restrictivas

restructuration, venta parcial de activos

restructure, restructurar

result, resultado

resulting net value, valor liquidativo ajustado, valor neto resultante

resulting operating earnings, beneficio bruto resultante

resulting pretax income, beneficio neto resultante

results from performance, resultado de la actuación

résumé, historial, curriculum vitae (lat.)

resumption of growth, reanudación del crecimiento

resurgence of inflation, resurgimiento de la inflación

retail, menudeo, detalle, venta al por menor

retail banking, banca al por menor

retail commercial banking, banca comercial al por menor

retail dealer, vendedor al por menor, detallista, minorista, vendedor al detalle

retail investor, inversor detallista, cliente o institución detallista

retail prices, precios al detall, precios al por menor

retailer, vendedor al por menor, detallista, minorista, vendedor al detalle

retained earnings, beneficios no distribuídos, ingresos retenidos

retained earnings and surplus, reservas

retained tax, impuesto retenido

retaining fee, adelanto, anticipo

retention, retención

retire a bill, retirar un efecto

retention, retención

retire bonds, amortizar bonos

retire debentures, amortizar bonos

retire on a pension, jubilarse

retired debt, deuda amortizada

retired employee, empleado jubilado

retirement, retiro

retirement annuity, pensión de retiro, pensión de jubilación

retirement fund, fondo de retiro, caja de jubilaciones, caja de pensiones

retirement of debt, redención de la deuda

retirement plan, plan de retiros; seguridad social (clases pasivas)

retiring partner, socio saliente, socio que se retira

retractable bond, bono amortizable antes del vencimiento, bono con opción a la liquidación anticipada

retroactivity, retroactividad

return, devolución; rentabilidad, rendimiento; producir, rendir

return and costs, rendimientos y costes

return, cost and expense, rendimiento, coste y gasto

return expectations, expectativas de rentabilidad

return of duties, devolución de derechos aduaneros

return of investment, recuperación de la inversión

return on assets *(r.o.a.)*. rentabilidad de los activos

return on average total assets, rentabilidad neta final de gestión

return on capital, rentas del capital

return on equity *(r.o.e.)*, rentabilidad de los recursos propios

return on financial leverage, rentabilidad del apalancamiento financiero

return on funds, rentabilidad de los recursos

return on invested funds, rentabilidad de los fondos invertidos

return on stockholders' equity, rentabilidad de los recursos propios

return on the residual surplus, rentabilidad del excedente residual

return on total funds (deposits + equity), rentabilidad de los recursos totales

return ticket, billete de ida y vuelta

return to active duty, reintegrarse a las funciones activas, volver a ocupar un cargo

return to the gold standard, volver al patrón oro

returnable deposits, depósitos reembolsables

revaluation, revaluación, revalorización (SA = revalúo)

revaluation surplus, superávit de revaluación

revalue a currency, revalorizar una moneda

revenue, ingresos, entradas brutas; renta, rédito

revenue account, cuenta de entradas, cuenta de ingresos

revenue and cost accruals, periodificación (temporal) de productos y costes

revenue bearing, generador de rentas

revenue bond, obligación garantizada por otras fuentes de ingresos

revenue expenditures, gastos de explotación

revenue stamps, timbre de la letra

revenues and expenses, ingresos y gastos

reversal, retrocesión, retroceso

reversal entry, contraasiento, asiento de retroceso, apunte de anulación

reverse conversion, conversión inversa

reversionary, reversible

review, examen, visión retrospectiva, estudio, análisis, revisión; examinar, estudiar, analizar, revisar

revision, revisión

revocable, revocable

revocable credit, crédito revocable

revocation, revocación

revoke, anular, revocar

revolving acceptance facility by tender (r.a.f.t.), línea renovable de financiación por subasta mediante aceptaciones

revolving credit, crédito autorrenovable, crédito rotativo, crédito renovable automáticamente

revolving underwriting facility (r.u.f.), crédito autorrenovable a corto plazo; límite renovable de aseguramiento de pagarés a corto plazo; emisión renovable garantizada

reward, gratificación, recompensa; gratificar, recompensar

rewinding, rebobinado (Inf.)

Richard Roe, Fulano de Tal, nombre figurado

rider, suplemento de una póliza, cláusula adicional

rigger, especulador de valores

rigging, especular en Bolsa

right, derecho; correcto

right of coinage, derecho de acuñación

right of lien, derecho prendario

right of recourse, derecho de recurso

right of redemption, derecho de retracto

right to discharge, derecho de despido

right to strike, derecho a la huelga

rigorous enforcement of import regulations, observancia rigurosa de las disposiciones sobre importación

ring, sindicato; círculo; camarilla

ring up, telefonear

riot, motín; amotinarse

riots and civil commotions, motines y perturbaciones civiles

rise, alza, subida; subir

rise in consumer prices, alza de los precios al consumidor

rise in interest rates, elevación de los tipos de interés

rise in population, crecimiento demográfico, aumento de la población

rise in prices, alza de precios

rising, al alza

rising tendency, tendencia al alza

rising yield pattern, tendencia ascendente de los rendimientos

risk, riesgo; arriesgar

risk aversion, aversión al riesgo

risk capital, capital de riesgo

risk concentration, concentración del riesgo

risk concentration level, grado de concentración del riesgo

risk dispersion, dispersión del riesgo

risk expectations, expectativas de riesgo

Risk Information Centre (USA = *Center*), (Esp.) Central de Información de Riesgos

risk management, gestión del riesgo

risk management strategies, estrategias de gestión de riesgos

risk of excess, riesgo de exceso

risk of reversal, riesgo de retrocesión

risk premium, prima de riesgo

road tax, impuesto de circulación

rollback prices, fijar precios reducidos

rolling, renovación

rollover loan, préstamo con tipo de interés variable

root of title, escritura de propiedad

rough draft, borrador de un texto

rough estimate, estimación aproximada

rough profit-worth rate, relación aproximada de utilidad a capital

round chartering, flete de ida y vuelta

round lot, unidad de contratación (US = $10.000)

round-off figures, redondear cifras

round-trip charter, fletamento de ida y vuelta

roup, subasta (en Escocia)

routine, rutina

routine expenses, gastos rutinarios

routine processes, procesos operativos normales

royalty, derecho de patente; (SA) regalía; cánon

rubber cheque (USA = *check*), cheque sin fondos (col.)

rule of thumb, regla empírica; sistema de andar por casa (Esp., col.)

rules of conduct, normas de conducta

run a bond auction, celebrar una subasta de bonos

run into debts, cargarse de deudas

run short of money, andar mal de fondos

runaway inflation, inflacion galopante

runner, mensajero (col.)

running costs, gastos de explotación

running the books, preparar una emisión

running yield, rendimiento nominal

rush hours, horas punta

rush order, pedido urgente

S

s.d.r., ab. *special drawing rights* (derechos especiales de giro - *d.e.g.*)

S.E.C., ab. *Securities and Exchange Commission* (Comisión de Bolsa y Valores)

S/T liabilities, ab. *short-term liabilities* (obligaciones a corto plazo)

sabotage, sabotaje; sabotear

safe, cámara acorazada, caja de seguridad, caja fuerte, caja de caudales

safe-custody facilities, servicios de custodia

safe deposit box, caja de caudales, caja fuerte, caja de seguridad

safe deposit vault, cámara acorazada

safeguard, salvaguardia, medida precautoria; salvaguardar

safekeeping, custodia

safekeeping fee, derechos de custodia

safekeeping of documents, custodia de documentos

salaries and bonuses, sueldos y gratificaciones

salary, salario, sueldo, remuneración

salary advances to employees, anticipos sobre sueldos a empleados

salary committee, comité de sueldos

salary increase, incremento salarial

salary tax, impuesto sobre salarios

sale, venta

sale order, orden de venta

sale restrictions, restricciones de venta

sales account, cuenta de ventas

sales agent, agente de ventas

sales analysis, análisis de ventas

sales-arguments book, argumentario

sales department, departamento de ventas

sales discount, descuento por pronto pago, bonificación por pago al contado

sales draft, factura de venta

sales executive, ejecutivo de ventas

sales finance company, financiera de ventas

sales forecast, pronóstico sobre ventas

sales from the portfolio, ventas de la cartera

sales journal, diario de ventas

sales ledger, libro Mayor de ventas

sales manager, gerente de ventas, jefe de ventas, director de ventas

sales outlet, punto de venta

sales potential, mercado potencial

185

sales promotion, promoción de ventas, fomento de ventas

sales quota, cuota de ventas

sales revenues (GB = *turnover*), ventas

sales tax, impuesto sobre las ventas

sales trend, tendencia de las ventas

salient features, características más destacadas

salient figures, cifras significativas

salvage, salvamento, valor residual, valor de desecho; salvar, recuperar

salvage award, prima por salvamento

salvage charges, derechos de salvamento

salvage value, valor residual, valor de desecho, valor de rescate

salvageable, recuperable

sample, muestra; tomar una muestra

sample book, catálogo de muestras, muestrario

sample order, pedido de muestra

sampling, muestreo

sampling permit, permiso de cala, autorización para toma de muestras

satisfaction, satisfacción; finiquito, pago, liquidación

satisfy, cancelar, liquidar, finiquitar

Samurai bond, obligación Samurai, obligación en yens, para su compra por instituciones japonesas

save, ahorrar

save as otherwise stated, salvo indicación en contrario

savers' decisions, pautas de conducta de los ahorradores

saving clause, cláusula de salvedad, cláusula de reserva

savings, ahorros

savings account, cuenta de ahorros

savings analysis, análisis de economías

savings and loans association, asociación de préstamo y ahorro

savings bank (USA = *thrift*), caja de ahorros

savings bond, bono de ahorro

savings book, libreta de ahorros, cartilla de ahorros

savings department, sección de ahorros, departamento de cartillas de ahorro

savings deposit, depósito de ahorros, imposición en cartilla de ahorros

savings institution, institución de ahorro

savings market, mercado del ahorro

savings ratio, proporción del ahorro

scab (col.), esquirol (GB = *blackleg*)

scale, báscula, balanza; escala; escalafón

scale buying, compra a precios escalonados

scale of wages, escala salarial, escala de sueldos; escalafón

scale weight, peso de báscula

scanning stage, fase de explotación

scarcity of capital, escasez de capital

schedule, planilla, relación auxiliar; cédula; horario

scheduled maturity, vencimiento fijado

scheduled overtime, horas extras programadas

scheduled shipping date, fecha de embarque prevista

scheduled territories, zona de la libra esterlina

scientific notation, notación científica

scope, alcance, ámbito de cobertura

scope of authority, alcance de los poderes

scope of the examination, alcance de la auditoría

scopes, posibilidades de expansión

scrap value, valor de desecho

screen, pantalla (Inf.); seleccionar, depurar

screening, selección, depuración

186

screening of undesirable customers, depuración de clientes poco recomendables

scrip, cédula, póliza, certificado de acción, certificado provisional

scrip certificate, certificado de dividendo diferido

scrip dividend, dividendo en acciones, dividendo en pagarés

scrip holder, tenedor de títulos

sea carrier, empresa de transportes marítimos

sea freight, flete marítimo

sea insurance, seguro marítimo

sea letter, certificado de navegación, patente de navegación

sea perils, riesgos del mar

seal, sello, timbre; nema; sellar; timbrar; lacrar

seal an envelope, cerrar un sobre

seal with wax, lacrar

seasonal adjustment, ajuste estacional

seasonal business, negocio de campaña

seasonal credit, crédito estacional, crédito de temporada

seasonal factors, factores estacionales

seasonal fluctuations, fluctuaciones estacionales

seasonal sale, venta estacional

seasoned securities (col.), títulos muy cotizados

seawater or fresh water damage, daños causados por agua de mar o agua dulce

seaworthy packing, embalaje marítimo

second count, recuento

second market, mercado secundario

second mortgage, segunda hipoteca

second of exchange, segunda de cambio

second the motion, apoyar la moción

secondary deposit, depósito emanado de la concesión de un crédito

secondary market, mercado secundario

secondary placement, colocación secundaria

secondary storage, memoria secundaria (Inf.)

secret partnership, asociación secreta

secret reserve, reserva oculta, reserva secreta, reserva encubierta en los libros

secretariat, secretaría

secretary, secretario

Secretary of the Treasury (USA), Secretario del Tesoro, Ministro de Hacienda

secretary to the board of directors, secretario del consejo de administración

secretary's office, secretaría

sector, sector

sector loan, préstamo sectorial

sectorize, sectorizar

secure a loan, obtener un crédito; garantizar un préstamo

secured accounts, cuentas garantizadas

secured bond, bono hipotecario, bono colateral, obligación garantizada

secured claim, acreedor privilegiado

secured creditor, acreedor pignoraticio, acreedor asegurado, acreedor real (SA)

secured debt, deuda asegurada, deuda respaldada

secured liabilities, pasivo garantizado, deudas con garantía

secured loan, préstamo prendario, crédito garantizado, crédito con garantía real, deudores con garantía real, riesgo de firma

securities, valores, títulos; valores mobiliarios; cartera de títulos

Securities and Exchange Commission *(S.E.C.),* Comisión de Bolsa y Valores

securities approved for investment, valores aprobados para inversión

securities deposited by customers, depósitos de valores; valores depositados por clientes

securities held in pawn, valores entregados en prenda

securities market, mercado bursátil, bolsa de valores, mercado de valores, mercado de títulos

securities owned, valores poseídos

securities portfolio, cartera de títulos, cartera de valores mobiliarios

securities portfolio writedowns, saneamiento de la cartera de valores

securitization, recurso a los mercados de capitales; desintermediación

security, garantía, fianza, caución, colateral, prenda; endoso; valor bursátil

security annalist, analista de inversiones

security deposit, depósito de garantía, fianza

security holder, tenedor de valores

security holding, tenencia de valores, títulos en cartera

security investment company, sociedad de inversión mobiliaria

security investment fund, fondo de inversión mobiliaria

security level, nivel de seguridad

security market, mercado de valores

security price fluctuation allowance, fondo de fluctuación de valores

security price valuation reserve, fondo de fluctuación de valores

security standards, normas de seguridad

seek approval from the stockholders' meeting, someter a la aprobación de la junta

seemingly legitimate, aparentemente legal

seemingly legitimate income, ingresos de apariencia legal

segment, segmento; segmentar (Inf.)

segmentation, segmentación

segregate, segregar, desagregar

seize, embargar, decomisar, confiscar

seized property, bienes embargados

seizing of funds, embargo de fondos

seizure, embargo, decomiso, confiscación

selection against the insurer, antiselección

selective distribution, distribución selectiva

selective import controls, controles selectivos de importación

selective trade controls, controles selectivos del comercio

selector channel, canal selector (Inf.)

self-checking number, número autoverificador (Inf.)

self-financing, autofinanciación; autofinanciar(se)

self-insurance, autoseguro

self-liquidating loan, préstamo de liquidación automática

sell, vender

sell at auction, vender en subasta, rematar

sell bear, vender a plazo en firme

sell for future delivery, vender a término

sell forward, vender a término

sell on credit, vender a crédito

sell on d/p terms, venta sujeta a la entrega de documentos contra pago

sell out, vender; vender por incumplimiento (de pago, condiciones, etc.)

sell securities «on a best effort basis», vender valores «al mejor»

sell short, vender en descubierto

sell stocks, enajenar acciones

selldown of loans, cesiones de créditos

seller, vendedor

selling agreement, acuerdo de venta

selling at a loss, venta con pérdida

selling commission, comisión de venta

selling concession, concesión de venta

selling expenses, gastos de venta

selling group, grupo vendedor

selling off, liquidación

selling period, período de venta, período de suscripción

selling rate, cambio de venta

selling terms, condiciones de venta

sellout, agotamiento de las existencias

semi-annual amortization, amortización semestral

semi-annual coupon, cupón semestral

semi-private bank, banco semioficial

sender, remitente

senior accountant, jefe de contabilidad

senior debt, deuda principal

senior partner, socio antiguo

senior posts, puestos directivos

senior securities, acciones con derecho de prioridad

seniority, antigüedad

seniority rights, derechos de antigüedad

sense light, luz de detección (Inf.)

separate covenant, pacto solidario

sequential access, acceso secuencial (Inf.)

sequential number, número secuencial

sequestered account, cuenta embargada

sequestration, embargo, incautación

serial access, acceso secuencial (Inf.)

serial bonds, bonos de vencimiento escalonado, obligaciones en serie

serial processing, proceso en serie (Inf.)

service, servicio, prestación

service company, sociedad de servicios

service (fee) revenues, ingresos por servicios

service-output depreciation method, depreciación calculada sobre la producción

service pensioner, jubilado por antigüedad

services contract, contrato de servicios

services rendered, servicios prestados

serving personnel, personal en activo

serving staff, personal en activo

set, juego

set forth the reason, indicar la razón

set of books, juego de libros

set of exchange, letra con varios ejemplares, juego de letras

set of forms, juego de formularios, juego de impresos

set-off, compensación (de una deuda contra el saldo de una cuenta o pago)

set-off clause, cláusula de compensación de deudas

set over, transferir

setback, retroceso, baja; crisis

settle, liquidar; solventar, resolver, dirimir

settle a claim, cancelar una reclamación

settlement, liquidación

settlement date, fecha de liquidación

settlement of accounts, liquidación de cuentas

settlement price, precio de liquidación; trayectoria de compensación

settling day, día de liquidación

setup, estructura financiera

sever relations with undesirable customers, romper las relaciones con clientes poco recomendables

several liability, responsabilidad solidaria

several note, pagaré a cargo propio, con una sola firma

several obligation, obligación mancomunada

severally, solidariamente

severance pay, indemnización por despido

shallow port, puerto de bajo calado

sham auction, subasta fingida

sham dividend, dividendo ficticio

share, acción; participación, cuota; participar, repartir

share capital (GB), capital en acciones, capital social

share certificate, certificado de acciones

share consolidated book value, valor contable de la acción

share dealings, contratación de acciones

share dividend, dividendo en acciones

share hype, tensión accionarial

share index, índice de cotización de acciones

share issue, emisión de acciones

share liquidity, liquidez de las acciones

share market, mercado de valores de renta variable

share market risk, riesgo de mercado de las acciones

share offer to employees, oferta de acciones a los empleados

share price high and low, cotizaciones extremas de las acciones

share quotation, cotización de una acción

share split, fraccionamiento de acciones

share warrant, certificado para la compra de acciones

shared memory, memoria compartida (Inf.)

shareholder (USA = *stockholder*), accionista

shareholder of record, accionista inscrito en el registro de acciones

shareholders' equity, participación de los accionistas; recursos propios

shareholders' meeting, junta de accionistas

shareholding, participación accionaria

shares admitted, acciones admitidas

shares assigned to workers of a corporation as a participation on its profits, acciones de trabajo

shares bought, acciones compradas

shares dealt, acciones contratadas

shares deposited in scrow, acciones en caución

shares deposited on trust, acciones en caución

shares held on January 1, acciones poseídas al 1 de enero

shares in default of payment, acciones desiertas

shares in period of subscription, capital en cartera, acciones en trámite de suscripción

shares outstanding, acciones en circulación

shares quoted on the Madrid Stock Exchange, acciones cotizadas en la Bolsa de Madrid

shares without par value, acciones sin valor nominal

sharing clause, cláusula de solidaridad

sharing of profits and losses, participación en beneficios y pérdidas

shark (col., takeover bids), tiburón (col., opas)

shark-repellant measure (col., takeover bids), medida antitiburones (col., opas)

sharp call, exigencia de liquidación inmediata

sharp decline, notable descenso, fuerte reajuste

sharp decrease, notable descenso, fuerte reajuste

sharp increase, fuerte incremento, acusada alza, fuerte subida, alza brusca

sharp rise, fuerte incremento, acusada alza, fuerte subida, alza brusca

sharp upturn, notable incremento

shift, turno; cambio; desplazamiento (Inf.)

shift of deposits, desplazamiento de los depósitos

shift of the overall balance, variación de la balanza global

shift personnel, personal de turno

shift work, trabajo a turnos

shifting board, mamparo de contención para mercancía a granel

ship, buque, barco

ship's bag, saco postal del barco; (SA) cajilla del buque

ship's odo(u)r, olor de la bodega del buque

ship's passport, pasaporte del buque; (SA) carta de mar

ship's protest, protesta de avería, declaración de avería

ship's receipt, recibo de a bordo

ship's sweat, empañamiento de la bodega

shipowner's liability, responsabilidad del naviero

shipped bill of lading, conocimiento de embarque declarando que la mercancía está en perfectas condiciones y embarcada

shipper, expedidor, embarcador

shipper's draft, letra del expedidor

shipping, navieras (Bolsa)

shipping bill, factura de embarque

shipping company, compañía armadora, empresa naviera

shipping conference, asociación de empresas navieras

shipping expenses, gastos de embarque

shipping routes, rutas marítimas

shipping weight, peso al embarque

Shogun bond, obligación Shogun, obligación en dólares para su compra por instituciones japonesas

shop, tienda

shopping centre (USA = *center*), zona comercial; grandes almacenes

short, corto; venta de futuros para restablecer una posición de mercado; posición de un cliente con un exceso de ventas sobre compras

short «against the box», venta al descubierto de títulos

short bill, letra a vencimiento corto

short covering, compra de cobertura, compra para cubrir, ventas al descubierto

short dated, a corto plazo

short delivery, entrega inferior a lo estipulado, remesa menor a lo solicitado

short discount, descuento por pronto pago

short exchange, letra a corto plazo

short of cash, desprovisto de efectivo, tesorería insuficiente, falta de liquidez

short outs, mercancía no embarcada

short position, posición corta

short-run developments, evolución a corto plazo

short sale, venta al descubierto

short shipment, pedido no servido en su totalidad

short term, a corto plazo

short-term bill, letra a corto plazo

short-term bond, bono a corto plazo, bono de caja

short-term debt market, mercado de la deuda a corto plazo

short-term draft, letra a corto plazo; efecto con vencimiento a corto plazo

short-term Eurodollar rates, tipos de interés a corto plazo en Eurodólares

short-term financing costs for bond inventories, financiación de bonos a corto plazo

short-term forecasts, previsiones a corto plazo

short-term funds, dinero a corto plazo

short-term interest rates, tipos de interés a corto plazo

short-term loan, préstamo a corto plazo

short-time bill, letra a corto plazo

shortage, déficit; faltas; entrega inferior a lo estipulado; restricción

shortage cost, coste de ruptura

shortage of capital, escasez de capitales

shortage of foreign exchange, escasez de divisas

shorthand, taquigrafía, estenografía

shorthand-typist, taquimecanógrafa

show a balance, arrojar un saldo

show a loss amounting to, arrojar unas pérdidas por valor de

show a profit, arrojar un beneficio, producir un beneficio

show an incidence on current rates, denotar una incidencia sobre los tipos vigentes

show an increase, arrojar un aumento, mostrar un aumento, evidenciar un alza

shyster lawyer (col.), picapleitos, leguleyo

sight assets, activos a la vista

sight deposit, depósito a la vista

sight draft, efecto a la vista, letra a la vista

sight letter of credit, crédito a la vista

sight liabilities, obligaciones a la vista

sighting, presentación de una letra

signatory, firmante

signature, firma

significant transaction, operación importante

silent partner, socio comanditario, socio capitalista

silent partnership, sociedad en comandita

simple bond, pagaré

simple interest, interés simple

simulation, simulación

single bond, obligación incondicional

single-entry bond, fianza de declaración única

single-name paper, pagaré(s) sin endoso, documento(s) de una sola firma

single-premium life policies, primas únicas

sinking fund, fondo de amortización

sit-down strike, huelga de brazos caídos, sentada

size of a problem, magnitud de un problema

slight development in the ordinary income, evolución moderada del resultado ordinario

slight recovery, ligera recuperación

slot, pase de anuncio publicitario

smuggle, contrabandear

smuggler, contrabandista

smuggling, contrabando

smurf money, atomizar dinero

smurfing, atomización, «smurfing» (división de una cantidad elevada de dinero en varias otras más pequeñas para evitar su declaración ante las autoridades monetarias)

snake, serpiente monetaria

social security, seguridad social

soft currency, moneda débil

soft loan, crédito con interés preferente, crédito blando (col.)

software, programas informáticos, equipo lógico (Inf.)

sole placing agent, agente colocador exclusivo

solvency, solvencia

solvent, solvente

soundness of equity, integridad patrimonial

soundness of the balance sheet, integridad contable del balance

source, fuente, origen

source of funds, origen de los fondos

source of funds declaration, declaración de origen de los fondos, declaración de procedencia del dinero

Spanish-resident peseta deposits, recursos en pesetas procedentes de residentes en España

special allowances, fondos especiales

special authority, autorización especial

special damages, daños indirectos

192

special drawing right *(s.d.r.)*, derecho especial de giro

special lien, gravamen específico

special partner, socio de responsabilidad limitada, comanditario

specialist team, equipo de especialistas, equipo especializado

specific duties, derechos específicos

specific risk, riesgo específico

specifications, pliego de condiciones

specimen signature, modelo de firma, espécimen de firma, firma modelo

speculate, especular

speculation, especulación

speculative, especulativo

speculator, especulador

spin-off, escisión

split, escisión; aumento de acciones sin aumentar el capital

split the commission, partir la comisión

spokesman, portavoz (SA = vocero)

sponsor, patrocinador; patrocinar

spot, cotización al contado

spot a week, plazo comprendido entre la fecha-valor «spot» e igual día de la semana siguiente

spot loan, tipo de cambio al contado

spot market, mercado al contado

spot-next, operación de «swap» donde la valoración se cuenta desde el valor «spot» hasta el día hábil siguiente

spot transaction, operación de contado

spread, «spread», margen, diferencia entre precios de oferta y demanda, diferencial, margen añadido a un tipo de interés de referencia

spurious, falso, espurio

spurious signature, firma falsificada

stabilisation, estabilización

stability of demand and savings deposits, estabilidad de los depósitos a la vista y de ahorro

stacking, concentración

staff promotions, ascensos

staff training, formación del personal, capacitación de los empleados

stag, especulador de lanzamientos

stagflation, estanflación

stagflation index, índice de malestar

stale, caducado

stale bill of lading, conocimiento de embarque caducado

stamp, sello; timbre; timbrar; estampar; estampillar

stamp tax, derechos de timbre

standard cost, coste normalizado

standard deviation, desviación típica

standard operating services, servicios típicos de gestión

standard prices, precios objetivo; precios normales, precios corrientes

standard rate, tipo vigente

standardised schedule, estructura normalizada, formato estandarizado

standby credit, crédito de contingencia, crédito de disposición inmediata

standby letter of credit, carta de crédito autorrenovable

standing committee, comisión permanente

standstill, estancamiento

staple goods, artículos básicos

starting from, a partir de

stash illegal money, ocultar dinero de procedencia ilegal

state, estado; situación; estatal; declarar; tasar

state of war, estado de guerra

state tax, impuesto estatal

state trade, comercio de estado

statement, estado, extracto (de cuenta)

statement of changes in financial position, estados de origen y aplicación de fondos

statement of changes in shareholders' equity, evolución de los recursos propios

statement of damage, acta de avería

statement of (financial) position, balance de situación

statement of income, cuenta de resultados

statement of principles, declaración de principios

statutes, estatutos; escritura de constitución

statutory fees, atenciones estatutarias

statutory payments, atenciones estatutarias

statutory reserve, reserva estatutaria

step by step, paso a paso

stock and surplus capacity, existencias y capacidad excedentaria

stock carrier, sociedad anónima de seguros

stock company, sociedad anónima

stock dividend, dividendo en acciones, acción liberada

stock exchange, bolsa; bursátil

stock (exchange) broker, agente de bolsa

stock (exchange) market, mercado bursátil

stock exchange ring, corro de contratación

stock market crisis, crisis bursátil

stock market index, índice bursátil

stock market manipulations, maniobras de bolsa, manipulaciones bursátiles

stock market movements, fluctuaciones en el mercado bursátil

stock market order, orden bursátil

stock market value, valor bursátil

stock note, pagaré garantizado por acciones

stock on hand, inventarios de existencias, existencias de productos terminados y semiacabados

stock option, opción para la compra de acciones, opción-bono

stock power, carta-poder sobre acciones

stock price graph, gráfico de cotización

stock price index, índice general de cotizaciones

stock price range, evolución de la cotización

stock price range adjusted to capital increases, cotización de las acciones ajustada a las ampliaciones de capital

stock register, libro registro de acciones

stock rights, derechos de suscripción, derechos de compra de acciones

stock split-up, aumento en el número de acciones sin aumentar la cuenta de capital

stock subscribed, acciones suscritas

stock valuation (USA = *inventory pricing),* valoración de existencias

stock warrants, obligaciones convertibles

stock watering, dilución de capital

stockbroker, corredor de bolsa, agente de cambio y bolsa

stockbuilding, acumulación de existencias

stockholder (GB = *shareholder),* accionista, tenedor de acciones

stockholder-auditors, accionistas censores de cuentas

stockholder of record, accionista registrado, accionista inscrito en el registro de acciones; titular de las acciones

stockholders' equity, recursos propios

stockholders' meeting, junta de accionistas, asamblea de accionistas

stockholding company, sociedad por acciones

stocks not listed, valores no cotizados en bolsa, títulos no cotizados

stocks not quoted, valores no cotizados en bolsa, títulos no cotizados

stocktaking, inventario

stolen card, tarjeta sustraída, tarjeta robada

stop a cheque (USA =*check*), bloquear el pago de un cheque

stop-gap loan, crédito transitorio, crédito de emergencia

stop order, orden de suspensión

stop payment, retener el pago, suspender el pago

stop payment notification, aviso de suspensión de pago, aviso de bloqueo

stop point, punto de protección; precio límite

stoppage in transit, embargo de mercancías en tránsito por el vendedor

storage, almacenaje, almacenamiento; memoria (Inf.)

storage capacity, capacidad de almacenamiento (Inf.)

storage costs, gastos de almacenaje

storage dump, almacén de memorias de ordenador, vuelco de la memoria (Inf.)

storage key, clave de la memoria (Inf.)

store, almacén, grandes almacenes; tienda (USA); almacenar

storehouse, almacén, depósito

storeroom, almacén, depósito

stowed, arrimado

straddle, compra simultánea de una opción de compra y otra de venta con idénticas características, «straddle»

straight bill, letra simple, efecto no acompañado por documentos

straight bill of lading, conocimiento de embarque nominativo, conocimiento de embarque negociable, conocimiento de embarque corrido; carta de porte nominativa

straight bond, obligación normal

straight debt, deuda no convertible

straight letter of credit, carta de crédito confirmado irrevocable

straight line depreciation method, depreciación lineal

straight loan, préstamo sin caución, préstamo al descubierto; préstamo no amortizado

straight remittance, remesa simple

strain of liquidity, estrechamiento de liquidez

strap, «strap», adquisición de más opciones de compra que de venta, con idénticas características de precio y vencimiento, esperando una subida

strategic response, respuesta estratégica

strategy, estrategia

straw bail, fianza sin valor

straw bond, fianza ficticia

straw certificate, certificado de desinfección de la paja de embalaje

stream of repayments, serie de reembolsos, flujo de reembolsos

street loan, préstamo bancario para operaciones de bolsa

strength of the payments position, fortalecimiento de la posición de pagos

strengthening, fortalecimiento, recuperación

strict, estricto, rígido

strictiest patrimonial integrity, máxima integridad patrimonial

strike, huelga, paro; ir a la huelga

strike a balance, hacer balance; arrastrar el saldo

strike a bargain, cerrar un trato, llegar a un acuerdo

strike and lockout clause, cláusula de huelga y cierre patronal

strike breaker, esquirol

strike call, emplazamiento a la huelga

strike fund, fondo de huelga

strike price, precio a que puede ejercitarse una opción, precio de ejercicio, precio «strike», precio de ejecución de una opción

strikes, riots and civil commotions, huelgas, motines y desórdenes internos

strikes, riots and civil commotions clause *(SR & CC clause),* cláusula sobre riesgos de huelga, motines y desórdenes internos

striking price, precio predeterminado de ejecución de una opción

stringent, rígido, estricto, severo, drástico

stringent regulations, normativa rígida, normas estrictas

stringent restrictions, restricciones drásticas

strip, «strip», adquisición de más opciones de venta que de compra, con idénticas características de precio y vencimiento, esperando una bajada; posición, en una serie cronológica de vencimientos

stripped treasury obligations, obligaciones del Tesoro (USA), cuyo principal e intereses son separados y vendidos aparte a los inversores

strips, cupones separados

strong, fuerte, firme, afianzado

strong box, caja fuerte, caja de seguridad

strong prices, precios altos

strong upward trend, tendencia a una fuerte expansión

structural, estructural

structural costs, costos estructurales, costes de estructura

structural problems, problemas estructurales

structural shortcomings, defectos estructurales

structure, estructura

structure of deposits, estructura de los depósitos, composición de los recursos ajenos

stub, matríz

stumer (GB, col.), cheque falso

subdelegate, subdelegado

subject, asunto

subject to approval, sujeto a aprobación

subject to control, sometido a control

subject to return, con carácter devolutivo, sujeto a devolución

subject to tax, sujeto a impuestos

sublease, subarriendo; subarrendar

sublessee, subarrendatario

sublessor, subarrendador

subliminal advertising, publicidad subliminal

submit a report, presentar un informe

submit to a vote, someter al voto, someter a votación

submortgage, hipoteca garantizada por otra hipoteca

subordinated bond, obligación subordinada

subordinated debt, deuda subordinada

subordinated loan, préstamo subordinado

subordination agreement, carta de anterioridad

subornation, soborno, cohecho

subparagraph, apartado, subinciso

subrental, subarriendo

subscribe, suscribir

subscribe to a loan, suscribir un empréstito

subscriber, suscriptor, abonado

subscribed capital stock, acciones suscritas

subscription, suscripción

subscription agreement, acuerdo de suscripción

subscription period, período de suscripción

subscription rate, cuenta de suscripción

subscription rights, derechos de suscripción

subscription warrant, resguardo de suscripción, cédula de suscripción

subsecretary, subsecretario

subsidiary, subsidiaria

subsidiary accounts, cuentas auxiliares, cuentas puente, subcuentas

subsidiary banks, bancos filiales, bancos subsidiarios

subsidiary coin, moneda fraccionaria, calderilla

subsidiary company, (compañía) subsidiaria, filial

subsidiary ledger, libro auxiliar del Mayor; libro auxiliar de cuentas corrientes

subsidiary loan, préstamo subsidiario

subsidize, subvencionar, dar subsidio

subsidy, subsidio, prima, subvención

subsistence, subsistencia

substantial increase, aumento sustancial, crecimiento notable

substantiating documentation, documentación acreditativa

substitute, sustituto; sustituir

substract, restar

subtenant, subarrendatario

subvention, subvención

success fee, tarifa de éxito, comisión de buen fin

succession duties, impuestos de sucesión

succession tax, impuesto de sucesión

sue, demanda; demandar, poner pleito

sue for damages, demanda por daños y perjuicios

suffer, sufrir, resentirse

suit, pleito, litigio

suit for collection, apremio personal

suit for damages, acción por daños y perjuicios

suitor, demandante, litigante

summarize, resumir, sintetizar

summary, sumario, resumen, compendio, recopilación, síntesis; sumarial

summary sheet, hoja de resumen

summons, convocatoria, citación, auto de comparecencia

sundry accounts, cuentas diversas

sundry advances, anticipos varios

sundry creditors, acreedores varios, acreedores diversos

sundry demand loans, deudores varios a la vista

sundry expenses, gastos varios, gastos diversos

sundry fixed securities, títulos varios cotizados en bolsa

sundry taxes, contribuciones diversas, impuestos varios

sundry unlisted securities, títulos varios no cotizados en bolsa

superannuation fund, fondo de pensiones de vejez

supersede, sobreseer

supervise, supervisar

supervisor, supervisor

supervisory and regulatory agency, órgano supervisor y de control

supplemental credit, crédito suplementario

supplier, proveedor, abastecedor

supplies, abastecimientos, suministros

supply and demand, oferta y demanda

supply of savings, oferta de ahorros

supply shortage, restricción del suministro

supply side, sector real

support, apoyo; apoyar; sustanciar, documentar

support price, precio soporte

support the market, mantener los precios de mercado

supporting documents, documentos justificativos, documentación acreditativa

supranational, internacional, supranacional

Supreme Court, Tribunal Supremo (SA = *Corte Suprema*)

suppression of money laundering activities, supresión de actividades de blanqueo de dinero

surcharge, sobretasa, recargo; sobreprecio; demostrar la omisión de una partida de abono

surety, caución, fianza; avalista, fiador, garante

suretyship, caución, fianza, garantía

surplus, superávit, excedente, sobrante; reservas de capital

surplus capacity, capacidad excedentaria

surplus country, país excedentario

surplus earned, superávit ganado

surplus reserve, reserva de excedente, superávit de reserva, excedente consignado a fondos de reserva, exceso de provisión

surplus value, plusvalía

surrender of coupon, presentación del cupón, entrega de cupón

surrender value, valor de rescate, valor de redención, valor de renuncia, valor de cancelación, valor en liquidación

surtax, impuesto complementario, sobretasa

surveillance licensing, concesión de licencias vigiladas

surveillance report, informe de inspección

survey, peritación, peritaje, examen, estudio, inspección; encuesta

surveyor, inspector, perito (de compañía de seguros)

Sushi bond, obligación Sushi, obligación en dólares para su compra por instituciones japonesas

suspend payments, suspender pagos

suspense accounts, cuentas en suspenso, cuentas transitorias

suspense items, activos y pasivos transitorios

suspension from work without pay, suspensión de empleo y sueldo

suspension of payments, suspensión de pagos

suspicious transaction, operación sospechosa

sustain a loss, soportar una pérdida

sustained upswing, evolución ascendente

swap, cambio de una divisa a plazo por otra al contado; «swap»; intercambio de valores; canje (de un préstamo por otro en el que se modifica algún elemento); crédito cruzado

sweetheart contract (col.), convenio colectivo favorable al empresario

sweatshop (col.), empresa que explota a sus trabajadores

sweepstake, sorteo

swindle, estafa, timo; estafar, timar

swindler, estafador, timador

swing credit, crédito recíproco al descubierto

swing from surplus to deficit, pasar de superávit a déficit

swing in demand for inventory, movimiento de la demanda de existencias

swingline, «swingline», medio de obtención de fondos a corto plazo para cubrir el período que transcurre entre la oferta de un pagaré y la recepción de los fondos

swings, fluctuaciones, oscilaciones, cambios

switch, «switch», comercio triangular en divisas; venta de un valor sin perspectivas para reinvertir, a corto, en otro más ventajoso; desvío (Inf.) conmutador, interruptor; conmutar

sworn declaration, declaración jurada

sworn statement, declaración jurada

sworn translation, traducción jurada

sworn translator, intérprete jurado

symptoms of money laundering, indicios de blanqueo de dinero

syndic, síndico

syndicalism, sindicalismo

syndicate, sindicato; consorcio de emisión

syndicated loan, préstamo sindicado, crédito sindicado

syndicated loan market, mercado de créditos sindicados

syndication, sindicación

synergy, sinergia

synthetic securities, títulos sintéticos; inversiones a corto mediante posición combinada contado/futuro

system, sistema

system of accounts, sistema de contabilidad, sistema contable

systematic risk, riesgo sistemático

systems analysis, análisis de sistemas

systems analyst, analista de sistemas

systems and methods department, departamento de sistemas y métodos

T

T.A.A., ab. *tactical asset allocation* (Colocación Estratégica de Activos)

T-bill, ab. *treasury bill* (letra o pagaré del Tesoro - USA)

T/S, ab. *tanker ship* (petrolero, buque cisterna)

t.t., ab. *telegraphic transfer* (transferencia telegráfica)

table, tabla, cuadro, gráfica; tabular

table of exchange rates, cuadro de tipos de cambio

tabular mortality, mortalidad esperada

tabulate, tabular

tabulation, tabulación

tabulator, tabuladora

tacit, tácito

tacit consent, consentimiento tácito

tacit mortgage, hipoteca legal

tacking, fusión de dos hipotecas

tackle a problem, afrontar un problema

tactical asset allocation (T.A.A.), colocación estratégica de activos

take appropriate measures, adoptar las medidas pertinentes

take back, revocar

take charge of, asumir el cargo de

take down, aceptar valores adjudicados en nueva emisión

take effect, entrar en vigor

take-home pay (col.), sueldo neto

take into charge, hacerse cargo de

take inventory, hacer inventario

take off, despegar; dispararse

take off a balance, arrojar un saldo

take office, asumir el cargo de

take or pay, compra o paga

take over, hacerse cargo de

take private, salir de bolsa

take stock, hacer balance

take the floor, hacer uso de la palabra, tomar la palabra

take the stand, hacer uso de la palabra, tomar la palabra

take up, adquirir; aceptar un efecto, pagar un efecto

takeover bid, opa (oferta pública de adquisición de acciones)

tally, inventario a la descarga de la mercancía

talon, talón; talón de cuenta corriente; albarán

tangible assets, activo tangible, inmovilizado material

tangible equity, capital propio tangible

tangible fixed assets, activo fijo tangible, activo fijo material

tangible net worth, activo neto tangible

tangible property, bienes tangibles

tangible value, valor tangible

tanker ship *(T/S)*, petrolero, buque cisterna

tap issue, emisión gota a gota

tape number, número de cinta (Inf.)

tape perforator, perforador manual de cinta (Inf.)

tape unit, armario de cintas (Inf.)

tardy debtor, deudor moroso

tare, tara

tariff, arancel, tarifa aduanera

tariff law, ley arancelaria

tariff regulations, normativa arancelaria

tariff quotas, cuotas arancelarias

taring, determinación de la tara

task analysis, evaluación de tareas

task force, equipo de trabajo, fuerza de choque

tax, impuesto, contribución, tributo, gravamen; gravar

tax abatement, reducción de un impuesto

tax accruals, impuestos acumulativos

tax advisor, asesor fiscal

tax alleviations, desgravaciones fiscales

tax base, base imponible

tax benefits, beneficios tributarios, ventajas fiscales

tax burden, carga tributaria, presión fiscal

tax code, régimen tributario

tax collection, recaudación de impuestos

tax collection accounts, cuentas de recaudación

tax collector, recaudador de contribuciones

tax concession, concesión tributaria

tax court, tribunal de asuntos fiscales

tax credit, deducción fiscal

tax declaration, declaración fiscal

tax-deductible loss, pérdida deducible

tax deduction, deducción de impuestos, desgravación fiscal

tax dodging, evasión de impuestos

tax evasion, evasión de impuestos, evasión fiscal

tax event, hecho imponible

tax examiner, inspector de tributos

tax exempt, libre de impuestos

tax exemption, exención fiscal

tax free, libre de impuestos

tax-free gains, beneficios exentos de impuestos

tax-free provisions, provisiones libres de impuestos

tax gimmick, trampa fiscal

tax haven, paraíso fiscal

tax incentives, incentivos fiscales

tax laws, disposiciones tributarias

tax liability, cuota tributaria

tax lien, gravamen sobre impuestos no pagados

tax payable, deuda tributaria

tax-paying ability, capacidad contributiva

tax pressure, presión fiscal

tax purposes, efectos fiscales

tax rebate, devolución de impuestos

tax receipt, justificante de pago de impuestos

tax reform, reforma fiscal

tax refund, devolución de impuestos

tax regulations, normativa fiscal

tax relief, reducción de impuestos; desgravación

tax return, declaración fiscal, declaración impositiva

tax roll, censo de contribuyentes

tax-sheltered savings, ahorro fiscalmente opaco

tax system, sistema tributario, sistema de impuestos

tax valuation, evaluación fiscal (SA = avalúo catastral)

tax year, año gravable

taxable income, líquido imponible, renta imponible, utilidad imponible, ganancia gravable, rentas sujetas a gravamen, ingresos imponibles

taxation at source, imposición fiscal en origen

taxation system, imposición fiscal en origen

taxes other than income tax, tributos varios

taxpayer, contribuyente

teaser advertising, publicidad de intriga

technical analysis, análisis técnico

technical assumption, supuesto técnico

technical general secretary, secretario general técnico

technical nature of the report, carácter técnico del informe

technical obstacle, barrera técnica

technical overdraft, sobregiro aparente

technical profit, beneficio técnico

technical reserve, reserva técnica

technical reserve coverage, cobertura de reservas técnicas

techniques of administration, técnicas de administración

techniques to export money, técnicas para exportar dinero

telegraphic transfer (t.t.), transferencia telegráfica

telephone, teléfono; telefonear

telephone and telegraph, correo y telégrafo

telephone order, pedido por teléfono

teleprocess information, información mediante teleproceso (Inf.)

teleprocessing, teleproceso (Inf.)

telex charges, gastos de télex

teller (GB = *cashier),* ayudante de caja, cajero, pagador

teller's proof, comprobación diaria de entradas y salidas de caja

temporary admission, admisión temporal

temporary annuity, anualidad temporal

temporary factors, factores temporales

temporary financing, financiación temporal

temporary import, importación temporal

temporary office premises, instalaciones provisionales, oficinas provisionales

temporary receivership, suspensión de pagos

temporary sale of assets, cesión temporal de activos

temporary transfer of powers and duties, transferencia temporal de poderes y funciones

tenant, inquilino, arrendatario

tender, oferta, propuesta, subasta; hacer una oferta, presentar una propuesta

tender of payment, oferta de pago

tender panel, panel de oferta

tenor, vencimiento, fecha de pago; condiciones

term bonds, bonos con vencimiento fijo

term credit financing, financiación crediticia a plazo

term date, fecha tope

term deposits, depósitos a plazo

term loan, crédito a plazo

terminal, terminal (Inf.)

termination clause, cláusula resolutoria

terms, condiciones

terms of a credit, condiciones de un crédito

terms of delivery, condiciones de la entrega

terms of payment, condiciones de pago

terms of sale, condiciones de venta

territorial waters, aguas territoriales, aguas jurisdiccionales

test checks, pruebas aisladas, pruebas selectivas; calas

test market, mercado de prueba.

test number, número de clave

testament, testamento

testamentary capacity, capacidad para otorgar testamento

testamentary executor, albacea testamentario

testamentary trust, fideicomiso testamentario

testator, testador

testatrix, testadora

testimonial evidence, prueba testimonial

theft, robo, hurto

theft insurance, seguro contra el robo

theoretical depreciation, depreciación teórica

theoretical output, producción teórica

thereinafter, posteriormente, más abajo

thereinbefore, anteriormente, más arriba

theretofore, hasta entonces

thief, ladrón, ratero, caco

things of value, cosas de valor, objetos valiosos

things personal, bienes muebles

things real, bienes inmuebles

third party, tercero, tercera parte

third-party account, por cuenta de terceros, por cuenta ajena

third-party insurance, seguro de responsabilidad civil, seguro frente a terceros

third-party interests, intereses de terceros

threat, amenaza, peligro; amenazar, poner en peligro

three-year government bonds, deuda pública a tres años

threshold price, precio umbral

thrift (USA), caja de ahorros

thrift account (GB = *savings account),* cuenta de ahorro

thrift department (USA), sección de ahorros, departamento de ahorros

thrift deposit (USA), imposición en cartilla de ahorros

thrift shop, tienda de artículos usados

through bill of lading, conocimiento de embarque directo (cubre hasta destino final, transbordos incluidos), conocimiento de embarque corrido

throughput, rendimiento específico (Inf.)

throw on the market, lanzar al mercado

tick, valor mínimo de variación; puntear

ticker, retransmisión telegráfica de precios

ticker symbol, código valor para transmitir información

ticket, billete

ticket scalper (col.), revendedor de entradas

tickler, recordatorio, memorándum; libro de vencimientos

tickler clause, cláusula de no disponer

tied loan, préstamo condicionado

tight bank liquidity, estrechez de la liquidez bancaria

tight credit policy, política de restricciones crediticias

tight import policy, política de importación restringida

tight monetary policy, política monetaria restrictiva

tight money, dinero escaso, dinero caro

till money, encaje bancario, efectivo en caja, tesorería

time bargain, venta bursátil al descubierto

time bill, letra de cambio a plazo fijo

time call spread, margen estacional

time charter, contrato de alquiler de un barco por un plazo determinado

time deposit, imposición a plazo, depósito a término, cuenta a plazo fijo, pasivo exigible a plazo, depósito a plazo

time deposits at over one year, imposiciones a más de un año

time draft, letra de cambio a plazo, giro a un plazo

time factor, factor tiempo

time money, dinero a plazo fijo

time period adjustment, periodificación

time sharing, tiempo compartido (Inf.)

time sheets, hojas de jornales devengados por horas de trabajo

time study, estudio de tiempos

time value, factor tiempo

timely, oportuno

timer, cronómetro

timing error, error de sincronización (Inf.)

tip off (col.), dar el soplo, informar

tips (col.), información bursátil confidencial

title, título de propiedad; epígrafe; documento; derecho

title deed, título de propiedad, certificado de registro, escritura de propiedad

title of record, título registrado

to bearer, al portador

to sundries, a varios

to the order of, a la orden de

to whom it may concern, a quien corresponda

token, moneda, ficha

token money, moneda fiduciaria

token payment, señal, pago a cuenta

toll, peaje

toll production, producción a maquila

tombstone (col.), anuncio de emisión cubierta, «esquela» de emisión cubierta, «lápida» de emisión cubierta

tomorrow-next *(tom-next),* operación de swap donde las valoraciones son mañana (1 día hábil) contra siguiente día hábil (pasado mañana)

top management, alta dirección

top out, cota bursátil más alta

total, total; totalizar

total assets, activos totales, empleos totales

total average assets, activos medios totales

total balance, saldo total

total collections and disbursements, volumen global de cobros y pagos

total commitments, total de obligaciones contraídas

total commitments to date, total de obligaciones a la fecha

total customers' funds, recursos totales de clientes

total deposits, depósitos totales

total equity, recursos propios totales

total exposure, exposición total, riesgo vivo

total flow of financial resources, movimiento total de recursos financieros

total growth, crecimiento global

total investment, inversión total

total loans and discounts, inversión total

total loss, pérdida completa

total net dividend, dividendo total neto

total net flow, movimiento total neto

total net revenue, productos netos totales, productos netos financieros

total operating costs, costes operativos totales

total par value of stock traded, volumen nominal de contratación de acciones

total real value of dealings in stock, volumen efectivo contratado en acciones

total risk, riesgo total

total shareholders, colectivo accionario

total staff, plantilla total

touch bottom, tocar fondo, llegar al mínimo

tout (col.), recomendación interesada de compra de un valor

tower's liability, responsabilidad del remolcador

towers, los tres turnos diarios de ocho horas

towing charges, derechos de remolque

track, pista (Inf.)

trade. comercio, tráfico; oficio, profesión; comerciar, tratar, operar, negociar; cotizarse

trade acceptance, aceptación comercial

trade accounts payable, cuentas de proveedores a pagar

trade accounts receivable, cuentas por cobrar a cargo de clientes

trade agreement, acuerdo comercial, convenio comercial

trade association, asociación gremial

trade balance, balanza comercial

trade bill, letra comercial, efecto comercial, papel comercial

trade bills discounted, efectos comerciales descontados

trade broker, corredor de comercio

trade coverage, cobertura comercial

trade credit, crédito comercial

trade credit financing, financiación del crédito comercial

trade date, fecha de ejecución

trade discount, descuento comercial, descuento sobre ventas

Trade Expansion Act (USA), Ley de Expansión Comercial

trade fairs and exhibitions, ferias y exposiciones

trade-in value, evaluación al cambio

trade liabilities, pasivo comercial

trade loans and discounts, crédito comercial

trade mark, marca registrada, marca comercial

trade name, nombre comercial, marca comercial

trade notes over ninety days, efectos de comercio a más de noventa días

trade notes up to ninety days, efectos de comercio hasta noventa días

trade surplus, balanza comercial favorable

trade union, sindicato obrero

trade usage, costumbre de la plaza, uso local

trader, comerciante, negociante, tratante; arbitrajista

trading capital, capital de explotación

trading company, sociedad mercantil

trading concern, empresa mercantil

trading environment, entorno operativo

trading income, utilidad bruta

trading partnership, sociedad colectiva

trading range, banda de fluctuación

trading system, sistema operativo

trading volume, volumen de contratación

trading year, ejercicio económico

traditional intermediation of savings channels, canales tradicionales de intermediación del ahorro

training, capacitación

training expenses, gastos de capacitación

training program, programa formativo, plan de formación

tramp, buque de servicio irregular

tramp corporation, sociedad constituida en un estado donde no se opera (USA)

tranche, tramo; parte de una emisión, emisión parcial

transact, negociar, operar

transacted business, operaciones formalizadas

transaction, transacción, operación; movimiento

transaction date, fecha de operación

transaction file, fichero de transacciones, fichero de movimientos

transaction volume, volumen de operaciones

transactions, operaciones, transacciones

transactions statement, estado de operaciones realizadas

transcribe, copiar, transcribir

transfer, transferencia, cesión, traspaso, desplazamiento; transferir, ceder, traspasar; transbordar

transfer by cheque (USA = *check*), transferencia por cheque, transferir por cheque

transfer entry, asiento de traspaso

transfer fee, gastos de transferencia

transfer in blank, endoso en blanco

transfer of funds, transferencia de fondos

transfer of title, traspaso de propiedad

transfer operation, operación de transferencia

transfer price, precio de cesión

transfer to capital, incorporación a capital, traspaso a capital

transferable, transferible, negociable

transferable credit, crédito transferible

transferee, beneficiario de una transferencia

transference, transferencia; cesión, traspaso

transferred, transferido, trasladado

transhipment, transbordo

transhipments allowed, transbordos permitidos

transhipments not allowed, transbordos prohibidos

transit accounts, cuentas de orden

transit bill, pase, salvoconducto

transit clause, cláusula «de almacén a almacén», cláusula de seguro de la mercancía durante el tránsito

transit duties, derechos de tránsito

transit goods, mercancías en tránsito

transit(ory) accounts, cuentas transitorias

transitory credit, crédito transitorio, crédito de emergencia

transitory liabilities, pasivos transitorios

transitory provisions, disposiciones transitorias

translate (in)to pesetas, convertir en pesetas, pasar a pesetas

translation, traducción, interpretación; conversión

translation and dealing gains, resultados por diferencias de cambio

translation form, impreso para traducción

translation from dollars into pesetas, conversión de dólares en pesetas

translations department, departamento de traducciones, gabinete de traducción

transmission of shares, cesión de acciones

transmittal letter, carta de envío

transport, transporte, acarreo; transportar, acarrear

travel, viaje; viajar

travel and entertainment expenses, gastos de viaje y representación

travel claim, reclamación de reembolso de gastos de viaje

traveller's cheque (USA = *traveler's check*), cheque de viaje(ro)

traveller's letter of credit (USA = *traveler*), carta de crédito de viajero

treasurer, tesorero

treasury, tesoro; tesorería; hacienda pública

Treasury bill *(T-bill),* letra del Tesoro, pagaré del Tesoro (USA)

Treasury bill auctions, subastas de pagarés del Tesoro (USA)

Treasury bill market, mercado de pagarés del Tesoro (USA)

Treasury bill ratio, coeficiente de pagarés del Tesoro (USA)

Treasury bond, bono del Tesoro (USA); Obligación del Estado

Treasury Department, Departamento del Tesoro (USA); Ministerio de Hacienda

Treasury note, Pagaré del Tesoro

treasury stock (GB = shares), acciones en caja, acciones de tesorería, acciones recuperadas por la empresa, acciones amortizadas, autocartera, activos de tesorería

treaty, tratado

trend, tendencia; inclinarse hacia

trends in the 1990's, evolución en el decenio de 1990

trial, ensayo, prueba; juicio, proceso, vista

trial balance, balance de comprobación de saldos

trial court, juzgado de instrucción, tribunal de primera instancia

trial run, pasada de prueba (Inf.)

triangular trade, comercio triangular

trim the budgets, recortar los presupuestos

trip charter, fletamento por viaje

troubled countries, países en dificultades

troubled financial situation, situación financiera apurada

troubleshooting, localización y reparación de averías (Inf.)

trough of the recession, punto mínimo de la recesión

truck, vagón de mercancías; camión (USA)

truckage, transporte por camión, transporte por carretera

trucking company, compañía transportadora; agencia de transportes por carretera

true discount, descuento real

true profit, beneficio real

truncation, truncamiento (Inf.)

truncation error, error de truncamiento (Inf.)

trunk call, llamada telefónica interurbana

trust, fideicomiso; consorcio, cártel de empresas; monopolio

trust account, cuenta fiduciaria

trust and loan companies, entidades de crédito y ahorro

trust bank, caja de depósitos

trust bursting, desmantelamiento del monopolio

trust certificate, certificado de participación en una sociedad inversionista

trust company, institución fiduciaria

trust deed (USA = trust indenture), contrato de compromiso, escritura fiduciaria, título de constitución de hipoteca, escritura de emisión

trust department, departamento de administración de bienes

trust fund, fondo de fideicomiso

trust indenture (GB = trust deed), contrato de compromiso

trust mortgage, hipoteca fiduciaria

trust receipt, recibo fiduciario

trustee, depositario, fiduciario, fideicomisario

trustee in bankruptcy, síndico de una quiebra

truthfully worded, redactado con veracidad

turn (Euronotes, col.,), beneficio

turn a business away, rechazar una operación, negarse a hacer una operación

turn into cash, convertir en efectivo

turnaround time, tiempo de respuesta (Inf.)

turnkey, llave en mano

turnkey job, contrato llave en mano

turnover, movimiento, cifra de negocios, volumen de negocio

turnover tax, impuesto sobre el giro comercial

twelve punch, perforación doce (Inf.)

two-name paper, documentos mancomunados

tycoon (USA, col.), magnate industrial

typebar, barra de tipos (Inf.)

typewriter, máquina de escribir

typewriting machine, máquina de escribir

typical investment, inversión típica

typist, mecanógrafa

U

u.a., ab. *unit of account* (unidad de cuenta)

U.S.G.G., ab. *U.S. government guaranteed* (garantizado por el gobierno de los Estados Unidos)

U.S. government guaranteed *(U.S.G.G),* garantizado por el gobierno de los Estados Unidos

U.U.R., ab. *under usual reserves* (bajo las reservas usuales, salvo buen fin)

ullage, merma, derrama

ult., ab. *ultimo* (mes último)

umpirage, arbitraje, laudo

umpire, árbitro, tercero

unadjusted assets, activo transitorio, valores transitorios

unadjusted liabilities, pasivo transitorio

unadmitted assets, activo no confirmado

unallocated cost, costos no distribuidos

unamortized, pendiente de amortizar

unappropriated surplus, superávit disponible, excedente sin consignar

unassignable, intransferible

unattached property, propiedad no embargada

unaudited balance, balance sin revisar

unaudited figures, cifras sin revisar

unauthorized signature, firma no autorizada

unavoidable, inevitable

unbalance, desequilibrio

unbalanced entry, asiento no cuadrado

unbinding offer, oferta no vinculante

uncertain change, cambio incierto

uncertain price outlook, perspectivas inciertas de evolución de los precios

uncertain prospects, perspectivas inciertas

unclaimed dividend, dividendo no reclamado

unclean bill of lading, conocimiento de embarque con reservas

uncollected items, efectos por cobrar, efectos al cobro

uncollectible, incobrable

uncommitted surplus, superávit disponible

unconditional, incondicional

unconditional acceptance, aceptación incondicional

unconditional guarantee note, pagaré garantizado incondicionalmente

unconfirmed credit, crédito no confirmado

unconsolidated, sin consolidar

unconsolidated financial statements, documentación financiera sin consolidar

uncontrolled money, moneda no intervenida

uncovered cheque (USA = *check*), cheque en descubierto

uncrossed cheque (USA = *check*), cheque abierto, cheque no cruzado

undated, sin fecha, perpetuo

undepreciated value, valor sin depreciar

under average, bajo avería

under bond, bajo fianza

under contract, bajo contrato

under date of, con fecha de

under dock, bajo cubierta

under dual control, bajo doble control

under my hand and seal, firmado y sellado por mí

under oath, bajo juramento

under protest, bajo protesto

under the caption, bajo el epígrafe, en el epígrafe

under the laws of, bajo (según, conforme a) las leyes de

under the name of, bajo el nombre de

under the provisions of, conforme a lo dispuesto por, al amparo de lo establecido por

under the sponsorship of, bajo los auspicios de

under the table (col.), bajo cuerda

undercapitalized, descapitalizado

underdeveloped countries, países subdesarrollados

underestimation error, error de subestimación

underlease, subarriendo

underlying company, compañía subsidiaria

underlying instrument, instrumento subyacente

underlying market, mercado subyacente, mercado no organizado, mercado secundario

underlying properties, bienes hipotecados

undermentioned, abajo mencionado

undermined integrity, integridad erosionada, probidad atacada

undershipped merchandise, mercancía embarcada incompleta

undersigned, abajo firmante

undertake, comprometerse a, aceptar el compromiso de

undertaking, empresa; contrata; compromiso

underwrite, asegurar, suscribir, garantizar la colocación

underwrite an issue, suscribir una emisión, suscribir acciones; colocar una emisión

underwriter, colocador de una emisión, asegurador, garante

underwriting, seguro de emisiones, colocación de una emisión, aseguramiento de colocación de una emisión

underwriting agreement, acuerdo de colocación de una emisión

underwriting fee, comisión de colocación

underwriting syndicate, consorcio de emisión

undigested securities, acciones no vendidas al público

undistributed profits, beneficios retenidos, utilidades no distribuidas, beneficios sin distribuir

undrawn balance, saldo no utilizado

undrawn portion of a loan, parte no utilizada de un crédito, saldo no utilizado de un préstamo

undue, no vencido

unearned, no ganado, no devengado, sin ganar

unearned discount, descuento no devengado

unearned income, créditos diferidos, renta de inversiones

unearned increment, plusvalía

unearned interest collected, interés cobrado sin devengar, intereses cobrados y no vencidos

unemployed, cesantes, desocupados, sin empleo, parados

unemployment, desempleo, paro

unemployment drop, disminución del desempleo

unemployment rate, tasa de desempleo, cifra de desocupados, número de parados

unencumbered, libre de gravámenes, no hipotecado

unencumbered surplus, superávit disponible

unfair competition, competencia desleal

unfavo(u)rable change, cambio desfavorable

unfilled order, pedido no despachado

unfit for human consumption, no apto para el consumo humano

unfreezed funds, fondos descongelados

unfunded debt, deuda flotante

unfunded securities, valores con dividendo variable

unfunded trust, fideicomiso sin depósito de fondos

unified management, unidad de gestión, gestión unificada

unified mortgage, hipoteca consolidada

uninsured deposit, depósito no asegurado

union, unión; sindicato obrero, gremio, asociación; sindical, sindicalista, gremial

union dues, cuotas sindicales

union man, sindicado, agremiado

unionization, sindicación

unissued stock, acciones no emitidas

unit banking, sistema bancario constituído por bancos independientes

unit cost, costo unitario

unit of account *(u.a.),* unidad de cuenta

unit record, registro unitario

unit value, valor unitario

unitary rate, tipo de cambio único

universal suffrage, sufragio universal

unlawful, ilegal, ilícito, ilegítimo

unless extended, salvo en caso de prórroga

unless otherwise agreed, salvo acuerdo en contrario, a menos que se acuerde de otro modo

unless otherwise indicated, salvo indicación en contrario, a menos que se indique de otro modo

unlike, a diferencia de, por el contrario a

unlimited credit, crédito ilimitado

unlimited liability, responsabilidad ilimitada

unliquid assets, activo inmovilizado

unlisted securities, valores no cotizados en bolsa

unload, descargar

unloading, descarga

unloading charges, gastos de descarga

unmarketable, invendible

unmatured coupons, cupones no vencidos

unpaid, sin cancelar, pendiente de pago, impagado

unpaid capital, capital no desembolsado

unqualified certificate, certificado sin salvedades

unqualified opinion, auditoría limpia

unquote, final de transcripción (télex)

unrated order, pedido no preferente

unrealized gains, plusvalías tácitas, plusvalías genéricas

unrealized losses, minusvalías tácitas

unrecoverable, irrecuperable

unremarkable cash deposit, depósito de dinero poco importante, ingreso de una cantidad pequeña

unrequitted transfer, transferencia sin contrapartida

unreserved surplus, superávit disponible

unrestricted, sin restricciones

unrestricted reserves, reservas de libre disposición

unscheduled overtime, horas extra (ordinarias) no programadas, tiempo extra no programado

unsecured, sin garantía

unsecured creditor, acreedor sin garantía

unsecured indebtedness, compromiso no garantizado, deuda sin colateral

unsecured liabilities, pasivo no garantizado, deudas sin garantía

unsecured loan, préstamo sin caución, crédito al descubierto

unsecured loan stock, obligación simple

unsettled accounts, cuentas no saldadas

unstable interest, interés variable

unsubscribed stock (GB = *shares*), acciones no suscritas

untransferable, intransferible

unused credit lines, líneas de crédito no utilizadas, créditos disponibles por terceros

unused portion of credit lines, disponibles por terceros

unwitting instruments for laundering funds, instrumentos involuntarios para el blanqueo de dinero

unwitty intermediary, intermediario involuntario

up to date, hoy, al día de la fecha, hasta la fecha, al día de hoy

update, actualizar, poner al día

updated, actualizado, puesto al día

updated figures, cifras actualizadas

updated file, archivo actualizado, archivo puesto al día

upon request, a petición, cuando se solicite

upset price, precio de subasta

upswing, período de recuperación

uptick, transacción acordada a un precio superior al de la precedente

uptime, tiempo productivo, tiempo activo (Inf.)

upturn, tendencia ascendente

upward pressure on interest rates, presión alcista sobre los tipos de interés

urgent, urgente

usance, uso

usance draft, letra a vencimiento fijo

usances, usos comerciales; plazo de entrega de divisas (en operaciones de cambio)

use of proceeds, empleo del líquido

use of restrictions, aplicación de restricciones

useful life, vida útil

user, usuario

user-friendly, amistoso (Inf.)

usual covenants, garantías usuales

usual place of abode, domicilio actual

usufruct, usufructo

usurious interest, interés de usura

usury, usura; agio

utility programs, programas de utilidad (Inf.)

utilities, servicios públicos

utilize a credit, utilizar un crédito

utilized capacity, capacidad aprovechada

V

v., (ab. lat.) *versus* (contra, frente a)

v.a.t., ab. *value added tax* (impuesto sobre el valor añadido - *i.v.a.*)

vacate a position, dejar libre un puesto de trabajo

valid character, carácter válido, número válido

valid until, válido hasta

validate, validar

validity check, verificación de validez (Inf.)

valuables, artículos de valor

valuation, valoración

valuation at average cost, valoración al costo promedio

value, valor, valía; valorar

value added tax *(v.a.t.)*, impuesto sobre el valor añadido *(i.v.a.)*

value added to G.N.P., valor añadido al P.N.B.

value at maturity, valor al vencimiento

value date, fecha efectiva, día de pago, fecha valor

value for collection, valor al cobro

value in account, valor en cuenta

value of money, poder adquisitivo del dinero

value of notes discounted, importe de los efectos descontados

value of the inventory, valor del inventario

value on account, valor en cuenta

value received, valor recibido

value retained, valor retenido

value today, valor hoy

value tomorrow, valor mañana

value upon, girar a cargo de, girar con cargo a

valued inventory, inventario valorado

valuer, tasador, perito

valuta, unidad de moneda

variable, (cambio) variable

variable cost, coste variable

variable-length instruction, instrucción de longitud variable (Inf.)

variable-rate interest, tipo de interés variable

variable-yield securities, valores de renta variable, acciones y participaciones

variance, varianza

variance analysis, análisis de desviaciones

variations and transfers, variaciones y traspasos

215

various items not corresponding to this period, ingresos varios no imputables al período

various taxes, tributos varios

vault, cámara acorazada, caja fuerte (SA = bóveda de seguridad)

vendee, comprador

vending machine sale, venta automatizada

vendor, vendedor

vendor program lease, leasing a través del proveedor

vendue (USA), subasta pública

venture, operación especulativa; arriesgarse

venture capital, crédito por participación en riesgo, capital riesgo

venture capital company, empresa de capital-riesgo

verification, verificación, comprobación

verifier, verificadora (Inf.)

verify an account, revisar una cuenta, comprobar una cuenta

verify the signature, comprobar la firma, reconocer la firma, verificar la firma

versus *(v.),* contra, frente a (lat.)

very truly yours (USA), de Vd/Vdes, atentamente

vessel term bond, fianza de buque a término

vice chairman, vicepresidente del consejo

vice in the goods, defectos en las mercancías

vice president, vicepresidente; director de departamento; gerente

violate provisions, violar disposiciones

void, nulo

void contract, contrato nulo

volatile storage, almacenamiento inestable (Inf.)

volatility, volatilidad

volume discount, descuento por volumen

volume of dealings, volumen de contratación

volume of Euro-bond issues, volumen de ofertas de Eurobonos

volume of exports, volumen de exportaciones

volume of imports, volumen de importaciones

volume of trading, volumen de intercambios comerciales, volumen de contratación

voluntary assignment, cesión voluntaria

voluntary bankruptcy, quiebra voluntaria

voluntary repayment, reembolso voluntario

voluntary reserves, reservas voluntarias

voluntary termination, rescisión voluntaria

voluntary trust, fideicomiso voluntario

vote, voto; votar

vote of confidence, voto de confianza

voting right, derecho de voto

voting stock (GB = *shares*), acciones con derecho al voto

vouch, revisar comprobantes

voucher, comprobante, justificante; póliza

voucher cheque (USA = *check*), cheque con comprobante

voucher file, archivo de comprobantes

voucher register, registro de comprobantes, registro de pólizas

voyage charter, contrato de alquiler de un barco por un solo viaje

W

w.a., ab. *with (particular) average* (con avería particular

w.a.b.o., ab. *we are buyers of* (somos compradores de)

w.a.s.o., ab. *we are sellers of* (somos vendedores de)

w.o.r., ab. *without our responsibility* (sin nuestra responsabilidad)

w.p., ab. *without protest* (sin protesto, libre de gastos)

w.p.a., ab. *with particular average* (con avería particular)

wage costs, costos salariales

wage earner, asalariado

wage explosion, explosión salarial

wage level, nivel salarial

wage-push inflation, inflación provocada por aumentos salariales

wage restraint, moderación salarial

wages, salario, jornal, sueldo, remuneración

wages and salaries, retribuciones

wages awards, aumentos salariales

wages ceiling, tope salarial

wages floor, salario base

wages freeze, congelación salarial

wages rise, aumento salarial

wages unclaimed, sueldos no reclamados

waiting period, período de espera

waive, renunciar

waive a right, renunciar a un derecho

waive notice, renunciar a la observancia del plazo de preaviso

waiver, renuncia, abandono de derechos

waiver clause, cláusula de renuncia

wanton negligence, imprudencia temeraria

warehouse, depósito, almacén, bodega

warehouse issues, salidas de almacén

warehouse man, almacenero; almacenista

warehouse receipt, guía de almacén, resguardo de almacén, guía de depósito

warehouse to warehouse clause, cláusula «de almacén a almacén», cláusula de seguro que cubre a la mercancía durante el tránsito

warehouse warrant, certificado de depósito

warning, advertencia, notificación

warrant, vale, bono de prenda, libramiento, «warrant», póliza de depósito; opción de compra; derecho de adquisición de acciones a precio convenido; avalar

warrant for payment, orden de pago

warrant of arrest, auto de detención

warrant of attorney, poder

warranty, garantía; compromiso

wash transaction, operación ficticia

washed overboard, barrido por una ola

wastage, merma, pérdida

waste, desperdicio; derroche, despilfarro; desperdiciar, derrochar, despilfarrar, malgastar

wasting assets, activo agotable, bienes agotables, activo amortizable

watered assets, activo diluido

watered capital, capital inflado

watered stock (USA = *shares*), acciones diluidas

wave, oleada

wave of inflation, ola de inflación, ola inflacionista

wax seal, sello de lacre

waybill (USA = *railroad bill of lading*), talón de ferrocarril, resguardo de transporte por tren, conocimiento de embarque, guía de carga, hoja de ruta; duplicado de carta de porte

we acknowledge receipt, acusamos recibo

we are buyers of *(w.a.b.o.)*, somos compradores de

we are sellers of *(w.a.s.o.)*, somos vendedores de

weak currency, moneda inestable, moneda débil

weak demand, atonía de la demanda

weakened payments position, posición de pagos debilitada

weakness, atonía

wealth, riqueza

wealth tax, impuesto sobre el patrimonio

wealthy, rico, próspero

wear and tear, uso y desgaste, desgaste natural, deterioro

week *(wk)*, semana

weigh, pesar

weight, peso

weight note, nota de pesos

weighted average, media ponderada

weighted distribution, distribución ponderada

welcome, acoger favorablemente, prestar buena acogida

wharfage, derechos de muelle

whereas, considerando, por cuanto, visto que, dado que

whereas clauses, considerandos

white knight, príncipe, caballero blanco (opas)

wholehearted service, servicio abnegado

wholesale, mayoreo, venta al por mayor

wholesale price index, índice de precios al por mayor

wholesaler, almacenista, mayorista, comerciante al por mayor

wholly-owned subsidiary of, subsidiaria totalmente perteneciente a, filial al 100 % de

whom it may concern, a quien pueda interesar, a quien corresponda

wicket, ventanillo

wildcat (col.), empresa ilegal

wildcat strike, huelga salvaje

will, testamento, última voluntad

wind down inflation, frenar la inflación, reducir la inflación, desacelerar la inflación

windbill (col.), letra de favor

windfall profits, resultados atípicos

window dressing, operaciones contables destinadas a abultar una cuenta o balance; (Esp., col. = maquillar)

wipe off a debt, cancelar una cuenta

wire house, broker con muchas sucursales (unidas por un sistema de comunicaciones)

218

wired instructions, instrucciones por panel de control (Inf.)

with a view to, con vistas a

with liberty to run trials at any stage of the voyage, con facultad para realizar pruebas en cualquier momento del viaje

with particular average *(w.a. , w.p.a.),* con avería particular

with the authority of, con facultades de

with the authority to, con facultades para

with the purpose of, con objeto de

withdraw a bid, rescindir una propuesta

withdraw a charge, retirar una acusación

withdraw cash, retirar dinero en efectivo

withdraw from membership, retirarse, separarse, desafiliarse, causar baja, darse de baja

withdraw from the partnership, abandonar la sociedad, retirarse de la sociedad

withdraw money, retirar dinero, sacar dinero

withdrawals, extracciones de fondos

withdrawing partner, socio que se retira

withhold at source, retener en origen

withholding, retención

withholding at source, retención en origen

withholding (income) tax, impuesto de utilidades, impuesto sobre la renta

withholding tax at source, retención fiscal en origen

within the limits set by law, dentro de los límites legales

within two business days, dentro de dos días laborables

without (our) obligation, sin (nuestra) responsabilidad

without our responsibility *(w.o.r.),* sin nuestra responsabilidad

without protest *(w.p.),* sin protesto, libre de gastos

without recourse, sin recurso

witness, testigo; atestiguar

witness the signature, atestiguar la firma, reconocer la firma

witness whereof, in, en testimonio de lo cual

wk (ab. *week*), semana

word processor, procesador de textos

work, trabajo, labor, ocupación; trabajar

work cycle, ciclo de trabajo (Inf.)

work file, fichero de trabajo (Inf.)

work in process, manufactura en proceso; asuntos en trámite

work length, longitud de palabra (Inf.)

work load, carga de trabajo

work overtime, hacer horas extras

work-to-rule, huelga de celo

working assets, activo de explotación, activo circulante, activo semifijo

working capital, capital circulante, fondo de maniobra, capital de explotación, activo circulante

working capital loan, crédito de explotación

working credit, crédito de explotación

working day, día laborable, día comercial, día hábil

working funds, fondos de explotación

working hours, horas hábiles, horas de trabajo, jornada de trabajo

working life, vida activa

working order, buen estado de funcionamiento

working papers, papeles de trabajo

working partner, socio activo

working population, población activa

working reserve, reserva general para operaciones

working sheet, hoja de trabajo

working storage, memoria de trabajo

working trial balance, estado general del trabajo

world demand, demanda mundial

world economic conditions, situación económica mundial

world economic recovery, recuperación económica mundial

worth, valor

wrap-up (USA, col.), artículos que se venden bien

writ of attachment, auto de embargo

writ of error, auto de casación

writ of execution, auto de ejecución

write, grabar (Inf.)

write down, amortizar parcialmente, rebajar el valor, reajustar, reducir

writedown of assets, saneamiento de activos

writedown of nonperforming loans, amortización de activos para sanear

writedown of the securities portfolio, saneamiento de la cartera de valores

write-off, amortización, carga por depreciación, quita; saneamiento; amortizar totalmente

write time, tiempo de grabación (Inf.)

write up, pasar asientos

write up shares, revalorizar acciones

writedowns, saneamientos

writer, emisor de opción

writing-off of bad debts, amortización de fallidos

written complaint, queja por escrito

written notice, notificación por escrito

written request, petición por escrito

Y

Yankee, estadounidense, norteamericano (col.)

Yankee bond, obligación emitida por un prestatario extranjero dentro del mercado USA

yard gang, cuadrilla de patio

yea, voto afirmativo, sí

year-end market price, cotización a fin de año

year-end total, evolución de las cifras a fin de ejercicio

year free of premium, anualidad liberada de prima

yearbook, anuario

yearly allowance, anualidad

yearly income, renta anual

yearly quota, cuota anual

yearly sales, ventas anuales

yield, rentabilidad, rendimiento, producto, renta, ingreso; rendir, producir

yield a profit, dar un beneficio, producir un beneficio

yield curve, curva de rentabilidad

yield interest, producir interés

yield to maturity, rentabilidad hasta la fecha, fecha de vencimientos, rendimiento al vencimiento, tasa de rendimiento interno

yield spread, margen de rendimiento

you are hereby authorized, por la presente queda(n) Vd(es). autorizado(s)

your favo(u)r, su atenta (carta), su apreciado escrito

your telegram (urtel), (con referencia a) su telegrama (en mensajes telegráficos o por télex)

yours faithfully (GB), (de Vd(es).) atentamente

yours (very) truly (USA), (de Vd (es).) atentamente

Z

zero, cero

zero-based budgeting, presupuesto base cero

coupon bonds, obligaciones que liquidan interés y principal totales a su vencimiento; obligaciones cupón cero

zero filled field, campo rellenado con ceros (Inf.)

zero supression, supresión de ceros

zillmerization, zilmerización

zone punch, perforación de zona (Inf.)

SEGUNDA PARTE

DICCIONARIO BANCARIO ESPAÑOL-INGLES

Por RAFAEL GIL ESTEBAN,
Intérprete Jurado,
Apoderado del
BANCO POPULAR ESPAÑOL

A

a, @, at

A.B.A., ab. *Asociación de Banqueros Americanos* (American Bankers Association)

A.D.I., ab. *Asociación para el Desarrollo Internacional* (International Development Association - *I.D.A.*)

A.L.P., ab. *activos líquidos del público* (private sector liquidity - *P.S.L.*)

a **beneficio de inventario**, benefit of inventory

a **bordo**, on board, aboard

a **cambio de**, in exchange for, in return to

a **cargo de**, payable by

a **corto plazo**, short term, short dated

a **cuenta**, on account, in partial payment

a **... días vista**, at ... days after sight *(A.S.)*

a **diferencia de**, unlike

a **efectos de consolidación**, for consolidation purposes

a **este fin**, hereto

a **excepción de**, free, exception made of

a **favor de**, in favo(u)r of, on account of

a **finales de año**, at the end of the year

a **flote**, afloat *(aflt)*

a **gran escala**, on a large scale

a **granel**, in bulk

a **la atención de**, attention of

a **la baja**, for a fall; falling, bearish

a **la deriva**, adrift

a **la fecha**, up to date

a **la orden de**, to the order of

a **la par**, par, at par

a **la vista**, at sight, on presentation, on demand

a **la vista de**, on sight of

a **la vista de este efecto**, on sight of this draft

a **largo plazo**, long term

a **lo largo del ejercicio**, in the course of the year

a **los tipos de interés en el mercado**, at market rates

a **medio plazo**, medium term

a **menos de la par**, below par

a **menos que se acuerde de otro modo**, unless otherwise agreed

a **mi leal saber y entender**, to the best of my knowledge and belief

a **nivel de cliente**, at customer level

a **nuestro favor**, in our favo(u)r

227

a **pagar,** payable

a **partir de esta fecha,** from and after this date, starting from

a **petición,** on request, on call, upon request

a **plazo,** forward

a **plazos,** by instal(l)ments

a **principios del ejercicio,** at the start of the year, at the beginning of the year

a **prorrata,** at pro-rata

. a **prueba,** on approval

a **prueba de accidentes,** accident proof

a **prueba de falsificación,** forgery-proof

a **quien corresponda,** to whom it may concern, as interest may appear

a **quien pueda interesar,** as interest may appear, to whom it may concern

a **recibir,** receivable

a **saber,** namely

a **su cargo,** against you (him, them, etc.)

a **su cuenta y riesgo,** for your (his, their, etc.) account and risk

a **su favor,** in your (his, their, etc.) favo(u)r

a **su presentación,** upon presentation, at sight, on presentation, on demand

a **tal efecto,** hereto

a **tanto alzado,** flat

a **tinta,** in ink

a **título oneroso,** on a payment basis

a **treinta días vista,** at thirty days sight

a **«Varios»,** to «Sundries»

abajo firmante, undersigned

abandonar el patrón oro, to abandon the gold standard

abandonar la sociedad, to withdraw from the partnership

abandono, abandonment

abandono al asegurador, abandonment to insurers

abandono bajo reserva, abandonment under reserve

abandono de apelación, abandonment of appeal

abandono de derechos, waiver of rights, abandonment of rights

abandono de una propiedad arrendada sin consentimiento del arrendador, abandonment of leased property

abandono del buque y de los fletes, abandonment of ship and freight

abastecimientos, supplies, stocks

abdicación, abdication

abdicar, to abdicate

abogado, lawyer, attorney-at-law, (GB) barrister, solicitor, pleader; advocator

abogado defensor, counsel for the defence, advocate

abogado fiscal, prosecuting attorney

abogado tramposo, shyster lawyer (col.)

abogar por, to advocate

abolición, abrogation, abolition

abolir, to abrogate, to abolish

abonado, paid; subscriber

abonado en cuenta, accredited

abonar, to credit, to pay, to accredit; to make partial payments, to pay on account

abonar al contado, to pay cash

abonar de más, to overcredit, to overpay

abonar en cuenta, to credit into account

abonar la suma de, to credit the amount of

abonaré, promissory note, deposit slip, deposit ticket; I owe you *(I.O.U.)*

abono, credit; payment; credit entry; allowance, partial payment; certificate

abono a cuenta, payment on account

abono diferido, deferred credit

abono en cuenta, credit into account

abono parcial, partial payment

abordar un problema, to deal with a problem

abreviación, abridg(e)ment

abreviar, to abridge

abreviatura, abbreviation

abrir la sesión, to open the meeting

abrir los libros, to open a set of books

abrir propuestas, to open bids

abrir un crédito, to open a credit

abrir una cuenta, to open an account

abrir una cuenta en, to open an account with

abrir una sucursal, to open a branch

abrogación, abrogation

abrogar, to annuĺ, to abrogate

absentismo, absenteeism

absolución a la demanda, acquittal of defendant

absorber la pérdida, to absorb the loss

absorción, merger

absorción de costes, absorption costing

abstracción, abstraction

abundancia de dinero, glut of money (col.)

abusar, to abuse

abuso, abuse

abuso de autoridad, abuse of authority

abuso de confianza, breach of trust, betrayal of confidence

acaparador, monopolist, monopolizer, hoarder

acaparamiento, hoarding

acaparamiento especulativo, speculative hoarding

acaparar, to hoard, to monopolize, to buy up

acarreo, cartage, transport(ation)

acarreo por cuenta del vendedor, outward freight

acatamiento de la ley, compliance with laws

acceso, access (inf.), accession

acceso directo, random access (inf.), direct access

acceso secuencial, sequential access (inf.)

accesorio, accessory; auxiliary; appendant

accidental, casual, adventitious; accidental

accidente ajeno al trabajo, non-occupational accident

accidente de trabajo, occupational accident

accidentes de navegación, accidents of navigation

acción, share; action

acción a que hubiere lugar, action which may lie

acción de apremio, action of debt

acción de transgresión, action in trespass

acción de valor nominal inferior a 50 dólares, half stock (USA)

acción judicial, lawsuit, action at law

acción legal, action

acción pignoraticia, action of pledge

acción por daños y perjuicios, suit for damages

acción por incumplimiento de contrato, action of assumpsit, action ex contractu (lat.)

acción preventiva, preventive action

acción rescisoria, actio rescisoria (lat.)

accionariado obrero, industrial copartnership

acciones, shares, stock (US), corporate stock

acciones a la orden, order shares

acciones acumulativas, cumulative stock

acciones admitidas, shares admitted

acciones al portador, bearer shares, bearer stock

acciones amortizables, redeemable shares

acciones amortizadas, redeemed shares, amortized stock, treasury stock acciones bancarias, bank stock, bank shares

acciones, bonos y valores aprobados para inversiones, securities approved for investment

acciones caducadas, forfeited shares

acciones compradas, shares bought

acciones comunes, ordinary shares, ordinary stock, common stock

acciones con derecho a dividendo, cum dividend shares

acciones con derecho al voto, voting stock

acciones con derecho de prioridad, senior securities

acciones con dividendo mínimo garantizado, guaranteed stock

acciones con prima, bonus shares

acciones con valor nominal, par-value stock

acciones contratadas, shares dealt

acciones cotizadas en Bolsa, listed stock

acciones cubiertas, paid-up stock

acciones de administración, management shares

acciones de capital, capital stock

acciones de depósito obligatorio, qualification shares

acciones de dividendo, dividend shares, carrying shares

acciones de dividendo diferido, founder's shares, management shares

acciones de goce, common stock issued for preferred stock called in

acciones de pleno disfrute, fully qualified stock

acciones de precio muy bajo, penny stocks (col.)

acciones de primera categoría, bluechip shares, bluechips (col.)

acciones de primera clase, bluechip shares, bluechips (col.)

acciones de promotor, promotor's shares

acciones de tesorería, treasury stock

acciones de trabajo, shares assigned to workers

acciones de 25 dólares nominales, quarter stock (USA)

acciones de voto limitado, common stock

acciones desiertas, shares in default of payment

acciones diferidas, deferred stock

acciones diluídas, watered stock

acciones donadas, donated capital stock

acciones emitidas, issued stock

acciones emitidas con carácter de liberadas, issued as full and non-assessable shares

acciones emprendidas durante el año, actions taken during the year

acciones en caja, treasury stock

acciones en caución, shares deposited on trust, shares deposited in escrow

acciones en circulación, outstanding shares, shares outstanding

acciones en descenso, declining shares

acciones en pago de servicios, qualifying shares

acciones en tesorería, treasury stock

acciones en trámite de suscripción, shares in period of subscription

acciones enteramente liberadas, full-paid shares, fully paid-up shares

acciones exhibidas, full-paid shares, fully paid-up shares

acciones expedidas con carácter de liberadas, issued as fully paid and non-assessable shares

acciones fraccionarias, fractional shares

acciones gratuitas, bonus shares

acciones liberadas, bonus stock, stock fully paid and issued, paid-up stock

acciones mejores, bluechips (col.)

acciones no distribuidas, unallotted shares

acciones no emitidas, unissued stock

acciones no gravables, non-assessable stock

acciones no liberadas, non paid-up shares

acciones no suscritas, unsuscribed stock

acciones no vendidas al público, undigested securities

acciones nominativas, registered stock, nominative shares

acciones nuevas, new stock

acciones ordinarias, ordinary shares, common stock, general stock, common shares; equities

acciones pagaderas, called-up capital stock

acciones parcialmente desembolsadas, partly paid shares

acciones participantes preferentes, participating preferred stock

acciones por emitir, unissued stock

acciones poseídas al 1 de enero, shares held on january 1st

acciones preferentes, preferred stock, preference stock

acciones privilegiadas, preferred stock, preference stock

acciones privilegiadas de dividendo acumulativo, cumulative preferred stock

acciones productivas, dividend shares, carrying shares

acciones que muestran firmeza, defensive shares

acciones que producen dividendo, carrying shares, dividend shares

acciones sin derecho de voto, nonvoting stock

acciones sin valor nominal, no-par value shares, no-par value stock

acciones suscritas, subscribed capital stock, stock subscribed

acciones totalmente desembolsadas, full-paid shares, fully paid-up stock

acciones vendidas, shares sold, sold shares

acciones votantes, voting stock, common stock

acciones y participaciones, variable-yield securities

accionista, shareholder, stockholder, stockowner

accionista individual, individual shareholder

accionista inscrito en el registro de acciones, shareholder of record, stockholder of record

accionista mayoritario, major shareholder, controlling shareholder, principal stockholder

accionista minoritario, minor shareholder, small stockholder

accionista principal, principal shareholder, major stockholder

accionista registrado, shareholder of record, stockholder of record

accionistas censores de cuentas, stockholder auditors

accionistas constituyentes, founding stockholders

accionistas disidentes, non-assenting stockholders

aceleración, acceleration

acelerador (en teoría económica), accelerator

aceptabilidad, acceptability

aceptable como activo, acceptable as asset

aceptación, acceptance

aceptación bancaria, bank(ers') acceptance

aceptación comercial, trade acceptance, commercial acceptance

aceptación condicionada, partial acceptance, conditional acceptance, qualified acceptance

aceptación contra (entrega de) documentos, acceptance against documents, documents against acceptance

aceptación de banco, bank(ers') acceptance

aceptación de complacencia, accommodation acceptance

aceptación de depósitos, acceptance of deposits

aceptación de un pedido, order acceptance

aceptación después del protesto, acceptance supra protest

aceptación en blanco, blank acceptance

aceptación incondicional, unconditional acceptance, absolute acceptance

aceptación libre, clean acceptance, general acceptance

aceptación limitada, conditional acceptance, qualified acceptance

aceptación parcial, partial acceptance

aceptación por intervención, acceptance for hono(u)r, acceptance by special endorser, acceptance supra protest

aceptación restringida, conditional acceptance, qualified acceptance

aceptaciones, avales y créditos documentarios, acceptances, guarantees and documentary letters of credit

aceptante, acceptor

aceptar, to accept, to hono(u)r

aceptar el compromiso de, to undertake

aceptar por cuenta de, to accept for the account of

aceptar siempre que, to accept provided that

aceptar un cargo, to accept an appointment

aceptar un efecto, to take up a draft

aceptar una letra, to hono(u)r a bill, to accept a bill, to accept a draft

aceptar una tarjeta de crédito, to accept a credit card

aceptar valores adjudicados en una nueva emisión, to take down

aclarar, to make clear, to clarify

acoger, to hono(u)r

acoger favorablemente, to welcome

acoger un efecto, to hono(u)r a draft

acompañar, to enclose, to attach, to include, to accompany

acondicionamiento de oficinas, conditioning of offices

acordar una resolución, to adopt a resolution

acorde con, consistent with

acrecentamiento, accretion

acreditado, accredited

acreditar, to accredit

acreditar la identidad, to provide evidence of identity

acreditar una cuenta, to credit an account

acreedor, creditor, debtee, obligee

acreedor asegurado, secured creditor

acreedor común, general creditor, simple creditor

acreedor embargante, attaching creditor

acreedor extranjero, foreign creditor

acreedor hipotecario, mortgagee, encumbrancer, loan holder, mortgage holder

acreedor mancomunado, joint creditor

acreedor no asegurado, common creditor

acreedor no privilegiado, general creditor, junior creditor

acreedor pignoraticio, secured creditor

acreedor por cuenta, creditor on current account

acreedor preferente, preferential creditor

acreedor real, secured creditor

acreedor recurrente, petitioning creditor

acreedor sin garantía, unsecured creditor

acreedor único, single creditor

acreedores, creditors; (customer) deposits

acreedores a largo plazo, long-term creditors

acreedores diversos, sundry creditors, accounts payable

acreedores en moneda extranjera, foreign currency deposits

acreedores en pesetas, (customers') peseta deposits

acreedores varios, sundry creditors' accounts payable

acta, minutes, record, act; certificate

acta de avería, statement of damage

acta de cesión de derechos, deed of release

acta de constitución, incorporation papers, incorporation deed

acta de la junta, minutes of the meeting

acta de pignoración, consent to pledge

acta de protesta del capitán, captain's protest

acta de protesto, certificate of protest, deed of protest

acta notarial, notarial certificate, affidavit

acta notarial de protesto, notarial protest certificate

actitud agresiva, aggressive attitude

actitud optimista ante, bullish attitude towards

actitud pesimista ante, bearish attitude towards

activación de gastos, expense capitalization

actividad crediticia, lending activity

actividad delictiva, criminal activity

actividad económica, economic activity

actividad financiera, financial activity

actividad general, general activity

actividad interbancaria, interbank trading

actividad internacional, international activity

actividades de buena fe, bona fide activities

actividades enfocadas hacia la venta, marketing mix

actividades legales, bona fide activities

activo, assets, resources

activo acumulado, accrued assets

activo admitido, admitted assets

activo agotable, wasting assets, diminishing assets, depletable assets

activo amortizable, wasting assets, depreciable assets

activo aparente, intangible assets

activo aprobado, admitted assets, net assets

activo circulante, working assets, working capital, liquid assets, floating assets, circulating assets

activo circulante neto, net current assets

activo computable, admissible assets

activo congelado, frozen assets, slow assets

activo contingente, contingent assets

activo corriente, current assets, floating assets, liquid assets

activo cuasi líquido, near money

activo de explotación, working assets

activo de fácil realización, liquid assets, quick assets

activo de realización inmediata, liquid assets, quick assets

activo diferido, deferred assets

activo diluido, watered assets

activo disponible, cash assets, cash on hand and in banks, funds available, available assets, quick assets

activo dudoso, doubtful assets

activo en libros, ledger assets

activo eventual, contingent assets

activo exigible, receivables

activo ficticio, intangible assets

activo fijo, fixed assets, capital assets, slow assets, permanent assets; plant accounts

activo fijo intangible, intangible fixed assets

activo fijo material, tangible fixed assets

activo financiero, financial claim

activo flotante, floating assets, circulating assets

activo improductivo, fixed assets, capital assets, slow assets, permanent assets, unliquid assets

activo intangible, intangible assets, immaterial assets, passive assets

activo líquido, net worth, net assets, liquid assets; proprietorship

activo neto contable, book net assets

activo neto realizable, net quick assets

activo neto tangible, tangible net worth

activo no admitido, non-admitted assets

activo no aprobado, non-admitted assets

activo no circulante, non-current assets

activo no computable, inadmissible assets

activo no confirmado, unadmitted assets, inadmissible assets

activo no disponible, slow assets

activo nominal, goodwill, intangible assets

activo oculto, concealed assets

activo permanente, permanent assets

activo pignorado, pledged assets, hypothecated assets

activo productivo, productive assets, yielding assets

activo realizable, liquid assets, quick assets, current assets, available assets

activo realizable a corto plazo, current assets

activo semifijo, working assets

activo sin valor, dead assets

activo social, assets (of a partnership)

activo tangible, physical assets, tangible assets

activo transitorio, deferred assets, unadjusted assets, prepayments

activo y pasivo de un balance, assets and liabilities

activos, assets

activos a la vista, sight assets

activos amortizables, amortizable assets

activos comprometidos, committed assets

activos conjuntos, combined assets

activos de caja, cash assets

activos de reserva, reserve assets

activos de reserva de tipo no tradicional, nonconventional reserve assets

activos de tesorería, treasury stock

activos en divisas, assets in foreign currencies

activos en el balance, assets on the balance sheet

activos en moneda extranjera, assets in foreign currencies

activos en oro, gold assets

activos en suspenso regularizados, loans transferred to suspense accounts

activos financieros, financial assets

activos financieros privados a corto, commercial paper

activos infravalorados (OPAS), jewels of the crown (col., takeover bids)

activos líquidos del público (A.L.P.), private sector liquidity (P.S.L.)

activos medios totales, average total assets

activos monetarios, monetary assets

activos nacionales, domestic assets

activos no rentables, non-earning assets

activos oficiales sobre no residentes, officially held claims on nonresidents activos sociales, corporate assets

activos totales, total assets

activos totales medios consolidados, consolidated average total assets

activos vendidos bajo compromiso de recompra, financial assets sold under repurchase agreements

activos y pasivos transitorios, suspense items

acto, act ·

acto bélico, act of war

acto de comercio, commercial transaction

acto de dominio, act of state, act of ownership

acto de insolvencia, act of bankruptcy

acto de intervención, act of hono(u)r

acto de quiebra, act of bankruptcy

acto delictivo, criminal offence

acto jurídico, act of law, legal proceeding

actual, actual, to-date, present, current

actualización, updating; maintenance (inf.)

actualización de pensiones, pension updating

actualizado, updated

actualizar, to update

actuar como fiador, to act as surety

actuar como fiduciario, to act as trustee

actuario, actuary

acuerdo, agreement, arrangement, assent; resolution; compact

acuerdo base, general agreement

acuerdo comercial, trade agreement, commercial agreement

acuerdo con los acreedores, composition with creditors

acuerdo condicionado, conditional agreement

acuerdo de apertura de relaciones de corresponsalía, agency agreement

acuerdo de caballeros, gentlemen's agreement

acuerdo de cártel, cartel agreement

acuerdo de colocación de una emisión, underwriting agreement

acuerdo de compensación, clearing agreement

acuerdo de designación de agente fiscal, fiscal agency agreement

acuerdo de moratoria, standstill agreement

acuerdo de pago bajo jurisdicción de quiebra, composition and extension

acuerdo de plica, escrow agreement

acuerdo de préstamo, borrowing agreement

acuerdo de recompra, repurchase agreement; put

acuerdo de suscripción, subscription agreement

acuerdo de venta, selling agreement

acuerdo entre aseguradores de la emisión, agreement among (by) underwriters

acuerdo entre fallido y acreedores, composition in bankruptcy

acuerdo final, closing agreement

Acuerdo General sobre Tarifas Aduaneras y Comercio, General Agreement on Tariffs and Trade (G.A.T.T.)

acuerdo irrevocable, irrevocable agreement

acuerdo obligatorio, binding agreement

acuerdo tácito, implied engagement

acuerdo verbal, parol agreement

acumulación, accrual, accumulation

acumulación de existencias, stock building

acumulación de riesgos, accumulation of risks

acumulación de acciones, joinder of shares

acumulación de factores, accumulation of factors

acumulado, accrued, accumulated

acumulador, accumulator

acumular, to accrue, to accumulate

acumulativo, cumulative

acuñación, coinage, coining, minting, stamping, mintage

acuñación de moneda, coining

acuñar moneda, to stamp coin, to coin money

acusada alza, sharp rise, sharp increase

acusar recibo, to acknowledge receipt

acusar recibo a una carta, to acknowledge (receipt of) a letter

acuse de recibo, acknowledgement (of receipt)

acuse de recibo de un pago, acknowledgement of a payment, apocha

adelantar, to advance, to pay in advance

adelantarse en una oferta, to beat the gun (col.)

adelanto, advance, prepayment, retaining fee

adelanto en cuenta, overdraft

adelanto sobre el flete, advance on freight

adelantos y atrasos, leads and lags

adeudar, to debit, to charge, to owe

adeudo, debit, charge; indebtedness; debit entry, charge entry, debit advice

adhesivo, sticker (noun)

adicional, additional

adjudicación, allocation, allotment; knocking down (auctions)

adjudicación de contrato, acceptance of tender; award

adjudicación de derechos, adjudication of rights

adjudicador, adjudicator

adjudicar, to award

adjuntar, to enclose, to attach

adjunto a la presente, enclosed, herewith, attached

administración, administration; management

administración comercial, business management, commercial management, business administration

administración de cartera de valores, management of security investment

administración industrial, industrial copartnership

administrador, administrator, manager, director

administrador de aduana, collector of customs

administrador de fincas, administrator of estates

administrador de oficina, office manager

administrador delegado, managing director

administrador judicial, receiver, liquidator

administrador nombrado por los acreedores, referee (USA)

administrar, to administer, to manage, to direct

administrar un patrimonio, to administer property

admisión de títulos a la cotización oficial, admission of securities to the stock market

admisión temporal, temporary admission

admitir, to admit, to avow

admitir un nuevo socio, to admit a new partner

admonición administrativa, administrative admonition

adoptar las medidas pertinentes, to take appropriate measures

adquirente, purchaser

adquirido en firme acquired outright

adquirir, to buy, to acquire, to take up

adquirir derechos, to buy rights, to acquire rights

adquirir propiedades, to acquire property

adquirir una emisión en firme, to purchase an issue outright

adquisición, acquisition

adquisición a posteriori, delayed delivery

adquisición apalancada, leveraged buyout *(L.B.O.)*

aduana, customs office

advertencia, caveat

advertir, acquaint

aerocarga, air freight

Aeronáuticas, (Bolsa) Aircrafts (stock exchange)

afianzado, bonded; strong

afianzamiento de empleados, bonding of employees

afiliación, affiliation

afiliado, affiliate

afiliado nacional, domestic affiliate

afiliar, to affiliate

aflojar algo, to ease

afluencia de capitales, afflux of capital

afluencia de divisas, exchange inflow

afrontar un problema, to tackle a problem

agencia, agency; branch office

agencia de publicidad, advertising agency

agencia de transportes por carretera, trucking company

agencia publicitaria, advertising agency

agencia urbana, city branch, branch office, local branch

agenda, agenda, order of the day, order to business

agente, agent

agente colocador, placing agent

agente colocador exclusivo, sole placing agent

agente comisionista, commission agent

agente comprador, purchase agent

agente de aduanas, customs agent, customs broker; customs officer

agente de cambio y bolsa, jobber (GB) dealer (USA), stockbroker, broker, stock exchange broker

agente de compras, purchasing agent

agente de referencia, reference agent

agente emisor y pagador, issuing and paying agent

agente exclusivo, sole agent

agente fiscal, fiscal agent

agente general, general agent

agente mediador, broker; agent, middleman

agente pagador, paying agent

agente productor, acquisition agent

agentes de la ley, law enforcement authorities

agilidad operativa, operating flexibility

agio, agio, usury

agiotaje de efectos, jobbing in bills

agiotista, profiteer, speculator

agotamiento, depletion

agotamiento de las existencias, sellout

agremiado, union man

agresión (OPAs), raid (takeover bids)

agrupación, pool, group

agrupación bancaria, banking group

agrupamiento, groupage

agua dulce, fresh water

aguas jurisdiccionales, territorial waters

aguas territoriales, territorial waters

ahorrar, to save

ahorro fiscalmente opaco, tax-sheltered savings

ahorros, savings

ahorros por reducción de costos, cost displacement

ahuyenta-tiburones (col., OPAs), shark repellant (col., takeover bids)

ajustar el valor contable, to adjust the book value

ajustarse a la normativa fiscal, to adhere to fiscal regulations

ajustarse a las normas, to conform to the standards

ajuste, adjustment, reconciliation, reconcilement

ajuste a valor de mercado, mark to market

ajuste contable, accounting adjustment

ajuste de la balanza de pagos, adjustment of the balance of payments

ajuste de prima al vencimiento, adjustment premium

ajuste diario de cuenta, mark to market

ajuste estacional, seasonal adjustment

ajuste medio de los tipos de cambio, average exchange rate adjustment

ajuste por costo de la vida, cost of living adjustment

al alza, rising

al amparo de lo establecido por, under the provisions of

al año, (lat.) per annum *(p.a.)*; yearly, annually

al cierre de 1990, at the end of 1990

al comienzo del ejercicio, at the start of the year, at the beginning of the year

al contado, cash, cash down

al contado, contra documentos, net cash against documents

al costado del buque, alongside *(A/S)*

al día, updated

al día de la fecha, up to date

al final del ejercicio, at the end of the year

al frente de la cual figura, headed by

al más favorable, at or better, at best

al mejor, at or better, at best

al portador, to bearer

al precio de, at

alquiler-venta, lease-back

al 31 de Diciembre, as of 31st December (GB), as of December 31 (USA)

albacea, executor

albacea mancomunado, coexecutor

albacea testamentario, testamentary executor

albacea universal, general executor

albarán, delivery note

albarán al portador, order bill of lading

albarán de expedición, dispatch note

alcanzar objetivos específicos, to achieve specific objectives

alcanzar un nivel máximo, to peak

alcance, scope; range

alcance de la auditoría, audit scope, scope of the examination

alcance de los poderes, scope of authority

alcanzar, to achieve, to attain

alcista, bull; rising; bullish, bullist

aleación, alloy

aleatorio, random

alegación, allegement, pleadings

alegación afirmativa que lleva implícita otra negativa, affirmative pregnant

alegato, allegement, pleadings

alfabeto, alphabet

ALGOL (lenguaje de programación), ALGOL (programming language) (inf.)

algoritmo, algorithm (inf.)

alijo forzoso, jettison

alimentación de tarjetas, card feeding (inf.)

almacén, store, storehouse, storeroom, warehouse

almacén de materias primas y productos agrícolas, commodity warehouse

almacenaje, storage

almacenamiento, storage

almacenar, to store, to stock

almacenero, warehouse man

almacenista, wholesaler

alquiler, rent, rental

alquiler-compra, lease, leasing

alquiler excesivamente alto, rack rent (col.)

alquiler-venta, lease-back

alquileres cobrados y no devengados, unearned rent collected

alrededor de (un 10 % +/—), about (10 p.c. +/—)

alta dirección, top management, general management

altamar, high seas

altas finanzas, high finance

alterar el contrato de la sociedad, to alter the partnership agreement

alterar los libros, to alter the books, to cook the books (col.)

alterar los resultados, to alter the balance

altibajos de la Bolsa, stock market movements

alto nivel salarial, high-wage level

altura del estampado en relieve (tarjetas de crédito), height of embossing (credit cards)

alza, rise

alza brusca, sharp rise

alza de la rentabilidad, improved rate of return

alza de las cotizaciones, price appreciation

alza de los precios al consumidor, rise in consumer prices

alza de precios, price upsurge, price increase, rise in prices, price rise

alza de precios pronunciada, rally

alza en el tipo de descuento, increase in the discount rate

alza en los tipos de interés, interest rate increase

alza (o baja) ficticia de la Bolsa, rig

alza fuerte y repentina, spurt

alza moderada, moderate rise

alzada, appeal

alzarse, to appeal

amalgama, amalgamation

ambas fechas inclusive, both dates included (B.D.I.)

ámbito de cobertura, scope

amenaza, threat

amenazar, to jeopardize, to threaten

amigable componedor, arbitrator, referee, amicable compounder, amicable referee

amigo del tribunal, amicus curiae (lat.)

amistoso, user-friendly (Inf.)

amonestación, admonition, caveat

amortiguador, cushion

amortiguador de divisas, foreign exchange cushion

amortizable, redeemable, callable

amortización, amortization, write-off, redemption, depreciation

amortización acelerada, accelerated amortization, call

amortización anticipada, accelerated amortization, call

amortización anual, annual amortization

amortización constante, constant amortization

amortización creciente, increasing amortization

amortización de activos a sanear, writedown of nonperforming loans

amortización de capital, amortization of capital

amortización de fallidos, writing-off of bad debts

amortización de obligaciones, amortization of bonds

amortización de pagarés, amortization of notes

239

amortización de un empréstito, amortization of a loan

amortización de un préstamo, amortization of a loan

amortización de una deuda, amortization of a debt

amortización decreciente, decreasing amortization

amortización del inmovilizado material, depreciation of tangible fixed assets

amortización en cuotas iguales, level-line repayment

amortización legal, legal amortization

amortización libre, accelerated depreciation

amortización progresiva, balloon payment

amortización residual, residual amortization

amortización semestral, semi-annual amortization, half-yearly amortization

amortización trimestral, quarterly amortization

amortizaciones de asuntos calificados como fallidos, charge-offs

amortizaciones del inmovilizado, depreciation

amortizar, to amortize, to pay off, to redeem

amortizar bonos, to retire bonds

amortizar obligaciones, to retire debentures, to redeem debentures

amortizar pagarés, to redeem bonds

amortizar parcialmente, to write down

amortizar totalmente, to write off

amotinarse, to riot

ampliación a la par, increase at par

ampliación de capital, capital increase

ampliación de capital con prima, capital increase at premium rate

ampliación de mercados, market development

ampliación y terminación de obras, extension and termination of projects

amplitud del surtido, product range breadth

amueblar, to furnish

análisis, analysis; review

análisis causal, causal analysis

análisis costo-beneficio, cost-benefit analysis

análisis de antigüedad de las cuentas, aging

análisis de créditos, credit analysis

análisis de cuentas, account analysis

análisis de distribución por valores, analysis of distribution by value

análisis de economías, savings analysis

análisis de entradas y salidas, input-output analysis

análisis de gastos, analysis of expenditures, expenditure analysis, analysis of expenses

análisis de inversiones, investment analysis

análisis de los resultados, income analysis

análisis de ratios, ratio analysis

análisis de una sola variable, point and figure

análisis de valor, value analysis

análisis de ventas, sales analysis

análisis de balance, balance sheet analysis

análisis económico, economic analysis

análisis en racimo, cluster analysis

análisis exhaustivo, in-depth analysis

análisis factorial, factorial analysis

análisis financiero, financial analysis

análisis marginal, marginal analysis

análisis metódico, methodical analysis

análisis multivariante, multivariant analysis

análisis por medio de razones, analysis by ratios

análisis técnico, technical analysis

analista, analyst, chartist

analista de inversiones, security analyst

analista de sistemas, systems analyst

analizar, to analyze; to review

analógico, analog (inf.)

andar escaso de dinero, to be pushed for money

andar mal de fondos, to run short of money

anexo, exhibit, appendix; enclosure

anexo a la letra, para recoger endosos adicionales, allonge

anexo explicativo, exhibit

ánimo de lucro, animus lucrandi (lat.)

ánimo de revocar, animus revocandi (lat.)

anotación en el Debe, debit entry

anotación en el Haber, credit entry

ante mí, before me

antecedentes, records

antecedentes de peticionarios de crédito, credit information

antecedentes penales, criminal records

antefechar, to date back, to foredate, to antedate, to backdate

anteriormente, thereinbefore, heretofore

antes citado, before-written, before-mentioned, before-cited, above-cited, above-mentioned, above-said

antes de abrir escotillas, before hatch opening

antes de deducir impuestos, before taxes

antes de la aplicación de los resultados del año, prior to the allocation of the year's earnings

anticipación del vencimiento, prematuring

anticipadamente, in advance

anticipar, to anticipate, to advance money

anticipar dinero sobre valores, to advance money on securities

anticipar fondos, to advance money

anticipo, advance(ment), prepayment, advance payment, retaining fee

anticipo a contratistas, cash advance to contractors

anticipo a corto plazo, bridging advance

anticipo a cuenta de, advance payment on account of

anticipo a cuenta de una obligación de pago, lay-away

anticipo contra documentos de embarque, advance against shipping documents

anticipo de cuenta corriente, advance from a current account

anticipo de dinero, advance of money, cash advance, money advance

anticipo de fondos, advance of funds, cash advance

anticipo de fondos a cuenta del crédito cuya gestión de cobro se asume, factoring

anticipo en efectivo, cash advance

anticipo sobre póliza, loan on policy

anticipos a empleados para gastos, expense advances to employees

anticipos sobre sueldos a empleados, salary advances to employees

anticipos varios, sundry advances

antigüedad, seniority

antigüedad media de los efectos a cobrar, average age of receivables

antijurídico, unlawful

antimonopolio, antitrust

antiselección, selection against the insurer

anual, (lat.) per annum (p.a.); per year

anualidad, yearly allowance, annuity

anualidad aplazada, deferred annuity

anualidad de pago inicial inmediato, annuity due

anualidad incondicional, annuity certain

anualidad liberada de prima, year free of premium

anualidad temporal, temporary annuity

anualidad vencida, annuity due

anualidad vitalicia, life annuity

anualizar, annualize

anualmente, annually, yearly, (lat.) per annum *(p.a.)*

anuario, yearbook

anulación, cancellation; abrogation; abolition; defeasance; abatement

anulación de un asiento, cancellation of an entry

anulación de una ley, repeal of a law

anular, to cancel; to delete; to nullify, to revoke; to abrogate; to abolish; to abate; to annul

anular un auto, to abate a writ

anular un crédito, to cancel a credit

anular un mandamiento, to abate a writ

anunciar, to announce

anuncio, advertisement, announcement; (col.) ad

anuncio de emisión cubierta, tombstone (col.)

anuncio entregado en mano, dodger

anuncio por palabras, classified advertisement

anverso de la tarjeta, face of card

anverso del efecto, face of the bill

anverso y reverso, face and back, face and reverse, obverse and reverse, front and back

año actual, current year, present year

año civil, calendar year

año comercial (360 días), commercial year (360 days)

año corriente, current year, present year

año de ejercicio, fiscal year

año económico, fiscal year

año en curso, current year, present year

año fiscal, fiscal year

año gravable, tax year

apalancamiento, leverage

apalancamiento defensivo, leveraged recap

apalancamiento financiero, financial leverage (GB = *financial gearing)*

apalancamiento operativo, operating leverage

aparentemente legal, seemingly legitimate

apartado, subparagraph; P.O. Box

apartado de correos, Post Office Box, P.O. Box

apelable, appealable

apelación, appeal

apelación al capital, capital call

apelación al capital de los subscriptores, flotation

apelante, appellant

apelar, to appeal

apéndice, appendix; exhibit

apercibimiento, warning

aperos de labranza, agricultural implements

apertura, opening

apertura de la Bolsa, opening of the Stock Exchange

apertura de crédito, opening of a credit

apertura de cuenta, opening of an account

apertura del procedimiento de quiebra, opening of bankruptcy, adjudication of bankruptcy

apertura del régimen de importación, import liberalization

apertura reciente, recent opening

aplicación, appropriation, application

aplicación de los fondos, appropriation of funds, application of funds, funds used

aplicación de los ingresos netos, appropriation of net income

aplicación de restricciones, use of restrictions

aplicación de salvaguardias preventivas, implementation of preventive safeguards

aplicación de utilidades, appropriation, distribution of profits

aplicación preferencial, preferential allocation

aplicado funcionalmente, allocated functionally

ápoca, apocha, acknowledgement of payment

apoderado, holder of procuration; attorney, attorney in fact, proxy, actor, authorized signature, authorized signatory, authorized officer, assignee

apoderamiento, procuration, authority, power

apoderar, to empower, to authorize; to represent

aportación, contribution

aportación de capital, capital contribution, contribution of capital

aportación dineraria, money contribution

aportación masiva de ideas, brainstorming

aportar, to furnish, to provide

aportar capital, to furnish capital

aportar efectivo, to put up cash

aportar información, to provide information

apostilla, marginal note

apoyar, to support, to advocate

apoyar la moción, to second the motion

apoyo, support, assistance

apoyo financiero, financial assistance, financial support

apreciación, appreciation

apremiar el pago, to compel payment

apremio judicial, court action

apremio personal, suit for collection

aprendiz, apprentice

aprendizaje, apprenticeship

aprobación, approval

aprobación del Ministerio de Hacienda, Treasury Department's approval (USA), Ministry of Finance's approval (GB)

aprobar un acuerdo, to approve an arrangement

aprobar una ley, to pass a bill

aprobar una moción, to carry a motion

aprovisionamiento, procurement

aptitud física para el trabajo, capacity to work

apto, able

apto para el consumo, fit for consumption

apuntamiento, kurtosis

apuntar, to note down, to take down, to make a note, to register, to enter

apunte, memo(randum); note, entry

apunte acreedor, credit entry

apunte contable, entry, item

apunte de anulación, reversal entry

apunte deudor, debit entry

arancel, tariff

arancel aduanero comunitario, common customs tariff

arancel de aduanas, customs tariff

arancel de exportación, export duties

arbitraje, arbitration, arbitrage, umpirage

arbitraje comercial, commercial arbitration

arbitraje de cambio, arbitrage of exchange

arbitraje de divisas, foreign exchange arbitrage

arbitraje de quejas, grievance arbitration

arbitraje forzoso, compulsory arbitration

arbitrajista, dealer (GB), trader (USA), arbitrager

arbitrios, excise tax

árbitro, referee, arbitrator, compounder, umpire

árbol de decisión, decision tree

archivador, filing cabinet

archivar, to file

archivo, files, records, archive; filing cabinet

archivo activo, live file, active file

archivo actualizado, updated file

archivo confidencial, confidential file

archivo contable, accounting file

archivo corriente, current file

archivo de actividad, activity file

archivo de antecedentes de créditos, credit file

archivo de cartas, letter file

archivo de cintas, tape unit (inf.)

archivo de comprobantes, voucher file

archivo de correspondencia, letter file, correspondence file

archivo de facturas, invoice file

archivo de inversiones, investment file

archivo maestro, master file

archivo permanente, permanent records, permanent files

archivo puesto al día, updated files

área no desarrollada, backward area

áreas geográficas y económicas, geographic and economic areas

argumentario, sales-arguments book

arqueo de caja, cash proof, cash gauging, checking of cash, cash audit, cash count; proving the cash

arras, arra, arrha, hand money, handsel, down payment

arrastrar un saldo, to strike the balance (col.)

arreglo, arrangement

arrendable, demisable

arrendador, lessor

arrendamiento, leasing, rental, demise

arrendamiento financiero, leasing

arrendar, to rent, to lease

arrendatario, lessee, tenant, leaseholder

arresto, apprehension

arriendo, leasing

arriendo con opción a la compra, hire-purchase

arriesgar, to risk

arrimado, stowed

arrojar al mar, to jettison

arrojar dividendos, to yield dividend, to pay dividends

arrojar un aumento, to show an increase

arrojar un beneficio, to show a profit

arrojar un saldo, to show a balance, to take off a balance

arrojar unas pérdidas por valor de, to show a loss amounting to

artículo, article; item; clause

artículo básico, staple good

artículo de venta masiva, best seller (col.)

artículo gancho, loss leader

artículos de consumo diario, convenience goods

artículos de exportación, export commodities

artículos de valor, valuables

artículos en curso de fabricación, goods in process

artículos suntuarios, prestige goods

artículos terminados, finished products, finished goods

asalariado, wage earner, employee

asamblea, assembly

asamblea anual general de accionistas, annual general meeting of shareholders

asamblea constitutiva, organization meeting

asamblea de accionistas, stockholders' meeting, meeting of shareholders

asamblea general, general meeting

asamblea plenaria, full meeting

ascender, to amount to; to be promoted

ascenso, promotion; rise, rising

ascenso por antigüedad, advance in seniority

ascensos, staff promotions; advancements

asegurador, insurer, underwriter; assecurator

asegurador directo, direct insurer

aseguramiento de colocación de una emisión, underwriting

asegurar, to insure, to underwrite; to make sure

asentar, to post, to enter

asentar al Debe, to debit

asentar al Haber, to credit

asentar en el Diario, to journalize

asentar para (que quede) constancia, to state for the record

asentar una partida, to make an entry

asesor, advisor; adjuster

asesor de inversiones, investment advisor

asesor fiscal, tax advisor

asesor legal, counsel, legal advisor, legal counsel

asesor legal de la sociedad, counsel to the company

asesor monetario, currency advisor

asesoramiento y orientación del inversor en Bolsa, investor's guidance and counsel(l)ing

asesoría jurídica, legal department

asiento, entry, posting

asiento del Debe, debit entry

asiento del Haber, credit entry

asiento del Mayor, posting

asiento combinado, compound entry, concentration entry, recapitulation entry

asiento complementario, complementing entry

asiento compuesto, compound entry, concentration entry, recapitulation entry

asiento concentrado, concentrated entry, lump entry

asiento confuso, blind entry

asiento corrector, correcting entry

asiento correlativo, correlative entry

asiento cruzado, cross entry

asiento de abono, credit entry

asiento de ajuste, adjustment entry, adjusting entry

asiento de caja, cash entry

asiento de cargo, debit entry, charge entry

asiento de complemento, complementing entry, balancing entry

asiento de Diario, journal entry, original entry

asiento de Mayor, ledger entry

asiento de regularización, adjustment entry

asiento de retroceso, reversal entry

asiento de traspaso, transfer entry

asiento deudor, debit entry, charge entry

asiento doble, dual posting

asiento falsificado, false entry

asiento global, lump entry, concentration entry

asiento no cuadrado, unbalanced entry

asientos de apertura, opening entries

asientos de cierre, closing entries

asientos de clausura, closing entries

asientos de constitución, opening entries

asientos de regularización, adjustment entries

asignación, assignment; allocation, appropriation, allotment; distribution

asignación de números de registro, assignment of registry numbers

asignación de prefijos, assignment of prefixes

asignación de recursos, resource allocation

asignatario, legatee

asimetría, disparity; asymmetry

asimetría, errores y omisiones, asymmetries, errors and omissions

asistencia, assistance; relief, aid

asistencia financiera, financial support, financial backing

asistencia para el desarrollo, development assistance

asociación, association; union

Asociación Americana de Normas, American Standards Association *(A.S.A.)*

asociación cooperativista, cooperative union

Asociación de Banqueros Americanos, American Bankers Association *(A.B.A.)*

asociación de empresas navieras, shipping conference

asociación de préstamo y ahorro, savings and loan association

Asociación empresarial, business trust

Asociación Europea de Libre Comercio, European Free Trade Association *(E.F.T.A.)*

asociación gremial, trade association

Asociación Internacional para la Aviación Civil, International Air Transport Association *(I.A.T.A.)*

Asociación Nacional de Agentes Intermediarios Bursátiles, National Association of Security Dealers *(N.A.S.D.)*

Asociación para el Desarrollo Internacional *(A.D.I.),* International Development Association *(I.D.A.)*

asociación secreta, secret partnership

asociación voluntaria, Massachusetts trust

asociado, associate, partner; associate(d), joint

asociar, to associate

asumir el cargo de, to take office as, to take charge of

asumir un compromiso, to assume an obligation

asunción de la deuda, assumption of indebtedness

asunción del riesgo, assumption of risk

asunto, subject, matter, affair

asuntos en trámite, work in process

asuntos fiscales, fiscal matters

atención, attention (of)

atenciones estatutarias, statutory fees

atender, to hono(u)r

atender un cheque, to honour a cheque (USA = *to honor a check*)

atender una deuda, to meet a debt

atentamente *(atte.),* yours faithfully (GB); very truly yours, yours truly (USA)

atesoramiento, hoarding

atesorar, to hoard

atestación, attest, attestation

atestado, attestation; certificate

atestar, to attest, to certify, to witness

atestar la firma, to witness the signature

atestiguar, to witness, to attest

atípico, freakish

atomización (de dinero), smurfing

atomizar dinero, to smurf money

atonía, weakness

atonía de la demanda, weak demand

atrasos, arrears; delay

audiencia, Court of Appeal; audience

audiencia pública, public hearing

auditar, to audit

auditor, auditor

auditor externo, external auditor

auditor fiscal, fiscal auditor

auditor interno, internal auditor

audit(or)ar, to audit

auditoría, audit, auditing; auditor's office

auditoría completa, complete audit

auditoría continua, continuous audit

auditoría de caja, cash audit

auditoría del balance, balance sheet audit

auditoría detallada, detailed audit

auditoría especial, special audit

auditoría externa, external audit, independent audit

auditoría funcional, operating audit

auditoría interna, internal audit

auditoría limitada, limited audit

auditoría limpia, unqualified opinion

auditoría parcial, partial audit

auditoría periódica, periodic audit

auditoría preliminar, interim audit

auditoría privada, internal audit

auditoría pública, public audit

auge, boom

auge de los productos básicos, commodity boom

auge del consumo, boom in consumption

auge del mercado bursátil, boom of the stock exchange

aumentar, to increase

aumentar el capital (en), to increase the capital (by)

aumentar el tipo de interés, to increase the interest rate

aumento, increase; accession

aumento cíclico de la productividad, cyclical rise in productivity

aumento de capital, capital increase

aumento de la población, rise in population

aumento de las utilidades, increase in profits

aumento de valor, increase in value

aumento del dividendo, increase in dividend

aumento en el número de acciones sin aumentar la cuenta de capital, stock split-up

aumento en los costes financieros, increase in financial costs

aumento medio, average rise

aumento nominal, nominal increase

aumento sustancial, substantial increase

aumentos salariales, wages awards, wages rises

ausente con permiso, absent with leave

ausente sin permiso, absent without leave *(a.w.o.l.)*

autarquía, autarchy

autenticidad, authenticity

autenti(fi)cación, authentication

autenti(fi)cación de pagarés, authentication of notes

autenti(fi)car, to authenticate

auto, breve, writ, warrant

auto de casación, writ of error

auto de comparecencia, summons

auto de detención, warrant of arrest

auto de ejecución, writ of execution

auto de embargo, writ of attachment

auto de nulidad, decree of nullity

auto de quiebra, declaration of bankruptcy

auto de sobreseimiento, stay of proceedings

auto definitivo, final decision

auto judicial para detención de una persona, bench warrant

autocartera, treasury stock

autocodificador, autocoder (Inf.)

autocorrelación, autocorrelation

autofinanciación, self-financing

automación, automation

automóviles y camiones, automobiles and trucks

autónomo, autonomous; off-line (Inf.)

autoridad competente, competent authority

autoridad judicial, judicial authority

autoridades aduaneras, customs authorities

autoridades ejecutivas, law enforcement authorities

autorización, authorization

autorización a un agente de Bolsa para que opere como intermediario e inversor, dual capacity

autorización de compra, authority to purchase

autorización de toma de muestras, sampling permit

autorización de venta, authority to sell

autorización especial, special authority

autorización gubernamental, charter

autorización para ejercitar el voto en representación del titular, proxy

autorización para el pago, authority to pay

autorización para negociar efectos, authority to negotiate drafts

autorización por impedimento, authority by estoppel

autorización rechazada, declined authorization

autorización unilateral, naked authority

autorizado, authorized

autorizar, to authorize; to accredit

autoseguro, self-insurance

auxiliar, auxiliary

auxiliar administrativo, assistant clerk, junior clerk, assistant bookkeeper, accounts clerk, junior accountant

auxiliar de Caja (libro), auxiliary cashbook

auxiliar del Mayor (libro), auxiliary ledger, subsidiary ledger

aval, aval, indorsement, endorsement, guarantee, backing

aval restringido, limited accommodation

avalar, to endorse, to guarantee, to warrant, to collateralize

avalar una letra, to guarantee a bill of exchange

avales y otras cauciones, guarantees and other sureties

avalista, guarantor, surety

avalista de un efecto, acceptor for hono(u)r

avalúo (SA), appraisal

avalúo catastral (SA), assessment, tax valuation

avalúo en cambio (SA), trade-in value

avances, developments, progress

avería, average, damage

avería común, general average, gross average

avería gruesa, general average, gross average *(G.A.)*

avería ordinaria, petty average

avería particular, common average, particular average

avería pequeña, petty average

avería simple, partial loss, particular average, common average

aversión al riesgo, risk aversion

avión comercial (líneas regulares), airliner

avión fletado, chartered plane

avisar, to advise; to notify, to give notice; to acquaint

aviso de abono, credit advice

aviso de adeudo, debit advice

aviso de bloqueo, stop-payment

aviso de cargo, debit advice, debit note; debit memo(randum) (USA)

aviso de decisión de incoar el procedimiento de quiebra, bankruptcy notice

aviso de ejecución, advice of execution, confirmation slip

aviso de envío, dispatch notice

aviso de protesto, notice of protest

aviso de reclamación, claim notice, notice of claim; tracer (USA)

aviso de rescate de pagarés, notice of redemption of notes

aviso de suspensión de pagos, stop-payment notification

ayuda, aid; help

ayuda para el desarrollo, development assistance

ayudante de caja, payer, paying teller; teller (USA), cashier (GB)

ayuntamiento, town hall (GB), city hall (USA)

azar, chance

B

B.E.I., ab. *Banco Europeo de Inversiones* (European Investment Bank -*E.I.B.*)

bache económico, downturn

baja, fall, drop, decline; setback

baja de precios, fall in prices, price drop, break in prices

baja en las cotizaciones, knockdown

baja (o alta) ficticia de la Bolsa, rig

baja repentina de los valores bursátiles, slump

bajar, to drop, to fall, to decline, to go down

bajista, bear

bajo avería, under average

bajo contrato, under contract

bajo cubierta, under deck

bajo cuerda, under the table (col.)

bajo doble control, under dual control

bajo el epígrafe, under the caption

bajo el nombre de, under the name of

bajo fianza, under bond

bajo juramento, under oath

bajo la dirección de, headed by, managed by, conducted by

bajo la par, below par

bajo las reservas usuales, under usual reserves *(U.U.R.)*

bajo los auspicios de, under the sponsorship of

bajo nivel de salarios, low wage level

bajo palabra, on parol

bajo propio riesgo, for one's own risk

bajo protesto, under protest

bajo rendimiento, low yield

balance, balance; balance sheet

balance ajustado de comprobación, adjusted trial balance

balance analítico, analytical balance sheet

balance antes del cierre, preliminary trial balance

balance certificado (SA), certified balance sheet

balance comparativo, comparative balance sheet

balance consolidado, consolidated balance sheet

balance de activo y pasivo, general balance sheet

balance de banco, bank('s) statement

balance de comprobación, trial balance, balance of verification balance de comprobación ajustado, adjusted trial balance

balance de comprobación de totales, trial balance of all debits and credits

balance de dos secciones, double account balance sheet

balance de resultados, profit and loss statement, income statement, statement of income

balance de saldo deficitario, balance sheet showing a loss

balance de saldos favorables, balance sheet showing a profit

balance de situación, balance sheet, statement of balance, statement of (financial) position

balance falsificado, faked balance sheet

balance general, general balance sheet, annual statement of condition

balance general antes de la distribución de beneficios, statement of condition before distribution of earnings

balance general consolidado, consolidated balance sheet

balance general después de la distribución de beneficios, statement of condition after distribution of profits

balance general estimativo, preliminary balance sheet, pro-forma balance sheet, tentative balance sheet

balance general preliminar, preliminary balance sheet

balance simulado, pro-forma balance sheet

balance sin revisar, unaudited balance

balance y cuenta de pérdidas y ganancias, statement of condition and statement of earnings; profit and loss account and balance sheet

balances comparados, comparative statements of condition

balanza comercial, trade balance

balanza de invisibles, invisible balance

balanza de pagos, balance of payments

balanza de pagos internacional, international balance of payments

balanza de saldos ajustados, adjusted trial balance

balanza global, overall balance

balduque, red tape

banca, banking

banca a domicilio, home banking

banca agrupada, group banking

banca al por menor, retail banking

banca comercial, commercial banking

banca comercial al por menor, retail commercial banking

banca de inversión, investment banking

banca e inversión, banking and investment

banca electrónica, electronic banking

banca privada, private banking

bancable, banking; according to banking practice, according to banking regulations

bancario, banking, according to banking practice, according to banking regulations

bancarrota, failure, bankruptcy; crack (col.)

banco, bank, banking institution

Banco Africano de Desarrollo, African Development Bank (Af.D.B.)

banco agente, agent bank

Banco Asiático de Desarrollo, Asian Development Bank (A.D.B.)

banco asociado a otro principal, alias bank

banco avisador, advising bank

banco central, central bank

banco cobrador, collecting bank

banco comercial, commercial bank

banco comercial privado, private commercial bank

banco concertado, arranged bank, alias bank

banco confirmador, confirming bank

banco corresponsal, correspondent bank

banco de ahorros, savings bank; thrift (USA)

banco de comercio exterior, foreign trade bank

banco de compensación, clearing bank

banco de crédito, credit bank

banco de crédito agrario, farm(ers') loan bank, agricultural credit bank

banco de crédito hipotecario, land bank

banco de crédito territorial, mortgage bank

banco de datos, data bank (inf.)

banco de depósitos, deposit bank

banco de descuento, discount bank, acceptance house

banco de emisión, bank of issue, issuing bank, bank of circulation

Banco de España e intermediarios financieros (origen de fondos), due to Bank of Spain and to financial intermediaries (funds provided)

Banco de Inglaterra, Bank of England; Old Lady of Threadneedle Street (col.)

banco de inversión, investment bank (USA), merchant bank (GB)

banco de liquidación, clearing bank

banco de negocios, industrial bank, investment bank (GB = *merchant bank*)

banco de primera línea, leading bank, prime bank

banco del estado, state bank

banco depositario, depository bank

banco director (sindicaciones), manager bank

banco doméstico, domestic bank

banco emisor, bank of issue, issuing bank; bank of circulation, opening bank

banco encargado del cobro, collecting bank

banco estatal, government bank, state bank

Banco Europeo de Inversiones *(B.E.I.)*, European Investment Bank *(E.I.B.)*

banco federal, federal bank

banco fiduciario, trust company

banco filial, branch bank, subsidiary bank, affiliate(d) bank

banco financiero, merchant bank (US = investment bank)

banco garante exclusivo, front bank

banco gestor de una emisión de pagarés, lead manager

banco habilitado para operaciones en divisas, authorized foreign exchange bank

banco hipotecario, mortgage bank

banco independiente, independent bank

banco industrial, investment bank, industrial bank

banco industrial y de inversión, merchant bank

Banco Interamericano de Desarrollo, Inter-American Development Bank *(I.A.D.B.)*

banco internacional, international bank

Banco Internacional de Reconstrucción y Desarrollo *(B.I.R.D.)*, World Bank for Development and Reconstruction *(W.B.D.R.)*

banco librado, drawee bank

banco local, local bank

banco multinacional, multi-national bank

banco nacional, national bank, government bank

banco oficial de exportación, official export bank

banco peticionario, requesting bank

banco presentador, remitting bank

banco privado, private bank

banco provincial, provincial bank

banco receptor, receiving bank

banco receptor del depósito, deposit-taking bank

banco remitente, remitting bank

banco reprivatizado, reprivatized bank

banco semioficial, semi-private bank

bancos, banks, banking sector

bancos asociados, member banks

bancos de la Reserva Federal, Federal Reserve banks (USA)

bancos filiales, banking subsidiaries, subsidiary banks

bancos y banqueros, banks and bankers

banda, collar, range

banda de fluctuación, trading range

banda magnética, magnetic strip (inf.)

banquero, banker

baratería del capitán y de la tripulación, barratry of the master and mariners

barcaza, barge, lighter

barco, ship, vessel

barco de óptima construcción, A1 ship

baremo de invalidez, disability percentage ratio

barra (de oro o plata), bar, ingot

barrera de entrada, entry barrier

barrera de salida, exit barrier

barrera técnica, technical obstacle

barrido por una ola, washed overboard

barril, (como recipiente y unidad de medida de varias capacidades) barrel

báscula, scales

base de datos, data base (Inf.)

base imponible, tax base

base liquidable, final tax base ·

base tarifaria, base rate

bases de presentación y consolidación, bases of presentation and consolidation

bases de recursos ajenos, deposit bases

bastanteo de poderes, validation of powers, verification of powers

baudio, baud (Inf.)

beneficiario, beneficiary; payee

beneficiario de una anualidad, annuitant

beneficiario de una transferencia, transferee, assignee, beneficiary of a transfer

beneficio, profit, benefit; turn (Euronotes, col.)

beneficio antes de impuestos, pretax income, income before taxes, profit before taxes *(P.B.T.)*

beneficio bruto, gross earnings

beneficio bruto imaginario, assumed profit

beneficio justo, fair return

beneficio líquido, net profit, clear profit

beneficio marginal, marginal profit, fringe benefit

beneficio neto, net income, net profit

beneficio neto ajustado, adjusted net income

beneficio neto consolidado, consolidated net profit

beneficio neto del ejercicio, net income for the year

beneficio neto disponible, free surplus

beneficio neto final, final net income

beneficio neto por acción, net earnings per share, net income per share

beneficio neto resultante, resulting pretax income

beneficio neto sobre activos totales medios, net return on average total assets

beneficio/pérdida contable, book loss/gain

beneficio procedente de valoración, appraisal surplus

beneficio sobre cesión de acciones, beneficium cedendarum actionum (lat.)

beneficio supuesto, assumed profit

beneficio técnico, technical profit

beneficio total, aggregate benefit

beneficios a tributar, taxable profits

beneficios acumulados, earned surplus

beneficios complementarios, fringe benefits, perk, perquisites

beneficios del juego, profit from gambling

beneficios después de deducir impuestos, after-tax earnings, profit after taxes, after-tax yield

beneficios exentos de impuestos, tax-free gains

beneficios extraordinarios, extraordinary earnings

beneficios legales, legal profits

beneficios netos, net earnings, after-tax earnings

beneficios no distribuidos, retained earnings

beneficios obtenidos, earned profits

beneficios por acción, earnings per share

beneficios realizados, earned profits

beneficios retenidos, undistributed profits

beneficios sin distribuir, undistributed profits

beneficios tributarios, tax benefits

biblioteca, library

bidireccional, duplex (inf.)

bienes, property, estate, assets; goods, effects

bienes agotables, wasting assets, diminishing assets

bienes comerciales, stock in trade

bienes comunales, public property

bienes de capital, capital assets

bienes de consumo, consumer goods

bienes de equipo, capital goods

bienes dotales, dowry

bienes embargados, seized property

bienes gananciales, community property

bienes hipotecados, underlying properties

bienes hipotecarios, mortgaged properties

bienes inmuebles, real estate, real property, real assets, realty, bona immobilis (lat.), things real

bienes muebles, goods and chattels, personal property, personal estate, bona mobilis (lat.), things personal

bienes muebles y enseres, goods and chattels, chattels

bienes parafernales, paraphernalia

bienes raíces, real assets, real estate, real property, realty, heritables, immovable property, landed estate

bienes reales, real chattels

bienes sociales, partnership assets, partnership property

bienes testamentarios, estate of deceased

bienes y servicios, goods and services

bienestar social, social welfare

bifurcación, branch (inf.)

bifurcar, to branch (inf.)

bilateralismo, bilateralism

billete, bill, note; ticket, passage

billete de banco, banknote

billete de banco de alta denominación, high denomination note

billete de banco de baja denominación, low denomination note

billete de curso legal, legal bill, legal note

billete de ida y vuelta, return ticket

billete de valor bajo, low denomination note

billete de valor elevado, high denomination note

billetes de banco en circulación, banknotes in circulation

billetes emitidos por los bancos de la Reserva Federal, Federal Reserve notes (USA)

billetes falsos, flash notes (col.)

billón, billion (USA = 1.000.000.000.; GB = 1.000.000.000.000)

bimestralmente, bi-monthly

binario, binary (inf.)

bit de verificación, check bit (inf.)

blanquear dinero, to launder money, to legitimate money

blanqueo de dinero, cash laundering, money laundering

blanqueo e inversión, laundering and investment

bloque de números, block of numbers

bloquear el pago de un cheque, to stop a cheque (USA = *check)*

bloquear una cuenta, to freeze an account

bodega, warehouse, store

bodega de barco, hold

bodega de recuperación, recovery warehouse

boicot, boycott

boicotear, to boycott

boleta, slip; ballot

boleta de matrícula, certificate of registry

boleta de pago predial, real estate tax receipt

boletín, bulletin, (news) release

boletín de Bolsa, stock exchange list

boletín de cambios de moneda, list of foreign exchange rates

boletín de cancelaciones, cancellation bulletin

boletín de cotizaciones, list of quotations

Bolsa, stock exchange market

bolsa clandestina, bucket shop

bolsa de cambios, foreign exchange market

bolsa de comercio, stock exchange, commodity exchange

bolsa de divisas, foreign currency market

Bolsa de Nueva York, New York Stock Exchange *(N.Y.S.E.)*

bolsa de opciones sobre valores de renta variable, equity options exchange

bolsa de trabajo, labo(u)r exchange

bolsa de valores, securities market, stock exchange

Bolsa de Valores de Londres, London Stock Exchange *(L.S.E.)*

bolsín, kerb market

bonificación, abatement, rebate, allowance, bonus, discount

bonificación por pago al contado, sales discount

bonificación sobre fletes, freight allowance

bonificación sobre ventas, trade discount, sales bonus, allowance

bonificar, to rebate, to allow, to discount

bono al portador, coupon bond, bearer bond

bono amortizable antes del vencimiento, retractable bond

bono al portador, coupon bond, bearer bond

bono amortizable antes del vencimiento, retractable bond

bono asumido, assumed bond

bono colateral, secured bond, collateral trust bond

bono con cupón diferido, deferred coupon bond

bono con opción de recompra, put bond

bono cotizado a/cerca de la par, current coupon

bono de ahorro, savings bond

bono de caja, bond, cash warrant, short-term bond, capital debenture

bono de consumo, customer's bonus

bono de garantía colateral, collateral trust bond

bono de interés fijo, active bond

bono de participación en utilidades, income bond

bono de prenda, warrant

bono de tesorería, capital debenture

bono de una sociedad anónima, corporate bond

bono de valor nominal inferior a 50 ó $100, baby bond

bono de vencimiento escalonado, serial bond

bono de vencimiento fijo, dated bond

bono del Tesoro a 30 años, long bond (USA)

bono en moneda extranjera, foreign currency bond

bono en moneda subordinada, currency-linked bond

bono garantizado, assumed bond

bono hipotecario, mortgage bond, secured bond, real estate bond

bono negociable con tipo de interés variable, floating rate note

bono no retirable, non-callable bond

bono nocional, notional bond

bono nominativo, registered bond

bono para medir el comportamiento del mercado, bellwether bond

bono perpetuo, annuity bond

bono que permite al tenedor recibir los intereses en efectivo o en bonos de la misma emisión, bunny bond

bono reinvertible, bunny bond

bono rescatable antes de su vencimiento, callable bond

bono sin interés, passive bond

bono sin respaldo específico, debenture bond

bono sin vencimiento, perpetual bond, annuity bond

bono sobre beneficios, adjustment bond

bono sorteado, drawn bond

bonos a corto plazo, short-term bonds

bonos a largo plazo, long-term bonds (L/T bonds)

bonos a largo plazo en Eurodólares, long-term Euro-Dollar bonds

bonos a medio plazo, medium-term bonds

bonos amortizables, redeemable bonds

bonos-basura (col.), junk bonds

bonos con amortización parcial, serial bonds

bonos con vencimiento fijo, term bonds

bonos convertibles, convertible bonds

bonos cotizados bajo la par, discount bonds

bonos de caja a corto plazo, commercial paper, short-term bonds

bonos de primera clase en Eurodólares, high-grade Euro-Dollar bonds

bonos de reintegro, refunding bonds

bonos de vencimiento escalonado, serial bonds

bonos del Tesoro, (USA) government bonds, government securities, Treasury bonds, currency certificates

bonos en Libras Esterlinas, emitidos por el Tesoro británico, gilt-edged securities

bonos especulativos, junk bonds (col.)

bonos exteriores, foreign bonds

bonos extranjeros ofrecidos en el mercado británico, bulldog bonds

bonos pagaderos en dólares, dollar bonds

borderó, acceptance slip

borrador, draft, rough copy; blotter

borrador de un texto, rough draft

borrador del Diario, blotter book

borrar, to delete; to clear (Inf.)

bóveda de seguridad, (self-deposit) vault

brecha inflacionista, inflationary gap

«broker», broker

bruto, gross; rough

bruto por neto, gross per net(t)

bucle, loop (Inf.)

buen comportamiento, good behavio(u)r

buen estado de funcionamiento, in working order

buena calidad corriente, fair average quality *(F.A.Q.)*

buena fama, good name

buena fe, bona fide (lat.); good faith

«bulldog», bulldog (GB)

buque, ship, vessel

buque adherido a la «Conference Line», Conference Line vessel

buque de carga, cargo vessel, freighter

buque de línea regular, liner

buque de primera, A1 ship

buque de servicio irregular, tramp (col.)

buque fletado, charter(ed) ship

buque fletado en el extranjero, foreign chartered ship

buque mercante, merchant ship

búsqueda de zona, area search (Inf.)

buzón de quejas y sugerencias, gripe box

byte, byte (Inf.)

C

C. & F., ab. *coste y flete,* C. & F. *(cost and freight)*

C. & F., con derechos de aduana pagados, C. & F. , customs duties paid

C. & F., con todos los gastos de descarga por cuenta del vendedor, C. & F. landed

C. & F., con todos los gastos de documentación, impuestos y derechos de aduana por cuenta del vendedor, C. & F. cleared

C.C.I., ab. *Cámara de Comercio Internacional,* (International Chamber of Commerce - *I.C.C.*

C.F.I., ab. *Corporación Financiera Internacional* (International Finance Corporation - *I.F.C.*)

caballero blanco, (col., OPAs), white knight (col., takeover bids)

cabeza de partido, county seat

cabeza de región, regional headquarters

cabeza de turco, dummy (col.)

cabeza magnética, magnetic head (Inf.)

cabildo, city hall

cablegrama, cable, cablegram

cabotaje, cabotage, coastwise shipping, coasting trade

caco, thief

caducable, forfeitable

caducado, stale

caducar, to expire, to lapse

caducidad, caducity, forfeiture

caducidad de una fianza, forfeiture of a bond

caduco, stale

caer, to go down

caída, drop

caída de la rentabilidad de los recursos propios, fall in the return on stockholders' equity

caída del agio, agio drop, drop in change

caída en el tipo medio de remuneración de los empleos reglamentados, lowering of average rates of return on regulated assets

caja, cash, cash(ier's) department; case, . . packing case; box

caja automática, cash dispenser

caja chica, petty cash

caja de ahorros, savings bank (USA = *thrift*)

caja de ahorros provincial, provincial savings bank

caja de compensación, equalization fund

caja de crédito agrícola, farm loan bank

caja de crédito hipotecario, mortgage (loan) bank

caja de depósitos, trust bank

caja de jubilaciones, pension fund, retirement fund

caja de pensiones, pension fund, retirement fund

caja de seguridad, vault, safe deposit box, strong safe

caja fuerte, vault, safe(-deposit) box, strong safe

caja mutua de ahorros, mutual savings bank

caja postal de ahorros, postal savings bank

caja y bancos, cash and due from banks, cash on hand and with banks, funds available

caja (y depósitos) en el Banco de España, cash on hand and deposits with the Banco de España, cash and due from Banco de España

cajero, cashier (GB); teller (USA)

cajero automático permanente, automated teller machine (A.T.M.), cash dispenser

cajero cobrador, receiving teller

cajero pagador, paying teller

cajero permanente, automatic teller machine (A.T.M.), cash dispenser

cajero principal, head teller

cala, test check

calcomanía, decal

calculadora, calculator (inf.)

calcular, to calculate, to compute (inf.)

cálculo, calculation, computation (inf.)

cálculo de conjunto, aggregate estimate

cálculo de interés, calculation of interest, interest calculation

cálculo de probabilidades, calculation of probabilities

cálculo estimativo, estimate

calderas, boilers; boiler house

calderilla, fractionary coin, subsidiary coin

calendario de amortización, repayment schedule

calendario de vencimientos de pagarés bancarios, maturity calendar of bank bills

calendario financiero, financial calendar

calidad de entidad bancaria, bank status

calificación de solvencia financiera, rating

caloría B.T.U. (caloría de la escala térmica anglosajona) British Thermal Unit (B.T.U.)

cámara acorazada, vault; safe, safe-deposit box, strong box

cámara de comercio, chamber of commerce

Cámara de Comercio Internacional (C.C.I.), International Chamber of Commerce (I.C.C)

cámara de compensación, clearing house

Cámara de Compensación de Opciones, options clearing corporation (O.C.C.)

Cámara de los Comunes, House of Commons (GB)

Cámara de los Lores, House of Lords (GB)

Cámara de Representantes, House of Representatives (USA)

camarilla, ring

cambial, bill of exchange, draft, drawing

cambiar, to exchange; to change

cambio, exchange; change; quotation

cambio a corto plazo, short exchange

cambio a la par, par of exchange, parity change

cambio a la par comercial, real par of exchange

cambio a la vista, sight rate (of exchange); demand rate of exchange cambio a plazo, forward rate

cambio al cierre de mercado del día, closing rate

cambio al contado, spot rate

cambio bajo, low change, low (exchange) rate

cambio base, fixing

cambio comprador, buying rate

cambio de actitud, change of attitude

cambio de apertura, opening change, initial exchange rate

cambio de cierre, closing rate, closing exchange rate

cambio de compensación, breakeven exchange rate

cambio de compra, buying rate of exchange

cambio de divisas, exchange of views

cambio de liquidación, making-up price

cambio de precio rápido y sensible, break

cambio de referencia, fixing

cambio de titularidad, change of title

cambio de una divisa a plazo por otra al contado, swap

cambio de venta, asking price, selling rate of exchange

cambio desfavorable, unfavo(u)rable change

cambio elevado, high rate of exchange

cambio en suspenso, exchange in suspense

cambio estable, firm change, steady rate of exchange

cambio estacionario, stationary rate of exchange

cambio extranjero, foreign exchange

cambio favorable, favo(u)rable change

cambio fijo, fixed change, fixed rate of exchange

cambio incierto, uncertain change

cambio indirecto, cross rate

cambio inicial, opening change, initial exchange rate

cambio marítimo, bottomry

cambio oficial, official rate of exchange

cambio sin fluctuaciones, firm change, steady rate of exchange

cambio variable, variable rate of exchange

cambios, changes, swings; fluctuations

cambios de intervención, intervention exchange rates

cambios en el nivel de precios, price level changes

cambios fijos, pegged exchange rates

cambios flotantes, floating exchange rates

cambios libres, free exchange rates

cambista, dealer, broker, (foreign exchange) trader

camión, lorry (GB); truck (USA)

campaña publicitaria, advertising campaign

campo de nombre, data field (inf.)

campo de tarjeta, card field (inf.)

campo de validación del número de identificación personal (PIN), PIN verification field (inf.)

campo rellenado con ceros, zero-filled field (inf.)

canal, channel (inf.)

canal analógico, analog channel (inf.)

canales tradicionales de intermediación del desarrollo, traditional intermediation of savings channels

canalizar, to channel

cancelación, cancellation

cancelación con una operación inversa, closing out

cancelación de cuentas mutuas por saldos netos, netting

cancelación simultánea, cross-default

cancelar, to cancel, to annul; to write off, to offset; to liquidate, to pay off cancelar un crédito, to cancel a credit

cancelar una deuda, to discharge a debt, to pay off a debt, to wipe off a debt (col.)

canje, change; exchange; conversion

canjear, to exchange

canjear acciones, to exchange shares, to exchange stock

canjear pagarés, to exchange notes

canjear títulos, to exchange shares, to exchange stock

canon, fee, royalty

canon de arrendamiento, lease rental, rate of rental

cánones de interpretación, canons of construction

cantidad, amount, sum

cantidad de intereses efectivamente pagados, actual amount of interest paid

cantidad en disputa, amount in dispute

cantidad global, lump sum

cantidad neta, net amount

cantidad pagadera de inmediato, amount payable forthwith

cantidad pendiente, outstanding amount

cantidad prevista, buffer

cantidad principal más intereses, principal plus interest

cantidad producida, output

capacidad, capacity

capacidad al 100 %, 100 p.c. capacity

capacidad aprovechada, utilized capacity

capacidad baja, low capacity

capacidad contributiva, tax-paying ability

capacidad de colocación, placing power

capacidad de expansión, expansion capacity

capacidad de expansión de sucursales, branching expansion capacity

capacidad de pago, ability to pay

capacidad de reacción, reaction capability

capacidad en disputa, outstanding amount

capacidad de endeudamiento, borrowing capacity

capacidad de generar beneficios, earning power

capacidad excedentaria, surplus capacity, idle capacity

capacidad excedida, overflow

capacidad financiera, credit rating

capacidad legal, legal status, legal capacity

capacidad no utilizada, idle capacity, surplus capacity

capacidad para otorgar testamento, testamentary capacity

capacitación, training

capacitación de los empleados, staff training

capataz, foreman

capaz, able

capital, capital; corpus; common stock

capital activo, active capital

capital ahorrado, saved capital

capital amortizable, callable capital

capital aportado, contributed capital

capital asegurado, capital assured

capital autorizado, authorized capital, nominal capital

capital autorizado y exhibido, capital authorized and paid for

capital circulante, circulating capital, current assets

capital comanditario, limited liability company

capital contable, net worth, net assets

capital de constitución, original capital

capital de explotación, working capital, instrumental capital, trading capital

capital declarado, declared capital

capital desembolsado, paid-up capital, invested capital, outstanding capital

capital diferido, pure endowment

capital diluido, watered capital

capital dividido en acciones, share capital, capital stock

capital e intereses, principal and interest

capital emitido, issued capital, subscribed capital

capital en acciones, share capital, capital stock, capital represented by shares

capital en acciones ordinarias, ordinary share capital

capital en cartera, shares in period of subscription

capital en circulación, capital stock outstanding

capital en obligaciones, debenture capital

capital escriturado, declared capital

capital exhibido, paid-up capital

capital exigible, callable capital

capital fijo, fixed capital

capital flotante, floating capital

capital improductivo, unproductive capital, dead stock, idle capital

capital inflado, watered capital

capital inicial, original capital

capital integrado, integrated capital

capital legal, legal capital

capital líquido, net worth

capital neto, net worth, net capital

capital no desembolsado, unpaid capital

capital no emitido, unissued capital

capital no exhibido, subscribed capital not paid

capital nominal, nominal capital, face capital

capital original, original capital

capital pagado, paid-up capital, paid-in capital

capital propio tangible, tangible equity

capital realizado, paid-in capital, paid-up capital

capital riesgo, venture capital

capital social, share capital, capital stock, corporate capital

capital social escriturado, registered capital

capital social y reservas, common equity

capital suscrito, subscribed capital

capital suscrito y no desembolsado, capital subscribed and pending payment

capital suscrito y no exhibido, uncalled capital

capital suscrito y pagado, capital subscribed and paid-in

capital suscrito y pendiente de desembolso, capital subscribed and pending payment

capital total más intereses acumulados, aggregate principal amount

capital variable, variable capital

capitalización, capitalization

capitalización bursátil, market capitalization

capitalizar, to capitalize

capitán de barco, master

capítulo, chapter; caption; item

captación de fondos, funding

captación y concesión de préstamos, borrowing and lending

captura, apprehension

captura y aprehensión, capture and seizure

carácter, character (Inf.)

carácter devolutivo, subject to return

carácter irrevocable, irrevocably

carácter técnico, technical nature

carácter técnico del informe, technical nature of the report

carácter válido, valid character

características más destacadas, salient features

carga, encumbrance; burden; cargo

carga de trabajo, work load

carga máxima, peak load

carga por avión, air freight

carga por depreciación, write-off

carga tributaria, tax burden

carga(mento), cargo, freight, lading

carga(mento) a granel, bulk cargo, loose cargo

carga(mento) de un vagón, carload

carga(mento) mixto, general cargo

carga(mento) sobre cubierta, deck cargo

cargar, to charge; to debit

cargar de más, to overcharge, to over-debit

cargar en memoria, to load (Inf.)

cargar intereses, to charge interest

cargarse de deudas, to run into debts

cargas indirectas, indirect expenses

cargo, debit, debit entry; charge; office, post

cargo diferido, deferred debit

cargo excesivo, overcharge

cargo y data, debit and credit

cargos, charges

cargos bancarios, bank charges

cargos departamentales, departmental charges

cargos diferidos, prepaid expenses; deferred charges

cargos directos, direct expenses, direct charges

cargos fijos, fixed charges

carnet de identidad *(D.N.I.)*, identity card

carpeta, file, binder, folder

carpeta de archivo, file folder

carta, letter

carta certificada, registered letter

carta circular, circular letter

carta con anexos, cover letter

carta constitucional, charter

carta de anterioridad a un crédito, letter of subordination (USA); subordination agreement (USA); letter of subrogation (GB)

carta de autorización, letter of authority

carta de aviso, letter of advice

carta de ciudadanía, citizenship papers

carta de cobranza, collection letter, (col.) dunning letter

carta de compromiso, letter of commitment

carta de confirmación, confirming letter, confirmation letter

carta de crédito, letter of credit *(L/C)*

carta de crédito a la vista, sight letter of credit

carta de crédito a plazo, time letter of credit

carta de crédito auxiliar, ancillary letter of credit

carta de crédito comercial, commercial letter of credit

carta de crédito complementaria, ancillary letter of credit

carta de crédito con garantía sobre compromiso, standby letter of credit

carta de crédito irrevocable, straight letter of credit

carta de crédito de viajero, travel(l)er's letter of credit

carta de crédito documentaria, documentary letter of credit

carta de crédito irrevocable, irrevocable letter of credit

carta de crédito realizable por aceptación, acceptance letter of credit

carta de crédito «standby», standby letter of credit

carta de delegación, letter of delegation, letter of representation carta de garantía, letter of guarantee, letter of indemnity

carta de indemnización, letter of indemnity

carta de mar (SA), ship's passport

carta de observaciones, expostulatory letter

carta de pago, receipt, acquittance

carta de pignoración, letter of hypothecation

carta de porte, freight bill

carta de porte de transportista explotador de una línea regular, common carrier bill of lading

carta de porte nominativa, straight bill of lading

carta de presentación, letter of introduction

carta (de) remesa, collection letter

carta de requerimiento, dunning letter

carta (patente) de sanidad, bill of health

carta de transporte aéreo, air consignment note

carta de venta, bill of sale

carta-poder, proxy

carta-poder sobre acciones, stock power

carta recordatoria, follow-up, tracer

carta verde, green card

cártel de empresas, trust

cártel de precios, cartel for price fixing

cartera, portfolio

cartera de créditos, loan portfolio

cartera de efectos, notes discounted, discounted notes

cartera de inversiones, investment portfolio

cartera de títulos, securities portfolio

cartera de valores mobiliarios, securities portfolio

cartera de valores privados, private securities portfolio

cartilla de ahorros, savings passbook, savings book

cartucho para monedas, coin envelope

casa, house; firm

casa central, central office, main office, headquarters

casa consistorial (Esp.), city hall

casa de aceptaciones, acceptance house

casa de banca, banking institution

casa de empeños, pawnshop

casa de la moneda, mint

casa solariega, homestead

casación, abrogation

casar, to abrogate, to annul; to match

cashflow, cashflow

casilla postal (SA), post office box

caso de incumplimiento, event of default

caso fortuito, act of God, act of providence, casus fortuitus (lat.)

catálogo, catalogue

catálogo de cuentas, accounts plan, classification of accounts

catálogo de muestras, sample book

catastro, cadastre (USA = cadaster)

categoría, category, rank

categoría profesional, professional rank, professional level

caución, guarantee, guaranty; pledge, collateral, bail, bail bond, caution, security; guarantor

caución para comparecencia, binding over

caucionar, to pledge

caudal hereditario, heritable mass

causa, cause; lawsuit

causa de fuerza mayor, act of God, act of providence, casus fortuitus (lat.)

causa desestimada, case dismissed

causa última, latest reason

causar baja, to withdraw from membership

causar intereses, to bear interest

causar problemas, to create problems

causas naturales, acts of God

cautela, caution; covenant

cautelar, precautionary

cazatalentos, head hunter

cedente, assigner, assignor; endorser; seller

ceder, to assign, to transfer, to make over

ceder como garantía, to assign for security

cedido, assignee

cédula, schedule; scrip; certificate

cédula al portador, bearer scrip

cédula de identidad, identity card

cédula de suscripción, subscription warrant

cédula fiscal sobre futuros ingresos, anticipation warrant

cédula hipotecaria, mortgage debenture, mortgage certificate, mortgage bond, mortgage-backed bond

celda, cell (Inf.)

celebrar un contrato, to make a contract

celebrar una subasta, to hold an auction

celebrar una subasta de bonos, to run a bond auction

célula, cell (Inf.)

censo, census; perpetual lien

censo de contribuyentes, tax roll

censor (jurado) de cuentas, auditor

censura de cuentas, audit of accounts

censura detallada, audit of details

centena de millar (en documentos procedentes de India o Pakistán), lac, lakh

centésimo de entero, basis point

Central de Información de Riesgos (Esp.), Risk Information Centre USA = Center)

central regional, regional headquarters

centralización, centralization

centralizar, to centralize

centro de autorizaciones, authorization centre (USA = center)

centro de beneficio, profit centre (USA = center)

centro de contratación, market

centro de estudios bancarios, bank training centre (USA = center)

centro de interés, core centre (USA = center)

centro de promoción social, benefit plan service

centro financiero, financial centre (USA = center)

centro financiero supranacional, offshore financial centre (USA = center)

centro financiero transnacional, offshore financial centre (USA = center)

cereal principal (en cada país anglosajón: USA = maíz, GB = trigo, etc.), corn

cerrar, to close; to cancel

cerrar las puertas, to close down

cerrar los libros, to close the books

cerrar un sobre, to seal an envelope

cerrar un trato, to strike a bargain

cerrar una cuenta, to close an account

certificación, affidavit

certificación con acuse de recibo, registration with receipt requested

certificación de cuentas, certification of accounts

certificado, certificate; attestation, affidavit

certificado con salvedades, qualified certificate

certificado de acciones, share certificate, stock certificate, scrip

certificado de almacén, bond warrant

certificado de arqueo del buque, measurement bill

certificado de auditoría, audit certificate, auditor's certificate

certificado de averías, certificate of damage

266

certificado de conformidad, inspection certificate to be final (GB); certificate of inspection and acceptance (USA)

certificado de conformidad a la venta realizada, bill of sale

certificado de control veterinario norteamericano (expedido por el Bureau of Animal Industry), B.A.I. certificate

certificado de daños y perjuicios, certificate of damages

certificado de depósito, certificate of deposit, warehouse warrant, bond warrant

certificado de desinfección de la paja del embalaje, straw certificate

certificado de despacho de aduanas, clearance certificate

certificado de destrucción, certificate of destruction

certificado de dividendo diferido, scrip certificate

certificado de exportación, export certificate

certificado de fábrica, mill certificate, manufacturer's certificate, certificate of manufacturer

certificado de fabricación, mill certificate, manufacturer's certificate

certificado de incineración, cremation certificate

certificado de inspección, inspection certificate

certificado de naturalización, citizenship papers

certificado de navegación, sea letter

certificado de origen, certificate of origin *(C/O)*

certificado de participación, participation certificate

certificado de participación al portador, bearer participation certificate *(b.p.c.)*

certificado de participación en una sociedad inversionista, trust certificate

certificado de propiedad, certificate of ownership, proprietorship certificate

certificado de propiedad de acciones, certificate of stock

certificado de protesto, certificate of protest, deed of protest

certificado de pureza alimenticia, pure food certificate

certificado de registro, certificate of registration, title deed

certificado de saldo en cuenta, certificate of balance

certificado de sanidad, bill of health

certificado de seguro, insurance certificate *(I/C)*

certificado de venta, certificate of sale

certificado definitivo, definitive certificate, permanent certificate

certificado fitosanitario, phytosanitary certificate

certificado para la compra de acciones, share warrant

certificado para reintegro, (drawback) debenture

certificado por escrito, certificate in writing

certificado provisional, scrip, provisional certificate

certificado sanitario, health certificate

certificado sin salvedades, unqualified certificate

certificar, to attest, to certify

certificar por escrito, to certify in writing

cervezas (Bolsa), breweries

cesantes, unemployed

cese del crecimiento, cessation of growth

cesión, transfer, cession, assignment, demise

cesión (a un fideicomisario), deed of trust

cesión de acciones, transmission of shares

cesión de cartera, cession of portfolio

cesión de créditos, selldown of loans

cesión de derechos, assignment of rights

cesión incondicional, absolute conveyance

cesión temporal de activos, assets sold under repurchase agreements, temporary sale of assets

cesión voluntaria, voluntary assignment

cesionario, assignee, cessionary

cesionario de derecho, assignee in law

cesionario de hecho, assignee in fact

cesionista, assigner, assignor, grantor

cesta de monedas, currency basket

cibernética, cybernetics

ciclo contable, accounting cycle

ciclo de facturación, billing cycle

ciclo de las existencias (disminución/aumento), stock cycle (decomulation/accumulation)

ciclo de vida de un producto, product life cycle

ciclos económicos, business cycles

ciencia actuarial, actuarial science

cierre, closure, closing (of books)

cierre anual, annual closing

cierre de la Bolsa, closing of the stock exchange

cierre de los libros, closing of the books

cierre de operaciones, close of business

cierre patronal, lockout

cifra, digit

cifra de desocupados, unemployment rate

cifra de negocios, turnover

cifra omitida, omitted figure

cifra redonda, lump sum

cifra sin precedentes, record figure

cifrado, encryption

cifras actualizadas, updated figures

cifras brutas, gross figures

cifras clave, key figures

cifras consolidadas, consolidated figures

cifras contables, book figures

cifras en los libros, book figures

cifras entre paréntesis, figures in brackets

cifras provisionales, provisional figures

cifras revisadas, audited figures, adjusted figures

cifras significativas, relevant figures

cifras sin revisar, unaudited figures

cinta de intercambio, interchange tape

cinta de intercambio de entrada, incoming interchange tape

cinta de intercambio de salida, outgoing interchange tape

cinta de perforación incompleta, chadless tape (Inf.)

cinta duplicada, duplicate(d) tape

cinta perforada, paper tape (Inf.)

circo, circus

circuito bancario, bank circuit

circuitos de estado sólido, solid state circuitry (Inf.)

circuitos en microminiatura, microminiaturized circuits (Inf.)

circulación de cheques sin fondos, kite flying, kiting

circular, circular; circular letter

circular de nombramiento, appointment circular

circular de oferta, offering circular

circular de organización, organization circular

circular moneda falsa, to pass counterfeit money

círculo, ring; circle

círculo de calidad, quality circle

círculos bancarios, banking circles

circunstancias del entorno, overall environment, environmental circumstances

circunstancias externas, external factors

citación, call; summons

citar, to call

clase de riesgo, class of risk

clase de seguro, class of insurance

clase trabajadora, labo(u)ring class

clasificación, breakdown; rating; classification, sorting

clasificación de cuentas, classification of accounts, accounts classification

clasificación de departamentos, departmental classification

clasificación de preferencia, priority rating

clasificación de puestos, classification of positions

clasificadora, sorter (Inf.)

clasificadora-cortadora de tarjetas, card counter-sorter

cláusula, clause, provision, article, covenant

cláusula antidilución, antidilution clause

cláusula antirrenuncia, antiwaiver clause

cláusula contractual, agreement clause

cláusula de aceptación, acceptance clause

cláusula de almacén a almacén, warehouse to warehouse clause; transit clause

cláusula de anticipo al exportador, red clause

cláusula de arbitraje, arbitration clause

cláusula de aumento de coste, increased cost clause

cláusula de baja de precios, price fall clause

cláusula de beneficiario, beneficiary clause

cláusula de coaseguro, coinsurance clause

cláusula de compensación de deudas, set-off clause

cláusula de declaración de daños sufridos y reclamación de su importe, ad damnum clause

cláusula de denuncia por incumplimiento de obligaciones con terceros, cross-default clause

cláusula de exención de responsabilidad del asegurador por captura o secuestro del buque o de la mercancía asegurada, free of capture and seizure clause *(F.C. & S. clause)*

cláusula de franquicia, franchise clause

cláusula de garantía negativa, negative pledge clause

cláusula de huelga y cierre patronal, strike and lockout clause

cláusula de ilegalidad, illegality clause

cláusula de incendios, arson clause

cláusula de no disponer, tickler clause

cláusula de opción al pago anticipado, acceleration clause

cláusula de penalización, penalty clause

cláusula de protección, protective covenant

cláusula de protección por anomalías del mercado, disaster clause

cláusula de renuncia, waiver (clause), disclaimer

cláusula de reserva, saving clause

cláusula de revisión, escalator clause

cláusula de rotura, breakage clause

cláusula de salvaguarda de garantía, negative pledge

cláusula de salvedad, saving clause

cláusula de seguro de la mercancía durante el tránsito, transit clause, warehouse to warehouse clause

cláusula de seguro de transporte marítimo cubriendo riesgos de guerra (adoptada por el Instituto de Aseguradores de Londres), Institute cargo clause with wartime extension

cláusula de solidaridad, sharing clause

cláusula de vinculación por impago, cross-default clause

269

cláusula derogatoria, overriding clause

cláusula monetaria, currency clause, monetary clause

cláusula para el vencimiento anticipado, acceleration clause

cláusula pari passu, pari passu clause

cláusula que permite retirarse del contrato, escape clause

cláusula resolutoria, defeasance clause, cancellation clause, termination clause

cláusula restrictiva de responsabilidad del transportista, inserta en el conocimiento de embarque, (new) Jason clause

cláusula roja, red clause

cláusula sobre revisión del tipo de interés, interest adjustment clause

cláusula sobre riesgos de huelga, alzamiento y desórdenes internos, strike, riots and civil. commotions clause (S.R. & C.C. clause)

cláusula verde, green clause

cláusulas de seguro contra riesgos de huelga (adoptadas por el Instituto de Aseguradores de Londres), Institute strike clauses (I.S.C.)

cláusulas de seguro de transporte marítimo (adoptadas por el Instituto de Aseguradores de Londres), Institute cargo clauses (I.C.C.)

clausura de libros, closing of books

clave, key, coding

clave binaria, binary code (Inf.)

clave criptográfica, cryptographic key

clave de acceso, password (Inf.)

clave de control, control key (Inf.)

clave numérica, numeric code (Inf.)

clave telegráfica, telegraphic test key

claves de identificación, identification codes

claves de las cuentas departamentales, departmental accounts codes

cliente, client, customer, principal, patron, buyer

cliente final, end customer

cliente particular, end customer

cliente poco recomendable, undesirable customer

clientela, clientele, customers

clientes morosos, bad debts

coacreedor, joint creditor

coadministrador, coadministrator

coafianzamiento, cobonding

coarrendador, joint lessor

coarrendatario, cotenant

coasegurador, coinsurer

coaseguro, co-insurance

cobertura, coverage, hedge, hedging

cobertura comercial, trade coverage

cobertura con posición larga en el contrato de futuro, long edge

cobertura cruzada, cross hedge

cobertura de intereses, interest charges coverage

cobertura de mercado, market coverage

cobertura de reservas técnicas, technical reserve coverage

cobertura geográfica, geographical coverage, geographical expansion

cobertura global, global cover

cobertura oro, gold cover

cobertura publicitaria, advertising coverage

cobertura total, full coverage

COBOL (lenguaje de programación), COBOL (programming language, Inf.)

cobranza, collection

cobranza documentaria, documentary collection

cobranzas a reembolsar, collections repayable

cobranzas sobre el extranjero, foreign collections

cobrar, to collect, to cash in; to draw

cobrar al contado, to encash, to cash down

cobrar daños y perjuicios, to recover damages

cobrar en efectivo, to encash, to cash down

cobrar por anticipado, to cash in advance

cobrar un cheque, to cash a cheque (USA = *check*)

cobrar una comisión, to collect a commission

cobro de cuotas, fee collection

cobro de primas, collection of premiums

cobro por adelantado, advance collection

cobros a clientes, collections on accounts receivable

cobros por caja, collections, cash received

codificación básica, basic coding (Inf.)

codificación de tarjetas, card encoding (Inf.)

codificar, to codify, to (en)code (Inf.)

código, code; code of laws

código absoluto, absolute coding (Inf.)

código alfanumérico, alphanumeric code (Inf.)

código binario, binary code (Inf.)

código civil, civil code

código de autorización, authorization code

código de comercio, code of commerce, commercial code, law merchant

código de formato, format code (Inf.)

código de identificación de una cadena de establecimientos, chain code

código de instrucciones al ordenador, computer instruction code (Inf.)

código de operación, transaction code

código de ordenador, computer code (Inf.)

código de país, country code

código de tarjeta, card code (Inf.)

código de una instrucción, instruction code (Inf.)

código penal, penal code

código valor (para transmitir información), ticker symbol

coeficiente, coefficient, rate, index, ratio

coeficiente beta, beta coefficient

coeficiente de aceleración, acceleration coefficient

coeficiente de amortización, depreciation rate

coeficiente de apalancamiento, leverage coefficient, leverage ratio

coeficiente de caja, cash ratio, liquidity ratio, cash reserve requirement

coeficiente de correlación, correlation coefficient

coeficiente de fallidos, coefficient of bad debts, bad debts ratio

coeficiente de garantía, capital adequacy ratio

coeficiente de inversión, investment ratio

coeficiente de liquidez, acid-test ratio

coeficiente de pagarés del Tesoro, Treasury bill ratio

coeficiente de recursos propios, capital compliance ratio

coeficiente de rentabilidad del capital, coefficient of capital yield, capital yield ratio

coeficiente de solvencia, capital adequacy ratio

coeficiente del circulante, current ratio

coeficiente legal de inversión, legal discount limit

cofiduciario, joint trustee

cofradía artesanal, guild

cogerente, joint manager

cogestión, comanagement

cohechador, embrace(o)r

cohecho, bribe(ry), graft

coima (SA), bribe(ry), graft

colapso de la Bolsa, crack, crash

colateral, collateral, security

colectivo, joint

colectivo accionario, total shareholders

colocación, investment; placement; allocation; job

colocación asegurada, assured placement

colocación con mejor retribución, better paid position

colocación de activos financieros, placement of financial assets

colocación de reservas oficiales, placement of official reserves

colocación de una emisión, underwriting, placement, placing

colocación del capital, capital investment

colocación estratégica de activos, tactical asset allocation

colocación garantizada, guaranteed placement, guaranteed placing

colocación privada, private placement, private loans

colocación privada inicial, initial private placement

colocación restringida, private placement, private loans

colocación secundaria, secondary placement

colocador de emisiones, issue manager, underwriter

colocador de pagarés, dealer

colocar dinero en, to place money on

colocar una emisión, to place an issue, to underwrite an issue

columna de tarjeta, card column

colusión, collusion

colusorio, collusive

comandita, silent partnership

comanditado, active partner

comanditario, sleeping partner, special partner

combatir el blanqueo de dinero, to combat money laundering

combinación de intereses, pooling of interests

comentario sobre los estados financieros, comments on the financial statements

comerciable, marketable

comercial, commercial, mercantile; business

comercializable, marketable

comercialización de drogas, marketing of narcotics, drug trafficking

comerciante, merchant, trader, dealer

comerciante al por mayor, wholesaler

comerciante al por menor, retailer

comerciante individual, sole trader

comercio, commerce, trade, business

comercio de estado, state trade

comercio exterior, foreign trade, external trade

comercio interestatal, interstate commerce

comercio interior, domestic trade

comercio triangular en divisas, switch trade

comisaría, police station

comisión, commission; charges, fee; committee

comisión acumulada, accrued commission

comisión de adquisición, acquisition commission

comisión de agente, brokerage, agent's commission, agency fee

Comisión de Bolsa y Valores, Securities and Exchange Commission (S.E.C.)

comisión de cobranza, collecting commission

comisión de colocación, underwriting fee

comisión de compra, commitment fee

comisión de compromiso, commitment fee

comisión de corretaje, brokerage fee

comisión de gestión, arrangement fee, management fee

comisión de intermediación, brokerage

comisión de participación, participation fee

comisión de prestamista, procuration fee

comisión de servicio, facility fee

comisión de venta, selling commission, commission on sales

comisión pagadera una sola vez, flat fee

comisión permanente, standing committee

comisión previa por gestión, praecipium (lat.)

comisión residual, pool

comisionar a, to deputize

comisiones acumuladas sobre préstamos, accrued loan commissions

comisiones de avales y otras cauciones, fees for guarantees, other sureties and documentary credits

comisiones (suma) sobre emisión de bonos, gross spread

comisiones y otros ingresos, commissions and other revenue

comisionista, commission agent

comisionista bursátil, floor broker

comiso, forfeit, attachment

comité, committee

comité ad hoc, ad hoc committee

comité asesor, advisory committee

comité competente, ad hoc committee

comité consultivo, advisory committee

comité de acatamiento, compliance committee

comité de arbitraje, arbitration committee

Comité de Asistencia para el Desarrollo, Development Assistance Committee (D.A.C.)

Comité de Normas de Contabilidad Financiera, Financial Accounting Standards Board (F.A.S.B.)

comité de planificación, planning committee

comité de riesgos, credit committee

comité de sueldos, salary committee

Comité Económico y Social, Economic and Social Committee

comité legislativo, legislative committee

comitente, assigner, assignor, accountee, principal, auctor

como a continuación se indica, as follows

como medida de garantía, as a guarantee measure

como sigue, as follows

compaginación, assembly (inf.)

compaginación de programas múltiples, multiple assembly (inf.)

compañía, company

compañía afiliada, affiliate(d) company

compañía afiliada en el extranjero, foreign affiliated company

compañía anónima (Esp. = sociedad), corporation

compañía armadora, shipping company

compañía asociada, allied company

compañía bien gestionada, ably-run company

compañía cerrada, closed corporation

compañía de crédito comercial, commercial credit company

compañía de seguros mutuos, mutual insurance company

compañía dentro de un grupo de afiliadas, constituent company

compañía en comandita (Esp. = sociedad), limited partnership compañía filial, affiliated company, sub-sidiary company, controlled company, sub-company

compañía fusionada, merged company

compañía inactiva, non-operating company

compañía matriz, parent company, holding company

compañía no operante (Esp. = *inactiva*), non-operating company

compañía operante (Esp. = *activa*), operating company

compañía por acciones, stock company

compañía principal, parent company

compañía propietaria, proprietary company

compañía subsidiaria, subsidiary com-pany, affiliate(d) company, controlled company, sub-company, underlying company

compañía tenedora del paquete mayoritario, holding company

compañía transportadora, trucking company

comparecencia ante, appearance before

comparecencia por apoderado, appear-ance by attorney

comparecencia por medio de abogado, appearance by counsel

comparecer, to appear

compendio, summary, abridg(e)ment

compensación, clearing; offset; amends; set-off

compensación de cheques, cheque clearing (USA = *check*)

compensación de efectos procedentes de sucursales, branch clearing

compensación de riesgos, balancing of portfolio

compensación directa, direct compen-sation

compensación otorgada, relief awarded

compensaciones bancarias, bank clearing

compensado, offset

compensar, to clear, to offset, to compensate

compensar pérdidas anteriores, to offset earlier losses

competencia, competition; competency

competencia del tribunal, competency of the court

competencia desleal, unfair competition

competencia justa, fair competition

competente, able

competir en la captación de recursos ajenos, to compete for funds

competitividad en descenso, declining competitiveness

compilar, to compile

complejo, complex

complementario, additional

completo, complete

complicado, complex

cómplice, accessory after the fact

componedor, compounder, adjuster

componenda, arbitration

comportamiento aparentemente anó-malo, apparently abnormal behavio(u)r

comportamiento de un valor (frente a un sector o índice general), relative strength line

comportamiento futuro de la Bolsa, future conditions in the stock market

comportamiento profesional, profess-ional conduct

composición de los recursos ajenos, structure of deposits

compra, purchase; procurement

compra a plazos, instal(l)ment purchase, hire purchase, instal(l)ment buying, credit purchase; edge

compra a precios escalonados, scale buying

compra al contado, cash purchase

compra apalancada por ejecutivos, leveraged management buyout (*L.M.B.O.*)

compra de acciones (por mandato de otro, para ocultar su verdadera titularidad), parking

compra de acciones por sorpresa, raid

compra de apoyo, pegging purchase, supporting purchase, bearish covering, short covering

compra de cobertura, pegging purchase, supporting purchase, bearish covering, short covering

compra de técnica industrial, purchase of industrial technique

compra de una compañía por su equipo directivo, leveraged management buyout (L.M.B.O.)

compra directa, offhand buying

compra en firme, firm purchase

compra global de activos, basket purchase

compra mediante endeudamiento, leveraged buyout (L.B.O.)

compra o paga, take or pay

compra para cubrir ventas al descubierto, short covering, bearish covering, pegging purchase, supporting purchase

compra por apalancamiento, leveraged buyout (L.B.O.)

compra sin recurso de obligaciones de pago, forfeiting

compra total, buyout

comprador, buyer, purchaser, customer, vendee

comprador de buena fe, bona fide purchaser

comprador de una opción, holder, buyer

comprador de una posición a plazo, long buyer

comprar, to buy, to purchase, to acquire

comprar a crédito, to buy on credit

comprar a término, to purchase forward

comprar al cierre, to buy on close

comprar al comienzo, to buy on opening

comprar al contado, to buy for cash

comprar (al) fiado, bo buy on credit

comprar anticipadamente, to buy ahead

comprar derechos, to buy rights, to acquire rights

comprar valores a gran escala, to corner the market

compras de materias primas, purchases of raw materials

compras de materiales de empaque, purchases of packing materials

compras locales, local purchases

compras netas, net purchases

compras no clasificadas, purchases of expense items

compraventa, bargain and sale, purchase and sale

compraventa al contado simultánea a una venta-compra a plazo, repurchase agreement, report

compraventa de divisas a un cambio determinado, con pago diferido, forward contract, future contract

compraventa de divisas al contado, spot contract

compraventa de moneda extranjera, foreign exchange trading

compraventas realizadas fuera de Bolsa, over-the-counter trading

comprobación, verification, checking, reconciliation

comprobación de cuentas bancarias, bank reconciliation

comprobación de inventario, verification of inventory

comprobación diaria de entradas y salidas de caja, teller's proof

comprobación negativa, negative verification

comprobación por calas, spot check(ing)

comprobante, voucher

comprobante de abono, credit slip, credit voucher

comprobante de adeudo, debit slip, debit voucher, evidence of indebtedness

comprobante de asiento, proof of posting

comprobante de caja, cash warrant, cash voucher

comprobante de caja chica (SA), petty cash voucher

comprobante de cobertura previa a la emisión de la póliza de seguro, cover note

comprobante de desembolso, disbursement voucher, payment voucher

comprobar, to check, to verify, to prove

comprobar la firma, to verify the signature

comprobar una cuenta, to check an account

comprometerse a, to undertake

compromiso, compromise, undertaking, obligation, commitment, indebtedness, liability, guaranty

compromiso colateral, collateral undertaking

compromiso de donación, grant commitment

compromiso de entrega, delivery bond

compromiso de financiación de excesos de costos, overrun commitment

compromiso de los colocadores de emisión, backstop role

compromiso de préstamo, loan commitment

compromiso de recompra, repurchase agreeement

compromiso directo, direct obligation

compromiso en firme, firm commitment

compromiso expreso, express assumpsit

compromiso no garantizado, unsecured indebtedness

compromiso personal, personal liability

compromisos corporativos, corporate commitments

compromisos generales, general obligations

compromisos potenciales, potential commitments

compromisos vencidos, matured liabilities

computadora (Esp. = *ordenador*), computer

cómputo aritmético, arithmetical computation

cómputo de intereses a base de saldos, equated calculation of interest

comunicación, announcement; communication; report

comunicado de prensa, press release

comunicado de régimen interno, inter-office memo(randum)

comunicar, to advise; to acquaint; to report

Comunidad Económica Europea *(C.E.E.)*, European Economic Community *(E.E.C.)*

Comunidad Europea del Carbón y del Acero *(C.E.C.A.)*, European Coal and Steel Community *(E.C.S.C.)*

con, cum (lat.)

con anticipación, in advance

con avería particular, with particular average *(W.A., W.P.A.)*

con carácter devolutivo, subject to return

con facultad para realizar pruebas en cualquier momento del viaje, with liberty to run trials at any stage of the voyage

con facultades de, with the authority of

con facultades para, with the authority to

con fecha anticipada, dated ahead

con fecha atrasada, stale

con fecha de, under date of, dated, on

con garantía hipotecaria, on mortgage(d) security

con interés, interest-bearing

con objeto de, with the purpose of

con una rentabilidad, at a yield

con vencimiento en **1999,** due 1999

con vistas a, with a view to

conceder, to grant, to extend

conceder un crédito, to grant a credit

conceder un descuento, to grant a discount, to allow a discount

conceder un préstamo, to make a loan, to accommodate, to extend a loan, to grant a loan

conceder una prórroga, to grant a delay, to grant an extension

concentración, concentration, recapitulation; stacking

concentración del riesgo, concentration of risks, risk concentration

concesión, allowance, grant, rebate; discount; concession

concesión de créditos, granting of credits

concesión de licencias vigiladas, surveillance licensing

concesión de venta, selling concession

concesión tributaria, tax concession

concesionario, grantee, licensee

concesiones fijas, fixed allowances

concierto, arrangement

concierto operativo, operating agreement

conciliación, (re)conciliation

conciliación de cuentas, account reconciliation

conciliación de estados bancarios, bank reconciliation

conciliar, to accord, to reconcile, to reconciliate

conciliar cuentas, to reconcile accounts

concordante, consistent

concordar, to accord

concurso, contest

condiciones, conditions; terms, tenor

condiciones comerciales, commercial terms

condiciones complementarias, additional conditions

condiciones de entrega, terms of delivery

condiciones de flete uniforme, aplicadas por los buques adheridos a la «Conference Line», Conference Line freight terms

condiciones de las líneas marítimas regulares, liner terms

condiciones de pago, terms of payment, payment terms

condiciones de un préstamo, terms of a loan

condiciones de venta, selling terms

condiciones del crédito, credit terms, terms of sale

condiciones del mercado, market conditions; commercial terms

condiciones generales de la póliza, general policy conditions

condominio, joint ownership, common ownership

condonación, condonation

conectado, on line (inf.)

conexión jurídica, legal connection

conferencia telefónica con cargo al destinatario, collect call

confesar, to avow

confianza mutua, mutual trust

confidencial, confidential

confidencial y restringido, confidential and restricted

confidencialidad, confidentiality

configuración del prefijo, prefix configuration

configuración final del mercado, final configuration of the market

confirmación, confirmation

confirmación de inventario, inventory certificate

confirmación directa, direct confirmation

confirmado, confirmed

confirmar una entrevista, to confirm an appointment

confiscación, confiscation, seizure, condemnation

confiscar, to seize, to embargo, to impress

conflictos laborales, labo(u)r disputes

conformación, reconciliation

conformar, to accord

conforme a, as per, in accordance with, according to, pursuant to

conforme a derecho, according to law

conforme a las leyes de, under the laws of, consistent with the laws of

conforme a lo dispuesto por, under the provisions of

conforme a lo programado, as scheduled

conforme a lo solicitado, in compliance with the request

conforme al uso bancario, according to banking practice

conforme exige la ley, as requested by law

conforme se indica en los párrafos precedentes, as mentioned in earlier paragraphs

conformidad, approval

congelación de fondos, freezing of funds

congelación de precios, price freeze

congelación salarial, wages freeze

congelar un crédito, to freeze a credit

congelar una cuenta, to freeze an account

conglomerado, conglomerate

conjunto, joint

conmoción civil (levantamiento popular), civil commotion

conmutador de alteración, alteration switch (inf.)

conmutar, to switch (inf.)

conocimiento acreditativo de recepción de la mercancía para su carga, received for shipment bill of lading

conocimiento de almacén, dock warrant

conocimiento de carga, freight receipt

conocimiento de embarque, bill of lading (B/L); blading (cables); waybill

conocimiento de embarque a la orden, bill of lading to order; order bill of lading, exchange bill of lading

conocimiento de embarque aéreo, air consignment note, airway bill of lading, air waybill

conocimiento de embarque al portador, bill of lading to bearer, blank bill of lading

conocimiento de embarque amparando mercancía que sólo puede transbordarse en un puerto británico, continental through bill of lading

conocimiento de embarque caducado, stale bill of lading

conocimiento de embarque con certificación consular, certified bill of lading

conocimiento de embarque con objeciones, dirty bill of lading, foul bill of lading, claused bill of lading, unclean bill of lading

conocimiento de embarque con responsabilidad limitada del transportista, released bill of lading

conocimiento de embarque con responsabilidad total del transportista, full bill of lading

conocimiento de embarque consignado a, bill of lading consigned to

conocimiento de embarque consignado a persona determinada, straight bill of lading

conocimiento de embarque corrido, straight bill of lading, through bill of lading

conocimiento de embarque declarando que la mercancía está en perfectas condiciones y embarcada, shipped bill of lading conocimiento de embarque directo (cubre hasta destino final, transbordos incluidos), through bill of lading

conocimiento de embarque emitido por un transitario, forwarder's bill of lading

conocimiento de embarque endosado en blanco, blank endorsed bill of lading

conocimiento de embarque fluvial, barge bill of lading

conocimiento de embarque limpio, clean bill of lading

conocimiento de embarque marítimo, ocean bill of lading

conocimiento de embarque negociable, negotiable bill of lading, order bill of lading

conocimiento de embarque no negociable, straight bill of lading

conocimiento de embarque no traspasable, flat bill of lading

conocimiento de embarque nominativo, straight bill of lading

conocimiento de embarque original, original bill of lading

conocimiento de embarque por mercancías entregadas, spent bill of lading

conocimiento de embarque sin reservas, clean bill of lading

conocimiento de embarque sin restricciones, clean bill of lading

conocimiento de embarque sin transbordos, direct bill of lading

conocimiento de embarque sobre mercancías a bordo de buque alquilado, charter party bill of lading

conocimiento de embarque sucio, foul bill of lading

conocimiento de favor sobre mercancía no entregada, accommodation bill of lading

conocimiento de marca, brand awareness

conocimientos técnicos, know-how

consecuencias de la sequía, implications of draught

conseguir, to achieve, to accomplish

conseguir beneficios rápidos, to make quick profits

consejero, director, advisor, counsel; member of the board

consejero delegado, managing director, executive director; (USA) *chief executive officer (C.E.O.)*

consejero delegado adjunto, deputy managing director

consejero ejecutivo, executive director

consejo, board (of directors); council; counsel, piece of advice

consejo de administración, board of directors, administrative board

consejo de aseguradores, board of underwriters

Consejo de la Reserva Federal (USA), Federal Reserve Board *(F.R.B.)*

consejo de ministros, council of ministers

consenso, agreement

consentimiento, accession, consent

consentimiento implícito, constructive assent

consentimiento tácito, implied consent, tacit consent

conservación, maintenance; custody

conservación de antecedentes, record retention

conservación de valores, custody of stocks

conservación diferida, deferred maintenance

conservación y control de archivos, files retention and control

considerando, whereas

considerandos, whereas clauses

consignación, consignment

consignaciones enviadas, consignments out

consignaciones recibidas, consignments in

consignar, to consign

consignatario, consignee

consocio, copartner

consola de ordenador, computer console (inf.)

consolidación, consolidation

consolidación de balances, consolidation of balances, balance consolidation

consolidación de cifras, consolidation of figures

consolidación de empresas, merger

consolidación de una deuda, consolidation of a debt

consolidar, to consolidate, to fund

consorcio, syndicate, consortium (plural: *consortia);* pool

consorcio bancario, bank syndicate

consorcio de emisión, underwriting syndicate

consorcio industrial, industrial merger

consorcios organizados, organized consortia

conspiración, confederacy

constante, flat; constant (inf.)

conste por la presente, know all men by these presents

constitución de provisiones, constitution of provisions

constituir, to charter, to constitute, to incorporate; to record

constituir una provisión, to record a provision

constituir una sociedad, to incorporate a company, to constitute a company, to form a company

constituyente, principal

construcciones en proceso, plant under construction, construction in process

consumo, consumption

consumo de crudos, oil consumption

consumo interno, domestic consumption

contabilidad, accountancy, accounting, bookkeeping

contabilidad administrativa, administrative accounting

contabilidad analítica, cost accounting

contabilidad analítica de costes, analytical cost accounting

contabilidad de costos, cost accounting

contabilidad de sucesiones, estate accounting

contabilidad fideicomisaria, trust accounting

contabilidad fiduciaria, fiduciary accounting

contabilidad fiscal, fiscal accounting

contabilidad industrial, manufacturing accounting, industrial accounting, factory accounting

contabilidad mecanizada, automatic accounting, mechanized accounting

contabilidad mercantil, mercantile accounting

contabilizar, to enter, to post, to journalize

contable, accountant, bookkeeper; accountable; accounting

contable particular, private accountant

contable titulado, chartered accountant (G.B.)

contablemente, in accounting, per books

contacto con aceite u otros productos, contact with oil or other products *(C.O.O.P.)*

contacto con cuerpos extraños, contact with foreign matters *(C.F.M.)*

contacto con el resto de la carga, contact with other cargo *(C.O.C.)*

contador (SA), accountant

contador de saldos, balance counter (inf.)

contador (en) jefe (SA), chief accountant, senior accountant contador general (SA), general accountant

contador público titulado (SA), certified public accountant, chartered accountant

contaduría (SA), accountancy

contango, contango

contar, to count

contenido, contents

contestación, answer

contestar, to answer

contingente, quota, contingent

continuado, ongoing

continuo, ongoing

contra, versus (v.)

contra entrega del cupón, against surrender of coupon

contra reembolso, cash on delivery (C.O.D.)

contra todo riesgo, against all risks (A.(A.)R.)

contraasiento, reversal entry, correcting entry

contrabandear, to smuggle

contrabandista, smuggler

contrabando, smuggling

contracuenta, contra account, offset account

contrafianza, back bond

contralor (SA), comptroller (USA = controller)

contraloría (SA), comptrollership (USA = controllership)

contraorden, countermand

contrapartida, cancelling entry, offsetting entry, correcting entry, balancing entry; counterpart

contrario a la ley, unlawful, criminal in purpose, illegal

contrarrestar, to offset

contrarrestar los efectos negativos, to counteract the negative effects

contrata, undertaking

contratación automática por ordenador, program trading

contratación de acciones, share dealings

contratación de personal, personnel contracting, staff hiring

contratante, bargainee, buyer; bargainor; covenantee, covenantor

contratar, to contract, to agree, to charter

contratar a personas inexpertas, to fleece (col.)

contratista, contractor

contrato, contract, agreement, covenant

contrato a destajo, agreement by the job

contrato a la gruesa, bottomry

contrato a medio plazo, medium-term commitment

contrato a plazo, forward contract, future contract

contrato a plazo con tipo de interés concertado, forward rate agreement (F.R.A.)

contrato al contado, spot contract

contrato aleatorio, aleatory contract

contrato bilateral, reciprocal contract

contrato colectivo, joint contract

contrato con el comisariado, indenture

contrato consensual, consensual contract

contrato de aceptación, acceptance agreement

contrato de alquiler de un barco, charter party (C.P.)

contrato de alquiler de un barco por un plazo determinado, time charter

contrato de alquiler de un barco por un solo viaje, voyage charter

contrato de aparcería, metayer contract

contrato de arrendamiento, agreement of lease

contrato de comerciante, merchant agreement

contrato de compromiso, trust indenture (GB = *trust deed*)

contrato de crédito, loan contract, credit contract, loan agreement

contrato de depósito en garantía, escrow agreement

contrato de distribución en exclusiva, sole agency agreement

contrato de fletamento, affreightment, charter (party)

contrato de fletamento de buque completo, bare boat charter

contrato de fletamento sin especificarse carga o destino, open charter

contrato de franquicia, franchise contract

contrato de futuros, futures contract

contrato (de) llave en mano, turnkey job

contrato de prenda, collateral contract

contrato de prenda sin desplazamiento, bill of sale

contrato de préstamo, loan contract, credit contract, loan agreement

contrato de seguro, policy, policy of insurance, insurance policy

contrato de servicios, service contract

contrato de sociedad, deed of partnership

contrato de trabajo, agreement of service

contrato de venta, bill of sale

contrato de venta en firme, firm sale contract

contrato financiero a plazo, financial future

contrato formal, formal contract

contrato implícito, implied contract

contrato individual, individual contract

contrato legal de emisión y compra de bonos, bond indenture

contrato nulo, void contract

contrato pignoraticio, contract of pledge

contrato por tiempo determinado, fixed term contract

contrato prendario, pledge contract

contrato recíproco, reciprocal contract

contrato sellado, obligation under seal

contravalor, countervalue; exchange value

contribución, contribution; tax; impost

contribución al Fondo de Garantía de Depósitos, contribution to Deposit Guarantee Fund

contribución al P.I.B., contribution to G.D.P.

contribución predial, property tax

contribución sobre la renta, income tax

contribución territorial, land tax

contribuciones varias, sundry taxes, assessments

contribuyente, taxpayer

control, control; monitoring

control de calidad, quality control

control de cambios, (foreign) exchange control

control de divisas, (foreign) exchange control

control de gastos, cost control

control de gestión, operating control, management control

control de inventarios, inventory control

control de operaciones en moneda extranjera, (foreign) exchange control

control de paridad, odd-even check (inf.)

control de precios, price control

control de producción, production control

control de riesgos, liability control, control of risks

control del gasto, expense control

control interno, internal control

control monetario, monetary control

control oficial, government supervision

control presupuestario, budgetary control

control programado, programmed check

control y análisis de métodos, control and analysis of methods

controlar, to control, to check, to supervise, to monitor

controlar el precio de un producto, to corner the market

controles de importación, import controls

controles de importación cuantitativos, quantitative import controls

controles selectivos de importación, selective import controls

controles selectivos del comercio, selective trade controls

convención, convention; agreement, assent; contract

convenio, agreement, arrangement, contract, covenant, compact

convenio bilateral, bilateral agreement

convenio bilateral de pagos, bilateral payments agreement

convenio colectivo de banca, bank collective wage agreement

convenio colectivo de trabajo, labo(u)r agreement, collective bargaining agreement

convenio colectivo favorable al empresario, sweetheart contract (col.)

convenio comercial, trade agreement

convenio constitutivo del F.M.I. *(Fondo Monetario Internacional),* I.M.F. *(International Monetary Fund)* articles of agreement

convenio de compensación, clearing arrangement

Convenio General de Aranceles Aduaneros y Comercio, General Agreement on Tariffs and Trade *(G.A.T.T.)*

convenio internacional sobre mercancías, international commodities agreement

convenio personal, personal covenant

convergencia de objetivos, convergence of objectives

conversión, conversion; refunding

conversión de deuda en capital, debt-equity conversion

conversión de dólares en pesetas, translation from dollars into pesetas

conversión de un empréstito, conversion of a loan, refunding of a loan

conversión inversa, reverse conversion

convertibilidad, convertibility

convertibilidad externa, external convertibility

convertibilidad interna, internal convertibility

convertible, convertible

convertir, to convert, to turn into, to translate

convertir en dólares, to convert into dollars, to turn into dollars, to translate into dollars

convertir en efectivo, to turn into cash

convertir en pesetas, to convert into pesetas, to turn into pesetas, to translate into pesetas

convexidad, convexity

convocar, to call, to summon

convocatoria, call, summons

cooperativa, cooperative

cooperativa agrícola, agricultural cooperative, farm(ers') cooperative

cooperativa de compra, wholesale cooperative association

cooperativa de consumo, consumer(s') cooperative

cooperativa de crédito, credit union

cooperativa de ventas, marketing cooperative, marketing association

cooperativista, member of a cooperative society

coordinador, coordinator

coordinar, to coordinate

coparticipación, copartnership

copartícipe, copartner

copartícipes, privies

copia, copy

copia acreditativa de emisión del conocimiento de embarque original, memorandum bill of lading

copia certificada, certified copy, attested copy

copia de archivo, file copy

copia en limpio, fair copy

copresidente, cochairman

copropiedad, joint ownership

copropietario, joint owner, joint proprietor

corporación, corporation; body

corporación afiliada, affiliated corporation

corporación controlada, controlled corporation

corporación de beneficencia, charitable corporation, eleemosynary corporation

corporación de servicios públicos, public-service corporation

corporación filial, subsidiary corporation

corporación financiera, financial corporation, finance corporation

Corporación Financiera Internacional (C.F.I.), International Finance Corporation (I.F.C.)

corporación mercantil, business corporation

corporación municipal, municipal corporation

corporación mutualista, mutual corporation

corporación privada, private corporation

corporación pública, public corporation

corporación religiosa, religious corporation

corporación subsidiaria, subsidiary corporation

corrección, correction, amendment

corredor, broker, trader, dealer

corredor de bienes raíces, realtor

corredor de bolsa, stockbroker, agent of exchange

corredor de cambios, foreign exchange broker, foreign exchange dealer, foreign exchange trader; bill broker

corredor de comercio, trade broker, commercial broker

corredor titulado, registered broker

correlación, correlation

correo, post (GB), mail (USA); messenger, courier

correo aéreo, air mail

correo certificado, registered mail (USA)

correo de primera clase, first class mail

correspondencia, correspondence

corresponsal, correspondent bank; correspondence clerk; agent

corresponsales no bancarios, nonbanking correspondents

corretaje, brokerage

corriente, standard; instant (inst); present

corro de contratación, stock exchange ring

corro donde sólo se opera con una clase de valor (Bolsa), pit

corruptela, abuse

cortar cupones, to cut coupons, to detach coupons

corto, short

cosas de valor, things of value

costar, to cost

costas procesales, law expenses, court costs

coste, cost

coste adicional, additional cost

coste alternativo, alternative cost

coste aplicado, applied cost

coste de almacenaje, inventory holding cost

coste de capital, cost of capital

coste de incumplimiento, breakage cost, shortage cost

coste de los recursos, interest expenses; cost of funds

coste de ruptura, shortage cost, breakage cost

coste del transporte, cost of carry

coste fijo, fixed cost, period cost (USA)

coste marginal, marginal cost

coste más gastos, all-in-cost

coste medio por siniestro, average claim

coste medio real, actual average cost

coste normalizado, standard cost

coste original, aboriginal cost

coste presupuestado, budgeted cost

coste total, all-in-cost

coste variable, variable cost

costes de personal, personnel expenses

costes financieros, interest expenses

costes operativos, operating costs

costes operativos directos, direct operating costs

costes operativos totales, total operating costs

costo, cost

costo actual, current cost, actual cost

costo de adquisición, first cost

costo de capacidad no utilizada, idle-capacity cost

costo de conversión (trabajo directo más gastos generales), conversión cost

costo de las ventas, selling cost, cost of sales

costo de mercado, market cost

costo de producción, production cost

costo de reposición, replacement cost

costo de traspasos, cost of transfers

costo del capital, cost of capital

costo diferencial, incremental cost

costo directo, incremental cost

costo efectivo, actual cost, real cost

costo inicial, first cost

costo marginal, incremental cost

costo más cantidad convenida, cost plus agreed amount

costo más porcentaje, cost plus percentage

costo medio, average cost

costo medio de los recursos, average cost of funds

costo para el prestatario, cost to the borrower

costo por lotes, batch costing (Inf.)

costo primo (SA), prime cost, original cost, first cost

costo real, actual cost, real cost

costo residual, residual cost

costo según factura, invoice cost

costo, seguro, flete y gastos de cambio y negociación, cost, insurance, freight and exchange (C.I.F. & E.)

costo, seguro y flete, cost, insurance, freight (C.I.F.)

costo, seguro y flete, deducidos gastos de descarga, C.I.F. free out

costo unitario, unit cost

costo y flete, cost and freight (C. & F.)

costo y riesgo propios, joint costs

costos conexos, joint costs

costos de capital, capital costs

costos de disponibilidad, stand-by costs

costos de financiación de los bonos a corto plazo, short-term financing costs for bond inventories, short-term bond financing costs

costos de producción, production costs

costos directos, direct expenses, direct costs

costos estándar, standard costs

costos estructurales, structural costs

costos financieros, financial costs, financial expenses, financial charges

costos indirectos, indirect costs

costos mancomunados, joint costs

costos mensurables, measurable costs

costos múltiples, multiple costs

costos no distribuidos, uncollected costs

costos predeterminados, standard costs, scheduled expenses

costos salariales, wage costs

costos tipo, standard costs

costumbre de la plaza, trade usage, custom of the trade

cota bursátil más alta, top out

cota máxima sin precedentes, record high

cota mínima sin precedentes, record low

cotejar, to check up, to compare

cotización, quotation, price

cotización a fin de año, year-end market price

cotización ajustada (de las acciones) a fin de año, adjusted market price (of shares) at year-end

cotización ajustada por acción, adjusted market price per share

cotización al contado (divisas), spot (foreign exchange)

cotización bruta (cupón), flat price

cotización de las acciones ajustada a las ampliaciones de capital, stock price range adjusted to capital increases

cotización de las acciones al cierre, closing share price

cotización de las acciones en la Bolsa de Madrid, shares quoted on the Madrid stock exchange

cotización de una acción, share quotation, share price

ˊcotización del día, current price, current quotation

cotización en firme, firm quotation

cotización ex-cupón, clean price

cotización máxima, high

cotización mínima, low

cotización oficial, official quotation

cotización y rentabilidad de las acciones del banco, price and yield of the bank's shares

cotizaciones extremas de las acciones, share price —high and low— market breadth

cotizado en Bolsa, listed

cotizar, to quote, to be listed, to trade

cotizar pagarés en Bolsa, to list notes on the stock exchange

cotizar(se), to quote; to trade

covarianza, covariance

coyuntura, conjuncture, circumstances; trend, climate

coyuntura bursátil, stock market conditions

coyuntura económica, economic trend

coyuntura favorable, boom

coyunturalmente, circumstantially

creadores de mercados, market makers

crear, to form, to create, to constitute

crear problemas, to create problems

crear una compañía, to form a company

crecer, to grow; to increase

creciente, increasing

creciente interdependencia, increasing interdependence

crecimiento, growth; increase

crecimiento continuo, steady growth

crecimiento demográfico, rise in population, population growth

crecimiento económico, economic growth

crecimiento equilibrado, balanced growth

crecimiento errático, erratic growth

crecimiento global, total growth

crecimiento no inflacionario, non-inflationary growth

crecimiento notable, substantial growth

crédito, credit; loan; accommodation

crédito a la construcción, building loan

crédito a la exportación, export credit

crédito a la importación, import credit

crédito a la vista, sight letter of credit

crédito a medio plazo, intermediate credit

crédito a plazo, term loan

crédito a particulares, credit to private borrowers

crédito abierto, open credit; overdraft

crédito agrícola, agricultural credit, farm loan

crédito al consumidor, consumer credit

crédito al descubierto, overdrawn credit, unsecured loan

crédito al sector privado, credit to the private sector

crédito al sector público, lending to the public sector

crédito amortizado, amortized loan

crédito autorrenovable a corto plazo, revolving underwriting facility *(R.U.F.)*

crédito bancario, bank credit, banker's credit

crédito blando, soft loan

crédito bursátil flotante, floating security investment credit

crédito comercial, commercial credit, trade credit; trade loans and discounts

crédito compensatorio, offset credit

crédito con fecha de reembolso final no predeterminada, evergreen credit

crédito con garantía, guaranteed credit, guaranteed loan

crédito con garantía personal, personal loan

crédito con garantía prendaria, loan secured by a pledge

crédito con garantía real, secured loan

crédito con interés preferente, soft loan

crédito con participación en riesgo, venture capital

crédito confirmado, confirmed credit

crédito congelado, frozen credit

crédito contra pagaré, debenture loan

crédito cruzado, swap

crédito de aceptación, acceptance credit

crédito de contingencia, standby credit

crédito de descuento, discount credit

crédito de disposición inmediata, standby credit

crédito de emergencia, emergence credit, transitional credit, stop-gap loan

crédito de explotación, working capital loan

crédito de financiación, financial credit

crédito de garantía, standby (letter of) credit

crédito documentario autorrenovable, revolving credit

crédito documentario irrevocable, irrevocable letter of credit

crédito documentario revocable, revocable letter of credit

crédito documentario subsidiario, back to back credit

crédito en blanco, open credit

crédito en cuenta corriente, current account credit

crédito en moneda extranjera, foreign currency loan, foreign currency credit

crédito especial, special credit

crédito estacional, seasonal credit

crédito garantizado, secured loan

crédito hipoteca-inversión (seguro de inversión y seguro de vida combinados), endowment

crédito hipotecario, mortgage credit, mortgage loan

crédito ilimitado, unlimited credit

crédito inmobiliario, real estate credit

crédito irrevocable, irrevocable credit; confirmed credit

crédito «Jumbo» (entre $300/6.000 millones), megaloan

crédito mercantil, merchant credit; goodwill

crédito mercantil e impuestos, goodwill and taxation

crédito negociable, negotiable letter of credit

crédito no confirmado, unconfirmed credit

crédito no documentario, clean letter of credit

crédito oficial a la exportación, official export credit

crédito para compras a plazo, installment credit

crédito personal, personal credit

crédito pignoraticio, collateral loan

crédito privado a la exportación, private export credit

crédito provisional, bridge (over)

crédito puente, bridge financing

crédito realizable por giros a vencimiento fijo, time letter of credit

crédito realizable sin presentación de documentos, clean credit

crédito recíproco al descubierto, swing credit

crédito renovable, revolving credit

crédito respaldado, back-to-back credit

crédito rotatorio, revolving credit

crédito simple, clean credit, clean letter of credit

crédito sin amortización, bullet (maturity)

crédito sindicado, syndicated loan

crédito subsidiario, back-to-back credit

crédito suplementario, supplemental credit, ancillary credit

crédito transferible, transferable credit

crédito transitorio, transitional credit; stop-gap loan, emergency credit

crédito y cobranzas, credit and collections

créditos amortizados como fallidos, loans written off as bad debts

créditos con depósitos dinerarios, loans secured by monetary deposits

créditos con vencimientos a plazo, time loans

créditos concedidos, loans granted

créditos congelados, frozen credits

créditos de firma de dudosa recuperación, doubtful off-balance sheet risks

créditos de mutuo respaldo, back-to-back loans

créditos deudores con garantía real, loans secured by collateral and mortgages

créditos diferidos, deferred credits, unearned income

créditos disponibles por terceros, unused credit lines

créditos dudosos, bad debts

créditos hipotecarios, mortgage credits

créditos incobrables, bad debts

créditos internos, domestic credits

créditos pasivos, liabilities

créditos pendientes por devoluciones, credits pending for customers' returns

créditos relacionados con la exportación, export-related credits

créditos restringidos, restricted credits

créditos sobre el extranjero, foreign debts

créditos y descuentos a clientes, loans and discounts to customers

cresta, peak

crisis, crisis, setback

crisis bursátil, stock market crisis

crisis comercial, commercial crisis

crisis del petróleo, oil crisis

crisis económica, political crisis

criterio, judg(e)ment

cronología de los hechos, chronology of events

crudos (Bolsa), oils

cruzamiento, crossing

cuadrar el balance, to square the balance

cuadro, table

cuadro de amortizaciones, sinking table

cuando se solicite, upon request

cuantía, principal amount

cuanto antes, as soon as possible *(a.s.a.p.)*

cuartil, quartile

cuasidinero, near money

cubierta de alojamiento del buque, accommodation deck

cubrir gastos, to cover charges

cubrir la vacante, to fill the vacancy

cubrir una posición abierta en divisas, to cover

cuello de botella, bottleneck

cuenta, account; bill

cuenta a plazo fijo, time deposit

cuenta abierta, open account, overdrawn account

cuenta acreedora, account payable

cuenta activa, active account

cuenta bancaria, bank account

cuenta bloqueada, blocked account, frozen account

cuenta centralizada, controlling account

cuenta cerrada, closed account, settled account

cuenta con movimiento, active account

cuenta con preaviso de retiro, account subject to notice

cuenta conforme, stated account

cuenta congelada, frozen account, blocked account

cuenta conjunta, joint account, account in common

cuenta corriente, current account, checking account (USA), charge account

cuenta de absorción, absorption account

cuenta de adelantos, drawing account

cuenta de ahorro, savings account, thrift account (USA)

cuenta de ahorro-vivienda, home-savings account

cuenta de caja, cash account

cuenta de capital, capital account, proprietor's account

cuenta de cierre, closing account

cuenta de compensación, clearing account

cuenta de consignación, consignment account

cuenta de conversiones, conversion account

cuenta de crédito, credit account, loan account; credit note

cuenta de custodia, custody account

cuenta de cheques, cheque account (USA = *check*); checking account

cuenta de depósito, deposit account, cheque account, checking account (USA)

cuenta de depósito a la vista, demand deposit account *(d.d.a.)*

cuenta de distribución de beneficios, profit and loss appropriation

cuenta de eliminación de céntimos, «cents» elimination account

cuenta de entradas, revenue account

cuenta de faltas y sobrantes, over-and-short account

cuenta de gastos, expenses account, account of expenses; expenses breakdown

cuenta de ingresos, revenue account, income account

cuenta de liquidación, clearing account, realization account

cuenta de mercancías, merchandise account

cuenta de nóminas, payroll account

cuenta de pérdidas y ganancias, profit and loss account, profit and loss statement, statement of earnings cuenta de pérdidas y ganancias comparadas, comparative statement of earnings

cuenta de regreso (SA), protest charges, re-account

cuenta de regularización, regularization account

cuenta de rentas, income account

cuenta de resaca, protest charges, re-account

cuenta de reserva, provision account, allowance account

cuenta de reserva general, general reserve account

cuenta de resultados, profit and loss statement, statement of income, profit and loss account

cuenta de resultados consolidada, consolidated statement of income

cuenta de suscripciones a pagar, call account

cuenta de ventas, sales account

cuenta del flete, freight bill

cuenta del mayor, ledger account

cuenta deudora, account receivable

cuenta embargada, sequestered account, frozen account, blocked account

cuenta en descubierto, overdrawn account

cuenta en moneda extranjera, foreign currency account

cuenta en participación, participation account, joint account

cuenta en rojo, overdrawn account

cuenta en suspenso, suspense account, frozen account, blocked account

cuenta fiduciaria, trust account, account in trust

cuenta inactiva, broken account, dormant account

cuenta indistinta, joint account

cuenta liquidada, account settled

cuenta mancomunada, joint account

cuenta nueva, after account

cuenta para operaciones de bolsa a crédito, margin account

cuenta parcialmente convertible, partly convertible account

cuenta personal, personal account

cuenta por cobrar, account receivable

cuenta por pagar, account payable

cuenta propia, own account

cuenta puente, over and short account, clearing account

cuenta rebasada, overdrawn account

cuenta reservada, earmarked account

cuenta saldada, closed account

cuenta sin comprobante, book account

cuenta sin movimiento, inactive account, dormant account, dead account, broken account

cuenta transitoria, clearing account

cuenta traspasada, assigned account

cuenta vencida, past due account, aged account

cuentas a cobrar, accounts receivable

cuentas a cobrar a largo plazo, long-term receivables

cuentas a cobrar descontadas, discounted accounts receivable

cuentas a cobrar netas, net accounts receivable

cuentas a la vista, demand deposits

cuentas a pagar, accounts payable

cuentas auxiliares, subsidiary accounts, sub-accounts

cuentas compensadas, contra accounts

cuentas corrientes a la vista, demand deposits

cuentas cruzadas, contra accounts

cuentas de activo, asset accounts

cuentas de ahorro, savings deposits

cuentas de orden, transit accounts, memorandum accounts, contra accounts cuentas de pasivo, liability accounts

cuentas de periodificación, accrual accounts

cuentas de proveedores a pagar, trade accounts payable

cuentas de recaudación, tax collection accounts

cuentas de remesa, remittance accounts

cuentas de resultados, profit and loss accounts

cuentas del balance, balance (sheet) accounts

cuentas diversas, sundry accounts

cuentas dudosas, doubtful debts, bad debts

cuentas en participación, joint accounts

cuentas en suspenso, suspense accounts, frozen accounts, blocked accounts

cuentas endosadas al cobro, commission accounts receivable

cuentas enlazadas automáticamente, automatic transfer service accounts (A.T.S. accounts)

cuentas garantizadas, secured accounts

cuentas impersonales, nominal accounts

cuentas incobrables a la cuenta de resultados, bad debts written off

cuentas incobrables canceladas, bad debts charged off

cuentas intrasistema, affiliated and inter-company accounts

cuentas libremente convertibles, freely convertible accounts

cuentas malas, bad accounts, bad debts

cuentas mixtas, mixed accounts

cuentas patrimoniales, equity accounts

cuentas pendientes, outstanding accounts, accounts outstanding

cuentas personales, personal accounts

cuentas pignoradas, pledged accounts

cuentas por cobrar, accounts receivable

cuentas-puente, sub-accounts

cuentas transitorias, suspense accounts, transit(ory) accounts

cuentas vencidas, accounts due

cuerpo del delito, corpus delicti (lat.)

cuestión, question

cuestionario, questionnaire

cumbre económica, economic summit

cumplidor, reliable; hard worker

cumplimentar, to complete; to execute, to perform

cumplimentar o anular de inmediato, to fill or kill (col.)

cumplimentar un pedido, to execute an order

cumplimiento cotidiano de las normas, day-to-day compliance with regulations

cumplimiento de las leyes, compliance with laws

cumplimiento de un convenio, performance of a covenant

cumplir un contrato, to execute a contract

cumulativo, cumulative

cuota, quota; allotment; percentage; share

cuota anual, yearly quota

cuota de amortización, amortization percentage, amortization quota, amortization rate

cuota de exportación, export quota

cuota de mercado, market share

cuota de mercado relativa, relative market share

cuota de reembolso sobre anticipos de efectivo, cash advance reimbursement fee

cuota de seguro, insurance rate

cuota de suscripción, subscription rate

cuota de ventas, sales quota

cuota por cobro, collection fee

cuota tributaria, tax liability

cuotas arancelarias, tariff quotas

cuotas arancelarias globales, global tariff quotas

cuotas, derechos y contribuciones, fees, dues and assessments

cuotas sindicales, union dues

cupo, quota, allotment; percentage; share, rate

cupo de exportación, export quota

cupo de importación, import quota

cupón, coupon

cupón al cobro, coupon for collection, coupon due

cupón cero, zero coupon

cupón corrido, accrued interest

cupón corriente, current coupon

cupón cortado, cut-off coupon, detached coupon, strip

cupón de dividendo, dividend counterfoil, dividend coupon

cupón de interés, interest-bearing coupon

cupón de renta fija, bond coupon

cupón semestral, semi-annual coupon

cupones descontados, discounted coupons

cupones no vencidos, unmatured coupons

curso normal del negocio, regular course of business

curva de experiencia, experience curve

curva de rentabilidad, yield curve

curva de tipos de interés, interest rate curve

curva invertida de rentabilidad, inverted yield curve

curva invertida en los tipos de interés, inverted interest rate curve

custodia, custody; safekeeping

custodia de documentos, safekeeping of documents

custodia de títulos, custody of stocks

custodio, custodian

292

CH

chalana, barge

chantaje, chantage

checar (SA), to check

cheque, cheque, check (USA)

cheque a cargo del propio banco emisor, cashier's check (USA)

cheque a la orden, order cheque, cheque to order, cheque to the order (of)

cheque al descubierto, cheque without funds

cheque al portador, cheque to bearer, bearer check (USA)

cheque aprobado (SA), certified cheque

cheque bancario, banker's cheque, bank draft

cheque barrado, crossed cheque

cheque caduco, stale cheque

cheque cancelado, cancelled cheque

cheque certificado (SA), certified cheque

cheque con fecha atrasada, stale cheque

cheque confirmado, confirmed cheque, marked cheque

cheque cruzado, crossed cheque

cheque de caja, cash(ier's) check (USA)

cheque de gerencia (SA), cash(ier's) check (USA)

cheque de viaje(ro), traveller's cheque; (USA = *traveler's check*)

cheque domiciliado, address cheque

cheque en blanco, blank cheque

cheque en descubierto, uncovered cheque

cheque falsificado, forged cheque, counterfeit cheque; stumer (GB col.)

cheque garantizado, guaranteed cheque

cheque manipulado, altered cheque

cheque no atendido por el banco librado por falta de fondos, (col.) bounce

cheque no cruzado, open cheque, uncrossed cheque

cheque nominativo, non-negotiable cheque

cheque para abonar en cuenta, non-negotiable cheque

cheque sin cruzar, uncrossed cheque, open cheque

cheque sin (provisión de) fondos, uncovered cheque, bad cheque, rubber check (USA), kite (col.)

chequera (SA), cheque book

cheques al cobro, cheques for collection

cheques pendientes de pago, cheques outstanding

D

D/V, ab. *días vista* (*days sight, D/S*)

dactilógrafa (SA), (Esp. = *mecanógrafa*) typist

dado que, whereas

daño, damage

daño diferido, belated claim

daños causados por agua de mar y agua dulce, seawater and fresh water damage

daños compensables, legal damages

daños efectivos, actual damages

daños en tránsito, damages in transit

daños indirectos, special damages

daños y perjuicios, damages and losses

dar aviso, to give notice, to notify

dar cuenta de, to account for

dar el soplo (col.), to tip off

dar en prenda, to pledge

dar fe, to attest

dar fianza, to give bond, to give bail

dar fin a un cometido, to discharge an undertaking

dar impulso, to boost

dar impulso a la demanda, to boost demand

dar origen, to give raise

dar parte, to report

dar pie a, to lead to

dar preaviso de retiro, to give notice of withdrawal

dar quiebra, to fail, to crack (col.), to become bankrupt

dar subsidios, to subsidize

dar un beneficio, to yield a profit

dar una garantía, to furnish security, to provide collateral

dar una opción sobre, to give an option on

darse de baja, to withdraw from membership

dársena, dock

data, date; credit entry

datado, dated

dato, datum (pl. = data)

datos aplicados como punto de referencia, baseline data

datos de entrada, input data (Inf.)

duplicados, duplicate(d) data

datos globales, overall figures

datos indescifrables, indecipherable data

datos masivos, mass data (Inf.)

datos personales, personal data

datos sin procesar, raw data (Inf.)

datos y ratios, data and ratios

de acuerdo con, according to, in accordance with, pursuant to, as per

de acuerdo con la solicitud, in compliance with the request

de acuerdo con las disposiciones legales, as requested by law

de apoyo, supporting; stand-by

de baja rentabilidad, low-yield

de fecha, dated *(dd)*

de fecha adelantada, dated ahead

de fecha atrasada, stale ·

de forma habitual, consistently

de igual fecha que el presente, of even date herewith

de la mañana (desde las 12 de la noche a las 12 del mediodía, ante meridiem *(a.m.)*

de la tarde (desde las 12 del mediodía a las 12 de la noche), post meridiem *(p.m.)*

de largo plazo, long-dated

de oficina, clerical

de orden de, on behalf of

de regreso al puerto de salida, homeward-bound

de reserva, standby

(de Vdes.) atentamente, yours faithfully, faithfully yours; yours (very) truly, very truly yours (USA)

de vencimiento atrasado, past due

«dealer», dealer

Debe, debit

Debe y Haber, debit and credit

deber, to owe

deberes tácitos, implied duties

debidamente autenti(fi)cado, duly authenticated

debido, sobre todo, due mainly

debitar, to debit, to charge

débito, debit; debit entry, debit advice

debo a Vd. (pagaré), I owe you *(I.O.U.)*

decimal codificado en binario, binary coded decimal (Inf.)

decimalización, decimalization

decisión tomada en arbitraje, award

decisiones de política fiscal, fiscal policy decisions

declaración, declaration, report, statement; disclosure; representation(s)

declaración conjunta, joint declaration

declaración de entrada (aduanas), bill of entry (customs)

declaración de impuestos, tax declaration

declaración de inactividad, nil report

declaración de la renta en régimen ganancial, joint return declaration

declaración de limitación de responsabilidad por parte de gestores o aseguradores de una emisión de bonos, disclaimer

declaración de movimientos monetarios, currency transaction report *(C.T.R.)*

declaración de origen de los fondos, source of funds declaration

declaración de pérdidas, loss statement

declaración de principios, statement of principles

declaración de quiebra, declaration of bankruptcy

declaración falsa, false statement

declaración fiscal, income-tax declaration, income-tax report

declaración impositiva, income-tax declaration, income-tax report

declaración judicial de insolvencia, decree of insolvency

declaración judicial de quiebra con designación de administrador del quebrado, adjudication order

declaración jurada, sworn declaration, sworn statement, affidavit

declarante, deponent, affiant

declarar, to avow, to declare, to state; to report

declarar quebrado, to declare bankrupt

declarar un dividendo, to declare a dividend

declararse culpable, to plead guilty

declararse inocente, to plead not guilty

decomisar, to seize, to forfeit

decomiso, forfeit(ure), seizure

decreciente competitividad, declining competitiveness

decretar, to decree

decretar el paro, to call a strike

decretar un dividendo, to declare a dividend

decrétese, be it enacted

decreto, decree, order, act; breve

decreto-ley, decree-law

deducción, deduction

deducción de impuestos, tax deduction

deducción en origen, deduction at source

deducción fiscal, tax credit

deducciones admisibles, allowable deductions

deducciones autorizadas, allowable deductions

deducciones inadmisibles, non-deductible expenses

deducciones sobre ingresos, deductions from income

deducidos todos los gastos, all charges deducted

defecto, bug

defectos en las mercancías, vice in the goods

defectos estructurales, structural shortcomings

defender, to advocate

defensas contra el blanqueo de dinero, defences against money laundering

déficit, shortfall, deficit, shortage, gap

déficit de explotación, operating deficit

déficit de pagos, payment deficit

déficit de recursos, resource gap

déficit del sector público, public sector deficit

déficit externo, external deficit

déficit externo en cuenta corriente, current external deficit

déficit global, overall deficit

déficit presupuestario, budget deficit

déficits presupuestarios deliberados, discretionary budget deficits

definición de poderes, definition of powers

definitivo, definitive, permanent, ultimate

deflación, deflation

defraudar, to defraud

defunción, demise

dejar en blanco, to leave blank

deje de cuenta, notice of claim

del mismo modo, likewise

delegación de poderes, acting order

delegación de voto, proxy

delegado, delegate

delegante, principal

delegar, to delegate, to deputize

delictivo, criminal (adj.)

delincuente, criminal (n.)

delito, crime, offence

delito de blanqueo de dinero, money laundering offence

delito de complicidad, accessorial guilt

delito punible, punishable offence, punishable crime

delta, delta

delta-inmunización, delta hedging

demanda, demand, request; complaint, action

demanda de acciones, demand for stock

demanda de cobertura suplementaria, margin call

demanda de crédito, demand for credit

demanda de crédito creciente, growing demand for credit

demanda de indemnización por siniestro, claim

demanda de inversión, demand for credit

demanda de nulidad, appeal for annulment

demanda fundada en agravio, action in tort

demanda mundial, world demand

demanda privada, private demand

demanda superior a la oferta (divisas), bid market (foreign exchange)

demandado, defendant, appellee

demandante, plaintiff, actor, appellant, claimant, complainant, suitor

demandante y demandado, party and party

demandar, to sue, to implead

demandar por daños y perjuicios, to sue for damages

demografía, demography

demora, delay

demorado, delayed, deferred

demostrar la omisión de una partida de abono, to surcharge

denegable, refusable

denegación, denial

denegar una solicitud, to dismiss an application

denominación (valor y divisa) del pagaré, note denomination

denotar una incidencia sobre los tipos vigentes, to show an incidence on current rates

densidad, density (inf.)

densidad (de grabación) de caracteres, character density (inf.)

dentro de dos días laborables, within two business days

dentro de los límites legales, within the limits set by law

denuncia, report, notice

denuncia por extravío, notice of loss

denunciar, to report

denunciar un préstamo, to call in a loan

departamento, department *(dept)*

departamento de administración de bienes, trust department

departamento de cambios y arbitrajes, foreign exchange department

departamento de cartillas de ahorro, savings department

departamento de compras, purchasing department

departamento de compras centralizadas, central purchasing department

departamento de contabilidad, accounts department, accounting department

departamento de créditos, credit department

departamento de impuestos, tax department

departamento de informática, data processing department

departamento de ingeniería, engineering department

departamento de inmuebles e instalaciones, buildings and premises department

departamento de investigación, research department

departamento de personal, personnel department

departamento de producción, production department

departamento de propaganda, advertising department

departamento de servicios técnicos, technical service department

departamento de sistemas y métodos, systems and methods department

departamento de traducciones, translations department

departamento de ventas, sales department

Departamento del Tesoro (USA), Department of the Treasury

departamento jurídico, legal department

departamento médico, medical department

departamentos extranjeros regionales, regional foreign departments

dependencia, reliance; unit

depender de, to be accountable to

dependiente de corredor de Bolsa, allied member

deponente, affiant

deponer, to attest

deposición, attest

depositante, depositor; bailer, bailor

depositar, to deposit

depositar dinero en efectivo, to deposit cash

depositario, depositary, bailee; receiver

depósito, deposit; store, storeroom, warehouse; magazine (inf.)

depósito a la vista, sight deposit, demand deposit, checking deposit

depósito a plazo, time deposit, term deposit

depósito a plazo fijo, fixed deposit

depósito a seis meses, six-month deposit

depósito a término, time deposit

depósito asegurado, insured deposit, guaranteed deposit

depósito bancario, bank deposit

depósito bloqueado, blocked deposit, frozen deposit

depósito con plazo de preaviso, deposit subject to an agreed term of notice

depósito congelado, frozen deposit, blocked deposit

depósito de ahorros, savings deposit

depósito de dinero poco importante, unremarkable cash deposit

depósito de garantía, security deposit; initial margin

depósito de valores, deposit of securities, securities deposited by customers

depósito disponible, demand deposit

depósito efectivo, actual bailment

depósito emanado de la concesión de un crédito, secondary deposit

depósito emanado del ingreso de una cantidad, primary deposit

depósito en cuenta corriente, checking deposit

depósito en efectivo, cash deposit

depósito específico, specific deposit

depósito franco, bonded warehouse

depósito nocturno, night deposit

depósito previo, advance deposit

depósito privado, private deposit, private warehouse

depósitos a plazo superior a dos años, deposits over two years

depósitos de clientes, customer deposits

depósitos de clientes en moneda extranjera, customer foreign currency deposits

depósitos efectuados en las instituciones financieras, deposits placed with financial institutions

depósitos en bancos y cajas de ahorro, deposits held in banks and savings banks; due from banks and savings banks

depósitos en moneda extranjera, foreign (currency) deposits

depósitos en pesetas, peseta deposits

depósitos en tránsito, deposits in transit

depósitos especiales a corto plazo, short-term special deposits

depósitos interbancarios, interbank deposits

depósitos por empleado, deposits per employee

depósitos por oficina, deposits per branch office

depósitos sujetos a preaviso, deposits at notice

depósitos totales, total deposits

depreciación, depreciation

depreciación acelerada, accelerated depreciation

depreciación acumulada, accrued depreciation

depreciación calculada a porcentaje fijo, fixed rate depreciation method

depreciación calculada por el método de anualidades, annuity depreciation method

depreciación calculada sobre producción, service-output depreciation method

depreciación combinada, composite depreciation

depreciación del activo, devaluation of assets; assets depreciation

depreciación extraordinaria, extraordinary depreciation

depreciación lineal, straight-line depreciation method

depreciación material, physical depreciation

depreciación monetaria, currency devaluation, monetary depreciation

depreciación observada, observed depreciation

depreciación por cálculo decreciente sobre saldos, diminishing value depreciation method

depreciación por cargos anuales decrecientes, decreasing-charge method depreciation

depreciación real, actual depreciation

depreciación teórica, theoretical depreciation

depreciar, to depreciate, to devaluate; to mark down

depresión, depression

depuración, screening

depuración de clientes poco recomendables, screening of undesirable customers

depurar, to screen

derecho, law; right

derecho a, right to, title to

derecho a la huelga, right to strike

derecho a redimir bonos antes de su vencimiento, call

derecho adquirido, acquired right

derecho aduanero complementario, compound duty

derecho común, case law, common law

derecho consuetudinario, common right; consuetudinary law

derecho de acuñación, right of coinage

derecho de adquisición de acciones a precio convenido, warrant

derecho de atribución, bonus right

derecho de despido, right to discharge

derecho de disponibilidad, drawing right

derecho de hipoteca, mortgage right

derecho de importación preferente, preferential duty

derecho de patente, royalty

derecho de preferencia para la suscripción, preferential subscription right

derecho de prescripción, prescriptive right

derecho de prioridad en la compra, preemption right

derecho de propiedad, proprietary rights, equity

derecho de recurso, right of recourse

derecho de rechazo del emisor, issuer's right of rejection

derecho de redención, equity of redemption

derecho de retención, por parte del agente, de mercancía de su principal sobre comisiones no pagadas, agent's lien

derecho de retracto, right of redemption

derecho de voto, voting right

derecho especial de giro, special drawing right (s.d.r.)

derecho hipotecario, law of mortgages

derecho hipotecario de rescate, equity of redemption

derecho marítimo, admiralty law (GB)

derecho mercantil, law merchant, mercantile law, commercial law, business law

derecho prendario, right of lien

derechos, fees, rights, duties

derechos ad valorem, ad valorem duties

derechos aduaneros, customs duties, impost

derechos aéreos, air rights

derechos anuales, annual dues

derechos compensadores, compensating duties

derechos condicionales, qualified rights

derechos consulares, consular fees

derechos de admisión, admission fees

derechos de aduana, customs duties

derechos de anclaje, keelage

derechos de antigüedad, seniority rights

derechos de autor, copyright

derechos de compra de acciones, stock rights

derechos de custodia, safekeeping fee

derechos de exclusividad, exclusive rights

derechos de explotación de patente, patent royalty

derechos de importación, import duties

derechos de importación recuperables, import duties receivable

derechos de muelle, wharfage

derechos de práctico de puerto, pilotage dues

derechos de propiedad, right of ownership

derechos de propiedad industrial, industrial property rights

derechos de remolque, towing charges

derechos de salvamento, salvage charges

derechos de suscripción, subscription rights, stock rights

derechos de timbre, stamp duties

derechos de tránsito, transit duties

derechos específicos, specific duties

derechos industriales, royalties

derechos legales, legal rights

derechos por utilización de instalaciones, dock charges

derechos portuarios, port duties, harbo(u)r duties

derechos protectores contra la importación a precios arbitrarios, antidumping duties

derechos reales, property tax

derogación, abolition, repeal

derogación de una ley, repeal of a law

derogar, to abolish, to repeal

derrama, assessment, apportionment; leakage

derrochar, to waste

derroche, waste; scrap

desacato al tribunal, contempt of court

desacelerar la inflación, to bring inflation down, to wind down inflation

desacuerdo, disagreement

desafiliarse, to withdraw from membership

desagregar, to segregate

desajuste, gap, unbalance, mismatch(ing)

desalojar, to evict

desalojo, eviction

desarrollar, to develop

desarrollo de la producción, production development

desarrollo de mercados, market development

desarrollo del comercio exterior, foreign trade development, foreign trade promotion

desatención, abstraction

desbloqueo de fondos, deblocking of funds, release of funds

descapitalización, undercapitalization, erosion of net worth

descarga, unloading; discharge, release; quittance

descargar, to unload; to discharge, to release, to exonerate

descargo, exoneration

descender, to fall down; to drop

descenso, decline, drop

descenso de precios, knockdown

descenso en el nivel de vida, decline in living standards

descenso trimestral en el volumen de cuentas, quarter-to-quarter drop in accounts

descifrado, decryption

descomposición analítica, analytical breakdown

descontar bonos, to discount bonds

descripción del riesgo, description of risk

descubierto, (bank) overdraft

descubierto en cuenta corriente, overdraft on current account

descubierto real, actual overdraft

descripción de la operación propuesta, description of proposed transaction

descripción de las piezas, description of parts

descuento, discount; allowance, rebate, abating, abatement

descuento bancario, bank discount

descuento comercial, trade discount, commercial discount

descuento concedido, discount allowed, discount granted

descuento de cantidad, order discount

descuento de efectos, discount of drafts

descuento de facturas, factoring

descuento de promoción, promotional allowance

descuento del daño, claim statement

descuento devengado, earned discount

descuento legal, legal discount

descuento no devengado, unearned discount

descuento por cantidad, quantity discount

descuento por conversión, conversion discount

descuento por pago al contado, cash discount, discount for prompt payment, sales discount, short discount

descuento por volumen, volume discount

descuento real, trade discount, actual discount

descuento recibido, discount earned, earned discount

descuento sobre ventas, sales discount, discounts on sales, allowances on sales, trade discount, discount-sales bonuses

descuento verdadero, true discount, actual discount

descuentos especiales, special discounts

descuentos y anticipos, discounts and advances

descuentos y bonificaciones, bonuses, discounts and allowances

descuido, abstraction

desde.... a, since (or from).... to (or through)

desdoblamiento, split

desembargar, to release from an attachment

desembargo, clearance, raising from an attachment

desembolsar, to pay out

desembolsar dinero, to disburse money

desembolso, disbursement, expenditure, payment

desembolso inmediato, immediate payment

desembolso capitalizable, capital outlay

desembolsos en efectivo, cash outlays

desempeño, performance

desempleo, unemployment

desequilibrio, unbalance, gap, mismatch(ing), imbalance

desfalcador, defalcator

desfalcar, to embezzle

desfalco, defalcation, embezzlement, peculation

desfalco mediante cheques no registrados, kiting (col.)

desfase, mismatch(ing), gap, unbalance

desfavorable, unfavo(u)rable, adverse

desgaste natural, wear and tear

desglosado, broken down

desglosar, to break down

desglose, breakdown

desglose analítico, analytical breakdown

desglose por regiones, breakdown by regions

desgravación fiscal, tax deduction, tax exemption, tax alleviation, tax relief

desgravar, to disencumber

desahuciar, to evict

desahucio, eviction

desheredar, to abdicate

designación, appointment, nomination

designar, to designate, to appoint; to nominate

desintermediación, disintermediation, securitisation

desintermediación financiera, financial disintermediation

desinvertir, to divest

desistimiento de la instancia, abandonment of suits

desistimiento del recurso, abandonment of appeal

desliberalizar, to deliberalize

desmantelamiento del monopolio, trust bursting

desnivel de intereses, interest differential

desocupados, idle, unemployed

desórdenes en apoyo de reivindicaciones laborales, labo(u)r dispute

desórdenes internos, civil commotions

despacho de aduanas, customs office; customs clearance

despacho particular, private office

despegue económico, economic take-off

despejar, to clear (inf.)

despejar las sospechas, to dispel concern

desperdiciar, to waste

desperdicios, waste, scrap

desperdicios recuperables, recoverable waste

despido de personal, kickout (col.); lay-offs, dismissal

despilfarrar, to waste

despilfarro, waste

desplazamiento, shift; transfer

desplazamiento aritmético, arithmetic shift (inf.)

desplazamiento de los depósitos, shift of deposits

despoblación, depopulation

despojar, to plunder

despojo, plunder

desposesión de un cargo, amotion

desprovisto de fondos, short of cash, short of funds

después de impuestos, after taxes

destajo, piecework

destinatario, addressee, consignee, recipient

destinatario de una remesa, remittee

destituir, to discharge

desusado, unusual, obsolete

desuso, obsolescence

desventaja competitiva, competitive disadvantage

desviación presupuestaria, budgetary variance

desviación típica residual, residual standard deviation

determinación del beneficio contable, determination of book income

determinación del interés, fixing

desviación, deviation, variance

desviación típica, standard deviation

desvío, switch (inf.)

detallar, to itemize

detal(le), retail; breakdown

detección de una tarjeta falsificada, detection of a counterfeit card

detectar actividades de blanqueo, to detect laundering activities

detentar, to hold

detentar derechos a percibir intereses, to carry rights to interest

deterioro, deterioration, damage

deterioro natural, wear and tear

determinación de períodos contables, determination of accounting periods

determinación de preferencias, ascertainment of preferences

determinación de la tara, taring

determinación del costo, cost finding

deuda, debt; indebtedness, liability, obligation

deuda a largo plazo, long-term debt, funded debt

deuda amortizable, amortizable debt

deuda amortizada, retired debt

deuda anulada, cancelled debt

deuda asegurada, secured debt

deuda consolidada, funded debt, consolidated debt

deuda en bonos, bonded debt

deuda en moneda extranjera, foreign (currency) debt

deuda en obligaciones, bonded debt

deuda exigible y cobrable, solvent debt

deuda exterior, external debt, foreign debt

deuda fija, fixed debt

deuda flotante, floating debt, floating liabilities, unfunded debt

deuda no consolidable, nonfundable debt

deuda no convertible, straight debt

deuda particular, private debt

deuda pendiente, amount outstanding

deuda perpetua, funded debt (USA = fixed debt)

deuda prescrita, barred debt, debt barred by limitation

deuda principal, senior debt

deuda pública, public debt, national debt; government debt stock, government paper

deuda pública a tres años, three-year government bonds

deuda pública interna, domestic debt

deuda que devenga interés, active debt

deuda representada por bonos, bond debt

deuda respaldada, secured debt

deuda sin colateral, unsecured indebtedness

deuda subordinada, subordinated debt, junior debt

deuda tributaria, tax payable

deuda vencida, matured liability

deudas a plazo, matured liabilities

deudas con garantía, secured liabilities

deudas incobrables, bad debts

deudas justificables, provable debts

deudas sin garantía, unsecured liabilities

deudor, debtor, obligor

deudor hipotecario, mortgager, mortgagor

deudor mancomunado, joint debtor

deudor moroso, delinquent in payment, tardy debtor

deudor solidario, joint debtor

deudores a la vista, overdrafts

deudores a plazo, time loans

deudores con garantía real, secured loans

deudores diversos, sundry debtors; accounts receivable

deudores dudosos, doubtful debts, bad debts; doubtful notes and accounts (USA)

deudores en moneda extranjera, foreign currency loans

deudores morosos, bad debts, defaulting debtors; nonperforming loans

deudores morosos, dudosos y fallidos, nonperforming; doubtful and bad loans

deudores por aceptaciones, avales y créditos documentarios, customers' liability on acceptances, guarantees and documentary letters of credit

deudores varios a la vista, sundry demand loans

devaluación, devaluation, depreciation

devaluación competitiva, competitive devaluation

devaluación monetaria, currency devaluation

devengar intereses, to bear an interest, to draw interest, to earn interest

devolución, return, refund, restitution

devolución de derechos aduaneros, return of duties

devolución de impuestos, tax rebate, tax refund

devoluciones sobre ventas, return on sales

devolver, to return, to refund, to redeliver

devuelto al librador, (GB) refer to drawer *(R/D)*

devuelto por falta de fondos, (GB) refer to drawer *(R/D)*

día bancable, business day, banking day, legal day, working day (USA)

día comercial, business day, banking day, legal day, working day (USA)

día comercial completo, full working day

día de cierre, closing day

día de liquidación, settlement day, settling day, day of settlement, account(ing) day

día de pago, value date

día de recepción, day of receipt

día de vencimiento, maturity day, account day, law day, accounting date

día hábil, business day, working day (USA), legal day, lawful day

día laborable, business day, banking day, legal day, working day (USA)

día punta, peak day

diagrama de secuencia, flow chart (Inf.)

diagrama de tarjeta, card layout (Inf.)

diagrama por etapas, block diagram (Inf.)

diario, Journal (book); journal (newspaper); daily

diario de compras, purchases journal

diario de ventas, sales journal

días de descanso, days of rest, holidays

días de descanso obligatorio, obligatory holidays

días de gracia, forbearance

días de fecha, days (after) date *(A/D)*

días vista, days (after) sight *(A/S)*

dictamen, opinion; report

dictar sentencia, deliver a judg(e)ment

dictar un auto, to issue a writ

diferencia, difference; rest; gap

diferencia entre el precio de un instrumento en efectivo y un contrato a plazo, basis, base

diferencia entre precios de oferta y demanda, spread

diferencia entre rendimiento y coste de financiación, cost of carry

diferencial, differential; spread

diferencial de base, basis spread

diferencial de compra a plazo y venta simultánea al contado, deport

diferencial de compra al contado y venta simultánea a plazo, report

diferencial de intereses, interest differential

diferencial neto activo, net asset differential

diferencial neto pasivo, net liability differential

diferido, deferred, delayed

diferir, to adjourn

dificultades en la balanza de pagos, difficulties in the balance of payments

dificultar el seguimiento, to obscure audit trail

dígito binario, binary digit (Inf.)

dígito de control, check digit, check bit

dígito de verificación, check digit (Inf.)

dígito decimal, decimal digit

dígitos hexadecimales, hexadecimal digits

digno de crédito, creditworthy, trustworthy

diligencia de comprobación de impago, noting

diligencia de embargo, attachment proceedings

diligencias, formalities

dilución de los resultados, dilution of the earnings

dilución del capital, stock watering

dimisión, resignation

dimitir, to resign

dinero, money; funds; (col.) chink

dinero a corto plazo, short-term funds, money on short notice

dinero a largo plazo, long-term funds

dinero a plazo fijo, time money

dinero al contado, cash, ready money

dinero blanqueado, laundered money, clean money

dinero caro, tight money

dinero contante y sonante, hard money (col.)

dinero de curso legal, lawful money, legal money

dinero de día a día, day-to-day money, call money, demand money, money at call, money on demand

dinero (de procedencia) ilegal, dirty money, unlawful money, criminal(ly) obtained) funds

dinero disponible, money on hand, floating money

dinero dispuesto para su inmediata inversión, hot money

dinero en circulación, money in circulation

dinero en depósito, money on deposit

dinero en efectivo, ready money, cash, monies

dinero escaso, tight money

dinero especulativo, hot money

dinero falso, bad money, counterfeit money, bogus money

dinero improductivo, barren money

dinero ilegal, dirty money, criminal(ly) obtained) funds, illicit funds

dinero inactivo, idle capital, idle cash

dinero legal, legal money, lawful money, clean funds

dinero limpio, clean funds, lawful money, legal money

dinero por prestar (o prestado) a la demanda, call money

dinero prestado a interés alto, dear money

dinero que no produce interés ni utilidades, barren money

dinero sin cobertura, fiat money

dinero suelto, coins, change

dingo (emisión de obligaciones de cupón cero en dólares australianos), dingo

dirección, management; address

dirección absoluta, absolute address (inf.)

dirección comercial, business management

dirección completa, full address, address in full

dirección de notificación, notify address

dirección desconocida, unknown address *(u.a.)*

dirección general, general management; agency (official departments, boards, bureaus, etc.)

dirección por contacto, management by walking around, management by wandering around

dirección por objetivos, management of objectives

dirección regional, regional headquarters

directiva, board, management; directive

director, manager, principal

director adjunto, deputy manager

director de agencia (o sucursal), office manager, branch manager

director de banco, bank manager

director de departamento, manager, (USA) vice-president

director de la emisión, lead manager

director de planificación general, corporate planning manager

director de ventas, sales manager

director general, general manager, managing director, (USA = *chief operating officer, chief executive officer-C.E.O.*)

director general adjunto, deputy general manager

director regional, regional manager

directorio (SA), board

Directorio del Banco de Inglaterra, Court of Directors of the Bank of England

directrices, guidelines

dirigir, to manage

dirigirse al librador, to refer to drawer

dirimir, to settle

disco blando, floppy disk (inf.)

disco duro, hard disk (inf.)

disco magnético, magnetic disk (inf.)

disconformidad, dissent, disagreement

discrepancia u omisión, discrepancy or omission

discutible, answerable

disentir, to dissent

disminución, shortage, decrease, shrinkage, drop, decline

disminución de deudas, abatement of debts

disminución de plantilla, decrease in the headcount

disminución del desempleo, unemployment drop

disminución del riesgo, decrease of risk

disminución del valor, decrease in value

disminución neta, net decrease

disminución progresiva en los índices de desempleo, progressive decline in unemployment rates

disminuciones en reservas de actualización, decrease in restatement reserves

disolución de una sociedad, dissolution of a company, liquidation of a company

disolución en virtud de la ley, dissolution by operation of the law

disolución por acuerdo de todos los socios, dissolution by assent of all partners

disolución por decisión judicial, dissolution by decree of court

dispararse, to take off, to go up

dispersión de los tipos de interés, dispersion of rates

dispersión del riesgo, risk dispersion

disponibilidad, availability, liquidity

disponibilidad de capitales, availability of capital

disponibilidad de divisas para la importación, availability of exchange for imports

disponibilidad diferida, deferred availability

disponibilidades, quick assets

disponibilidades de caja, ready cash

disponible, available

disponible a tal efecto, available for the purpose

disponibles por terceros, unused portion of credit lines

disposición, availment

disposición (de un crédito), drawdown

disposiciones del acuerdo, provisions of the agreement

disposiciones negativas, negative covenants

disposiciones transitorias, transitory provisions

disposiciones tributarias, tax laws

distancia entre el punto más alto y el más bajo de una gráfica, amplitude

distraer, to purloin

distribución, distribution, appropriation, apportionment

distribución a prorrata, prorata distribution

distribución de beneficios, distribution of earnings, appropriation, income distribution

distribución de beneficios del ejercicio anterior, distribution of income from the previous financial year

distribución de riesgos, distribution of risks

distribución de sueldos, payroll distribution

distribución del costo, cost allocation

distribución del valor añadido, distribution of the added value

distribución gratuita de acciones, no-charge issue of shares

distribución intensiva, intensive distribution

distribución numérica, numeric distribution

distribución ponderada, weighted distribution

distribución selectiva, selective distribution

distribuir, to pay out

diversificación, diversification

diversificación de dinero negro para su blanqueo, layering

diversificación de la liquidez, liquidity diversification

diversificación de precios, price lining

dividendo, dividend

dividendo a cuenta, interim dividend

dividendo activo, active dividend

dividendo activo a cuenta, interim dividend

dividendo acumulativo, cumulative dividend

dividendo anticipado, advanced dividend

dividendo complementario, equalizing dividend, extra dividend, additional dividend

dividendo correspondiente al año anterior, prior year cash dividend

dividendo de capital, liquidating dividend, capital dividend

dividendo de liquidación, liquidating dividend

dividendo declarado, declared dividend

dividendo decretado, declared dividend

dividendo devengado, accrued dividend, earned dividend

dividendo diferido, accumulation dividend, deferred dividend

dividendo en acciones, stock dividend, scrip dividend

dividendo en efectivo, cash dividend

dividendo en obligaciones, scrip dividend, bond dividend

dividendo en suspenso, deferred dividend

dividendo extraordinario, extra dividend

dividendo ficticio, sham dividend

dividendo final, final dividend

dividendo líquido a los accionistas, net dividend to shareholders

dividendo no acumulativo, noncumulative dividend

dividendo no reclamado, unclaimed dividend

dividendo omitido, passed dividend

dividendo optativo, optional dividend

dividendo ordinario, ordinary dividend

dividendo parcial, interim dividend

dividendo pasivo, capital call

dividendo por acción, dividend per share

dividendo preferente, preferred dividend, dividend on preferred stock

dividendo provisional, interim dividend

dividendos a pagar, dividends payable

dividendos atrasados, dividends in arrears

dividendos percibidos, dividends collected, dividends received

divisa de emisión, currency of denomination

divisas, foreign exchange, foreign currency

divisas a la vista, demand exchange

división, division; department

división de operaciones, operations division

división internacional, international division, overseas department (GB)

divisor en columna, column binary (inf.)

doblar turno, to double up shift

doble control, dual control

doble facturación, double invoicing

doble opción, put and call

doble propósito, two-fold objective, double purpose

docena de trece unidades, long dozen

docena larga, long dozen

documentación, documentation

documentación acreditativa, supporting documents, substantiating documentation

documentación financiera consolidada, consolidated financial statements

documentación financiera sin consolidar, unconsolidated financial statements

documentar, to support

documento, document; title; instrument, voucher

documento al portador, bearer instrument

documento de depósito, memorandum of deposits

documento de garantía, accommodation note

documento de identidad, identity card

documento de una sola firma, single-name paper

documento falsificado, false instrument, forged document

documento original, source document, authenticum

documento por escrito, instrument in writing

documentos a la vista, sight drafts

documentos contra aceptación, documents against acceptance

documentos de cobro inmediato, sight notes, drafts and bills

documentos de intercambio, interchange paper

documentos descontados a clientes, customers' notes discounted

documentos justificativos, supporting documents

documentos mancomunados, two-name paper

documentos negociables, order instruments, negotiable documents

documentos operativos de control y seguimiento de la gestión, operating control and management records

documentos originales, original papers

documentos por cobrar descontados, discounted notes receivable

documentos por pagar, notes payable

documentos traspasables, bearer paper

dólar, dollar ($)

dólar canadiense, Canadian dollar (Can $)

dólar norteamericano, United States dollar (US $)

dolo, fraud

domiciliar un efecto, to domicile a draft

domiciliar una letra, to domicile a draft

domicilio, address, domicile; notify address

domicilio actual, usual place of abode

domicilio comercial, commercial domicile

dominio, domain, demesne

dominio absoluto, fee simple

dominio condicionado, conditional fee

dominio eminente, eminent domain

dominio fiduciario, possession in trust

donación, grant; gift

donaciones y préstamos, grants and loans

donante, grantor

dónar, to grant

donatario, grantee

donativo, grant, gift, donation

dotación, appropriation, allowance; staff

dotación de beneficios a reservas, appropriation of earnings to reserves

dotación de capital, capital endowment

dotación, provision

dotación global, overall provision

dotación neta a provisiones, net provisions to allowances

dotación para atenciones estatutarias, appropriation for statutory fees, provision for statutory payments

dotaciones brutas, gross provisions

dotaciones netas, net provisions

dotar de personal, to staff

drásticas restricciones, stringent restrictions

dudar, to question

dudosos sobre total riesgos, non-performing loans/qualifying risks

dueño legal, legal owner

«dumping», dumping

duplicado, duplicate, duplicate copy

duplicado de carta de porte, waybill

duración, duration, life, term

duración ajustada, modified duration

duración de un préstamo, term of a loan

duración media, average life *(a.l.)*, mean life

E

E.C.U. (unidad de cuenta europea), E.C.U. (European currency unit)

economato, consumer's cooperative

economía, economy; economics

economía capitalista, capitalist economy

economía de costes, cost saving

economía dual, dual economy

economía equilibrada, balanced economy

economía monoindustrial, one-industry economy

economía nacional, domestic economy

economía recalentada, overheated economy

economía sumergida, black economy

economía y estadística, economics and statistics

economías de escala, economies of scale

edad actuarial, actuarial age

edad de entrada, age at entry

edad término, age at expiry

echar al correo, to post (GB), to mail (USA)

echazón, jetsam

edificios, buildings; premises

editar, to edit (Inf.)

efectivo, cash, funds; actual

efectivo en bancos, cash in banks

efectivo en caja, cash on hand, money on hand, cash in hands, till money

efectivo en caja y bancos, cash and due from banks, cash on hands and with banks

efecto, bill, draft, drawing, effect

efecto a la vista, sight bill, sight draft

efecto al cobro, bill of exchange for collection

efecto al descuento, bill of exchange at a discount

efecto cambiario, bill of exchange, draft

efecto comercial, commercial draft, trade bill

efecto con vencimiento a corto plazo, short-term draft

efecto con vencimiento fijo, bill payable at a fixed date

efecto de colusión, kite (col.)

efecto de compensación, clearing draft

efecto de remesa, outward draft

efecto descontable, discountable bill

efecto devuelto, returned draft, unpaid bill

efecto documentario, documentary bill, documentary draft efecto financiero, finance bill

efecto impagado, unpaid draft

efecto interbancario, bank draft, interbank draft

efecto neto, net effect

efecto no acompañado de documentos, straight bill, clean bill, clean draft

efecto no documentario, clean draft

efecto pagadero a la llegada de la mercancía, arrival draft

efecto protestado, noted bill

efecto renta, income effect

efecto sobre el exterior, foreign bill

efecto sobre el interior, domestic bill

efectos a cobrar, receivables, bills receivable, bills for collection, bills to collect

efectos a pagar, payable, bills payable, notes payable, bills to pay

efectos bancarios, bank paper

efectos cobrables sin comisión, par items

efectos comerciales, commercial paper, mercantile paper, negotiable instruments, trade notes

efectos comerciales descontados, trade bills discounted

efectos con gastos, drafts with charges

efectos de comercio, negotiable instruments, commercial paper, trade notes

efectos de comercio a más de noventa días, trade notes over ninety days

efectos de comercio hasta noventa días, trade notes up to ninety days

efectos de escritorio, stationery

efectos de favor, accommodation paper

efectos descontados, bills discounted, discounted drafts, discounted notes

efectos en cartera, bills on hand, notes on hand

efectos especiales, special notes

efectos fiscales, tax purposes

efectos mobiliarios, movables

efectos no negociables, ineligible paper (USA)

efectos pendientes de cobro, effects not cleared

efectos públicos, public bonds

efectos redescontables, eligible paper (USA)

efectos redescontados, rediscounted notes

efectos respaldados por productos, commodity paper

efectos sin gastos, drafts without charges

efectos timbrados, stamped paper

efectos y créditos, loans and discounts

efectos y demás obligaciones a pagar, notes payable and other liabilities

eficiencia de producción, production efficiency

egresos, outgo, disbursements, outflow

egresos de capitales, capital outflow

ejecución, performance

ejecución de hipoteca, foreclosure of a mortgage

ejecución de la ley, law enforcement

ejecutar, to execute, to enforce; to attach

ejecutar un contrato, to execute a contract

ejecutivo, executive

ejecutivo de ventas, sales executive

ejemplar, copy, issue

ejercicio económico, trading year

ejercicio fiscal, fiscal year, fiscal period

ejercicio precedente, previous year

ejercicio social, financial year, trading year, corporate year

elasticidad de la demanda, elasticity of demand

elasticidad del margen financiero, elasticity of the financial margin

elección de razones significativas, choice of significative ratios

electricidad generada, generated electricity (Inf.)

elevación de los tipos de interés, rise in interest rates, raising of interest rates

eliminar fallos de un programa, to debug (Inf.)

eludir impuestos, to evade taxes

embalaje, packing case

embalaje marítimo, seaworthy packing

embarcador, shipper

embargable, attachable

embargado, garnishee, lienee; attached

embargador, lienor

embargante, garnisher, attacher

embargar, to embargo, to garnish, to seize, to attach

embargo, embargo, garnishment, seizure, attachment, sequestration, distraint

embargo contra persona no residente, foreign attachment

embargo de bienes, garnishment

embargo de fondos, seizing of funds

embargo de mercancías en tránsito por el vendedor, stoppage in transit

embargo preventivo, lien attachment

embargo preventivo del abogado, attorney's lien

embarques de exportación, export shipments

embarques parciales, partial shipments

embarques parciales permitidos, partial shipments allowed, part shipments permitted

embarques parciales prohibidos, partial shipments not allowed, part shipments prohibited

embaucar, to fleece (col.)

embustero, crook

emigración, emigration

emisión, issue, issuance

emisión contra aportaciones no dinerarias, issue against non-monetary subscriptions

emisión de acciones, share issue, stock issue

emisión de bonos, bond issue

emisión de bonos exteriores, issue of foreign bonds, foreign bond issue

emisión de conversión, conversion issue

emisión de cupones, coupon issue

emisión de licencias de importación, issuance of import licenses

emisión de moneda, issue of currency, currency issuance

emisión de obligaciones, bond issue, debenture issue

emisión de obligaciones hipotecarias, mortgage bond issue

emisión de pagarés, issue of debt securities, note issue

emisión en dos tramos, dual tranche

emisión exterior, foreign issue

emisión extranjera, foreign issue

emisión fiduciaria, fiduciary issue

emisión gota a gota, tap issue

emisión interior, domestic issue

emisión liberada, bonus issue

emisión nacional, domestic issue

emisión parcial, tranche

emisión por una entidad privada, corporative issue

emisión renovable garantizada, revolving underwriting facility *(R.U.F.)*

emisión sin cobertura, fiduciary issue

emisión suscrita en exceso, oversubscribed issue

emisor, issuer, emitter

emisor de opción, writer, grantor

emitir bonos, to issue bonds, to float a loan

emitir obligaciones, to issue bonds

emitir papel a tipos inferiores a los vigentes en el mercado, to issue paper at sub-market prices

emitir un dictamen, to issue a ruling

emitir un empréstito, to float a loan

emolumento, emolument

empañamiento de la bodega, ship's sweat

empaquetamiento, pack(ing)

emparejamientos monetarios, currency pairings

empeñar, to pawn, to hock (col.); to hypothecate

empeño, pawning; efforts

empeoramiento de las posiciones de liquidez internacional, impairment of international liquidity positions

emplazamiento a la huelga, strike call

emplazar a la huelga, to give strike notice

empleado, employee

empleado con jornada completa, full-time employee

empleado con jornada parcial, part-time employee

empleado de banca, bank clerk

empleado de confianza, trustworthy employee, confidential employee

empleado de la bolsa de valores, blue button (GB, col.)

empleado eficiente, efficient employee

empleado en período de adiestramiento, articled clerk

empleado jubilado, retired employee

empleador, master, employer

empleo, employment; work, post, job

empleo de fondos, funds used

empleo de la financiación, application of funds

empleo del líquido, use of proceeds

empleos, assets

empleos medios en divisa, average foreign currency assets

empleos medios en pesetas, average peseta assets

empleos reglamentados, regulated assets

empleos reglamentados y no rentables, regulated and nonearning assets

empleos totales, total assets

emprendedor, entrepreneur

empresa, firm, adventure, enterprise, venture, undertaking

empresa colectiva, joint venture, joint adventure, joint enterprise

empresa de transportes marítimos, sea carrier, shipping company

empresa de transportes por camión, motor carrier

empresa financiera, financial institution

empresa ilegal, wildcat, (col.)

empresa mercantil, trading concern

empresa mixta, quasi public corporation

empresa privada de interés público, quasi public corporation

empresa que explota a sus empleados, sweatshop (col.)

empresa semioficial, quasi public corporation

empresa conjunta, joint enterprise, joint venture

empresarial, entrepreneurial

empresario, employer, entrepreneur

empresas parabancarias filiales, quasi-banking subsidiaries

empréstito, loan, borrowing, debenture

empréstito de estabilización, stabilization loan

empréstito en moneda extranjera, foreign currency loan

empréstito forzoso, forced loan

empréstitos netos, net borrowing

emular, to emulate (Inf.)

en almacén, in stock

en anticipo, in advance

en aumento, increasing

en baja, falling, bearish

en bodega, under hatch

en buen estado de funcionamiento, in working order

en cifras, in figures

en colaboración con, in cooperation with

en concreto, in particular

en conjunto, as a whole

en consignación, on consignment

en contra de la ley, criminal in purpose, against the law

en cuanto sea factible, as soon as possible, as soon as practicable

en cuenta corriente con, in (current) account with

en curso, present; instant *(inst)*

en curso de fabricación, in process, under processing

en depósito, in bond

en dinero, in the money

en efectivo, cash, in cash, cash on hand

en el epígrafe, under the caption

en el estado en que se encuentra, as is

en el extranjero, abroad, overseas (GB), beyond sea

en el transcurso del año, in the course of the year

en espera de su legítimo dueño, abeyant

en este, herein

en existencia, in stock, on hand

en firme, outright

en la medida que, insofar as

en letra, in words

en línea, on line (Inf.)

en litigio, in dispute

en lugar de, in lieu of

en paralelo, parallel

en proceso, in process

en reserva, in reserve, standby

en suspenso, abeyant

en testimonio de lo cual, in witness whereof

en trámite, in process

en trámite de desinversión, in process of realization

en vigor, effective date

en virtud de éste, hereunder

enajenación, abalienation

enajenación de activos, asset disposal

enajenar, to abalienate, to devest

enajenar acciones, to sell stocks

encabezada por, headed by

encabezamiento, heading

encabezar un grupo bancario, to head a banking group

encadenada, chaining (Inf.)

encaje, cash, cash on hand, funds available, cash assets, cash position, till money (col.); legal reserve ratio

encargar, to order

encargo, order

encuadernador con tapas, binder

encuesta, poll, survey

endosado, endorsed, indorsed

endosado en blanco, blank endorsed

endosante, endorser, indorser

endosar, to endorse, to indorse

endosar en blanco, to endorse in blank

endosatario, endorsee, indorsee

endoso, endorsement, indorsement; security

endoso absoluto, absolute endorsement

endoso bancario, bank endorsement

endoso completo, endorsement in full, full indorsement

endoso completo con exclusión de responsabilidad, qualified endorsement

endoso de favor, accommodation endorsement

endoso en blanco, endorsement in blank, blank indorsement, regular endorsement

endoso irregular, anomalous endorsement

endoso nominativo, restrictive endorsement

endoso total, absolute endorsement

enfermedades no laborales, non-occupational diseases

enfrentarse a un problema, to deal with a problem .

engañar, to defraud

enjugar el déficit en cuenta corriente, to fund the current account deficit

enjuiciamiento civil, civil procedure

enmienda, amendment

enriquecimiento del trabajo, job enlargement

ensamblar, to assemble (Inf.)

ensayo, trial, test

enseres, fixtures

entablar demanda, to litigate, to put in suit

entablar juicio hipotecario, to foreclose

entablar pleito, to implead, to file a suit, to cause suit to be brought

ente, entity

ente jurídico, legal entity

entero (Bolsa), (full) point

entidad de ahorro, savings institution

entidad de financiación, finance company

entidad filantrópica, non-profit institution

entidad financiera, financial institution

entidades de crédito y ahorro, trust and loan companies

entidades de depósito, banks, banking

entorno, environment

entorno comercial, business environment

entorno operativo, trading environment

entrada, input

entrada de capital, influx of capital, capital inflow, afflux of capital

entrada de datos al ordenador, computer input

entrada de divisas, exchange inflow

entrada de tarjetas, card input (Inf.)

entrada en vigor, attachment; coming into force, enforcement

entradas, income, receipts

entradas brutas, gross receipts

entradas de mercancías. entries of goods

entradas líquidas, net receipts; net income, net earnings

entradas netas, net receipts, net income, net earnings

entradas y salidas, receipts and expenditures, receipts and disbursements

entrar en bolsa, to go public, to take public

entrar en funcionamiento, to come into service

entrar en vigor, to become effective, to take effect, to come into force

entre oficinas, inter-branch, inter-office

entre paréntesis, in brackets

entrega, delivery

entrega contra reembolso, collect on delivery *(C.O.D.),* delivery against payment, delivery versus payment *(D.V.P.)*

entrega del cupón, surrender of coupon

entrega diferida, delayed delivery

entrega en depósito, bail

entrega futura, forward delivery

entrega inferior a lo estipulado, shortage, short delivery

entrega inmediata, immediate delivery

entrenamiento sobre la marcha, on-the-job training

enviar mercancías, to consign

enviar por correo, to post (GB); to mail (USA)

enviar una letra al protesto, to have a draft protested

envío contra reembolso, cash on delivery *(C.O.D.)*

epígrafe, caption, title, heading

equilibrar el presupuesto, to balance the budget

equilibrio de poder y gestión, balance in power and management

equilibrio interregional, interregional balance

equipo, equipment

equipo auxiliar, auxiliary equipment

equipo de mecanización, data processing equipment (Inf.)

equipo de oficina, office equipment, office supplies

equipo de proceso de datos, data processing equipment (Inf.)

equipo de trabajo, task force

equipo especializado, specialist team

equipo físico, hardware (Inf.)

equipo inactivo, inactive equipment (Inf.)

equipo informático, data processing equipment (Inf.)

equipo lógico, software (Inf.)

equipo material, hardware (Inf.)

equipo periférico de marcaje y clasificación, peripheral coding and sorting equipment (Inf.)

equitativo, fair

equivalencia, exchange value; equivalence

equivalencia futura, futures equivalent value

ergonomía, ergonomics

erogaciones, outgo, expenses; disbursements

error, error, mistake

error de procesamiento, processing error

error de subestimación, underestimation error

error manifiesto, apparent error

error típico, standard error

es decir, id est *(i.e.)* (lat.), that is to say

escala, scale

escala de sueldos, scale of wages

escala de vencimientos, maturity range

escala progresiva, progressive scale

escala salarial, scale of wages

escalafón, scale, ranking

escalonamiento, laddering

escaparatismo, window dressing

escasez de capital, scarcity of capital, shortage of capital

escasez de dinero, money squeeze, money scarcity, money stringency

escasez de divisas, shortage of foreign exchange

escasez de dólares, dollar gap

escisión, split, spin-off, break-up

escotilla, hatch

escribanía (Esp. = *notaría*), notary's office

escribano (Esp. =*notario*), notary, actuary

escritos de conclusión, final pleadings

escritura, deed, instrument; act

escritura de asociación, articles of partnership, partnership articles

escritura de cesión, deed of assignment

escritura de compraventa, deed of sale

escritura de confirmación de una deuda, antapocha

escritura de constitución, deed of incorporation, act of incorporation, incorporation papers, partnership deed, charter, general franchise, statutes

escritura de donación, deed of gift

escritura de emisión, trust deed

escritura de fideicomiso, deed of trust

escritura de garantía, deed of covenant

escritura de hipoteca, mortgage deed

escritura de modificación, amendatory deed

escritura de pleno dominio, deed in fee

escritura de préstamo e hipoteca, bond and mortgage

escritura de propiedad, root of title, title deed, evidence of title

escritura de traspaso, deed of indenture, deed of conveyance

escritura de propiedad, evidence of title

escritura fiduciaria, trust deed, (USA) trust indenture

escritura hipotecaria, mortgage deed

escritura pública, notarial instrument

escritura social, incorporation papers, deed of incorporation, general franchise, charter, act of incorporation, partnership deed, statutes

escritura unilateral, deed poll

especificaciones de codificación, encoding specifications (Inf.)

espécimen de firma, specimen signature

especulación, speculation, (ad)venture

especulación en el mercado de divisas, agiotage

especulación en participación con otros, joint adventure, joint venture

especulación sobre terrenos, land jobbing

especulador, speculator

especulador a la alza, bull

especulador de lanzamientos, stag

especulador de valores, stock jobber, rigger

especulador por cuenta propia, jobber (GB)

especular, to speculate

especular a la alta, to speculate for a rise

especular a la baja, to speculate for a fall

especular en bolsa, to job in stocks; rigging

especulativo, speculative; commercial

esperanza de vida, life expectancy

esperanza matemática de vida, actuarial expectation

espurio, spurious

«esquela» de emisión cubierta, tombstone (col.)

esquema de tipos de cambio, exchange rate pattern

esquirol, fink, scab (USA), strike breaker, blackleg (GB)

estabilidad cambiaria, exchange stability

estabilidad de los depósitos a la vista y de ahorro, stability of demand and savings deposits

estabilidad de precios, price stability

estabilidad financiera, financial stability

estabilización, stabilisation

estabilización económica, economic stabilization

estabilizarse, to stabilize

establecer, to establish, to form, to constitute, to set up

establecer una compañía, to form a company

establecimiento bancario, bank, banking institution

estadía, lay days

estadísticas, statistics

estadísticas fiables, reliable statistics

estado, state, statement

estado anual, annual statement; general balance sheet

estado comparativo, comparative statement

estado condensado, condensed statement

estado consolidado, consolidated statement

estado de aplicación de fondos, statement of funds received and applied

estado de compensaciones, clearing sheet

estado de concentración, recapitulation statement

estado de conciliación, reconciliation statement

estado de contabilidad, accounting statement

estado de cuenta, statement of account, balance certificate, certificate of balance

estado de entradas y salidas, statement of receipts and disbursements

estado de gastos y productos, statement of earnings and expenses

estado de guerra, state of war

estado de origen y aplicación de fondos, application of funds statement, statement of changes in financial position, funds statement

estado de pérdidas y ganancias, profit and loss statement, profit and loss account, gain and loss exhibit, statement of loss and gain

estado de resultados de operación, operating statement

estado de superávit, surplus statement

estado de transacciones, transactions statement

estado diario de caja, daily cash statement

estado financiero, financial statement, statement of affairs

estado financiero agrupado, combined financial statement

estado financiero consolidado, consolidated financial statement

estado general del trabajo, work trial balance

estado negativo de movimientos, nil report

estado simulado, proforma statement

estados financieros provisionales, interim financial statements

estados financieros resumidos, abridged financial statements

estafa, fraud, embezzlement, swindle

estafador, crook, swindler

estafar, to swindle, to embezzle, to defraud

estampado en relieve, embossing

estampar, to stamp, to emboss

estampilla, stamp

estampillado, stamping

estampillar, to stamp

estampillar cupones, to stamp coupons

estancamiento, stagnation, standstill

estancamiento de la producción, stagnation in output, output stagnation

estancamiento económico, economic stagnation

estanflación, stagflation

estar al tanto de, to be aware of

estar desocupado, to be idle, to be unemployed

estar inactivo, to be idle

estar ocioso, to be idle

estar preocupado respecto a, to be concerned about

estatal, state

estatuto bancario, bank status

estatutos, bylaws, statutes

estatutos de asociación, articles of partnership

estatutos de constitución, articles of incorporation, articles of association

estenografía, shorthand

estimación, estimate; appropriation

estimación aproximada, rough estimate

estimación de gastos, spending estimate

estimación directa, direct evaluation

estimación objetiva, objective evaluation

estipulación, provision, stipulation

estrangulamiento económico, economic bottleneck

estrategia, strategy

estrategia a plazo medio, medium-term strategy

estrategias de gestión de riesgos, risk management strategies

estrategias defensivas, defensive strategies

estrecha colaboración, close cooperation, close collaboration

estrechamiento de la liquidez, strain of liquidity

estrechez de la liquidez bancaria, tight bank liquidity

estricto, strict; tight, stringent

estructura, structure, organization

estructura de administración y gobierno, organization

estructura de capital, capital structure

estructura de dirección, management structure

estructura de los depósitos, structure of deposits

estructura económica, economic structure

estructura financiera, economic structure, setup

estructura global, global pattern

estructura global de las balanzas de pagos, global pattern of payments balances

estructura jerárquica, chain of ·command

estructura macroeconómica, macroeconomic framework

estructural, structural

estructurar, to structure

estructuras dinámicas, dynamic structures

estudiar, to study; to review

estudio, study; survey, review

estudio de mercados, market survey, market research

estudio de tiempos, time study

estudio de viabilidad, feasibility study

estudio detenido, in-depth study

estudios de operaciones, operational studies

estudios económicos, economic studies

estudios estadísticos, statistical studies, statistical reports

ética, ethics

ética profesional, professional ethics

etiqueta, label

etiqueta roja, red label

etiquetar, to label

Eurobono, Eurobond

eurobono australiano, Aussie bond

eurobono neozelandés, kiwi bond

eurocrédito, eurodollar loan, eurocredit

eurocrédito a medio plazo, medium-term eurodollar loan

eurodivisa, eurocurrency

euroemisión, euroissue

euromercado, euromarket

euromoneda, eurocurrency

europagaré, euronote

europagaré no asegurado, non-underwritten euronote

europagarés de empresa, eurocommercial paper

europapel comercial, eurocommercial paper

evaluable, ratable

evaluación, evaluation, taring

evaluación de puestos, job evaluation

evaluación de tareas, task analysis

evaluación del daño, appraisal of damage

evaluación fiscal, tax evaluation

evaluar, to evaluate, to rate, to assess, to appraise

evasión de capitales, flight of capital, exodus of capital, capital flight

evasión de impuestos, tax dodging, tax evasion

evasión fiscal, tax dodging, tax evasion

eventual (trabajador), casual worker

eventualidades del mar, accidents of navigation

evidenciar un alza, to show an increase

evitar, to avoid, to preclude

evolución a corto plazo, short-term evolution

evolución ascendente, sustained up-swing

evolución comparativa, comparative record

evolución contable de los recursos propios medios, average stockholders' equity and profitability

evolución de la cotización, stock price range

evolución de las cifras a fin de ejercicio, year-end totals

evolución de los recursos propios, reconciliation of capital funds, statement of changes in shareholders' equity

evolución de los resultados, operating results

evolución del ahorro, behavio(u)r of savings

evolución del balance, statement of condition

evolución del balance y de la cuenta de resultados, comments on the financial statements

evolución del banco en los diez últimos ejercicios, comparative ten-year record of the bank

evolución en el decenio de 1990, trends in the 1990s

evolución en la cotización de las acciones, price range of stock

evolución futura, future developments

evolución moderada del resultado ordinario, slight development in the ordinary income

evolución sumamente favorable, markedly favo(u)rable development

ex derecho, ex rights

ex dividendo, ex dividend

examen, review, audit, exam, survey, review

examen de aptitud, aptitude test

examen de cuentas, audit of accounts

examen de libros, audit of the books

examen de resultados (créditos sindicados), after action report, (col.) post mortem session

examinar, to review, to audit, to examine

excedencias y capacidad excedentaria, stocks and surplus capacity

excedente, surplus; carry over

excedente consignado a fondos de reserva, surplus reserve

excedente de capital, capital surplus

excedente medio de liquidez, average liquidity surplus

excedente residual, residual surplus

excedente sin consignar, unappropriated surplus

exceso, excess; coverage

exceso de demanda, demand for stock

exclusión, estoppel

exención arancelaria, exemption from customs

exención de impuestos, tax exemption

exención fiscal, tax exemption

exento de, free, free from, exempt from

exento de contribuciones, tax exempt, tax free, non taxable, duty-free

exento de pago de derechos, non-dutiable

exento de responsabilidad, non-liable

exhibición, exhibition; call

exhibiciones no realizadas, payments not yet made

exigencia de liquidación inmediata, sharp call

exigibilidad contractual de los pasivos, callable terms of the liabilities

exigibilidades, accountabilities

exigir el pago, to enforce payment

exigir el reembolso de un préstamo, to call in a loan

existencias, stock(s), goods in stock, stock on hand, stock in trade; inventory

existencias de intervención, intervention stocks

existencias de mercancía, inventory; stock(s), goods in stock, stock on hand, stock in trade

existencias de productos terminados y semiacabados, inventory; stock(s), goods in stock, stock on hand, stock in trade

existencias de seguridad, buffer inventory

exoneración, exoneration; discharge

exonerar (del pago) de un impuesto, to release from a tax

expansión de las importaciones, imports upsurge

expansión del crédito al consumidor, expansion of consumer credit

expansión del producto nacional bruto, expansion of gross national product

expansión geográfica, geographical coverage, geographical expansion

expansión monetaria, monetary expansion

expectativas, expectations

expectativas de rentabilidad, return expectations

expectativas de riesgo, risk expectations

expedición, consignment, shipment

expediciones parciales autorizadas, part shipments authorized, partial shipments allowed

expediciones parciales prohibidas, part shipments not allowed

expedidor, forwarder, shipper, consigner, consignor

expediente de apremio, proceedings for collection

expedientes, files, records

expedientes de personal, personnel files

expendedor automático de billetes, cash dispenser

experto, expert; proficient

expirar, to expire

explosión demográfica, demographic explosion

explosión salarial, wage explosion

explotación de reservas, development of reserves

exportación, export

exportación de invisibles, invisible export

exportador, exporter

exportar, to export

exportar capitales, to export money

exposición, exhibition; report; exposure

exposición de la evolución, account of developments

exposición operativa, operating exposure

exposición total, total exposure

expropiación, condemnation

expropiar, to impress

extender, to extend, to renew, to issue, to make out; to draw

extender un cheque, to issue a cheque, to make out a cheque, to draw a cheque (USA = *check*)

extender una letra, to issue a bill, to draw a bill

extendido a la orden, made out to order

extensión, extension, renewal; drawing; scope

extensión comprendida entre Valencia y Barcelona, Barcelona/Valencia range

extensión de la auditoría, scope of the audit, scope of the examination

extorsión, chantage, racketeering

extrabursátil, over-the-counter

extracciones de fondos, withdrawals

extracto de cuenta, statement of account

extracto de cuenta bancaria, bank statement

extracto de un título, abstract of title

extracto diario de caja, daily cash statement

extranjero, foreign; foreigner; abroad, (GB) overseas

extrapolación, extrapolation

F

F.M.I., (ab. *Fondo Monetario Internacional*), F.M.I. International Monetary Fund

fábrica, factory, plant

fábrica parada, idle plant, shutdown factory

fabricación, manufacture, manufacturing in process

fabricado en España, made in Spain

fabricante, manufacturer

fabricar, to manufacture, to make

facilidad financiera multiopcional, multi-option financing facility *(M.O.F.F.)*

facilidades bancarias, banking facilities

facilidades crediticias, credit facilities

facilitar, to furnish, to provide, to arrange for, to make available

facilitar informes, to furnish information, to provide information

fácilmente realizable, readily marketable

factor concesionario, grant element

factor de conversión, conversion factor, delivery factor

factor determinante, determining factor

factor tiempo, time factor, time value

factores de incertidumbre, elements of uncertainty

factores estacionales, seasonal factors

factores exógenos, external circumstances

factores temporales, temporary factors

«factoring», factoring

factura atendida, hono(u)red bill

factura comercial, commercial invoice

factura consular, consular invoice

factura de anticipo de efectivo, cash advance slip

factura de embarque, shipping bill

factura de flete, freight note

factura de venta, sales draft

factura detallada, itemized invoice

factura por cobrar, collect bill

factura proforma, proforma invoice

factura provisional, memo(randum) invoice

factura simulada, proforma invoice

facturación, invoicing, billing

facturación continua, continuous billing

facturación de mercancías llegadas sin guía de carga, forced billing

facturado, invoiced

facturar, to invoice, to bill

facturas al cobro, bills for collection, invoices to collect

facturas atendidas, hono(u)red bills

facturas falsificadas, counterfeit paper

falsificación, falsification, forgery, counterfeit

falsificación de procedimiento, adulteration of proceedings

falsificador, adulterator

falsificar, to forge, to counterfeit

falso, spurious

falso flete, phantom freight (col.)

falso movimiento alcista, bull trap

falso movimiento bajista, bear trap

falta de aceptación, non-acceptance

falta de apoyo, lack of support

falta de asistencia al trabajo, absence from work

falta de clientes particulares, lack of end customers

falta de conformidad, absence of agreement

falta de cumplimiento, failure to comply, failure to perform

falta de entrega, non-delivery

falta de existencias, lack of inventory

falta de fondos, insufficient funds, illiquidity

falta de liquidez, lack of liquidity, illiquidity

falta de pago, dishono(u)r, default, event of default, failure to pay

falta de participación, lack of participation

falta de puntualidad, lack of punctuality

falta por enfermedad, sick leave

faltas, shortage; absences; mistakes

faltas con permiso, leave of absence

faltas injustificadas, unjustified absences

faltas justificadas, leave of absence

fallar, to judge, to render judg(e)ment; to fail; to award

fallido, insolvent

fallido rehabilitado, certified bankrupt (GB)

fallo, judg(e)ment, award, finding, verdict; failure, bug

familiarizado, acquainted

farmacéuticas (Bolsa), drugs (Stock Exchange), pharmaceuticals

fase de exploración, scanning stage

fase final de una tendencia alcista (climax), blow-off

fase inicial, start-up period, initial stage

fe de vida, certificate de existence

fecha, date

fecha de abono de intereses, interest payment date

fecha de admisión a cotización en Bolsa, date of listing

fecha de caducidad, due date, expiration date, expiry

fecha de cierre, closing date, date of closing

fecha de conversión, conversion date

fecha de corte de operaciones, cutoff date

fecha de depósito, deposit date

fecha de determinación del (tipo de) interés, interest determination date

fecha de devolución, date of return

fecha de disfrute, date of qualification

fecha de ejecución, trade date

fecha de embarque prevista, scheduled shipping date

fecha de emisión, date of issue, issue for date

fecha de endoso, endorsement date

fecha de entrega, date of delivery

fecha de facturación, date of invoicing

fecha de fallecimiento, date of death

fecha de lanzamiento, launch date

fecha de liquidación, settlement date

fecha de nacimiento, date of birth

fecha de pago, tenor, date of payment

fecha de pago de intereses, interest payment date

fecha de proceso, processing date

fecha de rescate, redemption date

fecha de valoración, for value date

fecha de vencimiento, maturity date, due date, date of maturity, expiry date, expiration date

fecha de vencimiento del pagaré, note maturity date

fecha del último pago, date of last payment

fecha equivocada, misdate

fecha límite, closing date, deadline

fecha media de vencimiento, average due date, equated date

fecha tope, closing date, term date

fecha tope para la oferta, bid deadline

fecha valor, value date

fecha y lugar de emisión, date and place of issue

fechado, dated *(dd)*

fechar, to date

fechar erróneamente, to misdate

fechas tope para el proceso, processing time limits (Inf.)

Federación Europea de Analistas Financieros, European Federation of Financial Analysts *(E.F.F.A.)*

ferias y exposiciones, trade fairs and exhibitions

fiabilidad, reliability (Inf.)

fiable, reliable

fiador, guarantor, surety, bailer, bailor, personal surety

fiador mancomunado, joint surety

fianza, guaranty, security, collateral, bail, bail bond, suretyship, guarantee, bond of indemnity

fianza de avería, average bond

fianza de buque a término, vessel term bond

fianza de comparecencia, appearance bail

fianza de cumplimiento, completion bond, performance bond

fianza de declaración única, single entry bond

fianza de embargo, attachment bond

fianza de exportación, export bond

fianza de fidelidad de todos los empleados, blanket bond

fianza de pago, payment bond

fianza de participación en puja, bid bond

fianza ficticia, straw bond

fianza judicial, judicial bond

fianza-margen, margin

fianza ordinaria, bail below

fianza para costas, cautio pro expensis (lat.)

fianza para reintegro de bienes embargados, delivery bond

fianza sin valor, straw bail

ficha, card; slip

ficha-cuenta, account card

ficha de acumulación de riesgos, aggregate liability index

ficha de archivo, filing card

ficha para procesar datos, aperture card (Inf.)

ficha perforada, punch card (Inf.)

fichero, filing cabinet, (card) file

fichero de actividad, activity file

fichero de excepciones, exception file

fichero maestro, master file

fideicomisario, trustee

fideicomiso, trust

fideicomiso activo, living trust, active trust

fideicomiso de fondos depositados, funded trust

fideicomiso directo, direct trust

fideicomiso expreso, express trust

fideicomiso formalizado, perfect trust

fideicomiso implícito, involuntary trust, precautory trust

fideicomiso impuesto, constructive fund

fideicomiso pasivo, passive trust, nominal trust, naked trust, dry trust

fideicomiso perfecto, perfect trust

fideicomiso sin depósito de fondos, unfunded trust

fideicomiso testamentario, testamentary trust

fideicomiso voluntario, voluntary trust

fiduciario, trustee, fiduciary

fijar, to establish, to mark, to set out, to set up

fijar daños y perjuicios, to assess damages

fijar el precio, to price

fijar precios reducidos, to rollback prices

fijo, flat, fixed

filial, affiliate, daughter company, subcompany, subsidiary company

filial al 100 %, wholly owned subsidiary

filial extranjera, foreign daughter

filtración, leakage

fin, end; aim, purpose; target

fin(al) de mes, end of month

fin(al) de semana, end of week

fin(al) de sesión, close

fin(al) de transcripción (télex), unquote

finalidad, aim, purpose; target

finalidad concreta, obvious purpose

financiación, financing

financiación a otras entidades, financing to other entities

financiación a tipo de interés fijo, fixed-rated financing

financiación crediticia a plazo, term credit financing

financiación de bienes de equipo, equipment financing

financiación de exportaciones, export financing

financiación de exportaciones en régimen de cuenta abierta, open-account export financing

financiación de inversiones, investment financing

financiación de proyectos, project financing

financiación de venta a plazos, hire-purchase financing

financiación del crédito comercial, trade credit financing

financiación externa, external financing, external sources

financiación interna, internal financing, internal sources

financiación internacional, international financing

financiación provisional, temporary financing

financiación y empleos, source and application of funds

financiamiento compensatorio, compensatory financing

financiar, to finance, to float

financiar las compras, to finance purchases

financiera de ventas, sales finance company

financieras (Bolsa), finance (Stock Exchange)

financiero, financier; financial

financiero influyente, (col.) baron

finanzas, finance

finanzas internacionales, international finance

fincas urbanas, city real estate

fines sociales, corporate purposes; welfare purposes

finiquitado, paid in full; discharged

finiquitar, to pay in full, to release, to discharge, to settle, to satisfy

finiquito, (ac)quittance, receipt in full, release, satisfaction firma, signature; firm, concern

firma autorizada, authorized signature

firma facsímil, facsimile signature

firma falsificada, spurious signature

firma mancomunada, joint signature

firma modelo, specimen signature

firma no autorizada, unauthorized signature

firma omitida, missing signature

firma social, corporate signature

firma y sello, hand and seal

firmado y sellado por mí, under my hand and seal

firmante, signatory

firmante conjunto, cosigner, cosignatory

firmar mancomunadamente, to sign jointly

firmas mancomunadas, any two jointly

firme, firm, steady, strong

fiscal, fiscal, prosecutor

fiscalidad, rate of taxation

fletador, charterer, affreighter

fletamento, affreightment, freightment

fletamento con operación por cuenta del arrendador, gross charter

fletamento con todos los gastos por cuenta del fletador, net charter

fletamento de ida y vuelta, round trip charter

fletamento de un buque con los mismos derechos que su propietario, bareboat charter

fletamento por viaje, trip charter

fletar, to charter, to affreight

flete, freight, charter; freight charges, charter price

flete a cargo del vendedor, outward freight

flete a pagar en destino, freight at destination, freight collect, freight forward

flete a pagar por anticipado, freight to be prepaid

flete a tanto alzado, lumpsum charter

flete aéreo, air freight, airfreighting

flete de ida y vuelta, round charter(ing)

flete de retorno, back freight

flete marítimo, ocean freight, sea freight

flete pagado, advance freight

flete pagado hasta, freight paid to

flete pagado por anticipado, freight prepaid

flete por cuenta del vendedor, freight outward

flete terrestre, inland freight

flete y acarreos, freight and cartage

flexibilidad operativa, operating flexibility

flojo, weak, dull

florín holandés, Dutch guilder

flotación, floating

flotación sucia, dirty float

flotante, floating

flotar, to float

flotar un empréstito, to float a loan

fluctuación, fluctuation

fluctuación de los precios, fluctuation of prices

fluctuación estacional, seasonal fluctuation

fluctuaciones del mercado, market fluctuations

fluctuaciones en el cambio, exchange rate fluctuations

fluctuaciones en el mercado bursátil, stock market movements

flujo, flow

flujo de caja, cash flow

flujo de caja bruto, gross cash flow

flujo de dinero, flow of funds

flujo de entrada, inflow

flujo de salida, outflow

flujo global de recursos a los países en desarrollo, overall flow of resources to developing countries

flujos compensatorios, offsetting flows

flujos monetarios, flows of funds

folleto de emisión, placement memorandum, placing memorandum

fomentar, to promote, to develop, to boost

fomento, promotion, development, boosting.

fomento de ventas, sales promotion

fondo, fund

fondo acumulado, aggregate allowance

fondo consolidado, consolidated fund

fondo de accidentes, accident fund

fondo de amortización, sinking fund; redemption fund

fondo de amortización acumulativo, cumulative sinking fund

fondo de amortización de acciones preferentes, preferred stock sinking fund

fondo de amortización no (a)cumulativo, non-cumulative sinking fund

fondo de autoseguro, insurance fund, self-insurance fund

fondo de ayuda, relief fund

fondo de beneficencia, endowment fund

fondo de caja, cash fund

fondo de caja chica (SA), petty cash fund

fondo de comercio, goodwill; stock in trade; going concern

fondo de depreciación, depreciation fund

fondo de fideicomiso, trust fund

fondo de fluctuación de valores, security price fluctuation allowance, security price valuation reserve

fondo de garantía, guarantee fund

Fondo de Garantía de Depósitos, Deposit Guarantee Fund

fondo de habilitación, working fund

fondo de huelga, strike fund

fondo de igualación, equalization fund

fondo de inversión, investment fund, mutual fund

fondo de inversión mobiliaria, security investment fund

fondo de maniobra, working fund, working capital

fondo de pensiones, pension fund

fondo de pensiones de vejez, superannuation fund, pension fund

fondo de préstamos, loan fund

fondo de previsión, pension fund, reserve fund, provision

fondo de previsión para inversiones, investment reserve, investment fund

fondo de recompra, purchase fund

fondo de recuperación, redemption fund

fondo de reposición, renewal fund

fondo de rescate, purchase fund

fondo de reserva, reserve fund

fondo de retiro, retirement fund

fondo de trabajo (SA), working fund

fondo fiduciario irrevocable, irrevocable trust fund

fondo fijo, fixed fund, imprest fund

fondo fijo de caja, cash fixed fund, cash imprest

fondo general, general fund

fondo limitado, closed-end fund

Fondo Monetario Internacional (F.M.I.), International Monetary Fund (I.M.F.)

fondo para contingencias, contingent fund

fondo para gastos, expenses fund

fondo rotativo, revolving fund

fondo rotativo para gastos menores, imprest fund

fondos ajenos, borrowed funds, borrowings

fondos bloqueados, frozen funds, blocked funds

fondos congelados, frozen funds, blocked funds

fondos de dinero, money market mutual funds

fondos de origen ilegítimo, illicit (illegal, unlawful) funds

fondos disponibles, spare capital, funds in hand

fondos disponibles para inversión, funds available for investment; hot money (col.)

fondos empleados, funds used

fondos en camino, funds in transit

fondos especiales, special allowances

fondos federales (USA), federal funds, fed funds *(F.F.)*

fondos generados, cashflow

fondos inmediatamente disponibles, immediately available funds

fondos inmovilizados, blocked funds, frozen funds

fondos insuficientes, insufficient funds, not sufficient funds *(N.S.F.)*

fondos libres, funds in hand

fondos no realizables, illiquid funds

fondos procedentes de operaciones, funds from operations

fondos públicos, public funds, government securities, government debt stock, public bonds, gilt-edged securities, government bonds, government paper

fondos puestos bajo depósito legal, escrow funds

forfetización, forfaiting

formación del personal, staff training

formación práctica, on-the-job training

formal, reliable, trustworthy

formalidades, formalities

formalizar un contrato, to make a contract

formar una sociedad, to constitute a company, to establish a company

formato estandarizado, standard(ised) schedule

fórmula de interés compuesto, compound interest formula

formulación y desarrollo, formulation and development

formular un reparo, to file an objection

formulario, form, formset

formulario de cheque sin rellenar, blank cheque form

formulario de declaración de aduanas, customs entry form

formulario de factura, invoice form

formulario de pedido (nota), order blank, order form

formulario en blanco, blank form

formulario interno, in-house form

formulario para la declaración del impuesto sobre la renta, income tax blank

formularios impresos, printed forms

fórmulas alternativas de inversión, alternative investment plans, alternative investment formulae, alternative investment schemes

formulismos, red tape

foro, forum

fortalecimiento de la posición de pagos, strengthening of the payments position

fortalecimiento económico, economic strengthening

FORTRAN (lenguaje de programación), FORTRAN (program(m)ing language) (inf.)

fortuito, accidental

fortuna, fortune

forzado, overheated

fotocopia, photostatic copy, photocopy, photostat

fotocopia ilegible, illegible photostat

fotocopia legible, legible photostat

fraccionamiento de acciones, share split

franco a bordo, free on board *(F.O.B.)*

franco a bordo, sobre puerto del Reino Unido, free on board United Kingdom *(F.O.B. U.K.)*

franco almacén, ex warehouse

franco camión, free on truck *(F.O.T.)*

franco (costado de la) barcaza, free alongside barge *(F.A.S. barge)*

franco (costado del) buque, free alongside vessel *(F.A.S. vessel)*

franco (costado del) vagón, free alongside car *(F.A.S. car)*

franco de averías particulares, free of particular average *(F.P.A.)*

franco de derechos, free of duty

franco fábrica, ex factory, ex mill, ex works

franco francés, French franc *(F.F.)*

franco muelle, ex dock, ex pier

franco puerto, ex quay

franco vagón, free on rail *(F.O.R.)*

franco y sobre buque, ex ship, ex S/S (seguido del nombre del barco)

franquear, to post (GB); to mail (USA); to affix postage

franqueo, postage

franquicia, franchise

franquicia deducible, deductible franchise

franquicia postal, franking privilege

fraude, fraud, embezzlement

fraude interno, internal fraud

fraudulento, fraudulent

frecuencia, frequency

frenar la especulación, to curb speculation

frenar la inflación, to wind down inflation, to bring inflation down

fruto del delito, proceeding of crime

fuente, source

fuente de abastecimiento, source of supply

fuente de beneficios, source of profits

fuente de fondos, source of funds, source of revenue

fuente de recursos, source of funds, source of revenue

fuentes de empleo y de divisas, employment and foreign exchange earnings

fuentes de financiación en el mercado, market sources of finance

fuentes de ocupación, sources of employment

fuera de línea, off-line (inf.)

fuera de plazo, out of term

fuera del buque, overside

fuerte, strong, steady, firm; sharp

fuerte incremento, sharp rise, sharp increase

fuerte reajuste, sharp decline, sharp decrease

fuerte salida de capital, heavy outflow of capital

fuerte subida, sharp rise, sharp increase

fuertes restricciones, heavy restrictions

fuerza de choque, task force

fuerza mayor, force majeure, act of God

fuga de capitales, capital flight, flight of capital

fuga de la cárcel, breaking jail

fuga en el sistema de extinción de incendios, sprinkler leakage

Fulana de Tal, Mary Doe (col.)

Fulano de Tal, John Doe, Richard Roe (col.)

fullero, crook

función, function

función de tipo exponencial, exponential function

función intermediadora, intermediating function

funcionario, officer

funcionario público, civil servant

funcionario responsable, designated officer

fundación, foundation; endowment

fundadores de una sociedad, incorporators

fundar una compañía, to form a company, to establish a company

fundir, to collate

fusión, merger, amalgamation

fusión de hipotecas, tacking

fusión por absorción, merger

fusionar, to merge

futuros financieros, financial futures

G

gabarra, barge

gabinete de traducción, translations department

galerada, batch

galón, gallon *(gal.)*

galvanizar los mercados, to galvanise the markets

gama, range

gama de instrumentos secundarios, range of derivative instruments

ganancia adicional, boot (col.)

ganancias, earnings, income, profits, yield

ganancias brutas, gross earnings, gross profits

ganancias extraordinarias, extraordinary earnings, extra profits

ganancias gravables, taxable income, profits subject to taxes

ganancias líquidas, net profits, net yield, net earnings

ganancias netas, net profits, net yield, net earnings

ganancias previstas, anticipated profits

ganancias realizadas, earned profits

ganar dinero, to make money, to earn money

ganar impulso, to gather pace

ganar la elección, to carry an election

ganchos, hooks

ganga, bargain

garante, guarantor, guarantee, guaranty, surety; underwriter

garantía , security, guarantee, guaranty; collateral, suretyship; endorsement, warranty, backing, pledge; representation(s)

garantía bancaria, bank guarantee, banker's guarantee

garantía de buena ejecución, performance bond

garantía de un préstamo, loan guarantee, collateral, debt security

garantía escrita, affirmative warranty, written guarantee

garantía expresa, affirmative warranty

garantía hipotecaria, mortgage security

garantía incondicional, absolute covenant, absolute guarantee

garantía mancomunada, joint guarantee

garantía mobiliaria, personal security

garantía multibancaria, multi-bank guarantee

garantía personal, personal guarantee

garantía prendaria, collateral

garantía prestada a favor de la aduana, customs bond

garantía solidaria, joint and several guarantee

garantía suplementaria, additional security

garantías mutuas, reciprocal covenants

garantías recíprocas, reciprocal covenants

garantizado por el gobierno de los Estados Unidos, U.S. government guaranteed *(U.S.G.G.)*

garantizador, covenantor

garantizar, to guarantee, to secure, to provide security

garantizar la colocación, to underwrite

garantizar la colocación de una emisión, to guarantee placement of an issue, to underwrite an issue

garantizar un préstamo, to secure a loan

gasto accesorio, additional charge

gastos, charges, expenditures, expenses, outgo; money paid out

gastos acumulados, accrued expenses, accrued charges

gastos bancarios, bank charges, banker's charges

gastos capitalizados, capitalized expenses

gastos cobrables, expenses chargeable, expenses to charge

gastos de administración, administrative expenses, administration expenditures, administration costs

gastos de adquisición, acquisition costs

gastos de almacenaje, storage costs, warehousing expenses, holding costs

gastos de bolsillo, out-of-pocket expenses

gastos de capital, capital expenses

gastos de certificado, certification charges

gastos de cobranza, collection expenses, collection charges

gastos de cobranza y costas judiciales, collection charges and legal costs

gastos de cobro, collection charges, collection expenses

gastos de cobro por cuenta del librado, charges forward

gastos de cobro por cuenta del librador, charges here

gastos de conservación, maintenance charges

gastos de constitución, organization expenses

gastos de consumo, consumer spending

gastos de demora, delay charges

gastos de descarga, unloading charges

gastos de desmantelamiento, dismantling expenses

gastos de embalaje, packing expenses

gastos de embalaje, carga y embarque, crating, loading and shipping expenses

gastos de embarque, shipping expenses

gastos de entrega, delivery expenses

gastos de expedición, dispatching charges, forwarding charges

gastos de explotación, operating expenses, running costs, revenue expenditures

gastos de fábrica, factory expenses

gastos de fabricación, manufacturing expenses, factory burden

gastos de fabricación asignados, applied burden

gastos de fusión, merger expenses

gastos de gestión, management fees

gastos de hipoteca, hypothecation expenses

gastos de importación, import expenditures

gastos de iniciación de operaciones, start-up expenses

gastos de instalación, installation expenses

gastos de laboratorio, laboratory expenses

gastos de liquidación, adjustment costs

gastos de manipulación, handling charges

gastos de negociación, handling charges

gastos de oficina, office expenses

gastos de operación, operating expenses

gastos de organización, organization expenses

gastos de participación, participation expenses

gastos de personal, personnel expenses

gastos de producción, manufacturing expenses

gastos de promoción, promotion expenses, development expenses

gastos de propaganda, advertising expenses

gastos de protesto, protest charges

gastos de rutina, routine expenses

gastos de télex, telex charges

gastos de transferencia, transfer fee

gastos de venta, sales expenses, selling expenses

gastos de viajes y representación, travel and entertaining expenses

gastos deficitarios, deficit spending, overspending

gastos directos, direct expenses

gastos diversos, sundry expenses

gastos e ingresos, expenditures and receipts

gastos especiales de gerencia, management special expenses

gastos fijos, fixed charges

gastos financieros, finance charges *(F.C.)*

gastos generales, general expenses, overhead expenses

gastos generales constantes, standing charges

gastos (generales) de administración, administrative expenses

gastos generales de explotación, general operating expenses

gastos generales y de personal, overhead and payroll expenses

gastos incidentales, carrying charges

gastos indirectos, indirect expenses

gastos indirectos de explotación, indirect working expenses

gastos judiciales, law expenses, legal expenses

gastos menores, petty expenditures, out-of-pocket expenses

gastos no recuperables, non-recoverable expenses

gastos operativos, operating expenses

gastos por cuenta del comprador, expenses at buyer's cost

gastos prioritarios, prior charges

gastos publicitarios, advertising expenses

gastos recuperados, expenses recovered, recovered expenses

gastos reembolsables, reimbursable expenses

gastos rutinarios, routine expenses

gastos varios, sundry expenses

generación, generation

generación de fondos, cash-flow

generador de rentas, revenue bearing

generalidades, general outlines

generar, to generate

gerencia (SA), board of management

gerente, manager, director; vice president (USA)

gerente de banco, bank manager (SA)

gerente de fábrica, plant manager

gerente de producción, production manager

gerente de ventas, sales manager

gestión comercial, commercial management

gestión de cartera, portfolio management

gestión de carteras de valores, management of security investments

gestión de ficheros de accionistas, processing of shareholder records

gestión de la balanza de pagos, balance of payments management

gestión de (la cartera de) activos y pasivos, asset-liability management

gestión de la deuda, debt management

gestión de tesorería, cash management

gestión del riesgo, risk management

gestión financiera, financial management

gestión integrada de activos y pasivos, integrated asset and liability management

gestión monetaria, currency management

gestión plenamente unificada, completely unified management

gestión unificada, unified management

gestor de emisión, manager

girado, drawee; drawn

girador, drawer, maker

girar, to draw bills, to issue drafts, to transfer an amount

girar a cargo de, to value upon (GB), to draw on

girar con cargo a, to value upon (GB), to draw on

girar contra, to value upon (GB), to draw on

girar en descubierto, to overdraw

girar sobre, to value upon (GB), to draw on

girar un efecto, to issue a bill, to draw a bill

giro, draft, drawing; bill; transfer

giro a la vista, sight bill, sight draft, demand bill

giro a plazo, time draft

giro compensatorio, compensatory drawing

giro en descubierto, overdraft

giro postal, postal (money) order; mail transfer (USA)

giro postal interno, inland money order

giro sobre el exterior, foreign draft

global, flat; overall; lump

glosa, audit

glosador, auditor

gobernador, governor

góndola para impresos de petición, application holder

grado de concentración, concentration level

grado de concentración de riesgo, risk concentration level

grado de dificultad, degree of difficulty

grado de dispersión de los riesgos, degree of risk dispersion

grado de dispersión de los tipos de interés aplicados, degree of dispersion of interest rates applied

grado de insolvencia, degree of insolvency

grado de invalidez, degree of disablement

grado de morosidad, degree of delinquency

grado de volatilidad, degree of volatility

gráfica, graphic; table, chart

gráfica de equilibrio, breakeven chart

gráfica financiera, financial chart

gráfico de cotización, stock price graph

grandes cantidades de papel, large amounts of paper

gratificación, bonus, reward

gratificación por fomento de la productividad, acceleration premium

gratuito, free, bonus, free of charge

gravable, taxable, assessable, leviable

gravado con una hipoteca, encumbered

gravamen, encumbrance, mortgage, hypothecation; lien, tax

gravamen específico, special lien

gravamen hipotecario, mortgage lien

gravamen precedente, prior lien

gravamen sobre impuestos no pagados, tax lien

gravámenes y contribuciones, liens and taxes

gravar, to encumber, to mortgage, to tax

gravar con una hipoteca, to encumber with a mortgage

gravedad del daño, degree of damage

gremial, union

gremio, union; association; guild

grupo, group, pool, combine

grupo abierto de trabajo, open-end(ed) task force

grupo de gestión, management group

grupo de presión, pressure group

grupo vendedor, selling group

guardar, to hold, to keep

guerra de precios, price war

guía, receipt; waybill, freight; directory; timetable

guía de almacén, warehouse receipt

guía de carga, waybill

guía de depósito, warehouse receipt

guía de exportación, export waybill

guía limpia de carga aérea, clean air waybill

H

Haber, credit

haberes diferidos, unearned income

hacemos referencia a su carta de fecha....., reference is made of your letter dated....., we refer to your letter of ....

hacer arqueo de caja, to prove the cash, to balance cash

hacer balance, to take inventory, to strike a balance, to take stock, to balance an account

hacer bancarrota, to fail, to go into bankruptcy, to crack (col.)

hacer constar, to state, to evidence, to record evidence

hacer cumplir, to enforce

hacer efectivo, to cash (in), to collect

hacer efectivo un talón, to cash a cheque (USA = check)

hacer entrega, to make delivery

hacer horas extras, to work overtime

hacer protestar un efecto, to have a draft protested

hacer saber, to acquaint

hacer un buen negocio, to pick up a bargain

hacer un ingreso de dinero en efectivo, to deposit cash

hacer un pedido, to place an order

hacer una nota, to make a note, to note down

hacer una oferta, to make an offer; to tender, to bid

hacer una votación verbal, to record a vote

hacer uso de la palabra, to take the stand, to take the floor, to make a speech

hacerse cargo de, to take into charge, to take over, to take charge of, to take delivery of

hacerse cargo del pago, to undertake the payment

hacerse efectivo, to become effective

hacerse garante de, to become surety for, to go surety for

hacia el día....., about, by, circa

hacienda, finance

hacienda pública, treasury

«hardware» (ordenador), hardware (computer)

hasta ahora, hitherto

hasta entonces, theretofore

hasta la cantidad de, up to the amount of

hasta la fecha, up to date, hitherto, up to now

hecho de guerra, act of war

hecho destacable, outstanding event

hecho imponible, tax event

heredera, heiress

heredero, heir

heredero legitimo, heir at law

herencia residual, residuary estate

herramientas, tools, implements

hipoteca, mortgage, hypothecation, lien

hipoteca a cobrar, mortgage receivable

hipoteca a pagar, mortgage payable

hipoteca cerrada, closed mortgage

hipoteca con tipo de interés ajustable, adjustable rate mortgage *(a.r.m.)*

hipoteca conjunta, participating mortgage

hipoteca consolidada, consolidated mortgage, unified mortgage

hipoteca de participación, participating mortgage

hipoteca fiduciaria, trust mortgage

hipoteca garantizada por bienes, mortgage secured on property

hipoteca garantizada por otra hipoteca, submortgage

hipoteca general, blanket mortgage

hipoteca ilimitada, open-end mortgage

hipoteca legal, tacit mortgage

hipoteca mobiliaria, chattel mortgage

hipoteca pagadera a plazos, installment mortgage

hipoteca preferente del buque, preferred ship mortgage

hipoteca prendaria, chattel mortgage

hipoteca secundaria, junior mortgage

hipoteca simple, conventional mortgage

hipotecable, mortgageable

hipotecar, to hypothecate, to pledge, to encumber, to bond, to affect

hipotecar los bienes de la empresa, to encumber the properties of the company

hipotético, hypothetic(al)

histograma, histogram

historial, record, curriculum vitae (lat.), resume

historial de la cuenta, account history

hoja con membrete, head sheet

hoja de baja, retirement sheet

hoja de costes, cost sheet

hoja de cupones, coupon sheet

hoja de depósito, deposit slip

hoja de estimación, estimate sheet

hoja de expedición, consignment note

hoja de impuestos, tax sheet

hoja de inventario, inventory sheet

hoja de jornales devengados por horas de trabajo, time sheet

hoja de pedido, order blank

hoja de resumen, summary sheet

hoja de ruta, waybill, route sheet

hoja de terminación, termination sheet

hoja de trabajo, working sheet

«holding», holding

hombre de paja, dummy (col.)

hombre-hora, man-hour

homologación, homologation

honorarios, fees

honorarios de abogado, legal fees

honorarios de auditoría, audit fees

honorarios de los consejeros, directors' fees

honorarios fijos, fixed fees

honorarios profesionales, professional fees

Hora del Meridiano de Greenwich, Greenwich Mean Time *(G.M.T.)*

horario, time schedule

horas de despacho al público (banca), banking hours

horas de trabajo, working hours

horas extraordinarias, overtime

horas extraordinarias normales, standard overtime

horas extraordinarias programadas, scheduled overtime

horas punta, rush hours

huelga, strike

huelga de brazos caídos, sit-in, sit-down strike

huelga de celo, work-to-rule

huelga general, general strike

huelga ilegal, illegal strike

huelga patronal, lockout

huelga salvaje, quickie strike (col.), wildcat strike

huelga sin previo aviso, lightning strike

huelgas, motines y desórdenes internos, strikes, riots and civil commotions

huellas digitales, fingerprints

huída de capitales, flight of capital

hurtar, to purloin, to steal

hurto, theft, larceny, abstraction

hurto de mercancías durante el transporte, pilferage

hurto implícito, constructive larceny

I

I.R.P.F. (ab. *Impuesto sobre la Renta de las Personas Físicas),* personal income tax

I.R.T.P. (ab. *impuesto sobre los rendimientos del trabajo personal),* P.A.Y.E. *(pay as you earn tax)*

identificación de galerada, batch header (Inf.)

identificación de los clientes, customer(s') identification

identificación del emisor, issuer identification

identificarse, to provide evidence of identity

idóneo, able

iguala, fee, retainer

igualmente, likewise

ilegal, unlawful, illegal

ilegítimo, unlawful, illegal

ilícito, unlawful, illegal

impacto calculado de la inflación, estimated impact of inflation

impacto de la inflación, impact of inflation

impagado, unpaid

impago, failure, event of default

impago de un cheque, dishonour of a cheque (USA = *dishonor of a check)*

impedimento, estoppel

impedir, to preclude

implantar un impuesto, to impose a tax

imponente, depositor; investor; contributor

imponible, imposable, leviable, assessable

importación, import

importación temporal, temporary import

importaciones destinadas a la reexportación, goods imported for reexport

importar, to import; to amount; to cost

importe, amount, price, cost; value

importe a pagar, amount due

importe asegurable, insurable value

importe autorizado, authorized value, sanctioned amount

importe de la factura, invoice value, amount of bill

importe de las ventas, sales value

importe de los efectos descontados, value of notes discounted

importe debido, amount due, due amount

importe del daño, amount of damage

importe medio por efecto, average value per note

importe medio por efecto descontado, average value of notes discounted

importe neto, net proceeds

importe nominal, nominal amount, face amount

importe trimestral, quarterage

importe (sin gastos, intereses, etc.), principal

importes que minoran el beneficio pero que no suponen aplicación de fondos, expenses not requiring outlay of funds in the current period

imposición, deposit

imposición a la vista, demand deposit

imposición a plazo, time deposit

imposición a plazo fijo, fixed-term deposit

imposición en cartilla de ahorros, savings deposit, (USA) thrift deposit

imposición fiscal en origen, taxation at source

impositivo, tax(able)

impresión, printing (Inf.)

impresión del contenido de la memoria, printout (Inf.)

impresiones dactilares, fingerprints

impreso, form, blank; printed

impreso continuo, continuous form

impreso de régimen interior, in-house form

impreso en, printed in

impreso para solicitud de empleo, application form

impreso para traducción, translation form

impreso sin rellenar, blank form

impresora, printer (Inf.)

impresora de cadena, chain printer (Inf.)

impresora por renglones, line printer (Inf.)

imprevistos financieros, financial contingency

imprudencia temeraria, hazardous negligence, wanton negligence

impuesto, tax, assessment, duty, levy, impost, cess

impuesto adelantado, prepaid tax, forward tax

impuesto arancelario, customs duties

impuesto causado, income tax

impuesto complementario, surtax

impuesto de circulación, road tax

impuesto de lujo, luxury tax

impuesto de plusvalía, capital gains tax

impuesto de sucesión, estate duties, succession tax, inheritance tax

impuesto de utilidades, income tax, withholding tax

impuesto estatal, state tax

impuesto individual sobre la renta, individual income tax

impuesto industrial, tax on industry

impuesto predial, real estate tax

impuesto repercutido, rebound tax

impuesto retenido, retained tax

impuesto sobre beneficios, profits tax

impuesto sobre bienes, property tax

impuesto sobre bienes raíces, land tax

impuesto sobre el consumo, consumption tax

impuesto sobre el capital, capital tax, capital levy

impuesto sobre el giro comercial, turnover tax

impuesto sobre el patrimonio, property tax, capital tax, wealth tax

impuesto sobre el valor añadido (I.V.A.), value added tax (V.A.T.)

impuesto sobre el volumen del negocio, turnover tax

impuesto sobre ingresos mercantiles, tax on mercantile income, sales tax; merchandise revenue tax

impuesto sobre la producción, production tax

impuesto sobre la renta, income tax, withholding income tax

impuesto sobre la renta de las personas físicas *(I.R.P.F.),* individual income tax, personal income tax

impuesto sobre la renta de sociedades anónimas, corporation income tax, corporate income tax

impuesto sobre las rentas del trabajo personal *(I.R.T.P.),* (GB) P.A.Y.E. (ab. *pay as you earn tax);* salary tax

impuesto sobre las ventas, excise tax, sales tax

impuesto sobre salarios, salary tax, pay as you earn tax *(P.A.Y.E.)*

impuesto sobre sociedades, corporation income tax, corporate income tax

impuesto sobre sucesiones, estate tax, inheritance tax

impuesto sobre sueldos, salary tax, pay as you earn tax *(P.A.Y.E.)*

impuesto sobre utilidades excedentes, excess profits tax

impuesto sucesorio, inheritance tax

impuesto suntuario, luxury tax

impuestos acumulados, accrued taxes, tax accruals

impuestos anticipados, prepaid taxes, forward taxes

impuestos atrasados, back taxes

impuestos de salida, export duties

impuestos directos, direct taxes

impuestos indirectos, indirect taxes

impuestos locales, local taxes

impuestos por pagar, accrued taxes

impuestos retenidos, taxes withheld

impuestos varios, sundry taxes

impugnar un testamento, to contest a will

impulsar, to boost, to promote, to develop

impulsar la demanda, to boost demand

imputable, allocable, attributable, chargeable

imputación de costes operativos, allocation of operating costs

imputar, to allocate

incapacidad laboral, disablement

incapacidad parcial, partial disability

incapacidad permanente, permanent disability

incautación, attachment, forfeiture

incautación de fondos emanantes del narcotráfico, forfeiture of funds from drug-trafficking

incentivos al inversor extranjero, incentives to foreign investors

incentivos fiscales, tax incentives, fiscal incentives

incidencia de la inflación, impact of inflation

incipiente, nascent

inciso, subsection, clause, paragraph

incitación, abetment

incitador, abettor

incitar, to abet

inclinarse hacia, to trend

incluido en una lista, listed

incobrable, bad debt, non-collectable, uncollectable, irrecoverable

incompetencia, incompetence

incondicional, unconditional

incorporación al capital, transfer to capital

incorporar, to incorporate, to merge

incrementar, to increase

incremento, increase, increment, growth, rise

incremento neto, net increase

incremento salarial, salary increase

incremento y expansión, growth and expansion

incumplimiento, failure to comply, default, failure, failure to perform

incumplimiento de contrato, breach of contract

incumplimiento de pago, default on payment

incurrir en una deuda, to incur a debt

indemnización, indemnity, indemnification, compensation

indemnización por incendio, fire indemnity

indemnización por despido, severance pay

indemnización total, aggregate indemnity

indemnizado, indemnitee

indemnizador, indemnitor

indemnizante, indemnitor

indemnizar, to indemnify, to compensate

indexación, indexing (Inf.); indexation

indicador, indicator

indicador de clave, key indicator

indicador de longitud de tarjeta, card length indicator (Inf.)

indicar la razón, to set forth the reason

índice, index; ratio

índice bursátil, stock market index

índice de capital, proprietary ratio, capital index

índice de cobertura, import-export ratio

índice de cotización de acciones, share index

índice de falencia, degree of insolvency

índice de liquidez, index of liquidity

índice de malestar, stagflation index

índice de precios, price index

índice de precios al consumidor (I.P.C.), consumer price index (C.P.I.), inflation rate

índice de precios al por mayor, wholesale price index

índice de solvencia, current ratio

índice de solvencia inmediata, liquidity ratio

índice de tarjetas, card index

índice general de cotizaciones, stock price index

índice general de la Bolsa de Madrid, Madrid Stock Exchange's general index

indiciación, indexing, indexation

indicio indubitable, absolute presumption

indicios de blanqueo de dinero, symptoms of money laundering

indicios de recuperación, signs of recovery

indiferente, at-the-money

individuo o institución que compra o vende valores por su propia cuenta, dealer

inducción, abetment

inducir, to abet, to prompt

inductor, abettor

industria, industry

industria pesada, heavy industry

industrial, industrialist; industrial

industrial influyente, baron (col.)

industrias de transformación, transformation industries

industrias estatales, state industries

ineptitud, incompetence

inevitable, unavoidable

infalsificable, forgery-proof

inflación, inflation

inflación de costes, cost-push inflation

inflación de demanda, demand-pull inflation

inflación furtiva, creeping inflation, hidden inflation

inflación galopante, runaway inflation, hidden inflation

inflación latente, creeping inflation, hidden inflation

inflación provocada por aumentos salariales, wage-push inflation inflación subyacente, creeping inflation, hidden inflation

inflacionario, inflationary

inflacionista, inflationist

influencias económicas, economic influences

información, information

información adjunta, attached information, appended information, enclosed information, supporting data

información bursátil confidencial, tips (col.)

información confidencial, insider information

información cuantitativa, quantitative information

información de crédito, credit report

información detallada, detailed information

información equívoca, misleading information

información estadística, statistical information, statistical review, statistical report

información manipulada, altered information

información por teleproceso, teleprocess information

informar, to inform, to report, to acquaint

informatizado, automated, computerised

informe, report

informe comercial, credit report, status report

informe con salvedades, qualified report

informe condensado, flash report

informe confidencial, confidential report

informe de auditoría, auditor's report, report of the auditors

informe de cobranza, collection report

informe de existencias, inventory report

informe de gestión, management report

informe de inspección, surveillance report

informe de los censores de cuentas, auditor's report, report of the auditors

informe de mercados, market report

informe de situación, status report

informe por escrito, report in writing, written report

informe provisional, interim report, interim assessment

infracción, breach, infringement, infraction

infractor de la ley, lawbreaker

infraestructura, infrastructure

infraestructura bancaria, banking infrastructure

infraestructura económica, economic infrastructure

infravalorado, oversold

ingeniería financiera, financial engineering

ingeniería industrial, industrial engineering

ingente, huge

ingerencia, interference, meddling

ingresar dinero en un banco, to deposit money in a bank

ingresar fondos de procedencia ilegal en una cuenta secreta, to put illegal funds on a secret account

ingreso de una cantidad pequeña, unremarkable cash deposit

ingreso en efectivo, cash deposit

ingreso marginal, marginal revenue

ingreso nacional per cápita, per capita national income

ingresos, receipts, income, revenue, earnings, deposits, moneys paid in

ingresos a cobrar, unrealized income

ingresos acumulados, accumulated income

ingresos ajenos a la explotación, non-operating earnings, non-operating income

ingresos brutos, gross income, gross receipts

ingresos brutos acumulados, accrued gross receipts

ingresos circunstanciales, but-for income

ingresos de apariencia legal, seemingly legitimate income

ingresos de divisas, foreign exchange receipts

ingresos devengados, earned income, accrued income

ingresos disponibles, disposable income

ingresos en metálico, money income

ingresos financieros, financial income

ingresos globales, bunched income

ingresos imponibles, taxable income

ingresos líquidos, net income, net earnings, net receipts

ingresos mercantiles, mercantile revenue

ingresos netos, net income, net earnings, net receipts

ingresos no vencidos, unrealized income

ingresos per cápita, per capita income

ingresos por servicios, service (fee) revenues

ingresos provenientes de la exportación, export earnings, export revenue

ingresos públicos, national revenue

ingresos retenidos, retained earnings

ingresos varios, non-operating income, miscellaneous income

ingresos varios no imputables al período, various items not corresponding to this period

ingresos vencidos, realized income

ingresos y gastos, revenues and expenses

inmobiliarias (Bolsa), property (Stock Exchange)

inmovilizaciones, fixed assets

inmovilizado material, fixed assets, premises and equipment, tangible assets

inmuebles, premises, real estate

inmuebles e instalaciones, buildings and premises

inmuebles hipotecados, real property mortgaged, encumbered premises

inmuebles urbanos, city real estate

inmunización, hedge

inobservancia justificable, excusable neglect

inquilino, tenant, lessee

inscribir, to record, to register, to list

inscribir una hipoteca, to record a mortgage

inscripción, record, registration, listing

inscripción de acciones, listing of stocks

insoluto (SA), unpaid, outstanding

insolvencia, insolvency; bankruptcy; default

insolvencia comercial, commercial insolvency

insolvencia notoria, open insolvency

insolvencias, credit losses

insolvente, insolvent, bankrupt

inspección, inspection, survey, surveillance, examination

inspección anual, annual examination

inspector, inspector, surveyor

inspector de tributos, tax examiner

instalaciones, premises, installations

instalaciones del banco, bank premises

instalaciones provisionales, temporary office premises

instancia, application, petition

instancia de nulidad, abater

instigación, abetment

instigador, accessory before the fact, abettor

instigar, to abet

institución bancaria, banking institution

institución crediticia, credit institution, lending institution

institución de ahorro, savings institution (USA = *thrift*)

institución de beneficencia, charitable institution

institución fiduciaria, trust company

institución financiera, financial institution

institución no lucrativa, non-profit institution

Instituto de Aseguradores de Londres, Institute of London Underwriters, *(I.L.U.)*

instrucciones, instructions, directions

instrucciones de empaque, packing instructions

instrucciones pasadas por panel de control, wired instructions (Inf.)

instrumento, instrument, document

instrumento a la orden, order instrument

instrumento al portador, bearer instrument

instrumento de crédito, credit instrument

instrumento de política monetaria, monetary policy instrument

instrumento de venta, bill of sale

instrumento involuntario para el blanqueo de dinero, unwitting instrument for laundering funds

instrumento subyacente, underlying instrument

instrumento traspasable, bearer instrument

instrumentos comerciales, commercial instruments

instrumentos financieros de contado, actuals

instrumentos monetarios fácilmente realizables, readily marketable money instruments

instrumentos secundarios, derivative instruments

insuficiencia, insufficiency, shortage, lack

integrar, to link; to integrate

integridad contable del balance, soundness of the balance sheet

integridad del personal, integrity of staff

integridad erosionada, undermined integrity

integridad patrimonial, soundness of equity

intercaladora, collator (Inf.)

intercalar, to merge (Inf.)

intercambio de entrada, incoming interchange (Inf.)

intercambio de salida, outgoing interchange (Inf.)

intercambio de valores, swap (switch)

intercambio nacional, domestic interchange

interdependencia creciente, increasing interdependence

interdependencia de las operaciones de activo y pasivo, interdependence of asset and liability operations

interés, interest

interés a cobrar, interest receivable, black interest, interest in black

interés a percibir, interest receivable, black interest, interest in black

interés acreedor, credit interest

interés acumulado, accrued interest, accumulated interest

interés al mejor cliente, prime rate

interés anticipado, anticipated interest, interest paid in advance

interés anual, annual interest, yearly interest, interest per annum

interés calculado sobre año comercial (360 días), ordinary interest

interés calculado sobre año natural (365 días), accurate interest, exact interest

interés cobrado sin devengar, unearned interest collected

interés compuesto, compound interest

interés común, common aim, common interest, interest in common

interés condicional, contingent interest

interés corriente, current interest

interés creciente (en), growing interest (in)

interés de usura, usurious interest

interés devengado a cobrar, earned interest receivable

interés efectivo, effective interest, interest at effective rate

interés establecido, absolute interest

interés fijo, fixed interest

interés hipotecario, mortgage interest

interés ilegal, illegal interest

interés legal, legal interest

interés más comisión, interest plus fees

interés mensual, monthly interest

interés moratorio, penal interest, interest for default, interest in arrears

interés neto, net interest, pure interest

interés nominal, nominal interest, interest at nominal rate

interés pagadero tras el vencimiento, interest payable in arrears

interés preferencial, prime rate

interés producido por un bono, bond rate

interés reintegrable, refundable interest

interés restituible, refundable interest

interés semestral, half-yearly interest

interés simple, simple interest

interés sobre prolongación, (GB) contango

interés trimestral, quarterly interest

interés variable, unstable interest, variable interest, floating interest

interés vencido, interest due

interesa, in-the-money

intereses a pagar, interest payable

intereses acreedores, credit interest

intereses acumulados a cobrar, accrued interest receivable

intereses acumulados a pagar, accrued interest payable

intereses anticipados, interest paid in advance

intereses atrasados, interest in arrears

intereses bajos, low interest

intereses cobrados y no vencidos, unearned interest collected

intereses de demora, penal(ty) interest, interest for delayed payment

intereses de terceros, third-party interests

intereses deudores, red interest

intereses devengados, interest earned, earned interest, accrued interest, interest income

intereses devengados pero no pagados, interest due but not paid

intereses moratorios, interest fine

intereses pagados, interest paid, interest expenses

intereses pagados por anticipado, prepaid interest

intereses personales, axe (to grind)

intereses por pagar, interest payable

intereses que se acumulan, interest accruing

intereses vencidos, interest due, accrued interest *(a.i.)*

intereses y dividendos percibidos, interest and dividends earned

interfaz, interface (inf.)

intermediación, intermediation

intermediación de activos financieros, intermediation of financial assets

intermediación financiera, financial intermediation

intermediario financiero, (money) broker, finder, middleman

intermediario involuntario, unwitty intermediary

intermediario por cuenta ajena, broker

intermediario por cuenta propia, dealer

intermediarios financieros (balance), due from financial intermediaries (balance sheet)

internacional, international, supranational

interpolación, interpolation

interpretación, interpretation; translation

interpretación de balances, interpretation of balances

interpretación de lenguas, translation from foreign languages

intérprete, interpreter, translator

intérprete jurado, sworn translator

intervalo de confianza, confidence interval

intervención, comptrollership (GB); attestation

intervención oficial en el mercado cambiario, official intervention in exchange markets

intervención pública en el sector financiero, crowding out

intervenir, to control, to intervene

interventor, comptroller (GB), controller (USA);

interventor en la aceptación, acceptor supra protest, acceptor for hono(u)r

interventor judicial, receiver

intestado, intestate, abintestate

intransferible, non-transferable, non-assignable, untransferable

intrasistema, inter-branch, inter-office

introducción de medidas precautorias, implementation of preventive safeguards

invalidar, to invalidate, to annul

invendible, unmarketable

inventario, inventory, stock taking

inventario a la descarga de la mercancía, tally

inventario alto, high inventory

inventario bajo, low inventory

inventario constante, perpetual inventory

inventario contable, book inventory

inventario de apertura, opening inventory

inventario de artículos, item inventory

inventario de cierre, closing inventory

inventario de existencias, stock inventory, stock on hand

inventario de productos terminados, finished products inventory

inventario de salida, closing inventory

inventario en libros, book inventory

inventario extracontable, physical inventory

inventario final a precio de venta, closing inventory at selling price

inventario inicial por unidades, opening inventory in units

inventario medio a precio de venta, average inventory at selling price

inventario medio al costo, average inventory at cost

inventario medio por unidades, average inventory in units

inventario perpetuo, perpetual inventory

inventario por últimos costos, first-in first-out method inventory

inventario real, physical inventory

inversión, investment

inversión a corto plazo, short-term investment

inversión a largo plazo, long-term investment, permanent investment

inversión bancaria, bank investment; loans and discounts

inversión colectiva, joint group investment, collective investment

inversión de reservas y fondos de previsión, investment of reserves

inversión directa, direct investment

inversión en cartera de valores, portfolio investment

inversión en efectos especiales, special discounts

inversión excesiva, overinvestment

inversión fija de las empresas, business fixed investment

inversión financiera, financial investment

inversión libre, loans and discounts

inversión media por oficina, average loans and discounts per branch office

inversión neta, net investment

inversión normal, ordinary investment, ordinary loans and discounts

inversión productiva, productive investment

inversión típica, typical investment, ordinary investment

inversión total, total investment, total loans and discounts

inversión viva, loan investment

inversiones a corto mediante posición combinada contado/futuro, synthetic securities

inversiones actuales, current investment

inversiones crediticias, loans and discounts

inversiones de capital, capital investment

inversiones de cartera multilaterales, multilateral portfolio securities

inversiones de propiedad extranjera, foreign-owned investments

inversiones en países extranjeros, investment in foreign countries, foreign investments

inversiones en valores mobiliarios, investments in real estate

inversiones exteriores, investments in foreign countries, foreign investments

inversiones obligatorias de las reservas especiales, mandatory investments of special reserves

inversiones permanentes, permanent investments

inversiones reales, current investments

inversionista, investor

inversionista en títulos de renta variable, equity investor

inversionista particular, end investor

inversor, investor

inversor detallista, retail investor

inversor en acciones, equity investor

inversor extranjero, foreign investor

inversor final, end investor

inversor institucional, institutional investor

inversor nacional, domestic investor

invertir, to invest

invertir dinero, to invest money

investigación, investigation, research

investigación de mercados, market research

investigación del consumidor, consumer research

investigación mercadotécnica, market research

investigación operativa, operations research, (GB) operational research

ir a la huelga, to go on strike

ir a la quiebra, to go into bankruptcy, to become bankrupt, to crack, to fail

ir al banco, to go to the bank

irrecuperable, irrecoverable

irrevocable, irrevocable; confirmed

irrevocablemente, irrevocably

iterativos, iterates (inf.)

J

jefatura, management; headquarters

jefe, chief, principal, head, boss (col.)

jefe contador (Esp. = *jefe de contabilidad*), chief accountant, accountant general

jefe de agencia, branch manager

jefe de compras, purchases manager

jefe de contabilidad (SA = *jefe contador*), chief accountant, accountant general, senior accountant

jefe de créditos, credit manager

jefe de departamento, head of department, department head

jefe de estado, head of state

jefe de fila, lead manager

jefe de gobierno, head of government

jefe de negociado, head of department, department head

jefe de oficina, office manager

jefe de personal, personnel manager

jefe de producción, production manager

jefe de producto, brand manager

jefe de sección, head of department, department head

jefe de servicio, service manager

jefe de ventas, sales manager

jefe interino, acting chief

jerga, jargon

jornada, working day, working hours

jornada completa, fulltime *(f.t.)*

jornal, daily wages, wages, salary

jornal mínimo, minimum wages

jornal por mano de obra, labo(u)r wages

jornal por unidad de obra o destajo, piece wages

jornaleros, labo(u)r

jornales acumulados, accrued wages

jubilado (empleado), retired employee, pensioner

jubilado por antigüedad, service pensioner

jubilarse, to retire on a pension

juego, set; game

juego completo, full set

juego de azar, gambling

juego de bolsa, (stock) market gambling

juego de documentos de embarque, commercial set

juego de empresas, business game

juego de impresos, form set

juego de letras, set of exchange

juego de libros, set of books

juez, judge, referee

juez de controversia, amicable compounder, amicable referee

juez de turno, acting judge

jugador de bolsa, stock jobber

jugar a la baja, to bear the market

juicio, judg(e)ment, award, trial, suit

juicio arbitral, arbitration

juicio de quiebra, bankruptcy proceedings

juicio ejecutivo, attachment

juicio estimativo, forecast

juicio ordinario, plenary suit

junta, board; assembly; meeting

junta de accionistas, stockholders' meeting, meeting of stockholders, shareholders' meeting (GB)

junta de acreedores, creditors' meeting

junta de aseguradores, board of underwriters

junta de conciliación y arbitraje, conciliation board, board of conciliation and arbitration

junta de control de cambios, exchange control board

junta de control y coordinación de ventas, marketing board

junta de síndicos, board of trustees

junta del consejo, board meeting

junta directiva, board of directors

junta general, general meeting

junta general anual de accionistas, annual general meeting of shareholders, stockholders' annual general meeting

junta general extraordinaria, extraordinary general meeting

juramento de cargo, oath of office, assertory oath

juramento solemne, bodily oath

jurídicamente independiente, legally separate

jurisdicción civil, civil jurisdiction

jurisdicción de un tribunal, jurisdiction of a court

jurisprudencia, case law

jurisprudencia interpretativa, analytical jurisprudence

justificante, voucher, affidavit, evidence, supporting document

justificante de pago de impuestos, tax receipt

justificar, to account for

justo, fair

juzgado de instrucción, trial court

juzgar, to judge

L

la ignorancia de la ley no excusa su cumplimiento, ignorance of the law is no excuse

lacrar, to seal, to seal with wax

lacre, sealing wax

ladrón, thief

laguna legal, loophole

lanzar al mercado, to throw on the market

lanzar un empréstito a suscripción, to offer a loan for subscription

lanzar una emisión, to launch an issue

lanzar una oferta sobre las acciones del promotor de la OPA, to pac-man

lanzar una opción, to launch an option

«lápida» de emisión cubierta (col.), tombstone

larga distancia, long distance

laudo, award, arbitration, finding, umpirage

laudo arbitral, arbitral award

lealtad a la empresa, loyalty to the company

«leasing», leasing

leasing a través del proveedor, vendor program lease

lectora de caracteres, character reader (inf.)

lectora de tarjetas, card reader (inf.)

legado, legacy, bequest, devisal

legado incondicional, absolute bequest

legajo, bundle of papers, docket, file

legalización, authentication

legalizar, to authenticate

legalizar una firma, to authenticate a signature

legalmente, legally, lawfully

legalmente habilitado, able

legar, to bequeath, to give and bequeath

legislación comercial, fair trade laws

legislación de control de emisión y venta de valores, bluesky laws

legislación laboral, labo(u)r code

legislación monetaria, monetary law, monetary regulations

leguleyo (col.), shyster lawyer, pettifogger

lenguaje, language (inf.)

lenguaje algorítmico, algorithmic language (inf.)

lenguaje COBOL, COBOL language (inf.)

lenguaje de ordenador, machine language (inf.)

lenguaje de programador, ALGOL (algorithmic language) (inf.)

lenguaje fuente, source language (inf.)

lenguaje objeto, object language (inf.)

letra, bill of exchange, bill, draft; drawing instrument

letra a cargo propio, con varios vencimientos (ventas a plazos), installment note

letra a cierto plazo de la fecha, after date bill

letra a cierto plazo de la vista, after sight bill

letra a cobrar, draft to be collected, bill to collect

letra a corto plazo, short-time bill, short-term draft, short exchange

letra a fecha fija, bill payable at a fixed date

letra a la vista, sight draft, sight bill, demand bill, demand draft, sole bill

letra a largo plazo, long bill, long time bill, long-term draft

letra a pagar, draft to be paid

letra a pagar en las cajas de, draft to be paid at the counters of

letra a sesenta días fecha, sixty-day bill of exchange, date draft (sixty days)

letra a sesenta días vista, sixty-day bill of exchange, sight draft (sixty days)

letra a vencimiento corto, short bill

letra a vencimiento fijo, usance draft

letra a vencimiento largo, long bill

letra abierta (SA), letter of credit

letra aceptada, accepted draft, acceptance bill

letra avalada, guaranteed bill

letra bancaria, bank draft, bank bill, bankers' draft

letra comercial, trade bill

letra con una sola firma, single-name draft, single-name paper

letra con varios ejemplares, set of exchange

letra cruzada, kite (col.)

letra de aceptación, acceptance bill

letra de banco, bank draft, bank bill, bankers' draft

letra de cambio, bill of exchange, bill, draft, drawing, devise

letra de cambio a plazo, time draft, time bill

letra de cambio al cobro, bill of exchange for collection

letra de cambio al descuento, bill of exchange at a discount

letra de cambio comercial, commercial bill of exchange, trade bill

letra de cambio pagada, discharged bill

letra de cambio vencida antes de su endoso, original bill

letra de compensación, clearing draft

letra de complacencia, accommodation bill

letra de favor, accommodation bill; (col.) windbill kite

letra de pelota (Esp., col.), kite, accommodation bill, windbill

letra de remesa, outward bill

letra de resaca, redraft, re-exchange

letra de salida (SA), outward bill

letra del expedidor, shipper's draft

letra del tesoro, (USA) treasury bill, T-bill

letra desatendida, dishono(u)red bill, unpaid draft

letra domiciliada, domiciled draft

letra endosada por un tercero, made bill

letra exterior, external bill, foreign draft

letra impagada, dishono(u)red bill, unpaid draft, refused draft

letra no aceptada, dishono(u)red bill, unpaid draft, refused draft

letra no documentada, clean draft

letra no pagada, dishono(u)red bill, unpaid draft

letra pagada, hono(u)red bill, paid draft

letra pagadera a la recepción del cargamento, arrival draft letra protestada, protested bill

letra simple, straight bill, clean bill

letra sobre el extranjero, external bill, foreign bill

letra sobre el interior, domestic bill, (GB) inland bill

letra sobre la plaza, local bill

letras a cobrar, bills receivable, notes receivable, drafts for collection

letras a pagar, bills payable, notes payable, drafts to pay

letras a plazos escalonados, installment drafts

letras de cambio y sus documentos anejos, bills in set

letras descontadas, bills discounted, discounted drafts

levantamiento de protesto, noting and protest

levantamiento popular, civil commotion

levantar el acta de una junta, to draw up the minutes of a meeting

levantar la sesión, to adjourn the meeting

levantar un embargo, to release from an attachment

ley, law; act, bill, decree, enactment; legal standard

ley antimonopolio, antitrust law

ley aplicable, governing law

ley arancelaria, tariff law

ley cambiaria, law of negotiable instruments

ley consuetudinaria, common law

Ley de Expansión Comercial, Trade Expansion Act (USA)

Ley de Fomento de Industrias de Transformación (Esp.), Law for the Development of Transformation Industries

Ley de los Rendimientos Decrecientes, Law of Diminishing Returns

ley de presupuestos, budget law

ley de quiebras, bankruptcy law

ley de sociedades, law of corporations, Companies act (GB)

ley del parlamento, act of parliament (GB)

ley orgánica, organic law

ley que prohíbe realizar negocios en domingo, blue law

Ley sobre Control del Narcotráfico, Narcotic Control Act

leyes en vigor, regulations in force

liberación de derechos, release of rights

liberación de fondos, release of funds

liberación parcial, partial release

liberado de prima, free of premium

liberalización, liberalization, freeing; easing

liberalización de las importaciones, import liberalization

liberalización de los controles de divisas, liberalization of exchange controls

liberalización de los recursos cautivos, freeing of the captive funds

liberalización de los tipos de interés, freeing of interest rates

liberalización del mercado, market liberalization

liberalizar los controles de importación, to ease import controls

liberar, to release, to discharge, to ease, to clear, to issue

libertad bajo fianza, freedom on bail, release on bail

libra esterlina, pound sterling ($£$)

librado, drawee

librador, drawer, maker

libramiento, drawing, warrant

libramiento de letras cruzadas, kite flying, kiting (col.)

libramiento de un banco sobre otro banco, bank draft

libranza, drawing, warrant

libranza postal, money order

libranza simple, clean draft

librar, to issue, to draw

librar a cargo de, to draw on

librar cheques contra una cuenta, to draw cheques against a deposit (USA = *checks)*

librar sobre, to draw on

librar un cheque, to make out a cheque, to draw a cheque, to issue a cheque (USA = *check)*

librar un efecto, to draw a bill, to issue a draft, to issue a bill

librar una letra, to issue a bill, to draw a bill, to issue a draft

libre, free; exempt

libre acceso al mercado, free access to market

libre de deudas, out of debts

libre de deudas o compromisos financieros, afloat (ab. *aflt)*

libre de gastos, free of charges; without protest *(w.p.)*

libre de gravamen, unencumbered

libre de impuestos, tax-exempt, tax-free

libre de impuestos a residentes en el extranjero, free of tax to residents abroad *(f.o.t.r.a.)*

libreta bancaria, passbook, bank book, deposit passbook

libreta de ahorro, savings passbook

libreta de caja de ahorros, savings passbook

libreta de cheques, cheque book (USA = *checkbook)*

libreta de depósitos, passbook

libro auxiliar de Caja, auxiliary cashbook

libro auxiliar de contabilidad, auxiliary accounting book

libro auxiliar del Mayor, auxiliary ledger, subsidiary ledger

libro copiador de cartas, letter book, copybook

libro de actas, minute book

libro de almacén, inventory book, inventory record, stock book

libro de balances, balance book

libro de Caja, cashbook

libro de caja chica (SA), petty cashbook

libro de Caja - entradas, cash receipts journal

libro de Caja - salidas, cash disbursements journal

libro de cuentas, accounts book

libro de cuentas corrientes, current account ledger

libro de efectos a cobrar, bills to collect book

libro de efectos a pagar, bills to pay book

libro de existencias, stock book, inventory book, inventory record

libro de facturas, invoice book

libro de inventarios y balances, inventory book

libro de notas de auditoría, audit notebook

libro de pedidos, order book

libro de primer asiento, book of original entry

libro de registro de acciones, stock book, stock register

libro de registro de cheques, cheque ledger (USA = *check)*

libro Diario, journal book

libro Mayor, ledger, ledger book

libro Mayor de compras, purchase ledger; creditors' ledger, accounts payable ledger

libro Mayor de costos, cost ledger

libro Mayor de ventas, sales ledger, customers' ledger, accounts receivable ledger

libro mayor general, general ledger

libro de registro de acciones, stock book, stock register

libros auxiliares, auxiliary books

libros de contabilidad, books of account, accounting books

libros de registro, books of record

licencia, licence (USA = *license);* authorization, permit; leave of absence

licencia de exportación, export licence, export permit

licencia de importación, import licence, import permit

licencia laboral por maternidad, maternity leave

licitación, bid

licitador, bidder

licitante, bidder

licitar, to bid

ligera recuperación, slight recovery

limitación al libre comercio, restraint of trade

limitar, to limit, to restrict

límite crediticio, credit limit, loan limit, leading limit

límite de capacidad de endeudamiento en divisas, foreign currency borrowing limit

límite de edad, age limit

límite de precio diario, daily price limit

límites, (alto y bajo) del interés de un pagaré con interés flotante, collar

línea de crédito, credit line, credit facilities

línea de emisión de pagarés, note issuance facility *(N.I.F.)*

línea de fabricación en cadena, assembly line

línea de trazo continuo (gráficas), continuing line (graphs)

líneas de comunicación bien definidas, clear reporting lines

líneas de crédito no utilizadas, unused credit lines

liquidación, settlement; liquidation; satisfaction

liquidación de futuros u opciones, cash settlement

liquidación diferida, delayed settlement

liquidador, liquidator

liquidar una avería, to adjust an average

liquidez bancaria, bank liquidity

liquidez de las acciones, share liquidity

liquidez del mercado, market liquidity

liquidez prevista de los activos, expected liquidity of the assets

lista de cambios de divisas, list of foreign exchange rates, list of quotations

lista de cotizaciones, list of quotations

lista de firmas autorizadas, list of authorized signatures, authorized signatories' book, authorized signature list, signature book

lista de mercancías liberalizadas, free import list

lista de tripulación, muster roll

lista global de contingentes, global quota list

lista negra (relación de personas, organizaciones y países con los que se prohíbe comerciar), black list

listado, list(ing)

listín de alertas, cancellation bulletin, restricted card list

litigante, litigant, suitor

litigar, to litigate

litigio, litigation, lawsuit, suit, pledging

lo antes posible, as soon as possible, as soon as practicable *(a.s.a.p.)*

«local», floor trader

locales para oficinas, business premises

lógica física, firmware (Inf.)

logotipo, logo(type)

lograr, to achieve, to accomplish

longitud de palabra, word length (Inf.)

longitud de registro, record length (Inf.)

lonja, commodity exchange

lote, batch, lot

lote de acciones, block of shares (GB)

lote de artículos de ocasión, job lot
lote de tarjetas o documentos, deck
lote inferior a cien acciones, odd lot
lotería nacional, national lottery
lucha de clases, class struggle

lugar de emisión, place of issue
lugar de entrega, place of delivery
lugar y fecha de emisión, place and date of issue
luz eléctrica, electric light

LL

llamada a concurso, call for bids

llamada a licitación, call for bids

llamada telefónica, phone call

llamada telefónica de larga distancia, long distance (phone) call, trunk call

llave, key; going concern, goodwill

llave en mano, turnkey

llegar a un acuerdo, to strike a bargain

llegar al mínimo, to touch button

llevar a juicio, to litigate

llevar a protesto, to (go to) protest

llevar fecha de, to bear the date of

llevar los asientos al día, to keep posted

llevar los libros, to keep the books

llevar fecha de, to bear the date of

M

macroeconomía, aggregative economics, macroeconomics

macroinstrucción, macro-instruction (Inf.)

Magistratura del Trabajo, Labo(u)r Court

magnate industrial, tycoon (USA)

magnitud de un problema, size of a problem

mal riesgo, bad risk

mal uso, misuse

mala fe, bad faith

mala interpretación, misconstruction

malgastar, to waste

malentendido, misunderstanding

maltrato, abuse

maltusianismo, Malthusianism

malversación, malversation, embezzlement, defalcation

malversador, defalcator

malversar, to embezzle

mampara de contención para mercancías a granel, shifting board

mancomunada y solidariamente, jointly and severally

mancomunadamente, jointly, conjointly

mancomunado, joint

mancomunidad, pool

mandante, principal

mandar, to bequeath

mandatario, attorney, holder of procuration, agent

mandatario de hecho, attorney in fact

mandato, command (Inf.)

mandos intermedios, middle management

manifestación, statement, declaration; demonstration; representation

manifestante, demonstrator

manifestarse, to demonstrate

manipulaciones bursátiles, stock market manipulations

mano de obra, labo(u)r

mano de obra directa, productive wages, direct labo(u)r

mano de obra indirecta, unproductive wages, non-productive labo(u)r

mano de obra no productiva, unproductive wages, non-productive labo(u)r

mantener, to keep, to hold

mantener libre de perjuicio, to hold harmless

mantener los precios de mercado, to support the market

mantener relaciones bancarias con el Banco Popular Español, to bank with (the) Banco Popular Español

mantener vigente, to keep

mantenerse debajo del cambio, to keep below the exchange (rate)

mantenerse sobre el cambio, to keep above the exchange (rate)

mantenido, firm, steady

mantenimiento, maintenance, upkeep

mantenimiento de la producción, production hold-up

mantenimiento de los precios, price support

mantenimiento preventivo, preventive maintenance

mañana, tomorrow; morning (desde las 12 de la noche hasta las 12 del mediodía), (lat.) ante meridiem *(a.m.)*

manual, manual; handbook

manufactura, manufacture

manufactura en proceso, work in process

maquillaje de números (Esp., col.), massaging the numbers

maquillar (Esp., col.), window dressing

máquina, machine

máquina calculadora, calculating machine, calculator

máquina de escribir, typewriter, typewriting machine

máquina de imprimir direcciones, addressing machine

máquina expendedora de billetes, cash dispenser

máquina facturadora, invoicing machine

máquina sumadora, adding machine

máquinas por operadora, machines per operator

marca, mark; name, brand

marca comercial, trade name

marca de fábrica, manufacturer's trademark

marca del fabricante, maker's name

marca registrada, trade mark, trade name, registered trademark

marcar, to mark, to brand; to dial (telephone)

margen, margin

margen adicional, additional margin requirement

margen añadido a un tipo de interés de referencia, spread

margen complementario adicional, additional mark-on

margen de aportación, contribution margin

margen de beneficio, margin of profit

margen de explotación, operating income

margen de ganancia bruta, gross margin

margen de interés, interest margin, interest differential

margen de intermediación, gross earnings margin

margen de rendimiento, yield spread

margen de utilidad, profit margin

margen diferencial, spread

margen entre tipos de intereses interest differential, interest margin, interest spread

margen establecido por el emisor, issuer set margin *(i.s.m.)*

margen estacional (en opciones de compra), calendar call spread, horizontal spread, time call spread

margen fijo, cap rate

margen financiero, interest revenues, financial margin

margen financiero neto, net interest revenue

margen inicial, initial margin

margen legal, legal margin

margen máximo, maximum margin

márgenes de capacidad no utilizada, spare capacity

márgenes de solvencia dinámicos, dynamic solvency margins

«marketing» (mercadotecnia), marketing

martillero (SA), auctioneer

más abajo, hereinafter, thereinafter

más arriba, thereinbefore

más intereses acumulados, plus accrued interest

masa, bulk

masa de la quiebra, estate of bankrupt

masa monetaria, money supply

matador (bono emitido en Europesetas), matador bond

material de escritorio, office equipment, office supplies

material de oficina, office equipment, office supplies

material de propaganda, advertising supplies

material impreso, printed matter

material móvil, automobiles and trucks

material recuperable, recoverable material

materiales de consumo, operating supplies

materiales de embalaje, packing materials

materiales directos, direct materials

materiales en proceso, materials in process

materiales en tránsito, materials in transit

materiales indirectos, indirect materials

materiales y suministros, materials and supplies

materias primas, raw materials, primary commodities

materias primas textiles, staple

materias químicas, chemical products

matríz, stub, counterfoil; home office, parent company, holding company

matríz de crecimiento - cuota, growth-share matrix

matríz de un cheque, cheque stub (USA = *check)*

matute, smuggling (col.)

máxima integridad patrimonial, strictiest patrimonial integrity

maximizar, to boost

máximos, medios y mínimos, caps, floors and collars

Mayor (libro), ledger book

Mayor de costos, cost ledger

Mayor de deudores, accounts receivable ledger, sales ledger, customer's ledger

mayor de edad, of age

Mayor de proveedores, accounts payable ledger, purchases ledger, creditor's ledger

Mayor general, general ledger

mayor rentabilidad, higher yield

mayor validez, complete validity

mayoreo, wholesale

mayoría de acciones, majority of shares

mayoría de edad, legal age

mayorista, wholesaler

mecanismo de emisión de Europagarés, Euronote facility

mecanógrafa (SA = *dactilógrafa),* typist

mecanografiar una carta, to type a letter

media, average, mean

media móvil, moving average

media ponderada, weighted average

media trimestral, quarterly average

media entrega, on delivery

mediante pagos escalonados, by installments

medias, momentum indicators

medición y valoración de los resultados, measurement and evaluation of earnings

medida de garantía, guarantee measure

medidas antiblanqueo, anti-money laundering measures

medidas antiinflacionistas, anti-inflationary policies

medidas antitiburón, shark-repellent measures (col.)

medidas cautelares, precautionary measures

medidas correctoras, corrective action

medidas de control de cambios, exchange control regulations

medidas para estimular la economía, economic pump priming

medidas para estimular la exportación, measures to stimulate exports, export boosting measures

medidas preventivas, precautionary measures, safeguards

medidas proteccionistas, protective measures

medidas tendentes a promover el desarrollo, development policies

medio, mean; standard; average; channel

medio circulante, money supply

medio de trasvase de dinero sucio, channel for criminal funds

medio excepcional, accidental means

medio plazo, medium term

medios, resources, means

medios de pago, means of payment

medios internos, internal resources

medios para la inversión colectiva, collective investment vehicles

medios publicitarios, advertising media

mejor oferta, best bid

mejor postor, highest bidder

mejora de las comunicaciones, improvement in communications

mejora en los precios, rally in prices

mejora patrimonial, beneficial improvement

mejoramiento de utilidades, profit improvement

mejorar, to optimize

mejoras, betterments, improvements

mejoras en edificios alquilados, leasehold improvements

mejoría en las condiciones del riesgo, improved risk conditions

membrete, letterhead, heading

memorandum, memorandum (lat.); notebook, tickler

memoria, storage (inf.), memory, report, statement

memoria anual, annual report, annual statement

memoria de ordenador, computer memory (inf.)

memoria de trabajo, working storage (inf.)

memoria intermedia, buffer storage (inf.)

memoria permanente, non-volatile storage (Inf.)

memoria principal, main memory (Inf.)

mencionado, aforementioned, aforenamed, aforesaid, before-cited, beforementioned, before-written, above-cited, above-mentioned, above-said

mensaje administrativo, administrative message

mensaje de télex mutilado, garbled telex message

mensaje de texto libre, free-text message (Inf.)

mensajero, messenger, courier, runner

mensualidad, monthly instal(l)ment

menudeo, retail

mercadeo, merchandising

mercaderías, goods, merchandises

mercado, market, mart

mercado a la alza, bull market; boom

mercado a la baja, bear market, bearish market

mercado a plazo, forward market

mercado a plazo de deuda pública, forward market in treasury bonds

mercado activo, active market

mercado al contado, spot market; cash market

mercado atípico, over-the-counter market *(O.T.C. market),* secondary market, after-market, Gré à Gré market, underlying market

mercado bursatil, security market, stock market

Mercado Común Europeo *(M.C.E.)*, European Common Market *(E.C.M.)*

mercado contínuo bursátil informatizado, computer-assisted trading system *(C.A.T.S.)*

mercado cruzado, crossed market

mercado de abastos, provision market

mercado de cambios, foreign exchange market

mercado de capital-riesgo, risk capital market

mercado de capitales, capital market

mercado de créditos sindicados, syndicated loan market

mercado de deuda a corto plazo, short-term debt market

mercado de deuda pública, government debt market

mercado de divisas, foreign exchange market

mercado de divisas a plazo, foreign exchange forward market

mercado de divisas al contado, foreign exchange spot market

mercado de eurobonos, eurobond market

mercado de euromonedas, eurocurrency market

mercado de futuros, futures market

mercado de intermediación de activos financieros, financial asset intermediation market

mercado de opciones, options market

mercado de pagarés del tesoro, treasury bill market

mercado de prueba, test market

mercado de títulos, securities market, security market, stock market

mercado de valores, security market, securities market, stock market

mercado de valores de renta fija, bond market

mercado de valores de renta variable, share market

mercado del ahorro, savings market

mercado en origen de productos agrarios, clearing market for farm products

mercado extrabursátil, over-the-counter market *(O.T.C. market),* secondary market, after-market, Gré à Gré market, underlying market

mercado favorable a los compradores, buyers market

mercado financiero, financial market

mercado firme, steady market, firm market

mercado flojo, weak market

mercado Gré à Gré, over-the-counter market *(O.T.C. market),* secondary market, after-market, Gré à Gré market, underlying market

mercado gris, gray market, grey market

mercado incipiente, nascent market

mercado interbancario, interbank market

mercado interbancario de eurodivisas de Londres, London interbank Eurocurrency market

mercado interior, domestic market, national market

mercado internacional de obligaciones en divisas, international bond market

mercado libre, parallel market

mercado monetario, money market

mercado monetario a plazo, forward currency market

mercado nacional, domestic market, national market

mercado negro, black market

mercado no organizado, over-the-counter market *(O.T.C. market)* secondary market, after-market, Gré à Gré market, underlying market

mercado oficial, official market; official trading

mercado potencial, potential market, sales potential

mercado previo a la emisión, gray market

mercado primario, primary market

mercado secundario, secondary market, after-market, Gré à Gré market, over-the-counter market *(O.T.C. market),*

mercadología, marketing

mercados competitivos, competitive markets

mercados de eurodivisas, eurocurrency markets

mercados de papel comercial, commercial paper markets

mercados internacionales, international markets

mercados locales, local markets

mercados nacionales de bonos, national bond markets

mercados regionales, regional markets

mercados regionales de capital, regional capital markets

mercadotecnia, marketing

mercancía a granel, franco a bordo y acondicionada en el pañol, F.O.B. and trimmed goods

mercancía defectuosa, defective merchandise

mercancía embarcada en exceso, over-shipped merchandise

mercancía embarcada incompleta, undershipped goods, undershipped merchandise

mercancía incorrecta, incorrect goods

mercancía no embarcada, short-outs

mercancía recibida a bordo, goods actually shipped on

mercancías, goods, merchandises

mercancías destinadas a la venta, stock in trade

mercancías en camino, goods in transit

mercancías en comisión, consignments in

mercancías en consignación, consignments-out

mercancías en depósito franco, sujetas al pago de derechos arancelarios, bonded goods

mercancías en tránsito, goods in transit

mercancías pagaderas en dólares, dollar commodities

mercancías peligrosas, red label (goods)

mercancías perecederas, non-durable goods

mercancías semiacabadas, intermediate goods

mercantil, mercantile; business; commercial

merma, shrinkage, wastage, ullage, leakage; abating

merma natural, natural wastage

mes actual, current month, instant *(inst)*

mes corriente, current month, instant *(inst)*

mes en curso, current month, instant *(inst)*

mes último, last month, ultimo *(ult.)*

meses fecha, months after date, months/date *(M/D)*

meses vista, months after sight, months/sight *(M/S)*

meta, aim, target, goal

metálico, (col.) hard money

meter fondos de procedencia ilegal en una cuenta secreta, to put illegal funds on a secret account

métodos y procedimientos, methods and procedures

microeconomía, microeconomics

microficha, microfiche

microprocesador, microprocessor

miembro adquirente, acquiring member

miembro afiliado, affiliated member

miembro autorizador, authorizing member

miembro compensador, clearing member

miembro del consejo de administración, director

miembro del grupo de gestión de colocación de bonos, co-manager

miembro fundador, charter member

miembro nacional, domestic member

miembro peticionario, requesting member

miembro principal, principal member

miembro solicitante, requesting member

miembros involucrados, members involved

migración, migration

Ministerio de Asuntos Exteriores, Ministry of Foreign Affairs, Foreign Office (GB), Foreign Department

Ministerio de Comercio, Ministry of Commerce (GB), Department of Commerce (USA)

Ministerio de la Gobernación, Ministry of the Interior

ministro de hacienda, chancellor of the exchequer (GB), secretary of the treasury (USA)

minorista, retailer, retail dealer

minusvalías, losses, capital losses

minusvalías materializadas en la enajenación de partidas del inmovilizado material, losses in the sale of tangible fixed assets previously revalued

minusvalías tácitas, unrealized losses

mobiliario, fixtures, furniture

mobiliario e instalaciones, fixtures and installations, equipment, furniture and installations

moción, motion

moción para levantar la sesión, motion to adjourn

modalidad en ráfagas, burst made (Inf.)

modelo analógico, analog model (Inf.)

modelo Black-Scholes, Black-Scholes model

modelo de factura, invoice form

modelo de fianza, bond form

modelo de firma, specimen signature

modelo de formulario de cheque, cheque specimen (USA = check)

modelo de gestión, management model

modelo económico, economic model

módem, modem (Inf.)

moderación del crédito, easing of credit

moderación salarial, wage restraint

modificación, amendment, modification, adjustment, change

modificación de los estatutos, amendment of bylaws

modificación de los tipos de cambio, exchange rate adjustment

modificaciones del cambio, exchange alterations

moneda, currency; coin, token

moneda controlada, managed currency

moneda convertible, convertible currency

moneda de curso forzoso, fiduciary money, fiat money

moneda de curso legal, legal currency, legal tender

moneda de denominación, currency of denomination

moneda de facturación, billable currency

moneda de movimiento internacional controlado, blocked currency

moneda de oro, gold coin

moneda de plata, silver coin

moneda de reserva, reserve currency

moneda de valor intrínseco igual al nominal, full-bodied money

moneda débil, soft currency, weak currency

moneda depreciada, depreciated currency

moneda devaluada, devalued currency

moneda divisoria, fractional coin, divisional money; subsidiary coin; coins

moneda estable, stable currency, steady currency, hard currency

moneda extranjera, foreign exchange

moneda falsa, counterfeit money, forged currency; base coin

moneda fiduciaria, fiduciary money, fiat money, token money

moneda fraccionaria, fractional coin, divisional money; subsidiary coin; coins

moneda fuerte, stable currency, steady currency, hard currency

moneda inestable, soft currency, weak currency

moneda metálica, coin

moneda nacional, current money

moneda no intervenida, uncontrolled money

moneda sobrevaluada, overvalued money

moneda verde, green currency

monedas de oro y plata, real money

monedas y billetes extranjeros, foreign notes and coins

monetario, monetary; financial

monetizable a largo plazo, monetizable at long term

monises (Esp., col.), chink; money

monitor, monitor (Inf.)

monopolio, monopoly, trust

monopolio del gobierno, government monopoly

monopolio fiscal, fiscal monopoly, government monopoly

monopolista, monopolist; monopolizer

monopolizador, monopolist; monopolizer

monopsonio, monopsony

montante, amount, total

montante medio de las operaciones, average size of transactions

montante real de intereses pagados, actual rate of interest paid

montantes compensatorios monetarios, compensating duties

monte de piedad, pawnbroking institution

monto (SA), amount, total

monto efectivo de intereses abonados, actual amount of interest paid, actual rate of interest paid

monto medio de las transacciones, average size of transactions

monto neto, net amount

moras, arrears

moras en los pagos de las importaciones, arrears on import payments

moratoria, period of grace

mordida (SA), graft

morosidad, delinquency

morosidad potencial, potential delinquency

moroso, delinquent in payment

morosos, nonperforming loans

mortalidad esperada, tabular mortality

mostrador, counter

mostrar preocupación hacia, to be concerned about

mostrar un aumento, to show an increase

motín, riot

motines y perturbaciones civiles, riots and foreign commotions

motivar problemas, to create problems

motivo, reason; source

motivo de incertidumbre, source of uncertainty

motivo de rescisión, cause of cancellation

movilización de fondos, fund transfer

movimiento, turnover; swing, shift; trend, flow

movimiento acreedor, total of credit entries

movimiento contable, book entries

movimiento de existencias, turnover

movimiento de la demanda de existencias, swing in the demand for inventory

movimiento del costo, cost flow

movimiento deudor, total of debit entries

movimiento total de recursos financieros, total flow of financial resources

movimiento total neto, total net flow

movimientos compensatorios de capital, offsetting flows

movimientos financieros, financial flows

movimientos financieros privados, private financial flows

movimientos internacionales de capitales, international capital movements

muebles y enseres, furniture and fixtures

muelle, dock, pier

muelle de salida del puerto, outgoing steamer dock

muerte, death; demise

muerte civil, civil death

muestrario, sample book

muestras, samples

muestras al azar, random samples

muestras comerciales, commercial samples

muestras sin base probabilística, chunk sampling

muestreo, sampling

multa, fine; penalty

multar, to fine

multiplexor, multiplexor (Inf.)

multiplicación, multiplication; increase

multiproceso, multiprocessing (Inf.)

multiprogramación, multiprogramming (Inf.)

mutuo consentimiento, mutual consent

Muy Sres. nuestros, Dear Sirs (para GB, seguido de coma); Gentlemen (para USA, seguido de dos puntos)

N

naciente, nascent

nacionalizar, to nationalize

narcotraficante, drug dealer

narcotráfico, drug dealing, drug trafficking, narcotic trading

naturaleza del puesto y actividades, character of position and principal activities

navieras (Bolsa), shipping (stock exchange)

necesidades inmediatas de inversión, immediate investment requirements

negarse a realizar una operación, to turn a business away

negociabilidad, negotiability

negociable, negotiable; assignable

negociación, negotiation; bargaining; handling charges

negociación de convenio colectivo a nivel sectorial, area-wide bargaining

negociación de derechos, negotiation of rights

negociación de efectos, draft discounting

negociaciones comerciales multilaterales, multilateral trade negotiations

negociante, merchant, trader, dealer, businessman

negociar, to negotiate, to trade, to transact

negociar documentos, to discount bills

negociar un efecto, to negotiate a draft

negociar un préstamo, to negotiate a loan

negocio, business; transaction; occupation, activity

negocio bancario, banking business

negocio conjunto, joint venture

negocio directo, direct business

negocio en marcha, going business, going concern

negocio extranjero, foreign trade, foreign operations

negocios personales, business for self (b.s.)

negrero (col.), slave driver

nema, seal

neto, net, flat

neto patrimonial, equity, net worth

neto patrimonial mínimo, minimum equity

nivel de calidad aceptable, acceptable quality level

nivel de desempleo, level of unemployment

nivel de precios, level of prices, price level

nivel de seguridad, security level

nivel de solvencia, credit rating

nivel de vida, standard of living

nivel elevado de salarios, high wage level

nivel máximo, peak

nivel salarial, wage level

nivel salarial bajo, low wage level

nivelar el presupuesto, to balance the budget

niveles de agregación, aggregation levels

niveles de aprobación, approval levels

niveles de decisión, decision-making levels

niveles de producción y distribución, stages of production and distribution

niveles económicos anteriores, economic past standards

niveles limitados, meagre volumes

Nº, (ab. *número),* number, No., no.

no amortizable, non-amortizable, non-redeemable

no apto para el consumo humano, unfit for human consumption

no caducable, non-forfeitable

no caucionable, non-bailable

no comercializable, non-marketable

no compensable, non-compensable

no declarar un dividendo, to pass a dividend

no devengado, unearned

no documentario, clean

no embargable, non-leviable

no entrega, non-delivery

no es óbice, no bar

no ganado, unearned

no gravable, non-taxable, non-dutiable, tax-free

no ha lugar, case dismissed

no hipotecado, unencumbered

no imponible, non-taxable, non-dutiable, tax-free

no interesa, out of the money

no negociable, non-negotiable, non-assignable

no recuperación de las inversiones crediticias, non-recovery of loans and discounts

no redimible durante cierto tiempo, non-callable

no residentes, non-residents

no rescatable antes de, non redeemable before

no responsable, non-liable, non-accountable

no transferible, non-transferable, non-marketable, non-assignable; flat

no utilizado, standby

no vencido, undue

no vendible, non-marketable

nombramiento, appointment, nomination

nombrar, to appoint, to nominate, to designate

nombre, name

nombre codificado del tenedor de tarjeta, encoded cardholder name

nombre figurado, John Doe, Richard Roe, Mary Doe

nómina, payroll, list

nónima de empleados, list, payroll

nómina de gastos sociales, hidden payroll

nominatario, nominee

nominativo, nominative, to order

norma de obligado cumplimiento, mandatory regulation

normal, standard, average

normalización, standardization

normas contables, accounting standards

normas de aceptación, acceptance standards

normas de auditoría, auditing standards

normas de conducta, rules of conduct

normas de seguridad, security standards

normas estrictas, stringent regulations

normas éticas, ethical standards

normas legales, legal requirements

normas operativas, operating regulations

normas reguladoras de emisión y venta de valores, bluesky law (col.)

normas vigentes, regulations in force, current regulations

normas y especificaciones, standards and specifications

normativa arancelaria, tariff regulations

normativa contable, accounting regulations

normativa fiscal, tax regulations

normativa rígida, stringent regulations

nota contable, accounting note

nota de abono, credit note, credit advice, credit memorandum

nota de anticipos, advance note

nota de cargo, debit note, debit advice, debit memorandum

nota de compromiso, grantor underwritten note *(G.U.N.)*

nota de depósito, deposit slip, pay-in slip

nota de envío, delivery slip

nota de liquidación, receipt of payment, note of settlement

nota de pedido, memorandum order

nota de pesos, weight note

nota de protesto, note of protest

nota de venta, bill of sale

nota de interior, administrative message, memo(randum)

nota marginal, marginal note

notable, noteworthy, sharp

notable descenso, sharp decline, sharp decrease

notable incremento, sharp upturn, noteworthy increase

notación binaria, binary notation (Inf.)

notación específica, specific notation (Inf.)

notaría (SA = *escribanía*), notary's office

notario, notary, actuary

notario público, notary public

notas a los estados financieros, notes to the financial statements

notificación, notification, note, advice

notificación de despido, notice of termination of employment

notificación de impago, notice of dishono(u)r

notificación de llegada, arrival notice

notificación de petición de compra, purchase request notice *(p.r.n.)*

notificación de protesto, notice of protest

notificación final, final notice *(f.n.)*

notificación por escrito, written notice

notificar, to notify, to advise, to give notice

notifíquese a, notify to

notoriedad, public knowledge

núcleo, core (Inf.)

núcleo magnético, magnetic core (Inf.)

nuda propiedad, estate in remainder, bare legal time

nuevas noticias, further news, fresh news

nuevas sucursales, new branch offices

nuevos servicios, new services

nulidad, abatement

nulo, invalid, void

nulo y sin valor, null and void

núm. (ab. *número),* number, No., no.

numeración binaria, binary notation (Inf.)

numerar progresivamente, to number consecutively

numerario, cash, funds, money on hand

número (ab. *Nº, nº*), number (No., no.)

número de autorización, authorization number

número de cinta, tape number

número de clave, code number, reference number

número de cuenta, account number

número de cuenta ficticio, fictitious account number

número de cuenta incorrecto, incorrect account number

número de identificación del banco *(N.I.B.),* bank identification number *(B.I.N.)*

número de orden, serial number, consecutive number

número de parados, unemployment rate

número de serie, serial number

número ilegible, illegible number

número medio de acciones, average number of shares

número secreto, secret number

número secuencial, sequential number

números índice, index numbers

números rojos, red figures

O

O.P.A. (ab. *oferta pública de adquisición de acciones)*, takeover bid

O.P.A.H. (ab. *oferta pública de adquisición de acciones hostil)*, hostile takeover bid

O.P.E.P. (ab. *Organización de Países Exportadores de Petróleo)*, O.P.E.C. *(Organization of Petroleum Exporting Countries)*

objetivo publicitario, advertising goal

objetivos de mercado, market objectives

objeto, purpose, aim, target; thing

objeto depositado, bailment

objeto social, corporate purpose

objetos arrojados al mar desde el buque, jetsam

objetos valiosos, things of value

obligación, obligation; liability, undertaking, engagement; debt; bond, note, loan stock (GB); debenture, certificate of indebtedness; work

obligación a corto plazo, short-term bond, short-term obligation, short-term liability *(S/T liability)*

obligación a riesgo, junk bond

obligación con prima, premium bond

obligación con tipo de interés variable, floating rate note *(F.R.N.)*

obligación con vencimiento final, bullet bond

obligación contingente, contingent liability

obligación convertible, convertible bond

obligación de dar cuenta, accountability

obligación del estado, treasury bond

obligación del gobierno, government bond

obligación en doble moneda, dual currency bond

obligación extranjera, external bond

obligación garantizada, secured bond

obligación garantizada por otras fuentes de ingresos, revenue bond

obligación hipotecaria, debenture bond

obligación hipotecaria amortizable por lotes, pay-through bond

obligación hipotecaria de remuneración por tramos, collateralized mortgage obligation *(C.M.O.)*

obligación incondicional, single bond

obligación indexada, indexed bond

obligación indiciada, indexed bond

obligación legal, legal duty

obligación mancomunada, joint liability, several obligation

379

obligación mini-max, mini-max bond, collar bond

obligación moral, moral obligation

obligación nominativa, registered bond

obligación normal, straight bond

obligación participativa, profit sharing debenture, income bond

obligación real, real obligation

obligación simple, unsecured loan stock

obligación solidaria, joint and solidary liability, joint obligation

obligación subordinada, subordinated bond

obligación Sushi, Sushi bond

obligaciones a cobrar, bills receivable

obligaciones a la vista, demand liabilities, sight liabilities

obligaciones a pagar, bills payable

obligaciones al descuento, deep discount bonds

obligaciones al portador, bearer bonds, bearer paper

obligaciones circulantes, outstanding bonds

obligaciones con denominación doble, dual currency bonds

obligaciones con participación en beneficio, profit sharing bonds

obligaciones convertibles, convertible bonds, stock warrants

obligaciones de desembolso aplazado, partly paid bonds

obligaciones en divisas, foreign exchange liabilities

obligaciones en serie, serial bonds

obligaciones específicas, specific obligations

obligaciones generales de los miembros, general obligations of membership

obligaciones municipales, municipal bonds

obligaciones nominativas, registered bonds

obligaciones parcialmente liberadas, partly paid bonds

obligaciones pendientes, outstanding bonds, bonds outstanding, outstanding liabilities, payables

obligacionista, bondholder

obligado, bound; covenantor

obligatario, obligee

obligatorio, compulsory, binding, mandatory

obras concluidas, completed projects, closed projects

obras en curso, construction in progress

obrero patronal, worker-employer

obreros inexpertos, green hands (col.)

observancia estricta de las disposiciones sobre importación, rigorous enforcement of import regulations

observar, to watch, to observe, to follow, to note

obsolescencia, obsolescence

obsoleto, obsolete, stale

obtención de recursos, funding

obtener fondos, to raise funds

obtener un beneficio, to turn a profit

obtener un crédito, to secure a loan, to raise a loan, to float a loan

obtener un crédito bancario, to get a bank loan

obtenido por medios ilícitos, bootleg (col.)

octavilla, dodger

octeto, byte (Inf.)

ocultar, to hide, to stash, to conceal

ocultar dinero de procedencia ilegal, to stash illegal money

oferta, offer, tender, proposal, bid, quotation

oferta a tanto alzado, lump-sum bid

oferta competitiva, competitive offer

oferta conjunta, block offer

oferta de acciones, supply of stock, share offer, offer of stock oferta de acciones a los empleados, share offer to employees

oferta de aceptación bancaria, bankers' acceptance tender facility

oferta de compra, offer to buy

oferta de pago, tender of payment

oferta de puestos de trabajo, job bidding

oferta de venta, offer to sell, offer for sale

oferta en firme, firm offer

oferta negociada, negotiated offer

oferta pública, public offering

oferta pública de adquisición de acciones *(O.P.A.)*, takeover bid

oferta pública de enajenación, public offering

oferta pública inicial, initial public offering

oferta sin compromiso, offer without engagement

oferta superior a la demanda, offered market

oferta ventajosa, fair offer

oferta y demanda, supply and demand

ofertar, to offer, to render, to quote, to bid, to propose

ofertar sobre las acciones del promotor de una opa, to pac-man

«off-line», off-line (Inf.)

oficial administrativo, junior accountant

oficial de sala, actuary

oficina, office

oficina bancaria, banking office, branch office, banking branch

oficina central, head office (USA = *home office*), headquarters *(H.Q.)*

oficina de auditoría, auditor's office

oficina de colocaciones, labo(u)r exchange, placement office

oficina de correos, Post Office *(P.O.)*

oficina de patentes y marcas, patent and trademark office

oficina de representación, representative office

oficina de selección y reclutamiento de personal, employment exchange

Oficina Federal de Hacienda (USA), Treasury Office

oficina matriz, head office *(H.O.)*, headquarters *(H.Q.)*

oficina principal, head office *(H.O.)*, headquarters *(H.Q.)*

oficina privada, private office

oficinas de representación en el extranjero, representative offices abroad

oficinas provisionales, temporary office premises

oficio, trade; official letter

ofrecer facilidades de pago, to offer easy terms

ola de inflación, wave of inflation

oleada, wave

olfato para los negocios, flair for business (col.)

oligopolio, oligopoly

olor de la bodega del buque, ship's odo(u)r

omitir, to omit, to overlook, to oversee

«on line», on line (Inf.)

OPA *(oferta pública de adquisición de acciones)*, takeover bid

OPA hostil *(OPAH)*, hostile bid

opción, option

opción a comprar, call

opción a vender, put

opción americana, American option

opción «at-the-money», at-the-money option, in-the-money option

opción-bono, stock option

opción caducada, lapsed option

opción de compra, option to buy, warrant, call option

opción de compra vendida al descubierto, naked put

opción «en el precio», at-the-money option, in-the-money option

opción europea, European option

opción fuera de precio, out-of-the-money option

opción para anticipos, advances option

opción para la venta de acciones, stock option

opción sobre contratos de futuros, futures option, option on futures

opción vencida, lapsed option

operación, operation, transaction, deal, business

operación a plazo, forward transaction

operación al contado, spot transaction, cash sale

operación aritmética, arithmetic operation

operación atípica, non-counter transaction

operación de arbitraje, arbitrage operation

operación de base, basis trade

operación de cambio, foreign exchange transaction

operación de compra afianzada, bought deal

operación de contado, spot transaction

operación especulativa, venture, (col.) flier

operación ficticia, dummy transaction, mocked transaction, washed transaction

operación formalizada, transacted business

operación fuera del mostrador, non-counter transaction

operación ilegal de bolsa, bucketing

operación importante, significant transaction

operación lógica, logical operation (Inf.)

operación sin desembolso de efectivo, non-cash transaction

operación singular y no repetitiva, one-time non-recurrent operation

operación sospechosa, suspicious transaction

operaciones activas, loan operations; asset operations

operaciones bancarias, banking transactions

operaciones bancarias no sujetas a control fiscal, offshore banking

operaciones bursátiles, stock exchange transactions, equity trading

operaciones cambiarias, exchange transactions

operaciones con valores de renta variable, equity trading

operaciones contables destinadas a abultar una cuenta o balance, window dressing (col.)

operaciones de activo y pasivo, asset and liability operations

operaciones de Bolsa, stock exchange transactions, equity trading

operaciones de Bolsa realizadas al margen de la sesión, curb market, kerb market

operaciones de cambio, foreign exchange dealings

operaciones de crédito, credit transactions, dealing in securities

operaciones de extranjero, foreign operations, cross-border transactions

operaciones de financiación, financing operations

operaciones en camino, interbranch transactions in transit

operaciones en divisas, foreign exchange trading

operaciones financieras, financial operations

operaciones fuera de balance, off-balance-sheet activities

operaciones nacionales y extranjeras, domestic and foreign transactions

operaciones no integradas en balance, off-balance sheet activities operaciones pasivas, deposit operations

operaciones que se compensan mutuamente, offsetting transactions

operador, operator (Inf.)

operador de posición, position trader

operando como, doing business as (d.b.a.)

operar, to deal, to trade, to transact, to operate

operar con el Banco Popular Español, to bank with the Banco Popular Español

opinión pública, public opinion

oportuno, timely

optimización, optimization, optimisation

optimización de la cartera, portfolio optimisation

optimizar, to optimize, to optimise

órdago, greenmail

orden, order

orden en Bolsa, stock exchange order

orden de Bolsa válida para un solo día, day order

orden de compra, purchase order

orden de compra cancelada, cancelled purchase order

orden de compraventa de acciones siempre que su cotización alcance una cifra determinada, stop-loss order

orden de compraventa vigente hasta su ejecución o cancelación, good 'til cancelled (g.t.c.), open order

orden de desahucio, certificate of eviction

orden de pago, payment order, money order (USA); warrant for payment, remittance for payment

orden de pago sin gastos para el beneficiario, clean remittance

orden de suspensión, stop(-loss) order

orden de suspensión de pagos, stop-payment order; to stop payment

orden de trabajo, work order

orden de venta, sale order

orden del día, agenda, order of business, order of the day

orden ministerial, ministerial order

orden permanente, standing order

orden por escrito, order in writing

orden que ofrece dos opciones al corredor, alternative order

orden que sólo puede ejecutarse en su totalidad, all or none

ordenador (SA = *computadora)*, computer (Inf.)

ordenador analógico, analog computer (Inf.)

ordenador asíncrono, asynchronous computer (Inf.)

ordenador automático de datos, electronic data computer (Inf.)

ordenador digital, analog computer, digital computer (Inf.)

ordenador personal, personal computer (P.C.) (Inf.)

ordenante, principal, accountee, assigner, assignor, applicant

ordinograma, block diagram (Inf.)

organigrama, organization chart, flowchart (Inf.)

organigrama funcional, flowchart

organismo de control, regulatory agency

organismo oficial, official agency

organismo público, public agency

organismos gubernamentales, government agencies

organismos multilaterales, multilateral agencies

organización, organization, organisation; structure

Organización de Cooperación y Desarrollo Económico (O.C.D.E.), Organization for Economic Cooperation and Development (O.E.C.D.)

Organización de Países Exportadores de Petróleo (O.P.E.P.), Organization of Petroleum Exporting Countries (O.P.E.C.)

organización empresarial, business organization

órgano, body

órgano ejecutivo, executive body

órgano supervisor y de control, supervisory and regulatory agency

origen, source

origen de fondos, funds provided; origin of funds

originar problemas, to create problems

oro, gold

oro en lingotes, gold bullion

oscilación, fluctuation; swing (share prices)

oscilar, to fluctuate

otorgante, grantor, maker

otorgante de una licencia, licensor

otorgar, to grant, to accommodate

otorgar crédito, to extend credit, to accommodate, to accredit

otorgar descuento, to allow a discount

otorgar fianza, to furnish a bond

otorgar garantías reales, to grant mortgage security

otorgar un contrato, to award a contract

otorgar un préstamo, to make a loan, to grant a loan, to accommodate

otras compensaciones, other compensations

otras cuentas, other items

otras deducciones, other deductions, other withholdings

otras obligaciones a pagar, other payables

otras partidas de conciliación, other reconciling items

otros activos, other assets

otros asegurados reseñados en la póliza de seguro, additional insured

otros gastos, other expenses

otros impuestos, other taxes

otros ingresos, other income

otros intereses, other interest

otros pasivos, other liabilities

otros productos, other income; non-operating earnings, non-operating income

otros valores, other securities

P

P.E.E. (ab. *programa de emisión de pagarés),* note issuance facility *(N.I.F.)*

pactado, pacted, agreed

pacto, covenant, compact, agreement

pacto de recompra, repurchase agreement *(REPO, RP)*

pacto en contrario, agreement to the contrary

pacto solidario, separate covenant

paga, pay, salary, wages, addlings

pagadero, payable

pagadero a, payable to

pagadero a la entrega, payable on delivery

pagadero a la fecha, payable to date

pagadero a la orden, payable to order

pagadero a la vista, payable at sight, payable on demand, due on demand, payable on request, payable on presentation

pagadero a su presentación, payable at sight, payable on demand, payable on request, payable on presentation

pagadero al portador, payable to bearer, made out to bearer

pagadero en destino, payable at destination

pagadero por semestres vencidos, payable semiannually in arrears

pagado, paid *(PD)*

pagado por anticipado, prepaid

pagador, teller, paymaster; payer

pagar, to pay, to hono(u)r, to disburse

pagar a cuenta, to pay on account

pagar a la fecha, to pay to date

pagar a la orden, to pay to order

pagar a la vista, to pay at sight, to pay on demand, to pay on presentation

pagar a su presentación, to pay on presentation, to pay on demand, to pay at sight

pagar al contado, to pay cash, to cash down

pagar daños y perjuicios, to pay damages

pagar en efectivo, to pay cash, to cash down

pagar íntegramente, to pay in full

pagar por adelantado, to pay in advance, to cash (down) in advance, to prepay

pagar por completo, to pay in full

pagar un cheque, to pay a cheque (USA = *to honor a check)*

pagar un efecto, to take up a draft

pagar una deuda, to acquit

pagaré, promissory note, note, bill of debt, I.O.U. *(I owe you),* debenture, due bill, simple bond, bill single, bill of debt, bill obligatory

pagaré a cargo propio, con dos o más firmas, joint note

pagaré a cargo propio, con una sola firma, several note

pagaré a cobrar, note receivable

pagaré a favor, accommodation note

pagaré a la vista, demand note

pagaré con opción al pago anticipado, acceleration note

pagaré con resguardo (SA), collateral note

pagaré con tipo de interés flotante, floating rate note *(F.R.N.)*

pagaré con tipo de interés flotante convertible, convertible F.R.N.

pagaré con tipo de interés flotante máximo, capped F.R.N.

pagaré con tipo de interés flotante máximo y mínimo establecido, collared F.R.N., capped F.R.N.

pagaré del Tesoro, treasury note, treasury bill, T-bill (USA)

pagaré garantizado incondicionalmente, unconditionally guaranteed note

pagaré garantizado por acciones, stock note

pagaré hipotecario, mortgage note

pagaré pendiente de rescate, outstanding note

pagaré prendario, collateral note

pagaré sobre papel sin timbrar, I.O.U. *(I owe you)*

pagarés de empresa, corporate notes, commercial paper

pagarés garantizados a tipo de interés flotante, guaranteed floating rate notes

pagarés sin endosos, single-name paper

pago, payment, disbursement, satisfaction

pago a cuenta, payment on account, token payment, partial payment

pago a la primera presentación, payment on first presentation

pago a plazos, payment by instal(l)ments

pago adelantado, prepayment, advance payment, payment in advance, advancement

pago al contado, cash payment

pago anticipado, prepayment, advance payment, payment in advance, advancement

pago bajo protesto, payment under protest

pago contra conocimiento de embarque, cash against bill of lading

pago contra documentos, payment against documents, documents against payment, cash against documents

pago contra entrega, collect on delivery *(C.O.D.),* payment on receipt, cash against delivery *(C.A.D.)*

pago contra (entrega de) documentos, cash against documents, documents against payment

pago contra (presentación de) documentos, cash against documents, documents against payment

pago de dividendos, disbursement of dividends (USA)

pago de incentivos, incentive payment, payment of incentives

pago de rescate (OPAs), greenmail (takeover bids)

pago en especie, payment in kind

pago inicial, down payment, initial disbursement

pago inmediato, immediate payment

pago mediante cheque, payment by cheque (USA = *check)*

pago parcial, instal(l)ment, part(ial) payment, progress payment

pago sin exigir documentos al beneficiario, clean payment

386

pago total, payment in full

pagos aplazados, deferred payments

pagos en bloque, gross-up payments

pagos marginales, side payments

pagos periódicos, periodic payments, annuities

pagos por caja, cash paid

pagos sobre deuda contraída, debt service

páguese a la orden de .... pay to the order of ...

páguese a la persona citada (en un cheque), account payee only

páguese al portador, pay to bearer

país de origen, source country, country of origin

país deudor, borrowing country

país emisor, issuing country

país excedentario, surplus country

país exportador de capitales, capital exporting country

país miembro de la O.C.D.E., O.E.C.D. member country

país prestatario, borrowing country

país de origen, country of origin

país de procedencia, country of origin

país de producción primaria, primary producing country

países desarrollados, developed countries

países en desarrollo no productores de petróleo, non-oil developing countries

países en dificultades, troubled countries

países en vías de desarrollo, developing countries

países exportadores, exporting countries

países importadores, importing countries

países productores, producing countries

países subdesarrollados, underdeveloped countries, less developed countries

palabra, word (Inf.)

palacio de justicia, courthouse

panel de firma de la tarjeta, signature panel of card

panel de oferta, tender panel

pantalla, screen (Inf.)

papel bancario, bank paper; bank shares, bank stock

papel comercial, business paper, commercial paper, trade bills

papel eurocomercial, eurocommercial paper

papel financiero, commercial paper, financial paper

papel mercantil, commercial paper, mercantile paper

papel moneda, paper money, paper currency, flat money, banknotes

papel sellado, stamped paper

papel vencido, bills not hono(u)red at maturity

papeleo, red tape (col.)

papeleras (Bolsa), papers (stock exchange)

papelería, stationery

papeles de trabajo, work sheets, working papers

paquete, parcel; block of shares, lot

paquetes de medidas económicas, package deal, recovery package

paquete de programas, edit package, program package (Inf.)

par, at par, par

para garantizar, to guarantee, to secure

para garantizar el pago de, as security for the payment of

para los efectos a que haya lugar, for the purposes as may be required

paracaídas (cláusula), golden parachute (clause)

paraíso fiscal, tax haven

parámetros de actividad, activity parameters

parcialmente compensado, partly offset

parcialmente deducible, partially deductible

parcialmente pagado, partly paid

paridad, par, par value, par of exchange

paridad cambiaria, exchange parity, real par of exchange

paridad de conversión, conversion parity

paridad del poder adquisitivo, purchasing power parity

paridad fija, fixed parity

paridad flotante, floating parity

paridad inicial, initial par value

paridad monetaria, monetary parity, mint par of exchange

paridad oro, gold parity

paro, strike; unemployment

paro encubierto, hidden unemployment

paro forzoso, lockout

parque móvil, automobiles and trucks

párrafo, paragraph, section

parte, part, portion; party

parte beneficiada, accommodated party

parte contratante, contracting part

parte de una emisión, tranch

parte del beneficio destinado a dividendo, payout

parte del cheque que se rellena, filling

parte interesada, proper party, party in interest

parte no utilizada de un crédito, undrawn portion of a loan

parte principal de la cifra, big figure, (USA) handle

partes en común, privies

partes interesadas, interested parties

participación, participation; interest; holding

participación accionaria, shareholding, stockholding

participación accionaria no votante, non-voting stock

participación conjunta en el capital del banco, joint share in the bank's stock

participación cruzada, crossholding

participación de bienes, estate distribution

participación de beneficios, profit sharing

participación de control, controlling interequity holding

participación en el mercado, market share

participación en los beneficios, profit sharing

participación indirecta, indirect holding

participación neta, net participation

participación obrera en los beneficios, industrial partnership

participaciones accionarias de interbloqueo, interlocking shareholdings

participaciones en bancos extranjeros, holdings in foreign banks

participantes extranjeros, foreign participants

participar, to participate; to share; to notify, to inform

participativo, participatory

partícipe, participant, partner, party

partida, balance item, entry; lot; stock

partida a cobrar, collection item

partida arancelaria, item of tariff

partida de ajuste, adjustment entry, adjusting entry

partida de nacimiento, birth certificate

partida del balance, balance item

partida del Debe, debit item

partida doble, double entry

partida no considerada en el presupuesto oficial, below the line

partida sencilla, single entry

partida simple, single entry

partidas de cierre, closing entries

partidas de choque, intervention stocks

partidas de gasto, expense items

partidas del inventario, inventory items

partir la comisión, to split the commission

pasaporte del buque, ship's passport

pasar a la cuenta, to carry into account

pasar a pesetas, to transfer to pesetas

pasar asientos, to write up, to enter, to post

pasar de superávit a déficit, to swing from superavit to deficit

pasar un pedido, to give an order

pase, transit bill, permit; posting

pase de anuncio publicitario, (cinema & T.V.) slot

pases al Mayor, posting to ledger

pasivo, liabilities

pasivo a largo plazo, long-term liabilities

pasivo acumulado, accrued liabilities

pasivo asumido, assumed liabilities

pasivo circulante, current liabilities, floating liabilities

pasivo comercial, trade liabilities, liabilities to outsiders

pasivo computable, eligible liabilities

pasivo consolidado, funded debt, funded consolidation, consolidated liabilities

pasivo contingente, contingent liabilities, indirect liabilities

pasivo corriente, floating liabilities, current liabilities

pasivo diferido, deferred liabilities

pasivo directo, direct liabilities

pasivo eventual, contingent liabilities

pasivo exigible a la vista, demand deposits

pasivo exigible a plazo, time deposits

pasivo fijo, fixed liabilities, capital liabilities, passive liabilities

pasivo flotante, floating liabilities, current liabilities, passive liabilities, floating debt

pasivo garantizado, secured liabilities

pasivo mancomunado, joint liabilities

pasivo no exigible, deferred liabilities

pasivo no garantizado, unsecured liabilities

pasivo personal, personal liability

pasivo real, actual liabilities

pasivo sobrevencido, past due liabilities

pasivo supuesto, assumed liabilities

pasivo transitorio, deferred liabilities, accrued liabilities, unadjusted liabilities

pasivo vencido, matured liabilities

pasivo frente a autoridades monetarias del exterior, liabilities to foreign monetary authorities

paso a paso, step by step

paso de la mercancía por aduana, clearance of goods

pasos iniciales, initial steps

pasta (Esp., col.), chink; money

pastilla, chip (inf.)

patentar, to patent

patente, patent, license (USA), licence (GB)

patente de navegación, sea letter

patente de sanidad, bill of health

patente en tramitación, patent pending

patente limpia de sanidad, clean bill of health

patrimonio, patrimony; net worth; proprietorship; equity

patrocinador, sponsor

patrón oro, gold (bullion) standard

patronato, board of governors, board of trustees, trusteeship

patrono, employer, master

pauta, guideline

pautas de conducta de los ahorradores, savers' decisions peaje, toll

pecio, flotsam

pedido, order

pedido de muestra, sample order

pedido en firme, firm order

pedido (hecho) por correo, mail order

pedido (hecho) por teléfono, (tele)phone order

pedido sin cumplimentar, backlog, unfilled orders

pedir, to ask for, to request, to apply for

pedir por teléfono, ordering by telephone

pedir prestado, to borrow

pedir servicios bancarios, to request banking services

pedir trabajo, to apply for a job

peligro, danger, peril; threat

peligro evidente, apparent danger

peligros del mar, perils of the sea

pelota (Esp., col.), kite, collusion; fawner, toady

pelotear, (SA) to audit accounts, to check accounts; (Esp., col.) to fawn

peloteo, (Esp., col.) kite flying, kiting; fawning

pendiente, outstanding, pending

pendiente de amortizar, unamortized

pendiente de pago, payable, pending payment

pendiente en los mercados financieros, financial market penetration

pensión, pension, annuity, allowance

pensión de ancianidad, old age pension

pensión de jubilación, retirement annuity

pensión de retiro, retirement annuity

percepciones, receipts, collections, revenues

pérdida, loss, wastage, shrinkage

pérdida aceptable, acceptable loss

pérdida bruta, gross loss

pérdida completa, total loss

pérdida contable, book loss

pérdida de capital, capital loss

pérdida de peso por desgaste (monedas metálicas), abrasion (coins)

pérdida deducible, tax-deductible loss

pérdida efectiva, actual loss

pérdida financiera, financial loss

pérdida llevada a la cuenta de resultados, chargeoff

pérdida neta, net loss

pérdida parcial, partial loss, average loss, particular average

pérdida por capacidad desperdiciada, idle capacity loss (inf.)

pérdida real, actual loss

pérdida total efectiva, absolute total loss, dead loss

pérdida traspasada al año anterior, carry-back

pérdida traspasada al año siguiente, carry-over

pérdidas en operaciones cambiarias, exchange losses

pérdidas por ajuste de inventario, inventory losses

pérdidas por falsificaciones, counterfeit losses

pérdidas y daños en tránsito, loss or damage in transit

pérdidas y ganancias (cuenta), profit and loss account

pérdidas y ganancias (estado), profit and loss statement

perdido, irrecoverable

perfeccionamiento y acabado para la reexportación, processing for reexportation

perfeccionar, to optimize

perfil del consumidor, consumer profile

perfil del puesto, job specification

perfil del tipo medio de interés, profile of the average interest rate perforación, punch (inf.)

perforadora de fichas, card punch (inf.)

perforadora de tarjetas, card punch (inf.)

pericial, expert

periodificación, time period adjustment

periodificación (temporal) de productos y costes, revenue and cost accruals

período contable, accounting period, fiscal period

período de carencia, qualifying period, grace period, period of grace

período de compromiso, commitment period

período de disponibilidad del crédito, drawdown period

período de espera, waiting period

período de gracia, grace period, period of grace, qualifying period

período de intervención, intervening period

período de liquidación, accounting period

período de pago de cupones, coupon payment period

período de prescripción, prescription period

período de recuperación, upswing

período de retención, retention period

período de rodaje, start-up period

período de suscripción, subscription period, selling period

período de validez de una letra de cambio, currency of a bill

período de venta, selling period, subscription period

período interino, interim period

período para hacer la retrocesión, chargeback period

período presupuestario, budget period

peritación, appraising, assessment, survey(ance), expert appraisal

peritar, to appraise

perito, expert, surveyor, valuer, inspector

perito contable, expert accountant, certified (public) accountant, (GB) chartered accountant

perjuicio material, real injury

perjurio, false oath, perjury

permanente, standby

permiso, license, licence (GB), permit, authorization

permiso de cala, sampling permit

permiso de exportación, export license, export permit, export certificate

permiso de importación, import license, import permit, import certificate

permiso para la compra (o venta) de divisas, foreign exchange permit

permitir, to permit, to allow, to authorize

permuta, barter, trade-in

permuta de divisas, currency swap

permuta de intereses, interest rate swap

perpetuo, undated

persona ausente sin permiso, absentee

persona física, natural person, individual, private individual

persona jurídica, corporation, corporate person, legal entity, corporate entity, corporate individual

persona nombrada, designee

persona o entidad reseñada en la lista negra por comerciar con un país sujeto a boicot, designated national

personal, staff, personnel; personal, private

personal administrativo, clerical staff

personal de explotación, operating staff

personal de turno, shift personnel

personal en activo, serving personnel, serving staff

personal no sindicado, non-union workers

personal subalterno, auxiliary personnel

personarse, to appear

personarse en el banco, to go to the bank

perspectiva, outlook, prospects

perspectivas de evolución de precio, price outlook

perspectivas económicas, economic outlook

perspectivas inciertas, uncertain prospects

perspectivas inciertas de evolución de los precios, uncertain price outlook

perspectivas para la inversión, prospects for investment

perturbaciones económicas, economic dislocations

pesador oficial, public weight master

peso al desembarque, landing weight, landed weight

peso al embarque, shipping weight

peso bruto, gross weight

peso bruto por neto, gross for net weight

peso de báscula, scale weight

peso muerto, dead weight

peso neto, net weight

peso real, actual weight *(a.w.)*

petición, application; request, petition; motion

petición de documentos originales, request for original papers

petición de fotocopia, request for photocopy

petición de puja sobre un valor, bid wanted *(b.w.)*

petición de quiebra, petition in bankruptcy

petición de tarjeta, cardholder application

petición por escrito, written request

peticionario, applicant, petitioner

petróleos (Bolsa), oils (stock exchange)

petrolero, tanker ship *(T/S)*

picapleitos (col.), shyster lawyer, pettifogger

pignoración, pignoration, pledge; hypothecation, collateral

pignoración de acciones, pledge of shares, stock pledging

pignoración de valores, pledging of securities

pignorar, to pignorate, to pledge, to hypothecate, to provide as collateral, to affect

píldora envenenada (col. OPAs), poison pill (takeover bids)

pillaje, plunder

piquete de huelga, picket

piramidación, pyramiding

pista, track (Inf.)

plan contable, plan of accounts, accounting plan

plan de amortización, amortization schedule

plan de desarrollo, development plan

plan de desarrollo multinacional, multinational development plan

plan de expansión bancaria, bank expansion plan

plan de formación, training program

plan de incentivos, incentive plan

plan de jubilaciones, pension plan, pension scheme

plan de negocio, business plan

plan de pensiones, pension scheme, pension plan

plan de previsión social, retirement plan

plan de retiros, retirement plan

plan general de contabilidad, general chart of accounts

plan piloto, pilot plan

planificación, planning, planification

planificación a largo plazo, long range planning

planificación de inversiones capitalizables, capital expenditure plan planificación de medios, media planning

planificación de producción, production planning

planificación económica, economic planning

planificación general, corporate planning, general planning

planificación y estudios de mercado, market research and planning

planilla (SA), schedule, list, table

planilla de sueldos (SA), payroll

planillas de intereses, interest tables

planta, plant

planta parada, idle plant

plantilla, headcount, payroll

plantilla activa, active payroll

plantilla total, total staff

plata, silver (SA = *money*), (col. chink)

plata sin acuñar, bullion

plataforma de cemento para carga y descarga, apron

plaza, market; city, town

plazo, term, tenor; period, deferment, respite, deadline, life

plazo de amortización, pay-back period

plazo de entrega de divisas, en operaciones de cambio, usances

plazo de validez, period of validity

plazo de vencimiento, life to maturity

plazo fijo, fixed term

plazo medio de descuento, average discount term

plazo medio de vencimiento, average due date

plazo para la carga o descarga del buque, concedido por el contrato de fletamento, lay days

plazos mensuales, monthly instal(l)-ments

pleitear, to litigate, to plead, to sue

pleitear con otro demandante sobre una misma cosa, to interplead

pleito, litigation, suit, lawsuit, pleading, action at law

plena propiedad, absolute estate

plenamente desarrollado, fully developed

pleno dominio, absolute ownership

pleno empleo, full employment

pleno uso de los poderes conferidos, full use of powers conferred

plenos derechos, absolute rights

plenos poderes, full powers

plica, escrow

pliego de condiciones, specifications, bidding specifications

pliego de costas, bill of costs

pluriempleo, (col.) moonlighting

plus de compañía, field allowance

plusvalía, goodwill, unearned increment, surplus value, accretion

plusvalía consolidada, consolidated goodwill

plusvalía de capital, capital gain

plusvalía latente, latent goodwill

plusvalía negativa, negative goodwill

plusvalías genéricas, unrealized gains

plusvalías por enajenaciones, gain on disposal of assets

plusvalías tácitas, unrealized gains

población activa, labo(u)r force, working population

poco rentable, low-yield(ing)

poder, proxy, power of attorney, *(P.A.)* warrant of attorney, letter of delegation; authorization, procuration

poder absoluto, absolute power, full authorization

poder adquisitivo, buying power, purchasing power

poder adquisitivo del dinero, value of money, purchasing power of money

poder amplio, full power

poder aparente, apparent authority

poder ejecutivo federal, federal executive (USA)

poder general, general power of attorney, full power of attorney

poder ilimitado, general power of attorney, unrestricted power, unlimited power

poder notarial, power of attorney

poder sin restricciones, general power of attorney, unrestricted power, unlimited power

poderes de firma restringidos, limited authority

poderhabiente, proxyholder, assignee, attorney

polígono industrial, industrial estate

política, policy; politics

política agrícola comunitaria, common agricultural policy

política comercial, commercial policy

política de comercio exterior, foreign trade policy

política de contención del gasto, cost control policy

política de dividendos, dividend policy

política de facilidades crediticias, easy credit policy

política de inversiones, investment policy

política de limitación de dividendos, dividend restraint policy

política de personal, personnel policies

política de puertas abiertas, open-door policy

política de rentas, income policy

política de restricciones crediticias, tight credit policy

política económica, economic policy

política financiera, financial policy

política fiscal, fiscal policy

política isolacionista, isolationist policy

política monetaria restrictiva, tight monetary policy

políticas de importación restrictivas, tight import policies

póliza, policy, voucher; warrant, scrip; certificate

póliza a todo riesgo, all-in policy

póliza abierta, blanket policy

póliza caducada, lapsed policy

póliza colectiva, group policy

póliza conjunta, joint policy

póliza de crédito, credit policy

póliza de depósito, warrant

póliza de fletamento, contract of affreightment

póliza de fletamento en limpio, clean charter

póliza de seguro, insurance policy

póliza de seguro de vida, life insurance policy

póliza de seguro marítimo del Lloyd, Lloyd's form

póliza flotante, floating policy, open policy

pólizas de diario (SA), journal vouchers

ponencia, motion

poner a cero, to clear (Inf.)

poner al día, to update

poner bajo fianza, to bind over

poner en circulación, to put into circulation, to launch, to float

poner en conocimiento, to notify

poner en duda, to question

poner en marcha un programa, to implement a plan

poner en peligro, to jeopardize; to threaten

poner fecha nueva, to redate

poner fondos de procedencia ilegal en una cuenta secreta, to put illegal funds on a secret account

poner pleito, to sue

poner una objeción, to raise an objection

por año, annually, yearly, (lat.) per annum *(p.a.)*

por avalúo (SA), ad valorem

por ciento, per cent *(p.c.,%)*

por cobrar, receivable

por cuanto, whereas

por cuenta ajena, third party account, for account of a third party, account of another

por cuenta de, (for) account of *(A/O)*

por cuenta de quien corresponda, for account of whom it may concern

por cuenta de tercero, third party account, for account of a third party

por cuenta propia, for own account

por cuenta y riesgo de, for account and risk of

por debajo de la par, at a discount, below par

por duplicado, in duplicate, in two copies

por ejemplo, (lat.) exempli gratia *(e.g.),* for example, for instance

por el contrario a, unlike

por encargo, on request, at the request of

por encima de la par, above par

por encima del límite, over the threshold

por escrito, in writing

por la presente, hereby, hereunder

por la presente, quedan Vdes. autorizados, you are hereby authorized

por medio de, by means of, through

por orden de, under instructions of

por orden de antigüedad, on a seniority basis

por otro nombre, (lat.) alias dictus

por pagar, payable, to pay

por poder, by proxy, (lat.) per procurationem *(P.P.),* by authority

por triplicado, in triplicate, in three copies

porcentaje, percentage *(p.c., %)*

porcentaje anual de crecimiento, annual percentage increase

porcentaje contratado, percentage of dealings

porcentaje de amortización, amortization percentage, amortization rate

porcentaje de beneficio que se reparte, average stockholders' equity (payout), payout ratio

porcentaje de cobertura, percentage of coverage

porcentaje de mortalidad por accidentes, accident death rate

porcentaje de reparto, payout rate

porcentaje del capital accionario, percentage of stock

portador, bearer, holder; payee

portador de títulos, scrip holder, security holder

portavoz, spokesman

porte, freight; postage

porte a ... incluído, freight allowed to ...

porte debido, freight collect, freight at destination, freight forward

porte pagadero en destino, freight collect, freight at destination, freight forward

porte pagado, freight prepaid, advance freight

porte por cobrar, freight collect, freight at destination, freight forward

poseer, to own, to hold

posesión a través de un tercero, beneficial ownership

posibilidades de expansión, scopes

posición, position

posición activa, lending position

posición corta, short position

posición de liquidez, liquidity position

posición de pagos debilitada, weakened payments position

posición de reserva en el F.M.I., reserve position in the I.M.F.

posición deudora o acreedora, account balance

posición dinero (Bolsa), money (stock exchange)

posición en una serie cronológica de vencimientos, strip

posición lejana (Bolsa), forward position (stock exchange)

posición neta, net position

posición papel (Bolsa), paper (stock exchange)

posición pasiva, borrowing position

posicionamiento, positioning

posiciones de los miembros compensadores, clearing members' positions

postdatado, postdated

posteriormente, thereinafter

postfechado, postdated

postor, bidder

postulante a miembro, applicant to membership

potenciación, promotion, boost(ing)

potenciar, to promote, to boost, to improve, to enhance, to reinforce

potenciar la liquidez, to improve liquidity

potenciar las medidas de seguridad, to enhance security measures

potenciar los sistemas de control, to reinforce control systems

practicar una liquidación, to make a settlement

prácticas cambiarias, exchange practices

prácticas de tipo de cambio múltiples, multiple currency practices

prácticas restrictivas, restrictive practices

preaviso, advance warning

precio, price

precio a que puede ejercitarse una opción, strike price

precio al cierre, closing price

precio al contado, cash price

precio al contado por factor de conversión, futures equivalent value

precio al por mayor, wholesale price

precio base, base price

precio C.I.F., C.I.F. price

precio competitivo, competitive price

precio controlado, administered price, controlled price

precio corriente, current price, market price, standard price, current quotation

precio de amortización, call price, redemption price

precio de apertura, opening price

precio de cesión, transfer price

precio de compra, purchase price, bid price

precio de compra ofertado, bid price

precio de comprador y vendedor, bid-ask price

precio de compraventa de contratos de opciones, exercise price

precio de conversión, conversion price

precio de costo, cost price

precio de demanda, call price

precio de destajo, job price

precio de ejercicio, exercise price

precio de ejercicio mayor al del activo subyacente (opciones «call»), out of the money

precio de ejercicio menor al del activo subyacente (opciones «put»), out of the money

precio de emisión, issue price

precio de emisión con descuento, discount issue price

precio de fábrica, original cost

precio de factura, invoice price

precio de introducción, introductory price

precio de lanzamiento, launch price, issue price

precio de liquidación, settlement price

precio de menudeo, retail price

precio de mercado, market price

precio de oferta, asking price, asked price

precio de realización, selling price

precio de reclamo, charm price

precio de rescate, redemption price

precio de tasa, officially fixed price, standard price

precio de un título al cierre de la Bolsa, closing price

precio de venta, selling price, asking price, asked price

precio del mercado, market price, current price, current quotation

precio en firme, firm price

precio fijo, fixed price

precio F.O.B., F.O.B. price

precio garantizado, guaranteed price

precio indicativo, guide price

precio inicial de subasta put-up price

precio mantenido, firm price

precio medio, average price, middle price

precio neto, net price

precio objetivo, target price

precio político, political price

precio real, actual price, real price

precio sin fluctuaciones, firm price

precio soporte, support price

precio «strike», strike price, exercise price

precio total, full price

precio umbral, threshold price

precios al consumidor, consumer prices

precios al detall, retail prices

precios al por menor, retail prices

precios altos, strong prices

precios de compra y venta de los activos negociados, purchase and sale prices of the assets traded

precios detallados, itemized prices

precios intervenidos, controlled prices

precios justos, fair prices

precios normales, standard prices

precios objetivos, standard prices

precisión del cálculo, accuracy of calculation

predio, real estate

predisposición, bias

prefijo de cuenta, account prefix

pregunta, question

preguntar, to question, to ask

premio, prize; premium; bonus

premios cupón-oferta, continuity premiums

prenda, pledge, security, collateral; earnest money

preocuparse por, to be concerned about

preparación de datos para el proceso, input preparation (Inf.)

preparación del trabajo, job setup

preparación y curso de cheques, preparation and flow of cheques (USA = checks)

preparar una emisión, to run the books

prescribir, to prescribe, to outlaw

prescriptor, gatekeeper (col.)

presentación, presentation, rendering, filing, introduction

presentación amañada de estados financieros, window dressing

presentación de cuentas, rendering of accounts, statement of accounts

presentación de cupón, surrender of coupon

presentación de una letra, sighting

presentación fuera de plazo, late presentation

presentar, to render, to tender, to present, to submit, to file; to introduce

presentar al cobro, to present for payment, to present for collection

presentar al pago, to present for payment, to present for collection presentar un informe, to render a report, to submit a report

presentar una letra para su aceptación, to present a bill for acceptance

presentar una propuesta, to render, to submit a proposal

presentar (una) reclamación, to file a claim

presentar una renuncia, to tender a resignation

presentar una solicitud, to file an application

presente, present, current, instant *(inst)*

presidencia, chairmanship

presidenta, chairwoman

presidente, chairman; president

presidente del consejo, chairman of the board

presidente del jurado, jury foreman, foreman of the jury

presidente en ejercicio, acting chairman

presidente en funciones, acting chairman

presidente interino, acting chairman

presidente (no del consejo), president

presidida por, headed by

presión alcista sobre los tipos de interés, upward pressure on interest rates

presión fiscal, tax burden, tax pressure

presiones de los costos salariales, pressures from wage costs

presiones inflacionistas, inflationary pressures

prestación, service

prestación de servicios profesionales, furnishing of professional services

prestación graciable, ex-gratia payment

prestaciones en especie, benefits in kind

prestamista, lender, financial backer, money lender

prestamista a la gruesa, lender on bottomry

préstamo, loan, accommodation, advance

préstamo a corto plazo, short-term loan

préstamo a la demanda, demand loan, call loan

préstamo a la gruesa, bottomry, gross adventure, loan on bottomry, maritime loan

préstamo a la vista, call loan, demand loan

préstamo a largo plazo, long-term loan

préstamo a plazo fijo, fixed loan

préstamo a un día, overnight loan

préstamo al descubierto, straight loan

préstamo bancario, bank loan, banker's advance

préstamo bancario para operaciones de Bolsa, street loan

préstamo bilateral, bilateral grant

préstamo colateral, collateral loan

préstamo comercial, commercial loan, trade loan

préstamo complementario, repeater loan

préstamo con amortización al final del plazo, bullet loan

préstamo con garantía, guaranteed loan, guaranteed credit, loan against collateral

préstamo con garantía de valores, collateral loan

préstamo con tipo de interés variable, roll-over loan

préstamo con vencimiento anticipado, prematured loan

préstamo concertado en el extranjero, foreign loan

préstamo condicionado, tied loan

préstamo de liquidación automática, self-liquidating loan

préstamo en condiciones concesionales, soft loan

préstamo en especie, commodity loan

préstamo en Eurodólares, Eurodollar loan

préstamo en Eurodólares a medio plazo, medium-term Eurodollar loan

préstamo en moneda extranjera, foreign currency loan

préstamo fiduciario, fiduciary loan

préstamo forzoso, forced loan

préstamo garantizado, secured loan, guaranteed loan

préstamo gratuito, interest-free loan

préstamo hipotecario, mortgage loan

préstamo hipotecario sobre la carga del buque, respondentia

préstamo inmobiliario, real estate loan

préstamo «Jumbo» (entre $300/6.000 millones), Jumbo loan

préstamo oficial, government loan

préstamo personal, personal loan

préstamo pignoraticio, collateral loan, pledge loan

préstamo por un día, day loan, clearance loan

préstamo prendario, secured loan, pledge loan

préstamo-puente, bridging loan

préstamo reajustable según un índice, index-tied loan

préstamo reembolsable a plazos, instal-(l)ment loan

préstamo reembolsable en su mayoría al vencimiento, balloon loan

préstamo representado por obligaciones convertibles, convertible debenture loan investment

préstamo sectorial, sector loan

préstamo sin amortizaciones graduales, bullet (maturity)

préstamo sin amortizar, outstanding loan

préstamo sin caución, unsecured loan, straight loan

préstamo sin garantía colateral, character loan, unsecured loan

préstamo sin interés, interest-free loan, flat loan

préstamo sindicado, syndicated loan

préstamo sobre garantía, loan on pledge

préstamo sobre pignoración de efectos, advance against pledged securities

préstamo sobre valores, collateral loan, loan against securities, secured loan

préstamo subsidiario, subsidiary loan

préstamo vivienda, dwelling loan

préstamos a empleados, loans to employees

préstamos a plazo, time loans

préstamos concedidos, loans granted

préstamos en condiciones ordinarias, hard loans

préstamos en Euromonedas, Euro-currency lending

préstamos netos, net lending

préstamos y descuentos, loans and discounts

prestar, to lend, to borrow, to loan

prestar buena acogida, to welcome

prestar caución, to furnish security

prestar con seguridad colateral, to lend on collateral

prestar dinero a interés, to lend at interest

prestar fianza, to give bail, to give bond, to furnish bail, to guarantee, to provide collateral

prestar sobre hipoteca, to lend on mortgage

prestatario, borrower

prestatarios de primera clase, prime borrowers

presunción, assumption

presupuesto, budget, estimate

presupuesto anual, annual budget, budget for the year

presupuesto anual de pérdidas y ganancias, annual profit and loss budget

presupuesto base cero, zero-base budgeting

presupuesto de entradas y salidas de caja, cash forecast, cash estimate

presupuesto de explotación, operating budget

presupuesto de gastos de capital, capital budget

presupuesto de publicidad, advertising budget

presupuesto de ventas, sales budget, sales estimate, sales forecasting

presupuesto equilibrado, balanced budget, balanced estimate

presupuesto fijo, fixed budget

presupuesto de accidentes, accident prevention

prevención del blanqueo de dinero, prevention of money laundering

prevenir, to preclude

previo pago, against payment

previsión comercial, business forecasting

previsión para el impuesto sobre sociedades, provision for corporation income tax, corporate income tax provision

previsión para impuestos, provision for taxes, tax provision

previsión para incobrables, provision for bad debts

previsiones a corto plazo, short-term forecasts, short-term forecasting

previsiones a largo plazo, long-term forecasts, long-term forecasting

previsiones a medio plazo, medium-term forecasts

previsiones de balanza de pagos, balance of payments forecasts

previsiones económicas, economic forecasting

previsiones optimistas, optimistic forecasts

previsiones sobre precios, price forecasts

prima, premium, bonus

prima base, basic premium

prima bruta, gross premium

prima de amortización de un bono (antes de su vencimiento), call premium

prima de conversión, conversion premium, conversion discount

prima de emisión de acciones, paid-in surplus, issue premium

prima de enganche, golden hello (col.)

prima de opción a comprar, call premium

prima de permanencia, golden handcuffs (col.)

prima de productividad, acceleration premium

prima de riesgo, risk premium

prima devengada, earned premium

prima media, average premium

prima media implícita de riesgo, average implicit risk premium

prima por aumento de producción, acceleration premium

prima sobre bonos, bond premium

primas de seguros acumuladas, accrued insurance premiums

primas únicas, single-premium life policies

primera de cambio, first of exchange

primera hipoteca, first lien

primera prima, first premium

principal, auctor; principal; mother company

principal de un préstamo, principal

principal de una herencia, fondo o fideicomiso, corpus

principal menos intereses, corpus

principalmente, a consecuencia, due mainly to

príncipe, white knight (col.)

principio, principle; beginning

principio de transcripción (télex), quote (in telex messages)

principio de Peter, Peter's principle

principio del devengo, accrual concept, accrual basis (USA)

principios contables, accounting principles

principios contables generalmente aceptados, generally accepted accounting principles

prioridad absoluta, absolute priority

privación de derechos, abridg(e)ment

privar de derechos, to abridge

probabilidad, probability

probidad atacada, undermined integrity

problema esencial, basic problem

problemas de inflación y balanza de pagos, inflation and balance of payments problems

problemas engorrosos, ackward problems

problemas estructurales, structural problems

problemas estructurales a largo plazo, long-term structural problems

problemas sociales, social disturbances

procedencia y aplicación de fondos, source and application of funds

procedimiento, procedure, process

procedimiento manual, manual procedure

procesador de textos, word processor (inf.)

procesamiento por lotes, batch processing (inf.)

proceso, processing (inf.); action (at law), trial

proceso automático de datos, automatic data processing, datamation (inf.)

proceso cautelar, preventive action

proceso de cintas de intercambio, processing of interchange tapes (inf.)

proceso de cheques, cheque processing (USA = check)

proceso de datos, data processing (inf.)

proceso de embargo, process of garnishment

proceso de fabricación, manufacturing process

proceso de imputación, allocation process

proceso de la información, data processing (Inf.)

proceso duplicado, duplicate processing (Inf.)

proceso mecanizado, machine processing (Inf.)

proceso por incumplimiento de compromiso, general assumpsit

procesos operativos normales, routine processes

procesos operativos continuados, ongoing operating processes

procurador, (GB) solicitor, attorney in fact

procurar dinero, to procure money, to raise funds

producción, production, output, business development

producción a maquila, toll production

producción continua, continuous production

producción de prueba, trial production

producción diaria, daily production

producción diaria por máquina, daily machine production, daily machine output

producción en serie, line production

producción local, local production

producción masiva, mass production

producción media diaria, average daily production

producción nacional, national production, domestic production, domestic produce

producción óptima, optimum output

producción perdida, lost production

producción real, real output

producción teórica, theoretical production

producir, to yield, to pay, to return; to earn; to produce, to generate

producir beneficios, to yield a profit

producir interés, to yield (an) interest, to bear interest

productividad, productivity

producto, product, produce; earnings; yield, profit, gain; proceeds, total

producto final, end product

producto interno bruto *(P.I.B.),* gross domestic product *(G.D.P.)*

producto nacional, national product, domestic product

producto nacional bruto *(P.N.B.),* gross national product *(G.N.P.)*

producto obtenido de la venta de obligaciones, debenture capital

productos acabados, finished products, finished goods

productos asociados, allied products

productos básicos, commodities

productos brutos, gross proceeds, gross earnings, gross income

productos brutos de la explotación, gross income on operations, gross operating income

productos de empleos, interest revenues

productos de explotación, operating earnings, operating income

productos de exportación, export products, goods for export

productos de importación, import products, import goods

productos de inversiones, income from investments, investment returns

productos de operación, operating income, operating earnings

productos de reventa, resale products

productos elaborados, manufactured products, processed products

productos financieros, financial products, interest income

productos líquidos, net proceeds, net avails

productos naturales, natural resources

productos netos, net income, net revenue

productos netos de explotación, net operating income

productos netos totales, total net revenue

productos obtenidos, interest revenue

productos semielaborados, intermediate goods

productos simultáneos, joint products

productos terminados, finished products, finished goods, goods completed

productos varios, other income, miscellaneous income, non-operating earnings, non-operating income

profesión, trade; profession

profesional, professional, expert

profesionalidad, professional competence

proforma, proforma

programa, program(me), schedule

programa bancario internacional, international banking facilities *(I.B.F.)*

programa criptográfico, cryptographic software (Inf.)

programa de activación, activation program

programa de captación, acquisition program

programa de divulgación y formación, awareness and training program

programa de emisión de Europagarés de empresa, Euro-commercial paper facility

programa de emisión de pagarés, note issuance facility *(N.I.F.)*

programa de estabilización, stabilization program

programa de formación para empleados, employee training program

programa de integración, integration program

programa de inversiones, investment program

programa de mejoras, program of improvements

programa de productividad, productivity plan

programa ensamblador, assembler program (Inf.)

programa filtro, edit package (Inf.)

programa fuente, source program (Inf.)

programa objeto, object program (Inf.)

programador de ordenadores, computer programmer (Inf.)

programas de explotación interna, internal operating programs

programas informáticos, software (Inf.)

progresión, progression

progresión aritmética, arithmetic progression

progresión del beneficio neto consolidado, growth rate in consolidated net income

progresos en la lucha contra el narcotráfico, developments in anti-drug traffic(king)

prohibición de importación, import ban

prohibido, prohibited, not allowed, not permitted, forbidden

prohibido usar ganchos, no hooks

prohibidos los envíos parciales, partial shipments prohibited, partial shipments not allowed, partial shipments not permitted

prohibidos los transbordos, transhipments prohibited, transhipments not allowed, transhipments not permitted

prolongación, extension

promedio, average

promesa de guardar el secreto, deed of secrecy

promoción, promotion; development, advancement

promoción de ventas, sales promotion

promoción del comercio exterior, foreign trade promotion

promociones y ascensos, promotions

promover, to promote, to float, to launch

promover contactos, to promote liaison

pronóstico, forecast(ing)

pronóstico de ventas, sales forecast(ing)

pronóstico interpretativo, interpreting forecast

propaganda, propaganda

propaganda y anuncios, advertising, publicity

propensión marginal al consumo, marginal propensity to consume

propiedad, property, ownership, proprietorship, demesne, fortune

propiedad adquirida, acquest

propiedad (co)lindante, abutting property, abutter

propiedad contingente, contingent estate

propiedad del absentista, absentee ownership

propiedad inmobiliaria, real estate

propiedad literaria, copyright

propiedad mancomunada, estate in common

propiedad municipal, public ownership

propiedad no embargada, unattached property

propietario, owner, holder

propietario absoluto, freeholder

propietario beneficiario, beneficial owner

propietario colindante, adjoiner

propietario en derecho, legal owner

propietario registrado, owner of record

propietario vitalicio, life tenant

propio, own

proponer, to propose, to suggest, to offer

proporción, rate, ratio

proporción del ahorro, savings ratio

proporción inversa, inverse ratio

proporcionar, to furnish, to provide, to supply

proporcionar fondos, to provide money, to fund

proporcionar información, to provide information

proposición, motion, proposal; suggestion; offer, tender

propósito, purpose, aim, target

propuesta, motion, proposal; suggestion; offer, tender

propuesta de distribución de beneficios, proposed distribution of earnings

prorrata, pro-rata

prórroga, extension, renewal, respite

prórroga a la licencia de importación, import license extension

prorrogar, to renew, to extend

prorrogar un crédito, to renew a loan

prorrogar un vencimiento, to extend a maturity

prospecto, prospectus, brochure

prospecto de una emisión, prospectus of an issue (USA, col. = *red herring*)

próspero, wealthy

protección, protection; cushion

protección contra la amortización anticipada, call protection

protector, cushion

protesta, protest; claim

protesta por escrito, protest in writing

protestar, to protest, to claim

protestar en caso de impago, protest if unpaid

protestar una letra, to note a protest

protesto, protest

protesto de efectos, protest of drafts

protesto de una letra, noting

protesto por falta de aceptación, protest for non-acceptance

protesto por falta de pago, protest for non-payment

protocolar, to register, to record

protocolo, register, registry, record

provecho, profit, earnings, yield

proveedores, suppliers; accounts payable

proveer de fondos, to cover, to furnish cover, to provide cover

proveer de fondos para el pago de un efecto, to arrange for the payment of a draft, to furnish cover for the payment of a bill

provisión, provision, allowance

provisión de fondos, provision of funds, allocation of funds

provisión genérica, general provision

provisión para amortización libre, provision for accelerated depreciation

provisión para cuentas dudosas, provision for doubtful accounts

provisión para cuentas fallidas, provision for bad debts

provisión para fletes, provision for freights

provisión para insolvencias, provision for credit losses, credit loss provision, credit loss allowance

provisión para pensiones, provision for pensions

provisión para riesgo-país, provision for country risk

provisión para saneamiento de la cartera de valores, provision for writedown of securities portfolio

provisiones disponibles (por resolución satisfactoria de los expedientes de crédito a que estaban afectas), released provisions (following satisfactory settlement of the loans to which they related)

provisiones genéricas, general allowances

provisiones libres de impuestos, tax-free provisions

provisiones mínimas obligatorias, minimum mandatory provisions

provisiones para insolvencias y riesgo-país, allowance for credit losses and country risk

provisiones para reservas, provisions to allowances

provisiones y saneamientos, provisions and writedowns

proyecto de ley sobre distintos asuntos, omnibus bill

proyecto y relación de gastos, project and expenditure schedule

proyectos de desarrollo, development projects

proyectos diferidos, deferred projects

prudencia razonable, reasonable care

prueba, trial, check, test; evidence

prueba ciega, blind test

prueba de la pérdida, proof of loss

prueba de mercado, market test

prueba del ácido, acid-test ratio

prueba del cero, zero check

prueba documentada, documentary proof

prueba testimonial, testimonial evidence

pruebas aisladas, test checks

pruebas contables, accounting evidence

pruebas de mercado, market test

pruebas (p)sicológicas, psychological tests

pruebas selectivas, test checks

publicidad, publicity, advertising

publicidad de intriga, teaser advertising

publicidad institucional, institutional advertising

publicidad subliminal, subliminal advertising

puerto, port, harbo(u)r

puerto de amparo, port of distress

puerto de arribada forzosa, port of distress

puerto de bajo calado, shallow port

puerto de emergencia, port of distress

puerto de entrega, port of delivery

puerto de llegada, port of arrival

puerto de refugio, port of distress

puerto de salida, port of departure

puerto franco, free port, open port

puertos comprendidos entre Barcelona y Valencia, Barcelona/Valencia range

puesto, post; position, job; booth, stand

puesto al día, updated

puesto de titulado, graduate-rated post

puesto de trabajo, job, post, position; location

puesto directivo, managerial post, senior post

puestos cualificados, skilled labo(u)r positions

puja, bid

pujar, to bid

punible, actionable, punishable

puntear, to check (off); to tick

punteo, checking

punto anterior, foregoing item, above item

punto base-centésimo, basis point

punto de equilibrio, breakeven point, breakpoint

punto de intersección de dos tendencias, apex

punto de partida, point of departure

punto de pedido, order point

punto de protección, stop point

punto de reunión, point of meeting

punto de venta, sales outlet, merchant's outlet, point of sale *(P.O.S.)*

punto mínimo de la recesión, trough of the recession

punto muerto, breakeven point, breakpoint

punto porcentual, percentage point

puntos a tratar, agenda

Q

que devenga interés, interest-bearing

que empieza, nascent

que induce a error, misleading

que no devenga interés, non-interest bearing

que no está en regla, not in order

que produce intereses, interest-bearing

que puede mandarse por correo, mailable

quebrado, bankrupt

quebranto, loss

quebrantos por delitos contra la propiedad, losses through vandalism

quebrar, to fail, to become bankrupt, to go into bankruptcy, to crack (col.)

quedar pendiente, to remain outstanding

quedar sin vender, to remain unsold

queja, complaint

queja por escrito, written complaint

querellante, complainant

quiebra, bankruptcy, failure, crack (col.)

quiebra bancaria, bank failure

quiebra de hecho, de facto bankruptcy

quiebra fortuita, fortuitous bankruptcy, accidental failure, involuntary bankruptcy

quiebra fraudulenta, fraudulent bankruptcy

quiebra involuntaria, involuntary bankruptcy, accidental failure, fortuitous bankruptcy

quiebra voluntaria, voluntary bankruptcy

quilate, carat

químicas (Bolsa), chemicals (stock exchange)

quinquenio, five-year period

quita, acquittance; write-off

quórum, quorum

R

ratero, thief, pickpocket

ratificar, to ratify, to confirm

ratificar un acuerdo, to confirm an agreement

ratio de cobertura, hedge ratio

ratio de endeudamiento, debt ratio

ratio de inmunización, hedge ratio

ratio reservas/depósitos, reserve ratio

razón, rate ratio; reason

razón de cuentas por cobrar a ventas a crédito, ratio of accounts receivable to credit sales

razón de disponible, quick ratio

razón de operación, operating ratio

razón de utilidad bruta a ventas, ratio of margin to sales

razón del rendimiento líquido a ventas, ratio of net income to sales

razón entre patrimonio e inversión total de capital, ratio of proprietary to total capital investment

razón entre utilidades retenidas y rendimiento líquido, ratio of earnings retained to net income

razón social, corporate name, firm title, firm name, concern, firm

razonable, fair, reasonable

razones basadas en los estados financieros, ratios based upon financial statements

razones normales entre gastos y utilidades, normal ratios of classified expenses and profits to sales

razones significativas, choice of significative ratios

reactivación económica, economic recovery

readquirir, to repurchase

reajustar, to write down

real, real, actual

realizable, marketable

realización, realization

realizar, to perform, to carry out, to execute, to accomplish, to float; to sell

realizar una emisión, to float an issue

reanudación del crecimiento, resumption of growth

reapertura de los libros, reopening of the books

reaseguro, reinsurance

reaseguro facultativo, facultative reinsurance, non-compulsory reinsurance

reaseguro prorrateado, participating reinsurance

rebaja, allowance, discount, rebate, abatement, bonus, cut, abating

rebaja de impuestos, abatement of taxes

rebaja en el tipo de descuento, cut in the discount rate

rebaja por pronto pago, cash discount

rebaja por tara, allowance for tare

rebajar, to rebate, to discount, to abate, to allow, to cut (down)

rebajar el valor, to write down

rebajas y descuentos sobre ventas, discount-sales bonuses, allowances and discounts on sales

rebasar un crédito, to overdraw a credit

recabar fondos, to procure money, to raise funds

recalentado, overheated

recapitalización, recapitalization

recapitulación, recapitulation, summary

recargar, to surcharge, to overcharge, to overdebit

recargo, surcharge, overcharge, overdebit

recargo «antidumping», compensating duties

recaudación, collection

recaudación de impuestos, tax collection

recaudador de contribuciones, tax collector

recaudador de rentas internas, collector of internal revenue

recaudar, to collect (taxes)

recaudar fondos, to raise funds

recaudar impuestos, to collect taxes

receptor, receiver, recipient

recesión internacional, international recession

rechazar una oferta, to reject an offer

recesión moderada, moderate recession

recibí, received payment

recibir, to receive

recibir a cambio, to receive in exchange

recibir dinero a cambio de una letra, to clear a bill

recibo, receipt; slip, warrant, voucher

recibo de a bordo, ship's receipt, mate's receipt (M.R.)

recibo de correo aéreo, air mail receipt

recibo de depósito al portador, bearer depositary receipt (B.D.R.)

recibo de pago preliminar, binder

recibo de transitario destinado al banco, banking receipt

recibo fiduciario, trust receipt

recibo y resguardo, receipt and acquittance

reclamación, claim; tracer, reminder, follow-up, tickler

reclamación de indemnización, claim for indemnization

reclamación de pago, reminder

reclamación de reembolso de gastos de viaje, travel claim

reclamación de tercero sobre bienes embargados, adverse claim

reclamación por fraude, bill for fraud

reclamaciones a cobrar, unsettled claims, claims receivable

reclamaciones por cuenta de clientes, customers' claims receivable

reclamante, claimant, plaintiff

reclamar, to claim

reclamar daños, to lay damages, to claim damages

reclasificaciones contables, accounting reclassifications

recobrar, to recover

recomendación interesada de compra de un valor, tout (col.)

recompra, repurchase

reconocer, to avow; to recognize

reconocer una deuda, to recognize a debt

reconocer una firma, to acknowledge a signature, to witness the signature, to verify a signature, to authenticate a signature

reconocimiento aduanal, customs appraisal

reconocimiento de firma, authentication of signature

reconocimiento de una deuda, confession of indebtedness

recopilación, summary

recordatorio, reminder, tracer, follow-up, tickler

recortar los presupuestos, to trim the budgets

recorte de prensa, press clipping

recorte del presupuesto, budget cut

recta de regresión linear regression

rectificación, amendment

rectificar, to amend

rectificar la fecha, to redate

recuento, recount, second count

recuento de caja, cash count, cash proof, cash ga(u)ging

recuperable, recoverable, salvageable

recuperación, recovery, salvage; strengthening; rally

recuperación de activos en suspenso, loan loss recoveries

recuperación de créditos dudosos, recovery of nonperforming loans

recuperación de créditos dudosos amortizados como fallidos, charge-off recoveries

recuperación de dudosos, bad debt recovery

recuperación de fallidos amortizados, recovery of bad debts written off

recuperación de los precios, recovery of prices

recuperación del P.N.B., G.N.P. recovery

recuperación económica, economic recovery, economic upswing

recurrente, appellant

recurrir, to appeal

recurso, appeal, motion

recurso a los mercados de capitales, securitization

recurso contencioso administrativo, action against administration

recurso de casación, appeal for annulment

recurso de enmienda, appeal for amendment

recursos, liabilities; resources

recursos ajenos, borrowings

recursos alternativos, alternative relief

recursos cautivos, captive funds

recursos computables, computable funds

recursos de clientes, customer deposits, customer(s') funds

recursos de clientes en divisa, customer foreign currency deposits

recursos disponibles, available funds

recursos en pesetas procedentes de residentes en España, Spanish-resident peseta deposits

recursos en pesetas procedentes del sector privado, private-sector peseta deposits

recursos generados, cash-flow

recursos generados por acción, cash-flow per share (ab. *C.F.P.S.*)

recursos medios ajenos, interest-bearing liabilities

recursos obtenidos en préstamo, borrowed resources

recursos propios, equity capital, shareholders' equity, stockholders' equity, common equity

recursos propios contables, book equity

recursos propios medios y recursos totales medios, average stockholders' equity and average total funds

recursos propios mínimos, minimum stockholders' equity

recursos totales de clientes, total customer funds

recursos y empleos, funds and assets

rechazable, refusable

rechazar una operación, to turn a business away

redactar de nuevo, to redraft

redención, redemption

redes bancarias paralelas, parallel banking networks

redescuento y endoso de efectos, rediscount and endorsement of notes

redimible, redeemable

redimir bonos, to redeem bonds

redimir una hipoteca, to pay off a mortgage

rédito, revenue, interest, income

redondear cifras, to round up figures

reducción, reduction, curtailment, abatement

reducción de capital, capital reduction

reducción de costos, cost reduction

reducción de precios, mark-down

reducción de puestos de trabajo, job reduction

reducción de un impuesto, tax abatement, tax rebate, tax relief

reducción del contenido metálico de la moneda, debasement

reducción en el valor de los activos, dilution

reducir, to abate, to curtail; to reduce

reducir la inflación, to wind down inflation, to bring inflation down

reducir la paridad, to reduce par value

reducir un crédito, to curtail a credit

reductor del riesgo, hedger

redundante, redundant (inf.)

reembargar, to reattach

reembargo, reattachment

reembolsable, reimbursable

reembolsar, to refund, to repay

reembolsar un crédito, to pay back a loan

reembolso, reimbursement, refund (GB), repayment, refunding

reembolso anticipado de un préstamo, repayment of a loan before it is due, refunding of a loan before maturity, advance repayment

reemisión de tarjetas, card reissue

reestructuración de la deuda, debt restructuring

reestructurar, to restructure

refacción (SA), financing

referencia, reference

referencia bancaria, bank reference

referencia de auditoría, audit trail

refinanciación, refinancing

refinanciación de la deuda, debt refinancing

refinanciar, to refinance

refinanciar créditos, to refinance loans

reflación, reflation

refletar, to recharter

reforma fiscal, tax reform

refrendar, to approve, to renew, to authenticate, to countersign

refrendo, approval; renewal; authentication, countersignature

refundir una deuda, to reborrow

refutable, answerable

regatear precios, to bargain

regateo, bargaining

régimen tributario, tax code, tax regime

región deprimida, backward area

registrable, recordable

registrador, registrar

registrador de la propiedad, registrar of deeds

registrar, to register, to record, to enter

registrar una hipoteca, to record a mortgage

registrar una marca comercial, to register a trademark

registro, register, record; registration office

registro circulante, circulating register

registro civil, civil register

registro cronológico de actividad, event file

registro de accionistas, stock ledger, register of stockholders

registro de actas, minute book, book of acts

registro de actividad, activity file

registro de barcos, register of ships

registro de cobranzas, collection(s) register

registro de compras, purchase(s) register

registro de comprobantes, voucher register

registro de créditos, credit ledger

registro de cupones a pagar, coupon book

registro de cheques, cheque register (USA = *check)*

registro de escrituras, register of deeds

registro de existencias, stock record

registro de facturas, invoice book, invoice register, purchase(s) journal

registro de la propiedad, property register, public register of property

registro de obligaciones contraídas, commitments record

Registro de Propiedad Industrial, Patent Office

Registro Mercantil, Mercantile Register

Registro Nacional de Extranjeros, National Registry of Foreigners

Registro (Público) de Comercio, Public Registry of Commerce

Registro Público de la Propiedad, Public Registry of Property, Property Register

registros contables, accounting records

reglamentación de precios, price controls

reglas de interpretación, canons of construction

regulación de la demanda, demand management

regulación de la liquidez bancaria, bank liquidity regulation

regularización, restatement

regularizaciones contables, accounting adjustments, book adjustments

regularizar, to restate

rehabilitación del fallido, discharge of bankrupt

rehipotecar, rehypothecate

rehusar el pago, to refuse payment

rehusar un efecto, to refuse a draft

reintegrar, to repay, to reimburse, to refund, to return

reintegrar(se) a las funciones activas, to return to active duty

reintegro, refund, reimbursement, refunding, repayment, return

reinversión, reinvestment

reinversión de las ganancias, reinvestment of profits

reinvertir, to reinvest

reivindicación de patente, patent claim

rejuvenecer la plantilla, to rejuvenate staff

relación, relationship, connection; ratio, rate, index; schedule; report, statement, breakdown

relación aproximada de utilidades a capital, rough profit-worth rate

relación auxiliar, schedule, breakdown

relación bancaria, bank connection

relación cotización-beneficio, price-earnings ratio

relación de aprobaciones otorgadas, approval ratio

relación de conversión, conversion ratio

relación de costo, volumen y utilidades, cost-volume-profit ratio relación de cuentas a cobrar, collection ratio

relación de gastos, expenses statement

relación de liquidez, liquidity ratio

relación de rentabilidad, profitability ratio

relación de reservas, reserve ratio

relación de reservas contra depósitos, reserve ratio

relación de utilidades a capital, profit worth rate, profit ratio

relación de utilidades al capital representado por acciones comunes, rate of earnings on common stockholders' equity

relación de utilidades al capital total empleado, rate of earnings on total capital employed

relación deuda/recursos propios, debt ratio

relación diaria de los títulos ofrecidos en venta, blue list

relación entre acciones que avanzan y retroceden, breadth

relación entre activo disponible y pasivo corriente, quick ratio, acid-test ratio

relación entre cambio y beneficio, price-earnings ratio

relación entre cuentas por cobrar y ventas a crédito, ratio of accounts receivable to credit sales

relación entre deudas y activos totales, financial leverage

relación entre los recursos propios medios y los recursos ajenos medios, average equity to average deposits ratio

relación entre utilidades retenidas y rendimiento líquido, ratio of earnings retained to net income

relación fiduciaria, confidential relation, fiduciary relationship

relación precio/beneficio de una acción, price/earnings ratio

relación precio/cash-flow, price/cash-flow ratio (ab *P/CF ratio*)

relaciones de corresponsalía, agency arrangements; correspondent relationship

relaciones económicas Este-Oeste, East-West economic relations

relaciones humanas, human relations

relaciones industriales, industrial relations

relaciones internacionales, international relations

relaciones normales, standard ratios; normal relationship

relaciones públicas, public relations

relevante, noteworthy

relevo, relief; shift

reloj de control de entrada y salida del personal, job-time recording clock

rellenar, to fill out, to fill in, to complete, to accomplish

rellenar un formulario, to fill out a form, to accomplish a form

remanente, remainder, rest

remanente a cuenta nueva, balance for carry-forward

remanente de ejercicios anteriores, carry-forwards from previous years

rematador de una subasta (SA = *martillero*), auctioneer, purchasing bidder

rematar, to sell at auction, to auction

remate, auction

remedio, remedy; corrective action

remesa, remittance, consignment

rendimiento bruto global, gross return

rendimiento, coste y gasto, return, cost and expense

rendimiento de las materias primas, raw materials yield

rendimiento de las obligaciones, bond yield

rendimiento de los empleos, interest revenues

rendimiento efectivo, effective yield, performance rating

rendimiento esperado, expected return

rendimiento máximo, maximum yield

rendimiento medio, average yield

rendimiento medio global, overall average return

rendimiento mínimo, minimum yield

rendimiento nominal, nominal yield, current yield

rendimiento normal, standard yield

rendimiento sobre próxima amortización, yield to call

rendimiento sobre vida media, yield to average life

rendimientos decrecientes, diminishing returns

rendimientos y costes, return and costs

rendir, to yield, to return, to render

rendir cuentas, to render accounts

renegociar, to renegotiate

renovación, renewal, extension

renovación de hojas de cupones, renewal of coupon sheets

renovar, to renew, to extend

renta, revenue, income, yield, rent, earnings, rental

renta anual, yearly income

renta añadida neta, net added value

renta bruta, gross income

renta bruta generada por el banco, gross added value generated by the bank

renta del capital, return on capital

renta fija, fixed income

renta imponible, taxable income

renta líquida, net income

renta marginal, marginal income

renta nacional, national income

renta neta, net income

renta neta generada, net operating income

renta per cápita, per capita income

renta pública, national revenue

renta real, real income

renta variable, equities

renta vitalicia, life annuity, life rent

rentabilidad, profitability, earning capacity, earning power, yield

rentabilidad actual, current yield

rentabilidad actuarial, actuarial yield

rentabilidad anual, annual return

rentabilidad bruta, gross yield

rentabilidad contable, book yield

rentabilidad de gestión, operating profitability, operating profit

rentabilidad de los fondos invertidos, return on invested funds *(R.O.I.F.)*

rentabilidad de los recursos, return on funds *(R.O.F.)*

rentabilidad de los recursos propios, return on equity *(R.O.E.)*

rentabilidad de los recursos totales, return on total funds (deposits + equity)

rentabilidad del activo, return on assets *(R.O.A.)*

rentabilidad del apalancamiento financiero, return on financial leverage *(R.O.F.L.)*

rentabilidad del excedente residual, return on the residual surplus

rentabilidad del mercado, market yield

rentabilidad en dividendo, price/earnings yield (ab. *P/E yield*)

rentabilidad en efectivo de las acciones, net yield on shares

rentabilidad hasta la fecha del vencimiento, yield to maturity

rentabilidad neta final, net income return

rentabilidad neta final de gestión, return on average total assets

rentabilidad nominal, nominal yield

rentabilidad real, real yield

rentabilidad total, internal rate of return

rentabilidad total estimada, estimated total return *(E.T.R.)*

rentar, to lease; to pay, to yield

rentas acumuladas, gross income

rentas de activo fijo, rental of fixed assets

rentas de capital, capital income

rentas del trabajo, earned income

rentas diversas, miscellaneous income

rentas internas, internal revenue

rentas sujetas a gravamen, taxable income

renuncia, waiver; resignation; remission; abdication

renuncia de derechos, abandonment of rights

renuncia expresa, express waiver

renuncia tácita, implied waiver

renunciar, to abdicate; to waive; to resign; to abandon

renunciar a la observancia del plazo de preaviso, to waive notice

renunciar a un cargo, to resign

renunciar a un derecho, to waive a right, to release a right

renunciar a una patente, to abandon a patent

reorganización, reorganization

reorganizar, to reorganize

reparaciones, repairs

reparaciones y conservación, repairs and upkeep

repartible, distributable

repartición de costos, cost distribution

repartición de gastos generales, burden adjustment

repartir, to share, to distribute, to pay out; to adjust; to declare

repartir un dividendo, to declare a dividend

reparto, distribution, allotment, appropriation

reparto de utilidades, distribution of profits

reparto proporcional de acciones, split off

replantear créditos, to reschedule loans

réplica, answer

replicar, to answer

reporte (SA), report

reporte de auditoría (Esp. = *informe*), audit report, auditor's report

representación numérica, numeric representation

representado, principal

representante, representative; attorney in fact; agent

reprivatización, reprivatization

reputación, reputation

requerimiento, request

requerimiento de pago de acciones suscritas, call

requisición, requisition

requisición de expedientes, requisition of files

rescatable, redeemable

rescatar pagarés antes de su vencimiento, to redeem notes prior to maturity

rescatar tierras hipotecadas, to redeem mortgaged land

rescatar una prenda, to redeem a pledge

rescate, redemption

rescate de pagarés, note redemption

rescate parcial, partial redemption

rescindir, to cancel, ro rescind

rescindir un contrato, to cancel a contract, to rescind an agreement

rescindir una propuesta, to withdraw a bid

rescisión, cancellation, rescission, termination

rescisión automática, automatic termination

rescisión tácita, implied rescission

rescisión voluntaria, voluntary termination

resentirse, to suffer

reserva, reserve, provision; reservation; confidentiality

reserva actuarial, actuarial reserve

reserva bancaria, bank reserve

reserva bruta, gross reserve

reserva de cambio, allowance for exchange losses

reserva de contingencia, reserve for contingencies

reserva de derechos, reservation of rights

reserva de propiedad, reservation of title

reserva en efectivo, cash reserve

reserva especial para regularización del balance, reappraisal of assets special reserve

reserva estabilizadora de dividendos, dividend equalization reserve

reserva estatutaria, legal reserve, statutory reserve

reserva extraordinaria, extraordinary reserve

reserva general de explotación, working reserve

reserva legal, legal reserve, lawful provision

reserva para accidentes, reserve for accidents

reserva para accidentes laborales, labo(u)r accident fund reserve

reserva para amortizaciones, reserve for amortizations, amortization reserve, provision for depreciation

reserva para auxilios a empleados, relief fund reserve, benefit fund reserve

reserva para bonificaciones, allowance reserve, reserve for allowances

reserva para contingencias, contingent reserve

reserva para cuentas dudosas, reserve for doubtful accounts

reserva para cuentas fallidas, reserve for bad debts

reserva para depreciación, depreciation reserve, reserve for depreciation

reserva para descuentos, reserve for discounts, reserve for allowances, allowance reserve

reserva para deudas incobrables, reserve for bad debts

reserva para el impuesto sobre la renta, income tax reserve

reserva para fallidos, reserve for bad debts

reserva para imprevistos, contingent reserve

reserva para impuestos, reserve for taxes

reserva para inversión de fondos, sinking fund reserve, reserve for investments, investment reserve

reserva para morosos, reserve for doubtful debts

reserva para pensiones, pension fund reserve

reserva para seguros, insurance reserve

reserva para viviendas de protección oficial, reserve for government subsidized employee housing

reserva secreta, secret reserve, hidden reserve

reserva tácita, secret reserve, hidden reserve

reserva técnica, technical reserve

reservar para ciertos usos, to earmark

reservas, reserves; qualifications; retained earnings and surpluses

reservas complementarias del activo, reserves deductible from the assets

reservas de capital, capital reserves; surplus, superavit

reservas de libre disposición, unrestricted reserves

reservas (de) oro, gold reserve, gold holdings

reservas en divisas, foreign exchange reserves, exchange cover

reservas especiales, special reserves

reservas exteriores, foreign exchange reserves, exchange cover

reservas monetarias, monetary reserves

reservas provisionales, non-surplus reserves

reservas realizables, liquid reserves

reservas restringidas, restricted reserves

reservas sociales, company reserves

reservas voluntarias, voluntary reserves

reservar, to reserve

resguardo, receipt, slip; certificate; ticket; binder

resguardo de depósito, deposit receipt (note), certificate of deposit, deposit slip, deposit ticket

resguardo de depósito de acciones, stock certificate, certificate of stock

resguardo de entrega, pay-in slip

resguardo de envío postal, postal receipt

resguardo de pago del impuesto predial, real estate tax receipt

resguardo de paquete postal, parcel post receipt

resguardo de suscripción, subscription warrant

resguardo de transitario, forwarder's receipt

resguardo de transporte por tren, railway bill (GB), railroad bill of lading (USA); waybill

resguardo provisional, interim certificate

resolución, resolution

resolución aprobada por unanimidad, nem com (col.)

resolución conjunta, joint resolution

resolver, to solve, to settle

resolver disputas, to resolve disputes

respaldo, backing, support

respaldo financiero, financial support, financial backing

responder, to answer

responsabilidad, responsibility, liability, accountability; obligation

responsabilidad ante terceros, public liability

responsabilidad asumida, assumed liability

responsabilidad civil, civil liability, public liability

responsabilidad complementaria, double liability

responsabilidad del naviero, shipowner's liability

responsabilidad del remolcador, tower's liability

responsabilidad del transportador, carrier's liability

responsabilidad directa, direct liability, primary liability

responsabilidad ilimitada, unlimited liability, absolute liability

responsabilidad incondicional, unlimited liability, absolute liability

responsabilidad legal, legal liability

responsabilidad personal, personal liability

responsabilidad por endoso, liability for endorsement

responsabilidad solidaria, joint liability, joint and several liability

responsabilidad total, aggregate liability

responsable, responsible; answerable, accountable, liable

responsable mancomunado, jointly liable

responsable solidario, jointly and severally liable

responsiva (SA), bond

respuesta, answer, reply

respuesta estratégica, strategic response

resta, substraction

restar, to substract, to deduct

restauración automática, automatic reinstatement (Inf.)

restaurar, to clear (Inf.)

resto, remainder, rest

restricción, restraint, squeeze, curtailment

restricción crediticia, credit squeeze, credit restraint

restricción de las exportaciones, export restraint

restricción del suministro, supply shortage

restricción a la provisión de divisas para importar, restrictions on the provision of exchange for imports

restricciones al abastecimiento de petróleo, restrictions on oil supply

restricciones cambiarias, exchange restrictions

restricciones comerciales, trade restrictions

restricciones crediticias, credit squeeze, credit restraint

restricciones de venta, sale restrictions

restricciones monetarias, currency restrictions

resuélvase, be it resolved

resultado antes de impuestos, income before taxes

resultado de explotación, achievement

resultado de la gestión, operating performance

resultado ordinario de gestión consolidado, consolidated ordinary operating income

resultado ordinario y beneficio neto, ordinary income and net income

resultados, results; profit and loss

resultados ajustados por acción, adjusted results per share

resultados atípicos, atypical results, windfall profits (col.)

resultados comparados, comparative results

resultados contables, book earnings

resultados de enajenación de activos, gain on disposal of assets

resultados de un programa informático, computer output (Inf.)

resultados favorables, favo(u)rable results, favo(u)rable outcome

resultados por acción, earnings per share

resultados por diferencias de cambio, exchange, translation and dealing gains

resultados y rentabilidad, income and return

resumen, summary, abridg(e)ment

resumen analítico, analytical summary

resumen de actividad cero, nil report

resumen de antecedentes de un título de propiedad, abstract of title

resumen de pases al mayor, abstract of postings

resumen mensual, monthly summary

resumir, to abridge, to summarize

resurgimiento de la inflación, resurgence of inflation, new burst of inflation

retención, retention; withholding

retención de garantía, retention money

retención en origen, withholding at source

retención fiscal en origen, withholding tax at source

reticencia a facilitar información, reluctance to provide information

retirada de efectivo, cash withdrawal

retirada masiva de depósitos bancarios, bank run

retirar, to withdraw, to draw

retirar de la circulación, to withdraw from circulation

retirar dinero, to draw money, to withdraw money

retirar dinero en efectivo, to withdraw cash

retirar un efecto, to retire a bill

retirar una tarjeta, to pick up a card

retirarse, to withdraw from membership, to retire, to retreat

retirarse de la sociedad, to withdraw from the partnership

retiro, retirement

reto competitivo, competitive challenge

retornar, to return, to redeliver

retorno, rebate; volume discount

retraído, held back

retransmisión telegráfica de textos, ticker

retrasado, overdue

retraso en la llegada al trabajo, late arrival

retrasos, arrears

retribución, remuneration, compensation

retribución al personal, remuneration to employees

retribución neta, net remuneration

retribuciones, wages and salaries

retroactividad, retroactivity

retrocesión, reversal, charge back

retroceso, reversal, charge back; setback; decrease

retrotraer, to antedate

reunión, assembly, meeting

reunión cumbre económica, economic summit

reunión del consejo, meeting of the board

revalidar, to ratify, to confirm, to renew

revalorización, appreciation, revaluation

revalorizar acciones, to write up shares

revalorizar una moneda, to revalue a currency

revaluación, revaluation

revalúo (SA), revaluation

revendedor, middleman

revender, to resell

reventa, resale

reversión de bienes abintestato al estado, escheat

reverso del efecto, back of the bill, reverse of draft

revisar, to review, to check; to audit

revisar comprobantes, to vouch

revisión de cuentas, audit of accounts, verification of accounts

revisión independiente, independent audit

revocable, revocable

revocación, abrogation, defeasance, revocation

revocación de un legado, ademption

revocar, to take back, to cancel, to revoke, to abolish

revocar un convenio, to abrogate an agreement

rico, wealthy, rich

riesgo, risk

riesgo agravado, abnormal risk

riesgo bancario, bank risk

riesgo bancario percibido, perceived banking risk

riesgo cambiario, foreign exchange risk

riesgo colectivo, joint (ad)venture

riesgo común, common venture

riesgo constante, constant risk

riesgo de accidente, accident risk

riesgo de base, basis risk

riesgo de cambio, foreign exchange risk

riesgo de cúmulo (SA), accumulation risk

riesgo de desfasamiento, mismatch risk

riesgo de empresa, corporate risk

riesgo de exceso, risk of excess

riesgo de insolvencia de los clientes, customer(s') insolvency risk

riesgo de liquidez, liquidity risk

riesgo de mercado, market risk

riesgo de mercado de las acciones, share market risk

riesgo de reinversión, reinvestment risk

riesgo de retrocesión, risk of reversal

riesgo del tenedor de un pagaré, note-holder's risk

riesgo en moneda extranjera, foreign currency risk

riesgo específico, specific risk

riesgo evidente, obvious risk

riesgo exterior, foreign risk

riesgo financiero, financial risk

riesgo marítimo, marine risk

riesgo monetario, currency risk

riesgo país, country risk

riesgo profesional, occupational hazard

riesgo sistemático, systematic risk

riesgo sobre créditos concedidos, credit risk

riesgo total, total risk

riesgo vivo, total exposure

riesgos computables, computable risks

riesgos con estados soberanos, sovereign risks

riesgo con no residentes, cross-border risk

riesgos de firma, secured loans

riesgos del mar, marine risk, dangers of the sea, sea perils

riesgos en curso, current risks

riesgos marítimos, marine risk, dangers of the sea, sea perils

riesgos no asegurables, prohibited risks

riesgos no dinerarios, nonmonetary risks

riesgos sin inversión, off-balance sheet risks

rígido, strict, tight, stringent

riqueza, wealth

riqueza económica, economic wealth

ritmo anual acumulativo, cumulative annual average rate

ritmo de crecimiento, growth rate

robar, to purloin, to steal

robo, theft, larceny

rol de tripulación, muster roll

romper las relaciones con clientes poco recomendables, to sever relations with undesirable customers

rotación de mercancías, merchandise turnover

rotación en los puestos de trabajo, job rotation

rotura, breakage

rúbrica, paraph

rutas marítimas, shipping routes

rutina, routine

rutina de compaginación, assembly routine (inf.)

rutinario, clerical

S

S.A., ab. *sociedad anónima* (GB =*plc,* USA =*Inc.)*

S.B.F., ab. *salvo buen fin* (under usual reserves, *U.U.R.*)

s.e.u.o., ab. *salvo error u omisión* (errors and omissions excepted, *e.& o.e.*)

sabotaje, sabotage

sabotear, to sabotage

sacar a bolsa, to go public

sacar a subasta, to auction

sacar a suscripción un empréstito, to invite subscriptions for a loan, to offer a loan for subscription

sacar conclusiones definitivas, to draw firm conclusions

sacar dinero, to draw money, to withdraw money

sacar dinero de un país, to get money out of a country

sacar un préstamo a suscripción, to offer a loan for subscription, to invite subscriptions for a loan

saco postal del barco, ship's bag

sala de juntas, assembly room

salario, salary, wages, pay, addlings

salario base, living wage, standard wages floor, basic wage

salario real, real wages

salarios adelantados, prepaid salaries

salarios vencidos, accrued wages

saldar, to liquidate, to balance, to close, to cancel, to pay off

saldar los libros, to close the books

saldar una cuenta, to balance an account

saldar una deuda, to pay off a debt, to acquit

saldo, balance, remainder

saldo a nuestro favor, balance in our favo(u)r

saldo acreedor, credit balance, active balance

saldo acreedor medio, average credit balance

saldo al Debe, debit balance

saldo al Haber, credit balance

saldo anterior, previous balance

saldo compensatorio, compensating balance

saldo de apertura, opening balance

saldo de existencias, balance of stock

saldo anterior, carry-over

saldo de la cuenta de regularización, regularization account balance

saldo del Mayor, ledger balance

saldo deudor, debit balance

saldo disponible, available balance, balance on hand

saldo en caja, cash balance

saldo en cuenta, money on deposit; account balance

saldo en efectivo, cash balance

saldo inactivo, dormant balance, idle balance

saldo insoluto (SA), unpaid balance

saldo insuficiente, insufficient funds

saldo líquido, net balance

saldo de la cartera de valores, balance of the securities portfolio

saldo medio diario, average daily balance

saldo medio por cuenta, average deposit per account

saldo negativo, negative balance

saldo neto de la cartera de valores, net balance of the securities portfolio

saldo no comprometido, uncommitted balance

saldo no utilizado de un préstamo, undrawn portion of a loan

saldo pendiente, balance outstanding, outstanding balance

saldo total, total balance

saldo vivo, balance outstanding, outstanding balance

saldos a la vista, current account balances

saldos activos de corresponsales. due to correspondents

saldos ajustados, adjusted balances

saldos de corresponsalía por operaciones de tráfico, banking correspondent transaction balances

saldos mantenidos, carrying balances

saldos pasivos de corresponsales, due from correspondents

salida, outgo, expenditure, outflow; departure; exit; output (inf.)

salida de capital, outflow of capital, capital outflow, emigration of capital

salida de divisas, exchange outflow

salida de tarjetas, card output

salidas en orden inverso a la compra, last-in first-out

salir adelante, to go through

salir de bolsa, to take private

salón de reuniones, assembly room

salud del mercado, market health

salvaguardia, safeguard; hedge

salvamento, salvage

salvar, to salvage

salvo acuerdo en contrario, unless otherwise agreed, except as otherwise agreed

salvo aviso, unless notified

salvo buen cobro, subject to due payment; under usual reserves (U.U.R.), provided it be paid

salvo buen fin, under usual reserves (U.U.R.), subject to due payment, provided it be paid

salvo en caso de prórroga, unless extended

salvo error u omisión (s.e.u.o.), errors and omissions excepted (e.& o.e.)

salvo indicación en contrario, unless otherwise indicated, save as otherwise stated

sanción de demora, delay penalty

saneamiento, writedown; writeoff

saneamiento de activos, writedown of assets

saneamiento de la cartera de valores, securities portfolio writedowns, adjustment of the securities portfolio, writedown of investment securities

saneamiento legal de valores, legal adjustment of securities

saneamientos, writedowns

saquear, to plunder

saqueo, plunder

satisfacción, satisfaction

saturación del mercado a precios bajos, dumping

sección, section; department

sección aritmética, arithmetic section (inf.)

sección de ahorros, savings department, (US) thrift department

sección de cuentas, accounts department

sección de cuentas por pagar, accounts payable section

sección de préstamos, credit department, loan department

sección de ventas, sales department

secretaria, secretary

secretaría, secretary's office, secretariat

secretario del consejo de administración, secretary to the board of directors

secretario del tesoro, secretary of the treasury (USA)

secretario ejecutivo de presidencia, executive secretary to the chairman

secretario general adjunto, assistant general secretary

secretario general técnico, technical general secretary

secretario interino, acting secretary

secreto bancario, bank(ing) secrecy

sector, sector

sector de la Banca, banking sector

sector empresarial, business sector

sector financiero, financial sector

sector hidrocarburos, oil sector, petroleum sector

sector industrial, industrial sector

sector privado, private sector

sector real, supply side

sectores de actividad, economic sectors

sectores económicos, economic sectors

sectorizar, to sectorize

secuencia de instrucciones, control sequence (inf.)

secuencia de intercalación, collating sequence (inf.)

secuestro, attachment, seizure

sede, headquarters *(H.Q.)*

sede social, head office, headquarters

segmentación, segmentation

segmento, segment

segmentos del mercado, market segments

segregación de fondos, fund segregation

segregar, to segregate

seguimiento, monitoring

seguir las reglas, to abide by the rules

según, pursuant to, as per, in accordance with, according to

según aviso, as per advice

según costumbre, ad usum (lat.)

según el uso bancario, according to banking practice

según factura, according to invoice

según es(tá), as is

según las leyes de, under the laws of

según las previsiones, according to schedule

según lo programado, as scheduled

según permita la ley, as permitted by law

según presupuesto, on a bid basis

según requieran las leyes, as requested by law

según se indica en párrafos anteriores, as mentioned in earlier paragraphs

segunda de cambio, second of exchange

segunda hipoteca, second mortgage

segundo día de cotización en Bolsa, name day

segundo mercado, over-the-counter market, second market

seguridad social, social security; social insurance; retirement plan seguro, insurance

seguro a plazo fijo, fixed-term insurance

seguro a primer riesgo, first loss insurance

seguro a todo riesgo, all risks insurance, all-loss insurance

seguro acumulativo, accumulation insurance

seguro agrícola, agricultural insurance

seguro al crédito, credit insurance

seguro colectivo, joint insurance, collective insurance

seguro combinado, comprehensive insurance

seguro conjunto, joint insurance

seguro contra accidentes, accident insurance

seguro contra el pedrisco, crop hail insurance

seguro contra el robo, burglary insurance

seguro contra el robo por cobradores, cash messenger insurance

seguro contra el robo por empleados, fidelity bond insurance

seguro contra las heladas, frost damage insurance

seguro de automóviles, automobile insurance, car insurance

seguro de cambio, cover of risk in foreign exchange, exchange risk hedge

seguro de cascos, (aviación) aircraft hull insurance

seguro de crédito a la exportación, export credit insurance

seguro de emisiones, underwriting

seguro de expoliación, cash messenger insurance

seguro de incendios, fire insurance

seguro de responsabilidad civil, third-party insurance

seguro de transportes aéreos, air transport insurance

seguro de vida, life insurance

seguro frente a terceros, third-party insurance

seguro marítimo, assecuration

seguro obligatorio de responsabilidad civil, compulsory third party insurance

seguro suscrito en unión de otras pólizas, accommodation line

seguros sociales, social insurance, social security; retirement plan

seguros y fianzas, insurance and bonds

seguros y fianzas pagados por adelantado, prepaid insurance premiums

selección, choice; screening; selection

seleccionado al azar, randomly selected

seleccionar, to screen

sellar, to stamp; to seal

sello de lacre, wax seal

sello oficial de la sociedad, corporate seal

semana, week *(wk)*

semestral, semiannual

seminario, convention

semovientes, stock, cattle

sensibilidad del balance, balance sheet sensitivity

sentada, sitdown strike

sentencia, judg(e)ment, verdict

sentencia arbitral, arbitral award

sentencia de divorcio, decree of divorce

sentencia desfavorable, adverse verdict

señal, signal; warning; handsel, token payment, payment on account, arra, hand money

señalizador de partida, start sentinel (inf.)

señalizador de término, end sentinel (inf.)

señuelo, bells and whistles (col.)

separación de cupones, coupon stripping

separación entre lugar de residencia y emplazamiento de la propiedad que genera los beneficios, absentee ownership

separarse, to withdraw from membership

sequía, drought

ser consciente de, to be aware of

ser despedido, to get the axe, to be sacked, to be fired (col.)

ser protestado, to go to protest, to be protested

serie cronológica, chronological series

serie de artículos, line of goods

serie de datos, data series

serie de reembolsos, stream of repayments

serpiente monetaria, monetary snake

servicio, service; facility

servicio de cambios y arbitrajes, foreign exchange service

servicio de cobro, collection service

servicio de contratación bursátil, stock exchange transactions service

servicio de custodia, safe-custody department, deposits department

servicio de depósitos, deposits department, safe-custody department

servicio de emisión de pagarés, note issuance facility *(N.I.F.)*

servicio de información, information service

servicio de intervención y contabilidad, corporate accounting service

servicio de investigación e innovaciones, research and innovation service

servicio de la deuda, debt service

servicio de planificación y estudios de mercado, market research and planning service

servicio de producción, business development service

servicio de reparto, delivery service

servicio eficiente y abnegado, efficient and wholehearted service

servicio fuera de hora, after-hours service

servicio nocturno de caja, night safe

servicios a clientes, customer services

servicios bancarios, banking facilities, banking services

servicios centrales, central services

servicios complementarios, accessorial services

servicios crediticios, loan services

servicios de autorización, authorization facilities

servicios prestados, services rendered

servicios públicos, utilities

servicios típicos de gestión, standard operating services

servir un pedido, to fill an order, to execute an order

sesgo, bias

sesión a puerta cerrada, closed session

sesión aplazada, adjourned session

sesión del consejo, board meeting

shogun, Shogun bond

sí, yea (vote)

siempre a flote, always afloat *(a.a.)*

signo esperanzador, hopeful sign

siguiendo instrucciones de, under instructions of

simple, standard; clean

simulación, simulation

sin, ex

sin cancelar, unpaid

sin compromiso, without obligation

sin consolidar, unconsolidated

sin derechos, ex rights

sin distinción de categoría profesional, regardless of professional level

sin dividendo, ex dividend

sin empleo, unemployed

sin fecha, undated

sin fondos, no funds *(N/F)*

sin ganar, unearned, not earned

sin garantía, unsecured

sin gastos, no charges, incur no charges, protest waived

sin gastos y franco aduana, free and clear *(F.& C.)*

sin interés, ex interest, flat, interest free

sin interés acumulado, clean

sin marca de puerto, not port marked, no portmark

sin nuestra responsabilidad, without our responsibility *(W.O.R.),* without our obligation, without recourse

sin otorgar testamento, abintestate

sin pago, free of collection

sin protesto, without protest *(w.p.)*

sin recurso, without recourse, non-recourse

sin reservas, clean, without reserves, unrestricted

sin restricciones, unrestricted, clean, without reserves

sin riesgo, devoid of risk

sindicación, syndication; unionization

sindicado, syndicated; union man

sindical, union

sindicalismo, syndicalism

sindicalista, union man

sindicato, syndicate; union, trade union, labo(u)r union, ring (col.)

sindicato obrero, trade union, labo(u)r union

sindicato patronal, employer's association

sindicato que no admite nuevos socios, closed union

síndico, receiver, trustee, liquidator; syndic; chairman of the stock exchange

síndico de los bienes del fallido, assignee in bankruptcy

sinergia, synergy

siniestro de incendio, fire damage

siniestro pagado, claim paid

sinopsis de los autos, abstract of record

síntesis, synthesis, summary

síntesis cuantitativa, quantitative synthesis

sintetizar, to summarize

síntoma esperanzador, hopeful sign

sírvanse acusar recibo, please acknowledge receipt

sistema, system

sistema bancario, banking system, banking industry

sistema bancario constituido por bancos independientes, unit banking

sistema bancario constituido por consorcio de bancos, chain banking, group banking

sistema centralizado de archivo de antecedentes, centralized record keeping system

sistema continental, continental system

sistema crediticio, credit system

sistema de acumulación, accrual system

sistema de alarma contra intrusos, intrusion alarm system

sistema de andar por casa (col.), rule of thumb

sistema de compensación, clearing system, clearing facilities

sistema de contabilidad, accounting system

sistema de fondo fijo, imprest system

sistema de impuestos, tax system

sistema de incentivos, incentive system

sistema de información de gestión, management information system

sistema de liquidación de órdenes de pago interbancarias en dólares, clearing house interbanking payment system (C.H.I.P.)

sistema de microfichas, microfiche system

sistema de participación en beneficios, bonus scheme

sistema de trabajo a domicilio, homework system

sistema de zonas francas, free-zone system

sistema electrónico de transmisión de datos, electronic data transmission system (inf.)

sistema impositivo, tax(ation) system

sistema indefectible, fault tolerant system (inf.)

sistema mecanizado, mechanized system

sistema monetario, monetary system, currency system

sistema operativo, operating system; trading system

sistema operativo de tiempo real, real-time trading system

sistema tabular, columnar system

sistema tributario, tax(ation) system

sistemas bancarios y comerciales, exchange and trade systems

sistemas informativos, information systems, reporting systems

sistemas y métodos, systems and methods

situación, state, situation; status, conditions, position

situación de liquidez, cash position

situación de una cuenta, position of an account

situación del mercado, market conditions

situación económica, economic situation

situación económica mundial, world economic conditions

situación financiera, financial conditions

situación financiera apurada, troubled financial situation

situación jurídica, legal status

situar fondos, to place funds

sobornador, briber, embrace(o)r

soborno, bribe, graft, embracery, subornation

sobrante, surplus, excess

sobre, envelope; above; about, circa; ex

sobre almacén, ex warehouse

sobre cubierta, on deck, above deck, above board

sobre el precio de lanzamiento, above issue price

sobre fábrica, ex factory, ex mill, ex works

sobre la par, above par

sobre muelle, ex dock, ex pier; alongside (A/S)

sobre para archivo de documentación, file envelope

sobre para monedas, coin envelope

sobre pedido, on call

sobre precio de emisión, above issue price

sobrecarga, burden; indirect expenses, overage

sobrecargar, to overload

sobrecargo de un buque, purser

sobregirar, to overdraw

sobregiro, overdraft

sobregiro aparente, technical overdraft

sobregiro real, actual overdraft

sobreprecio, surcharge

sobreprima, loaded premium

sobreprima por corto plazo, additional premium for short period cover

sobreprima por fraccionamiento, additional premium for payment by instal(l)ments

sobrepujar, to outbid

sobrevencido, past due

sociedad, company, corporation; partnership; society

sociedad anónima *(S.A.)*, joint stock company, public limited company *(plc)* (GB), stock company, corporation (Inc.) (USA), chartered company (GB)

sociedad anónima de seguros, stock carrier

sociedad bancaria, banking company

sociedad civil, civil association, civil corporation

sociedad colectiva, trading partnership, collective company, partnership

sociedad comanditaria, limited liability company, limited partnership, dormant company, copartnership

sociedad constituida en un estado donde no se opera (USA), tramp corporation

sociedad controlada por el estado, regulated company

sociedad conyugal, conjugal partnership

sociedad cuyos directivos poseen la totalidad de las acciones, close corporation

sociedad de beneficencia, eleemosynary corporation

sociedad de cartera, investment fund, investment trust, investment company, open-end investment fund, portfolio company

sociedad de contrapartida, market maker

sociedad de crédito hipotecario, building society

sociedad de crédito inmobiliario, building society

sociedad de financiación, credit society

sociedad de inversión mobiliaria, security investment company

sociedad de inversiones, investment fund, investment trust, investing company

sociedad de mediación, money broking company

sociedad de promoción inmobiliaria, property development company

sociedad de responsabilidad limitada *(S.L.)*, limited liability company, limited partnership, property *(Pty,* in Australia, New Zeeland, etc.)

sociedad de servicios, service company

sociedad de transparencia fiscal, flow-through entity

sociedad en comandita, silent partnership

sociedad en comandita simple, commandite

sociedad en participación, joint (ad)venture

sociedad familiar, family partnership

sociedad fiduciaria, trust company

sociedad filial, affiliated company, allied company, daughter company, subcompany, controlled company, subsidiary (USA)

sociedad filial extranjera, foreign affiliated company

sociedad financiera, financial company, commercial credit company, investment trust

Sociedad Financiera Internacional, International Finance Corporation *(I.F.C.)*

sociedad gestora de cartera, portfolio management company

sociedad gestora de patrimonios, capital management company

sociedad hipotecaria, building society

sociedad instrumental, holding company

sociedad legalmente constituida, regular company

sociedad limitada *(S.L.)*, limited liability company, limited partnership, property (Pty, in Australia, New Zeeland, etc.)

sociedad matriz, parent company, mother company

sociedad mediadora, discount house

sociedad mediadora de mercados de dinero, money market brokerage company sociedad mercantil, trading company, business corporation, mercantile partnership

sociedad participada, investee company

sociedad por acciones, stock company, stockholding company

sociedad regular colectiva, general partnership

sociedad sin acciones (institución no lucrativa), non-stock corporation

sociedad tenedora, holding company

sociedades de contrapartida, market makers

socio, associate, partner, member

socio activo, active partner, working partner

socio administrador, managing partner

socio antiguo, senior partner

socio capitalista, sleeping partner, silent partner, capitalist partner

socio colectivo, general partner

socio comanditario, silent partner, sleeping partner

socio cooperativo, member of a cooperative society

socio de reciente incorporación, junior partner

socio de responsabilidad limitada, special partner

socio gerente, acting partner, managing partner

socio gestor, acting partner, managing partner

socio industrial, active partner

socio menor, junior partner

socio moderno, junior partner

socio principal, head partner

socio que se retira, outgoing partner, retiring partner, withdrawing partner

socio regular, general partner

socio saliente, outgoing partner, retiring partner, withdrawing partner

socio solidario, general partner

socio tácito, sleeping partner, silent partner

socios constituyentes, incorporators

socios fundadores, incorporators

socios patrocinadores, sponsors

«software», software (inf.)

solares, unbuilt plots

solicitante, petitioner, applicant

solicitante de un puesto, applicant

solicitar, to petition, to request, to apply

solicitar el reembolso anticipado, to give notice

solicitar empleo, to apply for a job

solicitar la disolución ante el tribunal, to petition the court for dissolution

solicitar servicios bancarios, to request banking services

solicitar un crédito, to apply for a loan

solicitud, petition, request, demand; application

solicitud de aprobación, approval request

solicitud de crédito, loan application, application for a loan

solicitud de entrega de mercancías en aduana, dandy note (col.)

solicitud de importación, import application

solicitud de oferta, request for bid

solicitud de préstamo, loan application, application for a loan

solidariamente, severally

sólo para el cobro, for collection only

solvencia, solvency, financial standing, responsibility, good reputation, creditworthiness

solventar, to settle

solvente, creditworthy, solvent

someter a la aprobación de la junta, to seek approval from the stockholder's meeting

someter a votación, to submit to a vote

sometido a control, subject to control

somos compradores de, we are buyers of (*w.a.b.o.*)

somos vendedores de, we are sellers of *(w.a.s.o.)*

sondeo, spot check; survey, poll

soporte jurídico, legal support

sortear, to draw by lot

soplón, fink (col.)

soportar una pérdida, to sustain a loss

soporte, support; medium (inf.)

sorteo, sweepstake, drawing

sostener, to hold, to keep

sostenido, firm, steady

«spread», spread

«stand», booth

«straddle», straddle

«strap», strap

«strip», strip

su (atenta) carta (ab. *su atta.*), your favo(u)r, your letter

su telegrama, your telegram, your cable

subarrendador, sublessor

subarrendar, to sublease

subarrendatario, sublessee, subtenant

subarriendo, sublease, subleasing, subrental, underlease

subasta, auction *(roup,* en Escocia), tender

subasta de bonos, bond auction

subasta ficticia, mock auction, sham auction

subasta holandesa, Dutch auction

subasta pública, public auction, official submission, public letting

subastador (SA = *martillero),* auctioneer

subastar, to auction

subastas de pagarés del tesoro (Esp.), treasury bill auctions

subcampo optativo, optional subfield

subcuentas, subsidiary accounts

subdirector, assistant manager, assistant vice president (USA)

subida, rise, upswing

subida del dólar, dollar rise

subinciso, subparagraph

subir, to rise, to go up

subir lentamente, to edge up

subir los tipos de interés de las cuentas corrientes, to push the rates of interest on current accounts up

subordinado, ancillary

subproductos, by-products, residual products

subrogación, pass-through

subrutina cerrada, closed subroutine (inf.)

subsecretario, subsecretary

subsidiaria, subsidiary, daughter company, affiliated company, affiliate subcompany

subsidiaria bajo control de interés mayoritario, majority-held subsidiary

subsidiaria totalmente perteneciente a, wholly-owned subsidiary of

subsidiario, ancillary, auxiliary

subsidio, subsidy, subvention, grant

subsistencia, subsistence

subvención, subvention, subsidy, grant

subvención a la agricultura, farm subsidy

subvención a la exportación, export subsidy

subvención recibida del extranjero, foreign grant

subvencionar, to subsidize

sucesión, estate

sucursal., branch (office)

sueldo, salary, wages, pay

sueldo neto, take-home pay (col.)

sueldos anticipados, prepaid salaries

sueldos y gratificaciones, salaries and bonuses

suelo mínimo, floor

sufragio universal, universal sufrage

sufrir una pérdida, to suffer a loss

sujeto a aprobación, subject to approval

sujeto a contribución, assessable

sujeto a devolución, subject to return

sujeto a impuestos, subject to tax

suma, add(ition)

suma alzada, alimony in gross

suma debida, amount due

suma en el almacenamiento, add-to-storage (Inf.)

suma real de intereses pagados, actual amount of interest paid, actual rate of interest paid

suma real de intereses percibidos, actual amount of interest collected

suma redondeada, lump sum

suma total, aggregate (amount), total

suma vertical y horizontal para determinar la corrección de las sumas, crosscheck

suma y sigue, carried forward

sumando de una suma, addend

sumar, to add

sumarial, summary

sumario, summary

sumas cuadradas, cross footings

suministrar, to supply, to provide, to furnish

suministrar fondos, to supply funds

superávit, surplus

superávit acumulado, accumulated surplus

superávit asignado, appropriated surplus

superávit contable, book surplus

superávit de apreciación, appreciation surplus

superávit de capital, capital surplus

superávit de explotación, operating surplus

superávit de revaluación, revaluation surplus, appraisal surplus

superávit disponible, unappropriated surplus, uncommitted surplus, unencumbered surplus, unreserved surplus

superávit en cuenta corriente, current account surplus

superávit en libros, book surplus

superávit ganado, earned surplus

superávit global, overall surplus

superávit pagado, paid-in surplus

superávit reservado, appropriated surplus

supervisar, to supervise

supervisor, supervisor

suplemento a una letra, allonge

suplemento de prima, additional premium

suplemento de una póliza, rider

suplente, alternate, substitute

suposición, assumption

supremo dominio, eminent domain

supresión, abolition, abatement, suppression

supresión de actividades de blanqueo de dinero, suppression of money laundering activities

suprimir, to abate, to abolish

supuesto, assumption

supuesto técnico, technical assumption

susceptible de castigo, punishable

susceptible de envío por correo, mailable

suscribir, to subscribe, to underwrite

suscribir acciones, to underwrite shares

suscribir en firme una emisión, to underwrite an issue

susodicho, above-cited, aforesaid, aforementioned, aforenamed, before-cited, before-mentioned, before-written

suspender una junta, to adjourn a meeting

suspensión de pagos, temporary receivership

sustanciar, to support

sustracción, abstraction, subtraction

«swap», swap

«swap» de divisas, currency swap

«swap» de tipos de interés, interest rate swap

«swap» inverso, reverse swap

«swingline», swingline

T

tabla, table

tablas actuariales, actuarial tables

tablas de cálculo de intereses, interest tables

tablas de mortalidad, mortality tables

tablas estadísticas, statistic tables

tablero de control, control panel (Inf.)

tabulación, tabulation

tabulador de sueldos, scale of wages

tabuladora, tabulator (Inf.)

tabular, to tabulate

tácito, tacit

tachado, crossed out, deleted

tachar, to delete

tal cual, as is

talón, cheque (USA = check); receipt, counterfoil, stub

talón de cuenta, counter cheque (USA = check)

talón de expedición, dispatch note

talón de ferrocarril, waybill, railway bill (GB), railroad bill of lading (USA)

talón sin provisión de fondos, kite (col.)

talonario de cupones, coupon book

talonario de cheques, cheque book (USA = check)

taller de mantenimiento, maintenance shop

talleres y servicios, workshops and services

tamaño del mercado, size of the market

también conocido como, also known as (a.k.a.)

tambor magnético, magnetic drum (Inf.)

tanto alzado, lump sum

tanto por ciento, percentage (p.c., %)

taquigrafía, shorthand

taquimecanógrafa, shorthand-typist

tara, tare

tara real, actual tare

tarde, (desde las 12 del mediodía a las 12 de la noche) post meridiem (p.m.) (lat.)

tarifa, tariff; fee; rate

tarifa aduanera, tariff

tarifa base, basic rate

tarifa bloque, block tariff

tarifa de éxito, success fee

tarifa de flete, freight rate

tarifas de transporte, carrier rates

tarjeta, card

tarjeta caducada, expired card

tarjeta-cuenta, account card

tarjeta de control, control card (Inf.)

tarjeta de control de existencias, stock card

tarjeta de crédito, credit card

tarjeta de crédito mutilada, mutilated credit card

tarjeta de crédito obtenida fraudulentamente, fraudulently obtained credit card

tarjeta de plástico, plastic card

tarjeta de preparación, housekeeping card (Inf.)

tarjeta de prueba, dummy card (Inf.)

tarjeta extraviada, lost card

tarjeta falsificada, counterfeit card

tarjeta maestra, master card (Inf.)

tarjeta perforada, punch(ed) card (Inf.)

tarjeta retirada, picked-up card

tarjeta robada, stolen card

tarjeta sustraída, stolen card

tarjetas kárdex, kardex cards

tarjetero, card file

tasa, rate; duty; levy

tasa anual compuesta, compound annual rate

tasa de absentismo, absenteeism rate

tasa de amortización, amortization percentage, amortization rate

tasa de aumento, increase rate, growth rate

tasa de beneficio, profit rate, rate of profit, rate of yield

tasa de cambio extraoficial, parallel rate of exchange

tasa de capitalización, capitalization rate

tasa de conversión, conversion rate

tasa de crecimiento, growth rate, increase rate

tasa de crecimiento del resultado ordinario de gestión, growth rate of ordinary operating income

tasa de depreciación, amortization percentage, amortization rate

tasa de descuento, discount rate

tasa de descuento bancario, bank discount rate

tasa de desempleo, unemployment rate

tasa de interés, interest rate

tasa de interés del mercado internacional de capitales, London interbank offered rate *(L.I.B.O.R.)*

tasa de interés efectiva, effective interest rate

tasa de interés para préstamos comerciales, commercial loan rate

tasa de interés para préstamos preferenciales, prime rate

tasa de inversiones, investment rate

tasa de mortalidad, death rate

tasa de natalidad, birth rate

tasa de ocupación hotelera, hotel occupancy rate

tasa de rendimiento, profitability

tasa de rendimiento interno, yield to maturity, yield redemption

tasa de rentabilidad efectiva, actual rate of return

tasa de rentabilidad interna, internal rate of return

tasa de seguro, insurance rate

tasa media, average rate

tasa oficial de cambio, official exchange rate

tasa por valor añadido, added value tax

tasa real de interés, effective interest rate

tasable, ratable

tasación pericial, expert appraisal

tasador, appraiser, adjuster, valuer; cargo surveyor

tasador de averías, average adjuster, average stater, average surveyor

tasar, to rate, to appraise, to value, to adjust, to affeer, to state, to assess tasar las costas, to assess costs

tasas de crecimiento de los resultados, earnings growth rates

tasas de inflación, inflation rates

techo máximo, cap

técnicas de administración, techniques of administration

técnicas de blanqueo, laundering techniques

técnicas industriales, industrial techniques

técnicas para exportar dinero, techniques to export money

tecnología bancaria, banking technology

tejidos, confecciones y quincallerías, dry goods

tejidos en piezas, soft goods

tela (col. Esp.), chink, money

telefonear, to phone, to telephone, to ring up

teléfonos y telégrafos, telephone and telegraph

teleproceso, teleprocessing

télex, telex

télex incompleto, garbled telex message

télex mutilado, garbled telex message

temario, agenda, order of business, order of the day

temas económicos, economic topics

tendencia, tendency, trend, bias

tendencia a la baja, bearish tendency

tendencia al alza, rising tendency, upturn

tendencia anormalmente pronunciada, abnormally pronounced tendency

tendencia ascendente, upturn, rising tendency

tendencia ascendente de los rendimientos, rising yield pattern

tendencia a fuerte expansión, strong upward trend

tendencia de las ventas, sales trend

tendencia descendente de los precios, pattern of falling prices

tendencia económica, economic trend

tendencia inflacionaria, inflationary trend

tendencias marginales, marginal trends

tenedor, holder, bearer; payee

tenedor de acciones, stockholder (USA), shareholder (GB)

tenedor de bonos, bondholder

tenedor de buena fe, bona fide holder, holder in good faith

tenedor de libros, bookkeeper, accountant

tenedor de licencia, permittee

tenedor de mala fe, mala fide holder

tenedor de patente, permittee

tenedor de títulos, scripholder, security holder

tenedor de una letra, billholder

tenedor de valores, security holder

tenedor del crédito, accreditee

tenedor del pagaré, noteholder

tenedor inscrito, registered holder, holder of record

tenedor legal, holder in due course

tenedor por endoso, endorsee

tenedor registrado, holder of record, registered holder

tenedor de prenda, pledgee

teneduría de libros, bookkeeping, accountancy

teneduría de libros por partida doble, double-entry bookkeeping

teneduría de libros por partida simple, single-entry bookkeeping

tendencia de las ventas, sales trends

tenencia de valores, security holding

tenencia oficial de oro, official gold holding

tenencias oficiales de activos exteriores, officially held foreign assets tener derecho a, to be entitled to, to have a right to

tener fianza, to be bonded

tensión accionarial, share hype

tensiones sociales, social tensions

tercera parte, third party

tercería, arbitration

tercero, third party, umpire, outside party

terminal, terminal

terminal de lectura de banda magnética, magnetic stripe reading terminal (Inf.)

terminal para entrada de datos, data input terminal (Inf.)

términos comerciales, commercial terms

términos del texto, tenor

términos reales, real terms

terreno limítrofe, abutting property

terrenos, land, real estate

tesorería, cash assets, liquid assets; treasury

tesorería insuficiente, short of cash

tesorería y mercados monetarios, liquidity and money markets

tesorero, treasurer

tesoro, treasure

testador, testator, bequeather

testadora, testatrix

testaferro, dummy (col.), front man

testamentaría, estate

testamentario, executor; testamentary

testamento, testament, (last) will

testamento mancomunado, joint will

testamento ológrafo, holographic will

testamento revocable, ambulatory will

testamentos recíprocos, counter wills

testigo, witness

testimonio, evidence, attestation

tests (p)sicotécnicos, psychological tests

tiburón (OPAs, col.), raider, predator (takeover bids, col.)

tiempo compartido, time sharing (Inf.)

tiempo de acceso, access time (Inf.)

tiempo determinado, fixed term, scheduled time

tiempo extra no programado, unscheduled overtime

tiempo muerto, dead time, idle time

tiempo ocioso, idle time

tiempo real, real time

tienda, shop (USA = *store*)

tienda de artículos usados, thrift shop

timador, swindler

timar, to swindle, to defraud

timbrar, to stamp; to seal

timbre, stamp; seal

timbre de la letra, revenue stamp

timbres, stamp duties

timo, swindle

tipo, rate, quotation

tipo absoluto, absolute rate

tipo actual, current rate

tipo aplicable a clientes de primer orden, prime rate

tipo bancario, bank rate

tipo básico, base rate

tipo corriente, current rate, going rate

tipo (de) base, base rate

tipo de beneficio, rate of profit

tipo de cambio, rate of exchange, exchange rate

tipo de cambio a la par comercial, arbitrated par of exchange

tipo de cambio al contado (divisas), spot loan (foreign exchange)

tipo de cambio de una divisa, currency rate

tipo de cambio efectivo ponderado, trade-weighted effective exchange rate tipo de cambio medio ponderado (fixing), average weighted exchange rate

tipo de cambio real, real exchange rate

tipo de cambio único, unitary rate

tipo de compra, buying rate

tipo de descuento, discount rate

tipo de descuento aplicado a las aceptaciones sobre Nueva York por bancos de primer orden, prime bankers' acceptance rate

tipo de emisión, issue rate, rate of issue, issue price

tipo de interés, interest rate, rate of interest

tipo de interés a corto plazo, short-term interest rate

tipo de interés a un solo día, overnight interest rate

tipo de interés contable (TICO), accounting rate of interest (A.R.I.)

tipo de interés contractual, contract rate of interest

tipo de interés de referencia, commercial interest rate of reference (C.I.R.R.)

tipo de interés del mercado interbancario de Londres, London interbank offered rate (L.I.B.O.R.)

tipo de interés del mercado interbancario de Madrid, Madrid interbank offered rate (M.I.B.O.R.)

tipo de interés flotante, floating rate

tipo de interés legal, legal rate of interest

tipo de interés nominal, nominal interest rate

tipo de interés normal, standard rate of interest, average interest rate

tipo de interés para créditos pignoraticios, bank rate for collateral loans

tipo de interés para depósitos, deposit rate

tipo de interés para préstamos día a día, call rate

tipo de interés preferencial, prime rate

tipo de interés real, real interest rate

tipo de interés sobre créditos con garantía de valores, Lombard rate

tipo de interés sobre préstamo comercial, commercial loan rate

tipo de interés variable, variable rate interest

tipo de mercado, offered rate

tipo de oferta, offered rate

tipo de pignoración, bank rate for collateral loans

tipo de seguro, insurance rate; class of insurance

tipo de subasta, upset price

tipo de tanteo, bid quote

tipo del día, current rate

tipo diario, daily rate

tipo firme, firm rate

tipo interbancario, interbank rate

tipo legal de interés, legal rate of interest

tipo mantenido, firm rate

tipo máximo de interés durante la vigencia de un crédito, cap rate

tipo medio, average rate

tipo medio de coste de los recursos de clientes, average rate of cost of customer deposits

tipo medio de coste global de los recursos, average overall cost of funds

tipo medio de mercado, middle market price, average market price

tipo medio de rendimiento, average rate of return

tipo medio de rendimiento del crédito en pesetas, average rate of return on peseta credit

tipo medio de rendimiento resultante, average rate of return on outstanding credit

tipo mínimo, minimum rate

tipo mínimo de interés, minimum interest rate

tipo mínimo de subasta, minimum upset price

tipo monetario, money rate

tipo porcentual sobre descubiertos, annual percentage rate *(a.p.r.)*

tipo predeterminado, predetermined rate

tipo preferencial, prime rate

tipo preferente sobre préstamos comerciales, prime rate for commercial loans

tipo real de interés, effective interest rate

tipo sin fluctuaciones, firm rate

tipo vigente, going rate, standard rate

tipos de cambio múltiples, multiple currency practices, multiple currency rates

tipos de interés a corto plazo del Eurodólar, short-term Eurodollar rates

tipos medios de rendimiento y coste, average rates of return and cost

titular, registered holder, holder of record, owner of record; headline, heading

titular de cuenta, account holder, name of an account

titular de las acciones, stockholder of record

titular de tarjeta de crédito, cardholder

título, bond, debenture; title; name

título al portador, active bond

título aparente, colo(u)r of title

título de constitución de hipoteca, trust deed, (USA) trust indenture

título de deuda, certificate of indebtedness

título de escasa demanda en Bolsa, narrow market

título de propiedad, title deed

título de una cuenta, account heading

título hipotecario, mortgage bond, mortgage certificate

título registrado, title of record

títulos, securities

títulos a la orden, bearer securities

títulos al portador, bearer certificates, bearer paper, bonds (payable) to bearer, bearer bonds

títulos al portador, de primera clase, floaters

títulos amortizados, amortized securities, redeemed securities

títulos bursátiles, listed securities

títulos con garantía hipotecaria, mortgage-backed securities

títulos de acciones, stock certificates

títulos de crédito, negotiable instruments; financial claims

títulos de cuentas del Mayor, ledger headings

títulos de interés fijo, non-equity securities

títulos definitivos, definitive certificates

títulos del estado, government obligations

títulos muy cotizados, seasoned securities (col.)

títulos negociables, negotiable instruments; float

títulos no cotizados en Bolsa, unlisted securities, stocks not quoted, stocks not listed

títulos nominativos, registered certificates

títulos provisionales, temporary certificates

títulos sintéticos, synthetic securities

títulos varios cotizados en Bolsa, sundry listed securities

títulos varios no cotizados en Bolsa, sundry unlisted securities

tocar fondo, to touch bottom

todo comprendido en el precio, all-in

todo o nada (orden que sólo puede ejecutarse en su totalidad), all or none *(A.O.N.)*

todos los gastos con cargo a la mercancía, all charges to goods

tóler, discount sales bonus

tolerancia, allowance

toma de posesión, accession to office

toma de posiciones por sorpresa (OPAs), raid (takeover bids)

tomador, payee, drawee, receiver

tomador a la gruesa, borrower on bottomry

tomador de un préstamo, borrower

tomar la palabra, to take the floor, to take the stand

tomar nota, to note down; to enter, to post

tomar un préstamo, to borrow

tomar una muestra, to take a sample

tomar una oferta de bonos a un precio dado, to lift

tonelada larga, long ton *(l.t.)*

tope, limit; deadline; ceiling, floor

tope de tipos de interés, interest rate cap

tope salarial, wages ceiling

tormenta de ideas, brainstorming

total de obligaciones a la fecha, total commitments to date

total de una suma, footing

total del balance, balance sheet total *(B/S total)*

total global, overall total

totalizar, to add up

totalmente desembolsado, paid in full, fully paid up

totalmente invertido, fully invested

trabajador interino, casual worker

trabajador manual, blue collar (col.)

trabajador que cambia de empresa frecuentemente, job hopper

trabajadores no sindicados, non-union workers

trabajar, to work, to labo(u)r

trabajar a destajo, to job

trabajo, job, labo(u)r

trabajo a turnos, shift work

trabajo cualificado, skilled labo(u)r

trabajo fijo, regular work

traducción, translation

traducción abreviada, abridged translation

traducción fiel, accurate translation

traducción jurada, sworn translation

traductor, translator, interpreter

traductor jurado, sworn translator

tráfico, trade; traffick

tráfico de confidencias, insider trading

tráfico de información privilegiada, insider trading

tramitación, handling, processing

trámite de facturas, invoice processing

trámites aduaneros, customs clearance

trámites burocráticos, red tape

trámites para la apertura de relaciones de corresponsalía, agency arrangements

tramo no remunerado, non-remunerated tranche

tramo remunerado, remunerated tranche

tramos de concentración, concentration brackets

trampa fiscal, tax gimmick

tramposo, crook (col.)

transacción, transaction; deal

transacción cerrada a un precio inferior al de la precedente, downtick

transacción cerrada a un precio superior al de la precedente, uptick

transacción internacional, cross-border transaction

transacciones fuera de Bolsa, over-the-counter market (ab. *O.T.C. market*), after market, Gré à Gré market

transbordar, to transfer; to tranship

transbordo, transhipment

transbordos permitidos, transhipments allowed, transhipments permitted

transbordos prohibidos, transhipments not allowed, transhipments not permitted, transhipments prohibited

transcribir, to transcribe

transferencia, transfer, transference, cession, assignment

transferencia de dinero, money transfer, transfer of funds

transferencia de fondos, transfer of funds, money transfer, funds transfer

transferencia electrónica de fondos, electronic fund transfer

transferencia por cable, cable transfer

transferencia por correo, mail transfer *(M.T.)*

transferencia por cheque, transfer by cheque, cheque transfer (USA = *check*)

transferencia postal, mail transfer *(M.T.)*

transferencia sin contrapartida, unrequitted transfer

transferencia telegráfica, telegraphic transfer *(T.T.)*

transferencia temporal de poderes y funciones, temporary transfer of powers and duties

transferencias unilaterales oficiales, official unrequitted transfers

transferible, transferable, assignable, demisable

transferido, transferred

transferir, to transfer, to set over

transitario, forwarding agent, forwarder

transportador, carrier, transporter

transportar, to carry, to transport

transporte por camión, truckage, carriage, (USA) cartage

transporte por carretera, truckage

transportes internacionales, international forwarding

transportista, carrier

trasvases internos de fondos, intragroup fund transfers

trasladado, transferred

trasladar el saldo de una cuenta, to carry down

traspasar, to transfer, to assign; to make over, to convert, to abalienate

traspasar a dólares, to convert into dollars

traspasar de nuevo, to reconvey

traspaso, transference, cession, assignment, transfer, abalienation

traspaso a capital, transfer to capital

traspaso al Mayor, posting

traspaso de propiedad, transfer of title

traspasos interdivisionales enviados, interdivisional transfers-out

tratado, treaty, agreement

tratado comercial, commercial treaty

tratado de compensación, clearing agreement

tratado de doble imposición, double taxation treaty

tratado de nación más favorecida, most favo(u)red nation agreement

tratamiento de la información, data processing (Inf.)

tratamiento por lotes, batch processing (Inf.)

tratante, trader, dealer

tratar, to trade, to deal

trato, deal; agreement

trayectoria de compensación, settlement price

trece por doce (docena larga), baker's dozen

tribunal, court

tribunal de aduanas, customs court

tribunal de arbitraje, court of arbitration

tribunal de conciliación, council of conciliation

tribunal de lo penal, court of oyer and terminer

442

tribunal de primera instancia, trial court

tribunal fiscal, tax court

tribunal supremo, supreme court

tributación, taxation

tributante, taxpayer

tributario, fiscal; taxpayer

tributo, tax

tributo patrimonial, capital levy

tributo regresivo, regressive tax

tributos varios, taxes other than income tax, various taxes, sundry taxes

trimestral, quarterly

trueque, barter

trueque de divisas, currency swap

trueque de tipos de interés, interest rate swap

trust de inversión, investment trust, investment company, investment fund, investing company

turno, shift

turno de día, day shift

turno de noche, night shift

U

ulterior aviso, further news

última entrada, primera salida, last-in first-out *(L.I.F.O.)*

última instancia, last resort

última sesión de Bolsa, last day of trading

última voluntad, last will

ultimar los arreglos necesarios, to complete the necessary arrangements

último cambio bursátil del año, closing stock market price

último día, closing day

último pago (préstamos), balloon payment (loans)

último vencimiento, balloon maturity

unidad aritmética-lógica, arithmetic and logic unit (Inf.)

unidad bursátil equivalente a 100 acciones, board lot (USA)

unidad central de proceso, central processing unit

unidad de contratación (menos de 10.000 US$), odd lot

unidad de contratación (menos de 10.000 US$), odd lot

unidad de control, control unit

unidad de cuenta, unit of account *(U.A.)*

unidad de decisión y control, decision-making unit

unidad de gestión, unified management

unidad de información bit, bit (Inf.)

unidad monetaria, monetary unit, currency unit

unidad total de gestión, completely unified management

unidades de producción, production units

unidades funcionales, functional units

unidades monetarias por D.E.G., currency units per S.D.R.

unión, union

unión de cooperativas, cooperative union

unión de crédito, credit union

unión de las partes, joinder of parties

urgente, urgent

usar indebidamente, to misuse

uso, usance; wear and tear

uso bancario, banking practice

uso delictivo, criminal use, unlawful use

uso fraudulento, fraudulent use

uso indebido, misuse

uso local, trade usage

uso pasivo, permissive use

usos comerciales, usances, commercial practice, commercial usage

usufructo, usufruct

usura, usury

usurero, loan shark (col.)

útiles, implements, tools

útiles de oficina, office supplies

utilidad, profit, earnings, gain, income

utilidad bruta, gross profit, trading income, gross income

utilidad contable, book profit

utilidad de explotación, operating profit

utilidad disponible, undistributed profits

utilidad gravable, taxable profit, taxable income

utilidad imponible, taxable income, taxable profit

utilidad líquida, net profit, net earnings

utilidad mercantil, trading profit

utilidad neta, net profit, net earnings, net income

utilidad neta de explotación, net operating profit

utilidad neta sobre ventas, net selling profit, net profit on sales

utilidad obtenida, earned profit

utilidad proindiviso, undivided profit, community income

utilidad sobre ventas, selling profit, profit on sales

utilidad unitaria, unit profit

utilidades acumuladas, accumulated profits, accrued earnings

utilidades antes de deducir impuestos, profit before taxes

utilidades anticipadas, anticipated profits

utilidades aparentes, book profits

utilidades aplicadas, appropriated profits

utilidades capitalizadas, capitalized profits; accumulated capital

utilidades contables, book profits

utilidades contingentes, contingent profits

utilidades de explotación, operating income

utilidades del ejercicio, fiscal year profits, profits for the year

utilidades departamentales, departmental profits

utilidades devengadas, accrued income, earned profits

utilidades diferidas, deferred profits, deferred income

utilidades distribuidas, distributed profits

utilidades excedentes, excess profits, surplus profits

utilidades extraordinarias, casual earnings, extraordinary profits

utilidades infladas, inflated profits

utilidades interdepartamentales, interdepartmental profits

utilidades intercompañías, intercompany profits

utilidades intrasistema, interbranch profits

utilidades no distribuidas, undistributed profits

utilidades no realizadas, paper profits

utilidades pendientes de aplicación, undistributed profits, undivided profits, profits pending distribution, unappropriated profits

utilidades pendientes de repartir, undistributed profits, undivided profits, profits pending distribution, unappropriated profits

utilidades por aplicar, undistributed profits, undivided profits, profits pending distribution, unappropriated profits, accumulated profits

utilidades probables, estimated profits

utilidades proindiviso, community income

utilidades provenientes de inversiones de valores, income from investments

utilidades realizadas, realized profits, earned profits

utilidades reflejadas en los libros, book profits

utilidades reinvertidas, reinvested profits

utilidades repartibles, distributable profits

utilización en contra de la ley, criminal use, unlawful use

utilización lucrativa de información restringida, insider trading

utilizar un crédito, to utilize a credit, to avail of a credit

V

vaca, cash cow

vacaciones, vacations, holidays

vacaciones retribuidas, holidays with pay

vacío legal, loophole

vagón de mercancías, car; truck

vale, receipt, note, slip, voucher, warrant

vale al portador, bearer scrip

validar, to validate

validez, validity; term, tenor; period, life deferment, respite, deadline

valor a la par, par value

valor a la par de una acción, par value of a share

valor a muy corto plazo, cash

valor actual, present value, current worth

valor actual a interés compuesto, compound present worth

valor al cobro, value for collection

valor al vencimiento, value at maturity

valor alfa, alpha value

valor añadido, added value

valor añadido al P.N.B., added value to the G.N.P.

valor añadido bruto, gross added value

valor añadido neto, net added value

valor apreciado, appraised value

valor asegurable, insurable value

valor asignado al capital en acciones sin valor nominal, stated capital

valor beta, beta value

valor bruto contable, gross book value

valor bursátil, stock market value

valor catastral, assessed value

valor comercial, market value

valor con opción a la conversión, flip-flop security

valor contable, book value, ledger value

valor contable de la acción, share consolidated book value

valor contable neto, net book value

valor convenido, agreed value

valor de avalúo (SA), appraised value

valor de cancelación, surrender value

valor de conversión, conversion value

valor de costo, cost value

valor de cotización, market price

valor de desecho, junk value, salvage value, scrap value, residual value

valor de escaso movimiento en el mercado secundario, illiquid security valor de liquidación, liquidation value, liquidating value, amount payable on settlement

valor de liquidación inmediata, cash security

valor de mercado, market value

valor de negocio en marcha, going value, goodwill

valor de realización, liquidation value, liquidating value, realization value

valor de realización forzada, forced sale value

valor de realización inmediata, breakup value

valor de redención, surrender value

valor de renuncia, surrender value

valor de rescate, surrender value, salvage value

valor de un comercio en marcha, going value, goodwill

valor de venta, realization value

valor declarado, stated value

valor depreciado, depreciated value

valor del activo neto, net assets worth

valor efectivo, effective value, cash value

valor efectivo de mercado, actual cash value

valor en cuenta, value in account; payment on account

valor en el mercado, market value, market price

valor en libros, book value

valor en libros del neto patrimonial, book value of net worth

valor equitativo, fair value

valor equitativo de venta, equitable value

valor estimado, appraised value, estimated value

valor estimado en ventas, estimated sales value

valor facial, face value, face amount, par value, nominal (value), denomination

valor facturado, invoiced value

valor-fecha, for value date

valor global, aggregate value

valor hoy, value today

valor intangible, intangible value, intangible worth

valor interior de la moneda, internal value of the currency, domestic value of the currency

valor intrínseco, intrinsic value

valor inverso, opposite value

valor justo, sound value, fair worth

valor justo en efectivo, fair cash value

valor liquidable, liquidation value, liquidating value

valor liquidativo, liquidation value, liquidating value

valor liquidativo ajustado, resulting net value

valor líquido, liquid value, clear value, net value

valor líquido de una propiedad individual, proprietary equity

valor líquido del patrimonio, property equity

valor mañana, value tomorrow

valor mínimo de variación, tick

valor neto, net worth, net value

valor neto en libros, net book value, carrying value

valor neto resultante, resulting net value

valor nominal, face value, face amount, par value, nominal (value), denomination

valor nominal de una acción, par value of a share

valor nominal neto, principal

valor numérico, numeric value

valor objetivo, objective value

valor par, par value

valor rápidamente vendido, blown-out security

valor real, current worth, actual value, cash value

valor recibido, value received

valor residual, residual value, salvage value, junk value, scrap value

valor residual en cuenta especulativa de futuros, equity

valor respaldado por activos, asset-backed security *(a.b.s.)*

valor retenido, value retained

valor sin depreciar, undepreciated value

valor tangible, tangible value

valoración, appraisal, assessment, valuation

valoración al costo estimado, valuation at estimated cost

valoración al costo promedio, valuation at average cost, valuation at standard cost

valoración al costo estándar, valuation at standard cost, valuation at average cost

valoración de acciones en el mercado, market valuation of shares

valoración de existencias, stock valuation, (USA) inventory pricing

valoración de la calidad, quality assessment

valoración de puestos de trabajo, job ranking, job evaluation

valoración en el orden de entrada, first-in first-out valuation *(F.I.F.O.)*

valoración en el orden inverso de entrada, last-in first-out valuation *(L.I.F.O.)*

valoración otorgada por el mercado, market valuation

valoración ponderada de solvencia, credit scoring

valorar, to appraise, to assess, to evaluate, to value

valores, securities

valores al portador, bearer securities

valores aprobados para inversión, securities approved for investment

valores bursátiles, listed securities

valores comprados y conservados como inversión, digested securities

valores con interés variable, unfunded securities

valores convertibles, convertible securities

valores cotizables, listed securities, quoted shares

valores en cartera, portfolio securities

valores de especulación, speculative securities

valores de renta fija, fixed interest-bearing securities, fixed-income securities

valores de renta variable, variable-yield securities, equity securities

valores del estado, government securities, gilt-edged securities, government bonds

valores depositados, deposited securities

valores depositados por clientes, securities deposited by customers

valores en cartera, holdings, investments

valores entregados en prenda, securities held in pledge, securities held in pawn

valores extranjeros, foreign securities

valores industriales, industrial stock, industrial securities

valores inscritos en Bolsa, listed securities

valores mobiliarios, securities, stocks

valores muy cotizados, features (col.)

valores negociables, negotiable securities, marketable securities

valores no cotizados en Bolsa, unquoted securities, unlisted securities

valores para inversión, investment securities

valores poseídos, securities owned

valores privados, non-government securities, private sector securities

451

valores privados de renta variable, private-sector variable-yield securities

valores secundarios de renta variable, equity derivatives

valores transitorios, unadjusted assets

valuable, ratable

variables económicas, economic variables

variación de la balanza global, shift of the overall balance

variación sobre el costo de fabricación, manufacturing cost variation

variaciones de costos, cost variances

variaciones en los tipos de cambio, changes in exchange rates

variaciones y traspasos, variations and transfers

varianza, variance

varios cotizados en Bolsa, sundry listed securities

varios no cotizados en Bolsa, sundry unlisted securities

velocidad, speed

velocidad máxima, maximum speed

velocidad máxima por minuto, speed metres per minute, speed mts/min. (USA *meters)*

vencer, to mature, to fall due, to expire

vencido (interés), in arrears, overdue

vencimiento, due date, maturity, tenor

vencimiento acelerado, accelerated maturity, anticipation of due date

vencimiento anticipado, accelerated maturity, anticipation of due date

vencimiento aparente, apparent maturity

vencimiento común, average due date

vencimiento de un efecto, tenor of a bill, expiration of a draft, maturity

vencimiento de un plazo, instal(l)ment maturity

vencimiento fijado, scheduled maturity

vencimiento final de bonos, reintegrados en cifra superior a otras previas, balloon maturity

vencimientos a menos de un año, current maturities

vendedor, seller, vendor; dealer

vendedor al detall, retailer, retail dealer

vendedor al por mayor, wholesaler

vendedor al por menor, retailer, retail dealer

vendedor ambulante, hawrer (col.)

vender, to sell

vender a crédito, to sell on credit

vender a plazo en firme, to sell bear

vender a término, to sell forward, to sell for further delivery

vender a un precio dado, to hit

vender al contado, to sell for cash

vender en consignación, to sell on consignment

vender en descubierto, to sell short

vender en subasta, to sell at auction

vender por incumplimiento (de pago, condiciones, etc.), to sell out

vender valores «al mejor», to sell securities «on a best effort basis»

vendí, certificate of sale

vendible, marketable

venta, sale

venta a crédito, credit sale

venta a domicilio, house-to-house selling

venta a plazos, instal(l)ment sale

venta a precios de liquidación (por renovación de existencias, cambio de negocio, etc.), disposal sale

venta al contado, cash sale

venta al descubierto, bear sale, short sale

venta al por mayor, wholesale

venta automatizada, vending machine sale

venta competitiva, competitive edge, competitive advantage

venta con pérdida, selling at a loss

venta condicional, conditional sale

venta cubierta, covered writing (options)

venta (o compra) de divisas al contado, spot contract

venta (o compra) de divisas a un cambio determinado, con pago diferido, forward contract, future contract

venta de rebajas, bargain sale

venta de títulos al descubierto, short «against the box»

venta de valores con compromiso de recompra, purchase agreement

venta de valores en cartera, portfolio sale

venta de valores sin perspectivas para reinvertir, a corto, en otros, switch

venta en firme, outright sale

venta en subasta, auction sale

venta estacional, seasonal sale

venta F.A.S., free alongside ship sale, F.A.S. sale

venta forzosa, forced sale

venta fraccionada, split sale

venta hipotecaria, foreclosure sale

venta parcial de activos, restructuration

ventaja absoluta, absolute advantage

ventajas de la explotación de reservas, benefits from development of reserves

ventajas fiscales, tax benefits

ventanilla, wicket; counter

ventas, turnover, (USA) sales revenues

ventas a crédito, charge sales

ventas a plazos, instal(l)ment selling; consumer credit

ventas anuales, yearly sales

ventas brutas, gross sales

ventas de existencias, inventory sales

ventas de exportación, export sales

ventas de mercancías, export sales

ventas de mercancías en futuros, forward sales

ventas de mostrador, shop sales

ventas de sobrantes, surplus sales

ventas diarias, daily sales

ventas en gran escala de títulos de la deuda pública, large-scale sales of government debt

ventas locales, local sales

ventas mensuales, monthly sales, sales for the month

ventas netas, net sales

ver al dorso, please turn over *(p.t.o.)*

verificación, verification, check(ing)

verificación de comprobantes en serie, block vouching

verificación de paridad, parity check (Inf.)

verificación por pruebas, spot check

verificación por saldos negativos, negative check

verificación de tarjetas, card verifier (Inf.)

verificar, to verify, to check

verificar la firma, to verify the signature

verse abocado a sufrir pérdidas, to be open to losses

versión resumida, abridged version

vía, channel, way

viabilidad, feasibility

viajar, to travel

viaje, travel, journey, trip, voyage

viaje de vuelta, homeward-bound trip

vicepresidente, vice chairman, vice president

vicesecretario, assistant secretary

vicetesorero, assistant treasurer

vida activa, working life

vida económica, economic life

vida física, physical life (Inf.)

vida media, mean life, average life *(a.l.),* duration

vida útil de un activo, economic life

vigencia, duration, remaining term, life term, tenor, deferment, respite, deadline

vigencia de la garantía, duration of guaranty

vigilancia, surveillance, supervision, vigilance

vinculante, binding

vínculo, link

vínculo jurídico, legal link

violación anticipatoria de contrato, anticipatory breach of contract

violar disposiciones, to violate provisions

visa consular, consular visa

visión retrospectiva, review

vista, view

vista de aduanas, (Esp.) customs inspector

visto que, whereas

viva voz, open outcry

vocal, member of the board; member, director

vocal suplente, alternate member

vocero (Esp. = *portavoz*), spokesman

volante, slip

volatilidad, volatility

volatilidad implícita, implied volatility

volumen, volume, bulk

volumen bursátil, exchange's volume

volumen de beneficios, bulk of profit

volumen de contratación, volume of dealings, volume of trading

volumen de exportaciones, volume of exports

volumen de importaciones, volume of imports

volumen de intercambios comerciales, volume of trading, volume of dealings

volumen de negocio, turnover; assets and liabilities

volumen de ofertas de Eurobonos, volume of Euro-bond offerings

volumen de operaciones, transaction volume

volumen diario, daily volume

volumen efectivo contratado en acciones, total real value of dealings in stock

volumen global de cobros y pagos, total collections and disbursements

volumen medio de negocio gestionado, average volume of business handled, average turnover

volumen medio diario de contratación de acciones, average daily volume of trading (ab. *A.D.V.*)

volumen nominal de contratación de acciones, total par value of stock traded

volúmenes pequeños, meagre volumes

volver a ocupar su cargo, to return to active duty

volver al patrón oro, to return to the gold standard

votación mediante papeletas, poll

votación por (orden de) preferencia, preference voting

votar, to vote

voto, vote

voto afirmativo, aye, yea, affirmative vote

voto de calidad, deciding vote, casting vote

voto de confianza, vote of confidence

voto decisivo, casting vote, deciding vote

voto del presidente, casting vote, deciding vote

voto favorable, aye, yea, affirmative vote

voto limitado, limited vote, restricted vote

voto negativo, nay

vuelta, change, return

Y

Yanqui, Yankee (bond)

Z

zilmerización, zillmerization

zona comercial, shopping centre, (USA *center)*

zona comercial franca, free trade zone

zona de la libra esterlina, scheduled territories

zona del dólar, dollar area

zona del franco, franc area

zona monetaria, currency area

zonas geoeconómicas, geographic and economic areas

Otros Diccionarios

publicados por

DICCIONARIO AERONÁUTICO CIVIL Y MILITAR. INGLÉS-ESPAÑOL.
Velasco.

1DICCIONARIO COMENTADO DE TERMINOLOGÍA INFORMÁTICA.
Aguado.

DICCIONARIO DE ARQUITECTURA. INGLÉS-ESPAÑOL. CONSTRUCCIÓN Y OBRAS PÚBLICAS.
Putman Carlson.

DICCIONARIO DE COMPONENTES ELECTRÓNICOS.
Sitelesc y Sicep.

DICCIONARIO DE COMUNICACIÓN AUDIOVISUAL. ESPAÑOL-INGLÉS, INGLÉS-ESPAÑOL.
Aguadero.

DICCIONARIO DE ECONOMÍA Y COMERCIO. FRANCÉS-ESPAÑOL, ESPAÑOL-FRANCÉS.
Garnot.

DICCIONARIO DE ELECTRICIDAD.
Rodríguez Roldán.

DICCIONARIO DE ELECTRÓNICA. ESPAÑOL-INGLÉS, INGLÉS-ESPAÑOL.
Amos.

DICCIONARIO DE HOSTELERÍA.
Gallego.

DICCIONARIO DE INCORRECCIONES Y PARTICULARIDADES DEL LENGUAJE.
Santamaría, Cuartas, Mangada y Martínez de Sousa.

DICCIONARIO DE INFORMÁTICA. INGLÉS-ESPAÑOL.
Olivetti.

DICCIONARIO DE INFORMÁTICA. INGLÉS, FRANCÉS, ESPAÑOL. MÁS DE 11.000 TÉRMINOS. Cartoné.
Nania.

DICCIONARIO DE LA COMUNICACIÓN.
De la Mota.

DICCIONARIO DE LA INFORMACIÓN, COMUNICACIÓN Y PERIODISMO.
Martínez de Sousa.

DICCIONARIO DE LA MODA, CONFECCIÓN E INDUSTRIAS TEXTILES.
Zeldis.

DICCIONARIO DE LAS CIENCIAS.
Hartman.

DICCIONARIO DE MÉTRICA ESPAÑOLA.
Domínguez Caparrós.

DICCIONARIO DE MICROELECTRÓNICA.
Plant.

DICCIONARIO DE MODISMOS FRANCESES. FRANCÉS-ESPAÑOL, ESPAÑOL-FRANCÉS.
Lavanat y Fernández Monedero.

DICCIONARIO DE MODISMOS Y LENGUAJE COLOQUIAL. ESPAÑOL-ALEMÁN.
Renner.

DICCIONARIO DE ORTOGRAFÍA DE LA LENGUA ESPAÑOLA.
Martínez de Sousa.

DICCIONARIO DE PALABRAS OLVIDADAS O DE USO POCO FRECUENTE.
Muñoz.

DICCIONARIO DE SINÓNIMOS, IDEAS AFINES Y DE LA RIMA.
Horta.

DICCIONARIO DE TÉRMINOS BANCARIOS.
Banco Popular Español.

DICCIONARIO DE TÉRMINOS ECOLÓGICOS.
Vicen.

DICCIONARIO DE TÉRMINOS Y FRASES MÉDICAS INGLÉS-ESPAÑOL, ESPAÑOL-INGLÉS.
Varios.

DICCIONARIO DE TIPOGRAFÍA Y DEL LIBRO.
Martínez de Sousa.

DICCIONARIO DEL MARKETING.
Alonso Barroso.

DICCIONARIO DEL VÍDEO.
Perales.

DICCIONARIO MARÍTIMO INGLÉS-ESPAÑOL, ESPAÑOL-INGLÉS. CON DIÁLOGOS ENTRE CAPITÁN Y PRÁCTICO.
Rodríguez Barrientos.

DICCIONARIO DE MICROINFORMÁTICA.
Virga y Mesters.

DICCIONARIO MÚLTIPLE. Nueve diccionarios en un solo volumen: Sinónimos y antónimos. Palabras homófonas. Palabras de dudosa ortografía. Palabras isónimas y parónimas. Palabras parónimas por el acento. Palabras parónimas por la pronunciación. Rimas poco comunes. Refranes, dichos y sentencias. Frases latinas. Ceceo y seseo. Curiosidades.
Onieva.

DICCIONARIO NÁUTICO INGLÉS-ESPAÑOL, ESPAÑOL-INGLÉS.
Malagón.

DICCIONARIO NAVAL. INGLÉS-ESPAÑOL Y ESPAÑOL-INGLÉS.
Leal.

DICCIONARIO POR TEMAS. INGLÉS-ESPAÑOL. ESPAÑOL-INGLÉS.
Merino.

DICCIONARIO PRÁCTICO DE ESTADÍSTICA.
Sierra Bravo.

DICCIONARIO TÉCNICO ESPAÑOL-INGLÉS.
Malgorn.

DICCIONARIO TÉCNICO INGLÉS-ESPAÑOL.
Malgorn.